海峡两岸民商事法律冲突问题研究

于飞 著

商务印书馆
2007年·北京

图书在版编目(CIP)数据

海峡两岸民商事法律冲突问题研究/于飞著.—北京：商务印书馆,2007
ISBN 7-100-05160-6

I.海… II.于… III.①民法—研究—中国②商法—研究—中国 IV.D923.04

中国版本图书馆 CIP 数据核字(2006)第 084838 号

所有权利保留。
未经许可,不得以任何方式使用。

教育部人文社会科学研究项目
厦门大学法学文库出版基金资助

海峡两岸民商事法律冲突问题研究
于飞 著

商 务 印 书 馆 出 版
(北京王府井大街36号 邮政编码100710)
商 务 印 书 馆 发 行
北京市白帆印务有限公司印刷
ISBN 7-100-05160-6/D·400

2007 年 4 月第 1 版　　开本 880×1230　1/32
2007 年 4 月北京第 1 次印刷　印张 14
印数 4 000 册

定价:24.00 元

序 一

我于何时何地认识于飞教授,已经没有具体的印象了。但我清楚地记得,认识她时了解到她毕业于西北政法学院,当时在位于西北边陲的新疆大学工作,从事国际私法方面的教学和研究。她那时一心向学,很想攻读武汉大学国际私法专业的博士学位。可惜的是,由于一些制度上的原因,她没有及时得到在武汉大学求学的机会,当然武汉大学也错失了一位潜质优秀的博士研究生。后来,她完成了自己人生旅途上的一次"孔雀东南飞",从西北调到地处东南、景色和气候俱佳的厦门,在厦门大学继续从事国际私法教学和研究工作。由于我们是同行,多年来一直有学术上的联系。她到厦门大学后可谓如鱼得水,教学科研两不误,学业与时俱进,不仅在职攻读了法学博士学位,而且还顺利晋升为法学教授。本书可以说就是她在那里辛勤劳作的结晶。

本书探讨的海峡两岸民商事法律冲突问题,是在两岸关系由紧张走向缓和,两岸人民由隔绝走向交往的情况下产生的,是两岸关系发展到一定阶段的必然结果,也是两岸关系中的重要组成部分,应该说事关国家的统一,是一个大问题。同时,这个问题又是一个随着海峡两岸人民交往日益频繁而日渐增多的现实问题,是两岸法律问题中的一个复杂并无法回避的具体问题。于飞教授选择这样一个问题进行深入的研究,其理论价值和现实意义就自不待言了。

从性质上讲,海峡两岸的民商事法律冲突问题是一个国家内部的区际法律问题,在正常情况下解决这样的问题并没有太大的障碍。

但就目前而言,如何妥善地解决这个问题,还真是一个相当难解的难题。因为海峡两岸尽管已有相当程度的经济贸易交往和文化往来,但两岸在政治上仍坚冰未破,军事上还依旧对峙,法律上则各自为政,两岸之间正常的民商事交往还远远没有真正建立起来。同已经相当复杂的内地与港澳地区的民商事法律冲突问题相比较,海峡两岸的民商事法律冲突问题则更加复杂和特殊。

针对这样一个复杂而特殊的问题,本书基于区际冲突法的基本理论,采用理论联系实际和比较分析的方法,从剖析海峡两岸民商事法律冲突的产生、性质和特点入手,以回顾和总结海峡两岸冲突法的历史发展为铺垫,在理论和实践两个方面探讨了海峡两岸冲突法的制度、原则和规则以及它们在解决海峡两岸民商事法律冲突方面应有的功能和作用。进而,本书对解决海峡两岸民商事法律冲突的思路进行了梳理,提出了解决海峡两岸民商事法律冲突的若干原则、模式和途径,讨论了海峡两岸相互承认与适用对方法律的法理基础以及建立解决海峡两岸民商事法律冲突的宪法性机制的可行性。尽管本书的有些立论不一定人人认同,有些论证还可以进一步完善,但其所持的如下几点立场和观点值得充分肯定:一是坚守"一个中国"原则,承认"两种法制"现实;二是正视区际法律冲突,探寻协调解决途径;三是比较两岸四地法制,突出两岸关系个性;四是解决方案不求终极,基于现实循序渐进;五是平衡利益求得共赢,化解冲突促进和平。这些可以说都闪耀着求真务实的精神光芒。

面对现实,我们不得不说海峡两岸的事太复杂。其实,海峡两岸的民商事法律冲突问题也不例外。我想强调的是,对这个问题的研究不是一朝一夕的事,你别指望一篇文章或者一本书就能解决所有的问题。一篇好文章或者一本好书只表明作者在学无止境的道路上迈出了一步或者几步。事情还在发展,生活之树常青。因此,我们对这个问题进一步加强研究,进一步跟踪研究实在很有必要。

坦率地说,于飞教授要我为她的大作写序,我感到很荣幸。这是我难得的一次机会给没有师生之谊的学界同仁的大作写序,我还是很认真的,尽管由于工作太忙而拖延了一些时日。

前面话说了一大堆,关键的话还是漏了一句,现在补上:衷心祝贺于飞教授的大作出版!

黄进

于加拿大埃德蒙顿

2006 年 11 月 5 日

序 二

中国是一个多法域的国家,实际上存在着大量的区际法律冲突。这些区际法律冲突的妥善解决,对维护国家的整体稳定和发展,具有重要的意义。在我国国际私法学界,自始就重视对区际法律冲突的研究。迄止,出版的著作可大别为三类:一是研究区际法律冲突基本原理的著作;二是研究中国大陆与其他各个法域间法律冲突的综合性著作;三是专门研究中国大陆与某一法域间法律冲突的专门性著作。总的来看,后两类著作多侧重于对大陆与香港、澳门间区际法律冲突的研究。而于飞教授的这本书,系专门针对大陆与台湾间区际法律冲突之作;且作为一本有份量的专著,其在该领域所做的研究工作,具有系统性。鉴此,该书的出版,将有助于改善我国区际私法中对海峡两岸法律冲突问题之研究相对薄弱的状况。

厦门大学地处海峡西岸,与台湾一水相隔,对台交往具有"五缘"(地缘、血缘、文缘、商缘、法缘)优势。无疑,这些优势亦为本书作者开展海峡两岸民商事法律冲突的研究,提供了独有的学术便利。当然,更为重要的是,作者多年从事国际私法的教学和研究工作,有厚实的专业积累。特别是此前于2004年出版的《中国国际私法理论与立法》一书,全面总结和分析了中国国际私法的理论与实践,为本著作专门探讨海峡两岸的各项法律冲突问题,做了比较充分的前期研究准备。本书原为作者在厦门大学国际法学专业在职攻读博士学位的论文,在撰写过程中,作者曾付出艰辛的劳动和研究心力;现又对该博士学位论文加以修订、拓展及更新,并整理成书,使得这项研究更上层楼。

与大陆与香港、澳门间的区际法律冲突相比,海峡两岸的民商事法律冲突自有其特点。首先,中国尚未实现完全统一,对于海峡两岸民商事法律冲突的解决,在台湾方面,仍然受到政治因素的干扰;其次,虽然解放后大陆废除了原国民党的"六法",但是在国际私法和民商事法律领域,大陆与台湾的法源关系并未被完全切断。正因如此,于飞教授的这本著作首先阐述了海峡两岸民商事法律冲突的缘起、性质、特点以及解决的基本模式,并回顾了中国近代国际私法的立法史以及大陆与台湾现代国际私法的立法进程。在此基础上,进一步比较分析了解决海峡两岸民商事法律冲突的各项基本制度,意在突出此类区际私法制度特点之所在。在书中,作者提出的有关制度设计,既蕴含了国际私法和区际私法的原理,同时对大陆通过立法和司法等途径解决海峡两岸民商事法律冲突,亦显有参考的价值。尤其是在著作的最后部分,作者对确立海峡两岸区际私法制度的基本思路进行了再梳理,就解决海峡两岸民商事法律冲突的基本原则、海峡两岸相互承认对方法律的理论基础、宪法与海峡两岸民商事法律冲突的解决、海峡两岸民商事法律冲突解决的其他方式等,着力进行了探讨和论证。这部分研究颇具特色,其理论上的意义,值得关注。

徐崇利

于厦门大学法学院

2006 年 9 月 1 日

目 录

导 言 ·· 1

第一章 海峡两岸的民商事法律冲突 ·· 7
　第一节 海峡两岸民商事法律冲突的产生 ·· 7
　　一、历史原因：两岸的对峙 ·· 9
　　二、政治原因：一个中国 ·· 12
　　三、法律原因：既存的法制 ··· 15
　　四、现实原因：两岸的交往 ··· 20
　第二节 海峡两岸民商事法律冲突的性质 ······································· 22
　　一、海峡两岸的民商事法律冲突不是国际法律冲突 ······················ 22
　　二、海峡两岸的民商事法律冲突是区际法律冲突 ·························· 24
　　三、海峡两岸的民商事法律冲突是特殊的区际法律冲突 ················· 27
　　四、海峡两岸的民商事法律冲突是"私法"性质的冲突 ················· 28
　第三节 海峡两岸民商事法律冲突的特点 ······································· 29
　　一、海峡两岸民商事法律冲突的阶段性与渐进性并存 ···················· 30
　　二、国家统一前海峡两岸的民商事法律冲突 ································ 31
　　三、国家统一后海峡两岸的民商事法律冲突 ································ 42
　第四节 海峡两岸民商事法律冲突的解决 ······································· 45
　　一、复合法域国家解决区际法律冲突的模式 ································ 45
　　二、解决海峡两岸民商事法律冲突的模式分析 ···························· 46

三、现阶段解决海峡两岸民商事法律冲突的模式 ………… 50

第二章 海峡两岸冲突法立法的演进 ………… 56
第一节 1949年以前的冲突法立法 ………… 56
一、北洋政府时期(1912年—1927年) ………… 56
二、南京国民政府时期(1927年—1949年) ………… 76
第二节 1949年以后的冲突法立法 ………… 77
一、中国大陆的冲突法立法 ………… 77
二、台湾地区的冲突法立法 ………… 80

第三章 海峡两岸冲突法制度论 ………… 105
第一节 海峡两岸冲突法中的识别 ………… 105
一、海峡两岸学者关于识别的主张 ………… 105
二、海峡两岸冲突法识别的立法探微 ………… 115
三、海峡两岸有关识别问题的个案 ………… 119
四、识别与海峡两岸民商事法律冲突的解决 ………… 122
第二节 海峡两岸冲突法中的法律规避 ………… 126
一、海峡两岸关于法律规避的理论 ………… 127
二、海峡两岸有关法律规避的立法 ………… 140
三、禁止法律规避与海峡两岸民商事法律冲突的解决 ………… 144
第三节 海峡两岸冲突法中的公共秩序保留 ………… 151
一、海峡两岸关于公共秩序保留制度的理论 ………… 152
二、海峡两岸有关公共秩序保留的立法 ………… 166
三、公共秩序保留制度的发展及海峡两岸立法的完善 ………… 173
四、公共秩序保留与海峡两岸民商事法律冲突的解决 ………… 179
第四节 海峡两岸冲突法中的反致制度 ………… 186
一、海峡两岸有关反致制度的立法 ………… 186

二、海峡两岸反致立法的特点 …………………………… 188
　　三、中国大陆反致制度的建立与完善 …………………… 197
　　四、反致与海峡两岸民商事法律冲突的解决 …………… 203
　第五节　海峡两岸涉外民商事法律关系外国（法域）法的适用与查明 ……………………………………………………… 206
　　一、海峡两岸涉外民商事法律关系外国法的适用与查明 …… 207
　　二、海峡两岸涉外民商事法律关系外法域法的适用与查明 …… 219

第四章　海峡两岸冲突法适用论 …………………… 226
　第一节　海峡两岸冲突法属人法原则的适用 ………………… 226
　　一、海峡两岸冲突法中的国籍国法原则 ………………… 226
　　二、海峡两岸冲突法中的住所地法原则 ………………… 237
　　三、海峡两岸冲突法中的惯常居所地法原则 …………… 244
　　四、属人法原则与海峡两岸民商事法律冲突的解决 …… 253
　第二节　海峡两岸冲突法行为地法原则的适用 ……………… 257
　　一、行为地法原则在海峡两岸冲突法中的一般适用 …… 258
　　二、行为地法原则在海峡两岸冲突法不同领域的适用 …… 264
　　三、行为地法原则与海峡两岸民商事法律冲突的解决 …… 281
　第三节　海峡两岸冲突法物之所在地法原则的适用 ………… 284
　　一、海峡两岸关于物之所在地法原则适用的理论根据 …… 284
　　二、海峡两岸物之所在地法原则的适用 ………………… 287
　　三、物之所在地法原则与海峡两岸民商事法律冲突的解决 …… 300
　第四节　海峡两岸冲突法意思自治原则的适用 ……………… 307
　　一、海峡两岸关于意思自治原则的一般适用 …………… 307
　　二、海峡两岸意思自治原则的具体适用 ………………… 308
　　三、海峡两岸意思自治原则的发展适用 ………………… 325

四、意思自治原则与海峡两岸民商事法律冲突的解决……333
第五节　海峡两岸冲突法最密切联系原则的适用…………342
　　一、海峡两岸有关最密切联系原则的立法……………342
　　二、海峡两岸关于最密切联系原则的理论分析………350
　　三、最密切联系原则与海峡两岸民商事法律冲突的解决……368

第五章　海峡两岸民商事法律冲突协调与解决思路的再梳理……373

第一节　海峡两岸民商事法律冲突协调与解决的基本原则…373
　　一、坚持"一个中国"原则………………………………373
　　二、两岸法域民商事法律的地位平等…………………374
　　三、两岸当事人的民商事法律地位平等………………376
　　四、国际惯例补缺…………………………………………377
　　五、尊重当事人的"意思自治"…………………………378
　　六、强调法律适用的"最密切联系"……………………378
第二节　海峡两岸相互承认对方法律的理论基础……………379
　　一、以保护"既得权"为基础承认对方法律……………380
　　二、根据"事实需要原则"承认对方法律………………381
　　三、根据互惠原则承认对方法律………………………384
第三节　宪法与海峡两岸民商事法律冲突的协调与解决……387
　　一、宪法中的立法管辖权规范对区际法律冲突的影响…387
　　二、宪法对区际法律适用的限制………………………388
　　三、宪法与海峡两岸民商事法律冲突的解决…………390
第四节　海峡两岸民商事法律冲突协调与解决的其他方式…392
　　一、关于规范性文件方式………………………………393
　　二、关于事务性商谈方式………………………………395

三、关于个案变通方式 …………………………………… 396
结　语 ……………………………………………………… 402
参考文献 …………………………………………………… 404
后　记 ……………………………………………………… 420

CONTENTS

Introduction 1

Chapter 1 Conflict of Civil and Commercial Laws between the Two Sides of the Strait 7

  Subchapter 1 **Arising of the Conflict of Civil and Commercial Laws between the Two Sides of the Strait** 7

    Section 1 Historical Reason: Cross-Strait Confrontation 9

    Section 2 Political Reason: One China 12

    Section 3 Legal Reason: Existing Legal System 15

    Section 4 Practical Reason: Cross-Strait Transactions 20

  Subchapter 2 **Nature of the Conflict of Civil and Commercial Laws between the Two Sides of the Strait** 22

    Section 1 The Conflict Is Not International Conflict of Laws. 22

    Section 2 The Conflict Is Interregional Conflict of Laws. 24

    Section 3 The Conflict Is Special Interregional Conflict of Laws. 27

    Section 4 The Conflict Is of "Private Law" Nature. 28

  Subchapter 3 **Characteristics of the Conflict of Civil and Commercial Laws between the Two Sides of the Strait** 29

Section 1 Concurrent Characteristics of Being Periodic and Gradual ·· 30

Section 2 Conflict of Civil and Commercial Laws between the Two Sides of the Strait before Unification of the Country ·· 31

Section 3 Conflict of Civil and Commercial Laws between the Two Sides of the Strait after Unification of the Country ·· 42

Subchapter 4 Settlement of the Conflict of Civil and Commercial Laws between the Two Sides of the Strait ······ 45

Section 1 The Mode for Multi-District-Law Countries to Solve the Interregional Conflict of Laws ··· 45

Section 2 Analysis on the Mode for Solving the Conflict of Civil and Commercial Laws between the Two Sides of the Strait ······························ 46

Section 3 The Mode for Solving the Conflict of Civil and Commercial Laws between the Two Sides of the Strait during the Present Stage ················ 50

Chapter 2 Evolvement of the Legislation concerning Cross-Strait Conflict of Laws ······

·· 56

Subchapter 1 Legislation of Conflict of Laws before 1949 ··· 56

Section 1 Bei Yang Government Period (1912—1927) ·········· 56

Section 2 Nanjing Government Period (1927—1949) ··· 76

Subchapter 2 Legislation of Conflict of Laws after 1949 ······ 77

Section 1 Legislation of Conflict of Laws in China Mainland ……………………………………… 77

Section 2 Legislation of Conflict of Laws in Taiwan Area ……………………………………………… 80

Chapter 3 General Rules of Cross-Strait Conflict of Laws …………………………………… 105

Subchapter 1 Classification ………………………………… 105

Section 1 Opinions of Scholars from the Two Sides of the Strait ……………………………………… 105

Section 2 Legislation of the Two Sides of the Strait on Classification ……………………………………… 115

Section 3 Individual Cases from the Two Sides of the Strait concerning Classification …………………… 119

Section 4 Classification and the Settlement of the Conflict of Civil and Commercial Laws between the Two Sides of the Strait ……………………………… 122

Subchapter 2 Evasion of Law ……………………………… 126

Section 1 Theories from the Two Sides of the Strait on Evasion of Law ……………………………………… 127

Section 2 Legislation of the Two Sides of the Strait on Evasion of Law ……………………………………… 140

Section 3 Prohibition of Evasion of Law and the Settlement of the Conflict of Civil and Commercial Laws between the Two Sides of the Strait ………… 144

Subchapter 3 Reservation of Public Order ……………… 151

Section 1 Theories from the Two Sides of the Strait on Reservation of Public Order ……………………………… 152

Section 2 Legislation of the Two Sides of the Strait on Reservation of Public Order ……………………………… 166

Section 3 Development of Reservation of Public Order and Perfection of Legislation of the Two Sides …… …………………………………………………… 173

Section 4 Reservation of Public Order and the Settlement of the Conflict of Civil and Commercial Laws between the Two Sides of the Strait ………… 179

Subchapter 4 Renvoi ……………………………………… 186

Section 1 Legislation of the Two Sides of the Strait on Renvoi ………………………………………………… 186

Section 2 Characteristics of the Legislation of the Two Sides of the Strait on Renvoi ………………… 188

Section 3 Establishment and Perfection of Legislation on Renvoi in Mainland ……………………… 197

Section 4 Renvoi and the Settlement of the Conflict of Civil and Commercial Laws between the Two Sides of the Strait ………………………………………… 203

Subchapter 5 Ascertainment of Foreign Law in Two Sides of the Strait's Foreign Civil and Commercial Legal Relationship and Law of Other Law District …… 206

Section 1 Ascertainment of Foreign Law in Two Sides of the Strait's Foreign Civil and Commercial Legal Relationship ……………………………………… 207

Section 2 Ascertainment of Law of Other Law District in Cross-Strait Civil and Commercial Legal Relationship ········ 219

Chapter 4 Application of Cross-Strait Conflict of Laws ········ 226

Subchapter 1 Application of Lex Personalis in Cross-Strait Conflict of Laws ········ 226

Section 1 Lex Partiae in Cross-Strait Conflict of Laws ··· 226

Section 2 Lex Domicilii in Cross-Strait Conflict of Laws ··· 237

Section 3 Law of Habitual Residence in Cross-Strait Conflict of Laws ········ 244

Section 4 Lex Personalis and the Settlement of the Conflict of Civil and Commercial Laws between the Two Sides of the Strait ········ 253

Subchapter 2 Application of Lex Loci Actus in Cross-Strait Conflict of Laws ········ 257

Section 1 General Application of Lex Loci Actus in Cross-Strait Conflict of Laws ········ 258

Section 2 Application of Lex Loci Actus in Various Fields of Cross-Strait Conflict of Laws ········ 264

Section 3 Lex Loci Actus and the Settlement of the Conflict of Civil and Commercial Laws between the Two Sides of the Strait ········ 281

Subchapter 3 Application of Lex Rei Sitae in Cross-Strait Conflict of Laws ········ 284

Section 1 Theoretical Grounds for the Application of Lex Rei Sitae in Cross-Strait ·················· 284

Section 2 Application of Lex Rei Sitae in Cross-Strait Conflict of Laws ·················· 287

Section 3 Lex Rei Sitae and the Settlement of the Conflict of Civil and Commercial Laws between the Two Sides of the Strait ·················· 300

Subchapter 4 **Application of Party Autonomy in Cross-Strait Conflict of Laws** ·················· 307

Section 1 General Application of Party Autonomy in Cross-Strait Conflict of Laws ·················· 307

Section 2 Specific Application of Party Autonomy in Cross-Strait Conflict of Laws ·················· 308

Section 3 Development of Application of Party Autonomy in Cross-Strait Conflict of Laws ·················· 325

Section 4 Party Autonomy and the Settlement of the Conflict of Civil and Commercial Laws between the Two Sides of the Strait ·················· 333

Subchapter 5 **Application of the Most Significant Relationship in Cross-Strait Conflict of Laws** ·················· 342

Section 1 Legislation of the Two Sides of the Strait on the Most Significant Relationship ·················· 342

Section 2 Theoretical Analysis on the Most Significant Relationship from the Two Sides of the Strait ·················· 350

Section 3 The Most Significant Relationship and the Settlement of the Conflict of Civil and Commercial Laws between the Two Sides of the Strait ········ 368

Chapter 5 Re-examination of the Ideas in Coordinating and Solving the Conflict of Civil and Commercial Laws between the Two Sides of the Strait ················ 373

 Subchapter 1 Certain Fundamental Principles to Insist on ······ 373

  Section 1 Insisting on the Principle of "One China" ··· 373

  Section 2 Equal Status between Civil and Commercial Laws of the Two Law Districts ············ 374

  Section 3 Equal Status between Parties from the Two Sides ················ 376

  Section 4 International Custom as Complement ········ 377

  Section 5 Respect for Party Autonomy ············ 378

  Section 6 Emphasis on the Most Significant Relationship in Application of Law ············ 378

 Subchapter 2 Theoretical Foundation for Recognizing and Applying the Other Side's Law ············ 379

  Section 1 Recognizing the Other Side's Law on the Basis of "Vested Rights" ············ 380

  Section 2 Recognizing the Other Side's Law according to the Principle of "the Doctrine of Necessity" ······ 381

  Section 3 Recognizing the Other Side's Law on the Reciprocal Basis ············ 384

 Subchapter 3 Constitution and the Coordination and Settlement of the Conflict ············ 387

Section 1 Influence of Legislative Jurisdiction Rules in the Constitution on Interregional Conflict of Laws 387

Section 2 Limitations on the Application of Interregional Laws by the Constitution 388

Section 3 Constitution and the Settlement of the Conflict of Civil and Commercial Laws between the Two Sides of the Strait 390

Subchapter 4 Other Methods to Coordinate and Solve the Conflict 392

Section 1 On Regularized Documents 393

Section 2 On Matter-of-Fact Negotiations 395

Section 3 On Alternative Approaches in Individual Case 396

Conclusion 402

Bibliography 404

Latter records 420

缩略语表

《宪法》　　　　　　　　　《中华人民共和国宪法》
《两岸人民关系条例》　　　《台湾地区与大陆地区人民关系条例》
《示范条例》　　　　　　　《大陆地区与台湾、香港、澳门地区民事法律适用示范条例》
《示范法》　　　　　　　　《中华人民共和国国际私法示范法》
《民法(草案)》　　　　　　《中华人民共和国民法(草案)》
《修正草案》(第一稿)　　　台湾《涉外民事法律适用法修正草案》(原稿)
《修正草案》(第二稿)　　　台湾《涉外民事法律适用法修正草案》(初稿)
《修正草案》(第三稿)　　　台湾《涉外民事法律适用法部分条文修正草案》或《涉外民事法律适用法修正草案》(第一稿)
最高人民法院《意见(试行)》　最高人民法院《关于贯彻执行〈中华人民共和国民法通则〉若干问题的意见(试行)》
最高人民法院《解答》　　　最高人民法院《关于适用〈涉外经济合同法〉若干问题的解答》

导　言

　　海峡两岸的民商事法律冲突是两岸相互交往关系发展到一定阶段的必然结果,是在两岸关系由紧张走向缓和,两岸人民由相互隔绝走向相互往来的情况下产生的。① 海峡两岸的民商事法律冲突问题是两岸关系中的重要组成部分,也是一个复杂的问题。

　　众所周知,两岸同胞同宗同文,血脉相连。由于特殊的历史原因,自上世纪 50 年代以来,两岸被人为地隔绝,从此,"乡愁"成为"一湾浅浅的海峡,我在这头,大陆在那头"。从 20 世纪 70 年代末开始,两岸关系有所缓和,相互间的经贸、文化、人员交流有了飞速的发展。近年来,尽管台湾当局出于政治原因一再以各种方式阻挠两岸人民的交往,两岸逐步发展起来的良好互动关系出现了严重的挫折和倒退,但是事实上,两岸人民间的民商事往来不但没有中断,反而逐年趋升。可以肯定,不论两岸政治关系如何变动,只要两岸人民的交往、两岸的经济贸易关系不断加强,就会形成一条使台湾无法脱离祖国大陆母体的"脐带"。② 因而,发展民商事关系是实现两岸关系正常化的不可缺少的环节,是完成祖国统一大业的重要战略。鉴此,一方面,要积极推动两岸的民商事交往,促进两岸经济贸易关系的发展,增进两地人民的相互了解,增加互信,实现互利,提升台湾人民对

---

① 陈安主编:《海峡两岸交往中的法律问题研究》,北京大学出版社 1997 年版,第 226 页。
② 徐崇利:《两岸民商事法律冲突的性质及立法设计》,载《厦门大学法律评论》(第 5 辑),柳经纬主编,厦门大学出版社 2003 年版。

"和平统一,一国两制"原则的认同,贯彻"寄希望于台湾人民"的方针,团结广大台湾同胞共同发展两岸关系;另一方面,交往就会带来民商事纠纷,产生法律冲突与法律适用问题,需要认真加以解决。研究进而解决两岸民商事法律冲突,就是为了保证两岸间民商事活动有法可依,就是为了促进两岸经贸及民间关系不断、顺利地向前发展。

海峡两岸的法律冲突既不同于世界其他国家内部的区际法律冲突,也有别于中国大陆地区和香港、澳门地区之间的法律冲突,它有自己的特点。首先,这种冲突与大陆和港澳地区之间的区际冲突具有共性。这些共性决定了中国的区际法律冲突与其他国家区际法律冲突的不同。然而,两岸法律冲突又具有个性。中国已对港澳恢复行使主权,大陆地区与港澳地区的法律冲突的解决相对比较容易。与此相反,两岸关系中存在十分敏感的政治问题,相互之间没有任何官方接触与联系,台湾当局一直阻挠"三通"的实现,民间沟通渠道也不畅通,这就给两岸法律冲突的解决增加了困难性与复杂性。因而,如何在中国区际法律冲突的共性下,考察海峡两岸民商事法律冲突的个性,根据两岸关系发展的具体过程,选择不同的法律途径处理两岸法律冲突,迫切需要从理论上进一步加以探讨。

国际上解决区际法律冲突的基本模式主要有二:一是准用或类推适用国际私法规范;二是制定全国统一的区际冲突法或各法域自己的区际冲突法。"在两岸双方实体法未能统一的前提下,透过法律冲突法则以处理两岸民事关系,事实上成为两岸关系法制化架构之下的一种合理选择,且此种解决模式也已在两岸法学界中形成共识。"[①]中国当今不可能制定全国统一的区际冲突法,两岸官方也不

---

① 王志文:《海峡两岸法律冲突规范之发展与比较》,载《中国法制比较研究论文集》,程家瑞主编,东吴大学法学院 1995 年版。

会制定只适用于两岸的区际冲突法。所以,海峡两岸区际法律冲突的解决,目前只能依赖于各自的国际私法规范以及各方单独制定的区际冲突法规范。

中国大陆制定有自己的国际私法。台湾地区不仅有国际私法立法,而且还制定了区际冲突法。[①] 为了适应当前国际私法呈现的立法形式法典化、政策导向明朗化、法律内容趋同化、法律适用灵活化、调整范围扩大化等趋势,海峡两岸的冲突法立法又在制定、修改及完善中。[②] 在此背景下,有必要探求两岸冲突法的发展轨迹,跟踪两岸法律的修改与制定,发现两岸冲突法在特定社会历史条件下形成的特点、趋势、动向、规律;在比较两岸冲突法,探寻其法律规定的优与劣、同与异后,明确各项冲突法制度与原则在解决海峡两岸民商事法律冲突中的价值、作用及其适用,为在共性与个性中寻找出特殊的解决两岸民商事法律冲突的新路子奠定理论基础。

当然,海峡两岸区际民商事法律冲突的特殊性决定了不能仅仅依靠解决一般区际法律冲突的方法解决两岸法律冲突。冲突法模式是有效的但不是唯一的。在两岸的实践中,还发展出了其他一些解决冲突的模式。这些模式的运用,为两岸民商事法律冲突的解决提供了不同的思路与经验。分析、研究各种解决海峡两岸民商事法律冲突的方法,比较它们的实际运用效果,发现解决两岸法律冲突的有效途径,不仅是本研究的出发点,也是其终结归宿。

本书主要采用理论与实践相结合的研究方法,除了探讨两岸冲

[①] "冲突法"在大陆法系国家多被称之为"国际私法",可事实上,这两个名称常常可以彼此换用。本书根据需要,在各类标题中采用"冲突法"名称,而在具体内容中,两者经常互换。此外,一般来说,冲突法或国际私法主要包括管辖权、法律适用以及司法协助等内容,但是,其中的法律适用问题是国际私法的本体,因此,本书探讨的内容,主要围绕法律适用问题展开。

[②] 于飞:《中国国际私法理论与立法》,中国法制出版社2004年版,第65—67页。

突法的理论外,还密切结合两岸冲突法的立法与司法实践;同时,采用比较研究的方法,从对两岸冲突法发展历史的纵向比较以及冲突法内容的横向比较两方面,对海峡两岸冲突法进行了一定程度的剖析。

本书共分五章:

第一章阐述了海峡两岸民商事法律冲突的一般问题。从历史、政治、法律和现实等方面回顾了两岸民商事法律冲突产生的原因;分析了两岸民商事法律冲突的性质及其表现出的阶段性与渐进性并存以及国家统一前后不同的特点;认为现阶段解决两岸民商事法律冲突最适宜的方法是:两岸适用各自的区际冲突法或类推适用各自的国际私法。

第二章区分1949年前后两个时段阐述分析了海峡两岸冲突法立法的演进。1918年,中国在特定的社会历史环境下,产生了自己的第一部国际私法单行立法——《法律适用条例》。虽然当时的社会条件决定该条例难以发挥其作用,但是,在中国国际私法的立法史上,它应该占据一席之地。1949年之后,尤其是中国大陆改革开放20多年来,其国际私法立法取得前所未有的成果,国际私法法律体系已初步建立。但是,现行国际私法立法还存在着明显的缺陷,成为整个法律体系中的一个薄弱环节。中国台湾地区既制定了国际私法,又有区际冲突法。其冲突法采用的单行法立法模式比较合理,法律规范的内容较为齐全;但一些条款的具体规定僵硬、死板,灵活性不够,一些条文中的封建色彩、男女不平等的观念更是落后于时代的发展。目前,海峡两岸都在进行冲突法的制定与修改,期待两岸的冲突法立法日益走向完善。

第三章从理论、立法与实践等方面对海峡两岸冲突法的一般制度,即识别、法律规避、公共秩序保留、反致制度、外国(法域)法的适用和查明等进行探讨。海峡两岸的冲突法学者肯定这些制度在限制外国(法域)法适用上的功能。但是,两岸学界对于这些制度有不尽相同的认识,立法、司法实践对它们有具体的规定、表现与运用。这些制度也是解决海峡两岸民商事法律冲突不可或缺的制度;同时尚需强调,它们的适用必须:第一,符合"一个中国"原则;第二,体现两岸民商事法律的平等性;第三,有利于两岸民商事法律冲突的解决;第四,促进两岸民商事关系的发展。

第四章区分属人法、行为地法、物之所在地法、意思自治、最密切联系等冲突原则,考察两岸学者对这些原则适用的基本观点或态度,探讨它们在两岸冲突法中的一般规定及具体适用,分析其在解决两岸民事商法律冲突时的运用。本章研究表明,两岸民商事交往中的属人法,应以惯常居所地为主要连结点,同时尽量避免使用区籍、籍贯等概念,在个别情况下结合当事人共同住所地法解决两岸的民商事法律冲突;行为地法和物之所在地法原则在解决两岸民商事法律冲突的过程中应该发挥积极作用,但其适用应体现两岸法律之间以及当事人之间的平等;为了求得海峡两岸"私法"性质的民商事法律冲突的顺利解决,意思自治与最密切联系原则理应作为解决民商事法律冲突的一般原则,当然,这两项原则的适用同样不得违反"一个中国"原则,并应符合社会公共利益,保护当事人正当权益,实现个案公正。

第五章对协调与解决两岸民商事法律冲突的一般问题的思路再次加以梳理,意在坚持解决两岸民商事法律冲突的基本原则,奠定承认与适用对方法律的理论基础,建立规范区际法律选择的宪法性机制,探寻多种合适的途径,协调与解决两岸的民商事法律冲突,发展两岸的民商事关系。

解决海峡两岸民商事法律冲突的模式不是单一的,而是多元的。

究竟应采取哪些模式,取决于两岸关系的发展变化。不论什么模式,在坚持"一个中国"原则的大前提下,只要对于解决两岸民商事法律冲突有利,本着积极务实的态度,应该被两岸肯定并使其向规范化的方向发展。

第一章 海峡两岸的民商事法律冲突

第一节 海峡两岸民商事法律冲突的产生

从普遍的意义来讲,法律冲突是指两个或两个以上的不同法律同时调整一个相同的社会关系,而在这些法律之间产生矛盾的社会现象。法律冲突的表现形式多种多样,依不同的标准,可将它划分为公法冲突和私法冲突;积极冲突和消极冲突;空间上的冲突、时间上的冲突、人与人之间的冲突;立法冲突、司法冲突、守法冲突;平面的冲突和垂直的冲突等。[①] 本书所研究的海峡两岸的民商事法律冲突,指的是两岸私法性质的民商事法律在一个中国的空间范围内的同一平面上的冲突,即对同一涉两岸民商事法律关系,因所涉两地民商事法律规定不同而发生的法律适用上的冲突。

尽管海峡两岸民商事法律冲突的情况非常特殊,但从性质上讲,它仍然属于区际法律冲突的范畴。一般说来,一国内部产生区际法律冲突应具备以下条件:

第一,在一国内部存在着数个具有不同法律制度的法域。"法域"是指实行不同法律制度的区域。在这个区域内,各法域具有相对独立的立法权、司法权,并可以按照自己的传统,独立地发展本法域

---

① 韩德培主编:《国际私法新论》,武汉大学出版社1997年版,第126—128页。

的法律制度,保持本法域法律制度的特点。① 法域可以指实行不同法律制度的国家,也可指一个国家内实行不同法律制度的各区域。只有在一国内部存在着具有不同法律制度的区域,才有可能产生区际法律冲突问题。因此,这是产生区际法律冲突的最根本的条件。形成一个国家内部具有多个不同的法律区域的原因很多,诸如国家的联合与合并,国家的复活、兼并,国家领土的割让、回归,分裂国家的统一,国家的殖民等。② 中国区际法律冲突产生的一个原因是国家领土的回归。香港与澳门已分别于1997年、1999年回归祖国,从而使中国成为多法域国家;另一个原因是国家的统一,中国大陆与台湾地区随着从对峙走向缓和,进而统一,尤其是通过和平的途径走向统一,两岸都保留各自原有的民商事法律制度,形成不同的法域。

第二,各法域相互承认外法域人民的民商事法律地位,以及各法域人民之间的相互交往,导致产生众多的跨地区民商事法律关系。这是区际法律冲突产生的前提条件,也是一个问题的两个方面。如果一国国内各地区间互不承认对方人民的民商事法律地位,自然就不会有相互之间的民商事往来;相反,如果各法域人民间不交往,也就不存在承认对方人民的法律地位的问题。各法域人民要交往,必须承认对方人民在自己域内的民商事法律地位,该法律地位的确定,将促进各地人民间的交往,并为产生法律冲突创造前提条件。

第三,各法域相互承认外法域的法律在自己区域的域外效力。这是区际法律冲突产生的必备条件。如果在一个多法域国家,各法域相互排斥,拒不承认对方法域法律在自己法域的效力,则即使发生了涉及外法域因素的民商事法律关系,法律冲突也不会发生。

---

① 肖永平主编:《内地与香港的法律冲突与协调》,湖北人民出版社2001年版,第2页。

② 黄进:《区际冲突法》,永然文化出版股份有限公司1996年版,第36—48页。

海峡两岸民商事法律冲突的产生,主要原因在于:

一、历史原因:两岸的对峙

(一) 台湾是中国不可分割的一部分

台湾地处中国大陆的东南缘,是中国第一大岛,同大陆是不可分割的整体。生活在台湾地区的各族同胞始终是中华民族大家庭的重要一员。大量的史书和文献记载了中国人民早期开发台湾的情景。台湾许多学者通过"寻根"活动,考证和研究台湾与大陆的血肉相连关系。台湾中央图书馆分馆曾在 1978 年 10 月举办过"根——台湾的过去与现在"特别展览,展出了有关台湾与大陆在地缘、血缘和中华民族开拓台湾的历史资料 200 多件。学者们研究发掘出的新石器时代的珍贵历史文物,发现这些文物均来自大陆,证明台湾史前文化是"中华的一环"。台北《大华晚报》、《民族晚报》等分别以"根"为题发表文章,说明台湾的根在大陆,与大陆有着密不可分的历史渊源。①

中国历代政府在台湾先后建立了行政机构,行使管辖权。早在公元 12 世纪中叶,宋朝政府即已派兵驻守澎湖,将澎湖地区划归福建泉州晋江县管辖。此后,元、明、清各朝政府不但没有放弃反而加强了对台湾地区的管辖与统治。②

海峡两岸中国人为反对外国侵占台湾进行了长期不懈的斗争。15 世纪后期起,西方殖民主义者大肆掠夺殖民地。1624 年,荷兰殖

---

① 蓝天主编:《"一国两制"法律问题研究》(总卷),法律出版社 1997 年版,第 128—129 页。
② 国务院台湾事务办公室、国务院新闻办公室 1993 年 8 月 31 日《台湾问题与中国的统一(白皮书)》。

民者侵占台湾南部,1626年,西班牙殖民者入侵台湾北部。1642年,荷兰取代西班牙占领台湾北部。两岸同胞为反对外国殖民者侵占台湾进行了包括武装起义在内的各种方式的斗争。1661年,郑成功进军台湾,于次年驱逐了盘踞台湾的荷兰殖民者,收复了台湾。1894年,日本发动侵略中国的"甲午战争"。翌年,清政府战败,在日本威迫下签定丧权辱国的《马关条约》,割让台湾。消息传来,举国同愤。大陆人民同仇敌忾,强烈反对割让台湾的不平等条约;台湾人民则鸣锣罢市,发布檄文,决心与日军拼死搏斗,并进行了一系列可歌可泣的反抗日本殖民统治的武装斗争。

1937年,中国人民开始了全民族的抗日战争。中国政府在《中国对日宣战布告》中明确昭告中外:所有一切条约、协定、合同有涉及中日关系者,一律废止。《马关条约》自属废止之列。[1] 这一布告同时郑重宣布:中国将"收复台湾、澎湖、东北四省土地"。中国人民经过8年的浴血奋战,于1945年取得抗日战争的胜利,台湾在被割占50年后,终于又回到了祖国的怀抱。

台湾作为中国领土的一部分,在国际社会也得到普遍的承认。1943年12月1日,由中、美、英三国政府共同签署的《开罗宣言》就明确规定:"三国之宗旨,在剥夺日本自1914年第一次世界大战开始以后在太平洋上所夺得或占领之一切岛屿,在使日本所窃取于中国人民之领土,例如满洲、台湾、澎湖列岛,归还中国。"1945年7月26日,中、美、英三国签署(后苏联参加)的《波茨坦公告》又重申:"开罗宣言之条件必将实施"。同年8月15日,日本宣布投降。《日本投降条款》承诺:"兹接受中美英三国共同签署的、后来又有苏联参加的

---

[1] 国务院台湾事务办公室、国务院新闻办公室1993年8月31日《台湾问题与中国的统一(白皮书)》。

1945年7月26日的波茨坦公告中的条款。"10月25日,同盟国中国战区台湾省受降仪式在台北举行,受降主官代表中国政府宣告:自即日起,台湾及澎湖列岛正式重入中国版图,所有一切土地、人民、政事皆已置于中国主权之下。至此,台湾、澎湖重归中国主权管辖。

(二) 台湾问题的缘起

台湾在第二次世界大战之后,不仅在法律上且在事实上已归还中国。之所以又出现台湾问题,原因之一是随后国民党发动的内战;之二也是更重要的原因是外国势力的介入。

抗日战争期间,国共两党建立了抗日民族统一战线,抗击日本帝国主义的侵略。抗日战争胜利后,国民党却依仗美国的支持,发动了全国规模的反人民内战。经过三年多的人民解放战争,南京"中华民国"政府被推翻,中华人民共和国成立,新中国政府成为中国的唯一合法政府。国民党一部分军政人员却退居台湾一隅并继续实行统治。

第二次世界大战以后,在当时东西方两大阵营对峙的态势下,美国政府基于其所谓的全球战略及维护本国利益的考虑,从人力、财力、物力上不遗余力地支持国民党集团打内战,阻挠中国人民的革命事业。新中国的成立标志着国民党统治的覆灭,美国政府最终没有达到其所希望达到的目的。然而,美国对中国内政的干涉并没有停止。朝鲜战争爆发后,1950年6月,美国第七舰队侵入台湾海峡,第十三航空队进驻台湾。1954年2月,美国与台湾当局签定《共同防御条约》,将中国台湾置于美国的"保护"之下,造成两岸长期对峙。1979年,中美建交后不久,美国国会通过《与台湾关系法》,以国内立法的形式,继续干涉中国内政,阻挠台湾与中国大陆的统一。在美国的支持、怂恿、干预下,海峡两岸处于长期对立隔绝的状态。

为了在台湾进行有效统治,台湾当局建立了自己的统治机构和法律制度。从而,海峡两岸事实上形成了两种截然不同的法律制度和法律区域。大陆实行社会主义制度,实施社会主义法制;台湾地区实行资本主义制度,实施属于大陆法系的法制。

二、政治原因:一个中国

坚持"一个中国"原则是解决海峡两岸民商事法律冲突的必备前提条件,是为海峡两岸法律冲突定性的基础。

(一)"一个中国"原则的涵义①

尽管海峡两岸长期对立隔绝,但谁都不能否认,世界上只有一个中国,前述有关台湾的全部事实和法律证明,台湾是中国不可分割的一部分。

1949年10月1日,中华人民共和国中央人民政府宣告成立,同时向各国政府宣布:"本政府为代表中华人民共和国全国人民的唯一合法政府。凡愿遵守平等、互利及相互尊重领土主权等项原则的任何外国政府,本政府均愿与之建立外交关系。"随后又致电联合国,声明:国民党当局"已丧失了代表中国人民的任何法律的与事实的根据",完全无权代表中国。外国承认中华人民共和国政府是代表全中国的唯一合法政府,与台湾当局断绝或不建立外交关系,是新中国与外国建交的原则。这就说明,新中国中央人民政府取代中华民国政府,是在同一国际法主体没有发生变化的情况下新政权取代旧政权,中国的主权和固有领土疆域并未由此而改变,中华人民共和国政府

---

① 国务院台湾事务办公室、国务院新闻办公室2000年2月21日《一个中国的原则与台湾问题(白皮书)》。

理所当然地完全享有和行使中国的主权,其中包括对台湾的主权。国民党统治集团退居台湾以后,虽然其政权继续使用"中华民国"和"中华民国政府"的名称,但它实际上只能是中国领土上的一个地方当局,已无权代表中国行使国家主权。

中国政府的主张受到当时美国政府的阻挠。1950年1月5日,美国总统杜鲁门曾发表声明,表示美国及其他盟国承认1945年以来的中国对台湾岛行使主权。但朝鲜战争爆发后,为了孤立、遏制中国,美国政府不仅派军队侵占台湾,且抛出"台湾地位未定"等谬论,以后又逐步在国际社会策动"双重承认",企图制造"两个中国"。中国政府对此坚决反对,主张和坚持世界上只有一个中国,台湾是中国的一部分,中华人民共和国政府是代表全中国的唯一合法政府。正是在与外国发展正常的外交关系中,在维护中国的主权和领土完整的斗争中,产生了"一个中国"原则,其核心就是维护中国的主权和领土完整。

在新中国成立后的三四十年间,台湾当局虽然不承认中华人民共和国政府代表全中国的合法地位,但也坚持台湾是中国的一部分,坚持只有一个中国的立场,反对制造"两个中国"和"台湾独立"。1979年元旦,全国人大常委会发布《告台湾同胞书》,指出"台湾当局一贯坚持一个中国的立场,反对台湾独立。这就是我们共同的立场,合作的基础"。由此表明,在一个相当长的时间里,两岸中国人在只有一个中国,台湾是中国领土的一部分这一根本问题上具有共识,"一个中国"原则曾经是双方共同的利益基础。"正是由于有这个共同的利益基础,中国政府才提出以和平方式解决台湾问题的各项政策,80年代以来两岸关系的缓和与稳定才可能实现,1993年和1998年的'汪辜会谈'才得以举行。"[①]

---

① 李鹏:《海峡两岸的利益冲突及对共同利益的寻求》,《台湾研究集刊》2001年第3期。

中国政府坚持一个中国的严正立场和合理主张,赢得越来越多的国家和国际组织的理解和支持,"一个中国"原则逐步为国际社会所接受。目前,与中国建立了外交关系的160多个国家都承认"一个中国"原则,并且承诺在一个中国的框架内处理与台湾的关系。

(二)"一个中国"原则下海峡两岸的民商事法律冲突

从上述可见,中国人民在长期的捍卫国家主权和领土完整的正义斗争中,形成的"一个中国"原则,具有不可动摇的事实和法理基础,并为国际社会所普遍接受。因此,海峡两岸的民商事法律冲突问题是"一个中国"原则下的问题,是一个中国内部不同法域之间的冲突。研究和解决海峡两岸的民商事法律冲突,"一个中国"原则是必须贯彻的首要原则。

在"一个中国"原则下,海峡两岸民商事法律冲突具有不同于中国与其他国家间民商事法律冲突的性质。

在"一个中国"原则下,海峡两岸民商事法律冲突有既不同于其他国家国内区际法律冲突的特点,又有有别于大陆与港澳地区法律冲突的特殊性。

在"一个中国"原则下,海峡两岸民商事法律冲突的解决原则、方式、途径、步骤不得盲目照搬其他多法域国家的做法,也不得完全依照解决大陆与港澳地区法律冲突的实践。

在"一个中国"原则下,海峡两岸的民商事法律、法规中不得有违反该原则的内容。如果台湾地区的法律规定违反"一个中国"的原则,大陆法域不应予以承认。

在"一个中国"原则下,处理两岸的民商事法律冲突,应坚持原则性与灵活性相结合,台湾地区不违反"一个中国"原则的民商事法律法规,大陆应承认其效力;两岸应积极寻求有效途径,加强相互之间的司法协助。

三、法律原因：既存的法制

1949年后国民党政府在台湾地区建立了自己的法制。

(一) 自成一体的立法

从内容上讲，台湾地区的法律包括两个组成部分。即在大陆时期制定的旧中国法律而在台湾地区保留适用的部分；以及为适应台湾地区实际需要而新制定的法律。

台湾地区法律的特点表现在：

第一，台湾法律是旧中国法律的延伸和发展。国民党政府退居台湾后，在台湾地区一直保留沿用旧中国的法律制度。但是，随着几十年以来时间的推移和形势的发展变化，为适用台湾地区的客观需要，台湾当局在旧中国法律的基础上，一方面对旧法进行行立、改、废，另一方面，制定了大量的新法。如此一来，台湾法律就不再是旧中国法律的简单沿用，而是在此基础上的发展。在法律修订和制定新法律的过程中，吸收了世界上新出现的法律理论或原则。

第二，就其整体而言，台湾法律虽然保留了旧中国法律的基本框架，并在名义上自称为"全国性法律"，但实质上，相当一部分仅仅是针对所谓"中华民国"的台湾地区特殊的社会政治经济问题而立，因而，无论在内容上还是在适用范围上，都带有明显的区域性。①

第三，采用以基本法与特别法相结合的"六法体系"。所谓"六法"就是大陆法系国家习惯上划分的六个法律部门，包括：宪法、民

---

① 蓝天主编：《"一国两制"法律问题研究》(总卷)，法律出版社1997年版，第753页。

法、民事诉讼法、刑法、刑事诉讼法、行政法。亦即以《宪法》、《民法典》、《刑法典》、《刑事诉讼法典》、《民事诉讼法典》、《行政诉讼法(或执行法)典》等六大基本法典及各自附属的相关法规共同组成的一个法律体系。法国、德国、瑞士、俄罗斯、日本等早在19世纪就基本形成"六法"体系。旧中国法律也依照大陆法系的传统建立起自己的"六法体系"。在这六法中,除了行政法之外,其余五个部门法都有一个基本法及许多支援法,行政法则由大量的单行法规组成。①

第四,采用多层次立法体制。在台湾,各级"立法"机关都有相应的"立法"权,各级行政机关以及"中央"其他机关都可以发布规范性的行政命令,形成四级立法体制,即"中央"、省市、县(市)、乡(镇、市)四级立法。

第五,主要法律渊源为成文法,但判例、习惯也是其法律渊源,以弥补成文法的不足。

台湾地区的法律渊源包括:②

(1)《"中华民国宪法"》。《"中华民国宪法"》制定于1946年12月25日,1947年1月1日公布,同年12月25日施行。1991年至2000年的10年间,以制定所谓的"宪法增修条文",不动《"宪法"》本文的方式,先后6次"修宪",并分别于1991年5月1日、1992年5月28日、1994年8月1日、1997年7月21日、1999年9月15日和2000年4月25日公布实施。"为因应国家统一前之需要","宪法增修条文"涉及"国民大会"、"总统、副总统"、"行政院"、"立法院"、"司法院"、"考试院"、"监察院"、"省、县地方制度"、"两岸关系法"之订定等方面。台湾当局"立法院"于2004年8月23日通过了"国会改

---

① 陈安主编:《台湾法律大全》,中国大百科全书出版社1998年版,第4页。
② 陈安主编:《台湾法律大全》,中国大百科全书出版社1998年版,第27—30页。

革"、"公投入宪"等四大议题的"修宪案"。① 这一"修宪案"于2005年6月7日由"任务型国民大会"进行复决后通过,6月10日公布施行。"修宪案"的主要内容包括:"立法委员"席次由225席减为113席;"立法委员"任期由3年改为4年;"立法委员"选举制度改为单一选区两票制;废除"国民大会",改由公民复决"修宪案";"总统"、"副总统"的弹劾改由"司法院"大法官审理。② 这是台湾自1991年以来的第七次"修宪",将对岛内政治生态、政局运作、选举文化以及两岸关系产生深远而复杂的影响。

(2)法律。法律由"立法院"制定,由"总统"公布实施。根据《中央法规标准法》第2条的规定,法律有法、律、条例和通则四种。其中,凡应以法律规定之事项,含有一般性、基本性或普通性者,均可定名为"法",如民法、刑法等;凡含有正刑定罪之内容,并属于军事性质之罪行,比普通刑法更为严厉者,可定名为"律",如战时军律;凡就已规定事项另外特别规定,或暂时规定,或补充规定者,可定名为"条例";凡法律已作原则性规定,但还必须依据该法律分别作出规定者,可定名为"通则"。

(3)紧急命令。依"宪法增修条文"第2条第4项的规定,"总统"在"非常时期"可以发布紧急命令。紧急命令可停止法律的一部分或全部的执行。

(4)命令。台湾各级公务机关都有权制定和发布规范性文件,除《"宪法"》、法律、法规、规章、规约之外,称之为"命令",它包括规程、

---

① 曾润梅:《台湾"修宪"冲击岛内政局》,
http://tw.people.com.cn/GB/14811/14869/2756261.html,2004—09—02。
② 新华网:《台湾"修宪案"通过 "国大"正式退出历史舞台》,
http://news.xinhuanet.com/taiwan/2005—06/08/content_3057230.html,2005—06—08。

规则、细则、办法、纲要、标准或准则等。

(5) 法规。台湾各省级立法机关即省市议会,有权制定"法规"。

(6) 规章。台湾省所属县级议会(包括省辖市议会)为县(市)立法机关,有权制定"规章"。

(7) 规约。台湾省各县所辖的乡、镇、市民代表会,为乡(镇、市)立法机关,有权制定"规约"。

(8) 条约。以"中华民国"政府名义签定的为数不多的条约,也是其法律渊源。

(9) 解释。这里的"解释"是指大法官会议的解释,以及大法官会议成立以前的"大理院"、"最高法院"和"司法院"所作的解释。这些解释都具有法律约束力,是重要的法律渊源。

(10) 判例。"最高法院"和行政法院制作的判例具有法律约束力,是其法律渊源。

此外,台湾民法还把习惯、法理作为法律渊源。如其《民法》第1条规定:"民事,法律所未规定者,依习惯,无习惯者,依法理。"

根据台湾地区法律,在各成文法渊源之间,法律不得抵触《"宪法"》;命令不得抵触《"宪法"》及法律;各"中央"机关之间,下级机关订定的命令不得抵触上级机关之命令;地方自治法规不得与《"宪法"》、法律以及"中央"机关之命令抵触,下级自治法规不得抵触上级自治法规。①

(二) 自行其是的司法

台湾地区现行司法制度是旧中国司法制度的延续和发展。由于其形成和发展有着特殊的历史环境,因而呈现出某些特色。概括起

---

① 陈安主编:《台湾法律大全》,中国大百科全书出版社1998年版,第30页。

来,主要表现为:①

第一,"司法院"名义上是最高司法机关,实际上是司法行政监督机关,并不具体审判案件。

第二,审判机关与检察机关在机关配置上合二为一,在司法行政监督上采取审检分隶制。法院和检察机关的组织配置都规定在《法院组织法》中。各级法院都配置检察署,但检察机关又独立行使职权,其隶属关系也不同于法院。各级法院隶属于"司法院",各级检察机关则隶属于"行政院"下的"法务部"。

第三,审判机关除军事审判机关外,包括普通法院("最高法院"、高等法院、地方法院三级),其职权是审判民事、刑事诉讼案件;行政法院(只有一级一个)负责审判行政诉讼案件;"宪法"法庭(由"司法院"大法官组成)专门审理政党"违宪"案件。

第四,在审判与执行制度上,普通法院审判民事、刑事诉讼案件,以三级三审(三审终审)制为原则,三级二审为例外;行政法院审判案件采取一审终审制。刑事判决或裁定一般由作出该判决或裁定的法院所配置检察署的检察官执行。对于民事判决或裁定的执行台湾专门制定了《强制执行法》,且在地方法院设立民事执行处,负责民事执行事项。

第五,解释"宪法"和统一解释法令之权由"司法院"所属大法官会议行使,而不是由立法机关或"最高法院"行使。对公务员的行政惩戒由"司法院"所属的"公务员惩戒委员会"负责。

可见,在海峡两岸政治分离的现实条件下,台湾地区法制自成体系,具有与中国大陆完全不同的立法、司法制度,形成一个特殊的"法域"。而且,这个"法域"将长期存在。这是因为,"一国两制"是实现

---

① 陈安主编:《台湾法律大全》,中国大百科全书出版社1998年版,第32—33页。

中国统一的最有效的构想。"一国两制"意味着"在一个中国的前提下,大陆的社会主义制度和台湾的资本主义制度,实行长期共存,共同发展,谁也不吃掉谁。这种考虑,主要是基于照顾台湾的现状和台湾同胞的实际利益"。"两岸实现统一,台湾的现行社会经济制度不变,生活方式不变,同外国的经济文化关系不变。诸如私人财产、房屋、土地、企业所有权、合法经营权、华侨和外国人投资等,一律受法律保护。"①台湾享有高度的自治权,"它拥有在台湾的行政管理权、立法权、独立的司法权和终审权;党、政、军、财等事项都可自行管理;可以同外国签定商务、文化协定,享有一定的外事权;有自己的军队,大陆不派军队也不派行政人员驻台。……"②以上是中国政府就"和平统一、一国两制"作出的承诺,也是统一后台湾的前景。

四、现实原因:两岸的交往

海峡两岸的民商事交往是产生两岸法律冲突的前提条件。1949年以后的30多年间,由于两岸处于军事对峙状态,两岸同胞间的往来完全被隔绝。1979年元旦,全国人大常委会发表《告台湾同胞书》,郑重宣告了和平解决台湾问题的大政方针,表明我们"一定要考虑现实情况,完成祖国统一的大业,在解决统一问题时尊重台湾现状和台湾各界人事的意见,采取合情合理的政策和办法,不使台湾人民遭受损失"。为有利于两岸同胞互通信息,探亲访友,旅游参观,发展经济、文化等各方面的关系,大陆首倡两岸"双方尽快实现通邮、通航","发展贸易、互通有无,进行经济交流"。在大陆方面的不懈努力

---

① 国务院台湾事务办公室、国务院新闻办公室1993年8月31日《台湾问题与中国的统一》(白皮书)。

② 国务院台湾事务办公室、国务院新闻办公室1993年8月31日《台湾问题与中国的统一》(白皮书)。

下,海峡两岸交往的态势趋升。据统计,1996年至2002年的7年间,在上海登记的涉外婚姻超过2.1万对,平均每年3000对。其中仅台湾地区居民就占涉外婚姻境外人员总数的30%。① 从全国的情况看,两岸人员的往来,台胞来大陆人次,从1988年的44.6万,增加到2004年的368.5万;大陆居民赴台人数,从1988年至1990年的8545人,增加到2004年的14.5万。② 两岸的经贸关系,依商务部统计,2004年,两岸贸易总额达783.2亿美元,同比增长34.2%,其中,大陆对台出口金额达135.5亿美元,超过上年全年水平,而且较上年增长50.4%,大陆从台进口额达647.8亿美元,同比增长31.2%,台湾是大陆第二大进口市场,大陆是台湾最大的出口市场。根据台湾方面的统计,2004年1—11月,批准台商投资项目1839个,投资金额为61.63亿美元,分别较上年增长12%与51.6%。③ 两岸经贸关系密切,结果便是两岸经贸依赖加深,主要表现在:首先,贸易依赖加深。两岸贸易依赖度逐年提高,以香港海关转口统计为例,台湾对大陆的贸易依赖度已从1979年的0.25%,提高到2003年的5.14%,同期大陆对台湾的依赖度业由0.27%增加到1.64%。依台湾统计,2004年,两岸贸易额占台对外贸易总额的比例上升到18%,占大陆对外贸易的比重为7.23%。其次,产业依赖加深。除了考虑台湾对大陆的贸易依赖度外,由于台湾个别产业赴大陆投资的加强、上下游

---

① 贾明军:《透视上海涉外婚姻的结婚与离婚》,http://www.iamlawyer.com,2003—11—18。
② 国务院台湾事务办公室网站,http://www.gwytb.gov.cn/jlwl/rywll.html,2005—06—20。
③ 王建民:《2004—2005年两岸经贸关系回顾与展望》,http://www.china.com.cn/chinese/ChineseCommunity/761026.html,2005—01—20。

关联效果等原因,台湾对大陆产业的依赖日渐加深。①

两岸持续不断的民商事往来的结果,必然带来涉两岸的民商事法律纠纷,产生法律冲突问题。

第二节 海峡两岸民商事法律冲突的性质

研究海峡两岸的民商事法律冲突,必须首先弄清两岸法律冲突的性质。海峡两岸的民商事法律冲突不是国际法律冲突,而是区际法律冲突,是特殊的区际法律冲突,是私法之间的冲突。

一、海峡两岸的民商事法律冲突不是国际法律冲突

国际法律冲突是对同一民事关系因所涉各国民商事法律规定不同而发生的法律适用上的冲突。它最突出的特征即是一种跨国法律冲突。这种法律冲突产生于国际社会,是不同主权国家之间的法律冲突。这是它同一个主权国家领土范围内不同地区之间的法律冲突——区际法律冲突的根本区别之所在。

海峡两岸的关系很特殊。目前两岸虽没有统一,但是,两岸问题毕竟是一国内部内战造成的问题。两岸事实上存在着不同的政治、法律制度,形成两个不同的法律区域,海峡两岸的民商事法律冲突当然不可能是国际法律冲突。有些台湾学者也认为,如果一个案件涉及到不同国家的法律时,才发生所谓的国际法律冲突问题。台湾、大陆各自主张"一国两区"、"一国两制"的理念,所产生的法律冲突问

---

① 徐东海:《2004年两岸经贸关系的回顾》,《展望与探索》2005年第3卷第2期。

题,不能与国际私法上的法律冲突理论相提并论。①"两岸若欲采取国际私法上的法律冲突理论来解决错综复杂的法律问题,前提乃必先互相承认两岸为分裂国家演变而成的两个分治国家,在宪法体制中的国体给予明确定位,……使国际私法上的法律冲突理论得以顺应适用……。"②

从海峡两岸民商事法律冲突性质的角度论,以上观点无疑是正确的。不是说不能用国际私法上的法律冲突理论来解决区际法律冲突问题。事实上,英国、美国对国际法律冲突与区际法律冲突就不作区分,解决国际法律冲突的规则也可用以解决区际法律冲突;只是就两岸民商事法律冲突的性质而言,大陆坚持"一个中国"原则,台湾地区除少数人外,主流民意并不赞同台湾"独立",国际社会绝大多数成员也不承认世界上有两个中国。台湾现行的《中华民国宪法》增修条文第 11 条规定:"自由地区与大陆地区间人民权利义务关系及其他事务之处理,得以法律为特别之规定。"台湾"行政院"在对《台湾地区与大陆地区人民关系条例》(以下简称《两岸人民关系条例》)的立法说明中认为:"大陆地区与台湾地区同为中华民国领土,大陆地区人民与台湾地区人民,同为中华民国人民。两岸往来所生法律事件原应一体适用中华民国法律。惟当前中华民国正处于国家未统一之状态,民国 80 年 2、3 月间,总统府国家统一委员会及行政院会议分别通过之'国家统一纲领'已明白宣示,在'一个中国'之原则下,两岸应在交流互惠中不否定对方为政治实体,以建立良性互动关系。"③《中华人民共和国宪法》(以下简称《宪法》)"序言"庄严声明:"台湾是中

---

① 王泰铨:《当前两岸法律问题分析》,五南图书出版公司 1997 年版,第 7 页。
② 王泰铨:《当前两岸法律问题分析》,五南图书出版公司 1997 年版,第 7 页。
③ 李念祖:《两岸人民关系条例中三项基本宪法问题初探》,《理论与政策》第 7 卷第 2 期。

华人民共和国神圣领土的一部分。完成统一祖国的大业是包括台湾同胞在内的全中国人民的神圣职责。"可见,不论双方所赋予的"中国"之含义有何不同,两岸的问题应是中国内部的问题,两岸的民商事法律冲突不是国际法律冲突。

二、海峡两岸的民商事法律冲突是区际法律冲突

区际法律冲突是在一个国家内部不同地区的法律制度之间的冲突,或者说是在一个国家内部不同法域之间的法律冲突。① 一般来说,一个具有独特法律制度的地区被称为"法域",如果一个主权国家内部存在数个具有独特法律制度的地区,它就形成一个多法域国家,就会产生区际法律冲突。区际法律冲突的特征在于它是在一个主权国家领土范围内发生的法律冲突;是在一个主权国家领土范围内有独特法律制度的不同地区之间的法律冲突;是在一个主权国家领土范围内不同地区之间的民商法律冲突;是在一个主权国家领土范围内不同地区的法律在同一平面上的冲突。②

海峡两岸的民商事法律冲突是区际法律冲突,即一个主权国家内部具有不同法律制度的地区在民商事法律适用上的冲突。对此,大陆地区学者的看法一致。台湾学者的看法却不尽相同。有的台湾学者认为,海峡两岸法律冲突的性质,可有以下四种解释:③(1)为不同国家法律之冲突。大陆及台湾各有其立法、司法及行政机关,互不隶属,且各有其主权象征。它们各为"主权独立"(或"治权独立")的国家,两岸间的法律冲突,为不同国家之法律冲突。(2)为"一个中国"内两法域间法律之冲突。大陆及台湾

---

① 黄进:《区际冲突法》,永然文化出版股份有限公司1996年版,第81页。
② 黄进:《区际冲突法》,永然文化出版股份有限公司1996年版,第87—90页。
③ 尹章华:《海峡两岸海事案件法律适用之探讨》,《中兴法学》第38期。

为一国之内对等互惠的政治实体,两岸均主张"一个中国",从管辖范围而论,两者合为"一个中国",两岸间法律冲突,即"一个中国"内之两法域法律之冲突。(3)为一国法律与他国国内一法域法律之冲突。大陆地区本身具有多法域性质,若把两岸均理解为"主权(治权)独立国家",则台湾与大陆各"民族自治地区"之法律冲突为一国法律与他国国内一法域法律之冲突。(4)为国家(联邦)法律与本国一法域法律之冲突。若大陆以"宗主国"自居,强调大陆政府与台湾政府之"主从"、"上下"关系,则两岸法律冲突,可能以大陆法律为准,亦可能以"冲突规则"作为选法适用之依据,犹如美国联邦与州之间之权利义务关系。

以民商事法律冲突角度视之,上述第二种解释基本合理。因为:首先,如前所述,世界上只有一个中国,台湾不是什么主权(或治权)独立的国家,两岸之间的法律冲突当然不是不同国家之间的法律冲突。其次,就大陆地区本身来说,的确,大陆具有"多法域"性质。1982年《宪法》第100条规定:"省、直辖市的人民代表大会和它的常务委员会,在不同宪法、法律、行政法规相抵触的前提下,可以制定地方性法规,报全国人民代表大会备案。"《民族区域自治法》第20条规定:"民族自治地方的人民代表大会有权依照当地民族的政治、经济和文化的特点,制定自治条例和单行条例。"《民法通则》、《婚姻法》、《继承法》、《民事诉讼法》等法律也都规定民族自治地方的人民代表大会可以根据全国性法律规定的原则,结合当地民族的具体情况,制定变通或补充规定。这说明,大陆各省、自治区、直辖市有一定程度上的立法权,似乎形成一"多法域"的状态。但是,该"多法域"不同于我们所说的区际冲突法上的多法域。国家立法机关制定的大量的统一法律普遍适用于各省、自治区与直辖市。统一适用于整个中国大陆的法律,较之大陆各地方法规,无论在数量、范围、效力、地位等任何一方面,都具绝对优势。① 可见,大陆地区各民族自治地方并不是具有"独特法律制度"的法域,而且台湾地区也不是一个国家。这样,两岸的法律冲突不可能为"一国法律与他国国内一法域法律之冲突"。再次,在多法域国家内,各法域都是平等的,其法律冲突是不同地区法律制度之间的横向冲突。两岸法域之间同样平等。两岸的民商事法律不存在"主从"或"上下"关系,两岸的法律冲突也就不是国家法律与地方法律之间的冲突了。所以,海峡两岸的法律冲突只能是"一个中国"内的两个不同法域间的法律冲突,是区际法律冲突。

海峡两岸的民商事法律冲突是区际法律冲突为一些台湾学者所肯定。但是,有的台湾学者却认为,海峡两岸的法律冲突在法理上也不能以内国中的"区际法律冲突"看待。理由是在一个主权国家内,如有两个或两个以上不同的法律区域,而一个案件同时涉及到这些区域之法律时,才发生区际法律冲突的问题。而台湾与大陆几十年来处于分裂国家的状态,各自在其"主权"实际支配的统治区域内,形成不同的法律体系,同一个案件涉及到这两个领域内的法律时,既然这些法权不来自于同一主权国家的不同区际法律,当然就无所谓的区际法律冲突问题;再者,台湾、大陆之间,在"一国两区"或"一国两制"的政治理念下,实际上也无全国统一的调整区际法律冲突的冲突规范。《两岸人民关系条例》规定民事法律问题适用"区域法律冲突理论"来解决,在法理上显有不足之处。②

这种看法有违海峡两岸关系的历史与现实,实属不妥。众所周知,由于政治历史的原因,旧中国"法统"在国家主体大陆地区早已不复存在,大陆地区实行社会主义的法律制度,而台湾地区则一直以

---

① 沈涓:《中国区际冲突法研究》,法律出版社1999年版,第60页。
② 王泰铨:《当前两岸法律问题分析》,五南图书出版公司1997年版,第8页。

"六法全书"体系作为在台澎金马地区适用的基本法律体系,并适应社会的变化对"六法"体系作了较大的修正。这就在客观上形成两个不同法律制度的地区,形成两个不同的"法域"。但是海峡两岸的问题是"一个中国"内部的问题,"在一个主权国家之内,关于私权争执的解决(法律适用),仍不妨有'多法域体制'之存在,"①"就此一意义而言,两岸间的法律冲突,即不能与一般所称的'国际法律冲突'相提并论,而应被归类为一种特殊的'区际法律冲突'。"②

三、海峡两岸的民商事法律冲突是特殊的区际法律冲突

简言之,作为一种区际法律冲突,海峡两岸民商事法律冲突的"特殊"主要表现在:

第一,从冲突产生的背景看,现阶段两岸的法律冲突是在国家统一前,两岸尚未正式结束敌对状态、台湾当局存在明显的分离倾向、两岸居民之间有限交往的背景下产生的。③

第二,从冲突的现实看,"由于一般复数法域国家大抵仍维持政治上的统一,且此种区际法律冲突现象并非在政治分裂的情况下形成,从而就此一角度观察海峡两岸间的法律冲突与通常意义的'一国数法'或'区际法律冲突',似乎仍不尽相同。不过将区际法律冲突的概念应用于两岸间民事问题的解决,仍是现阶段较为务实可行的做法。而此种法律冲突的解决模式也为部分海内外人士所肯定。"④

---

① 尹章华:《海峡两岸海事案件法律适用之探讨》,《中兴法学》第38期。
② 王志文:《港澳问题与两岸法律冲突》,《法令月刊》第43卷第1期。
③ 蓝天主编:《"一国两制"法律问题研究》(总卷),法律出版社1997年版,第754页。
④ 王志文:《港澳问题与两岸法律冲突》,《法令月刊》第43卷第1期。

第三,从冲突存在的时间看,这种特殊性仅指国家统一前两岸的冲突。两岸的统一是中华民族的根本利益所在,①是中华民族的期望所在,是历史的必然,但是由于种种复杂的内外原因,统一的进程将是缓慢、困难的。因而这种特殊的冲突将会在较长的时期内存在。待国家统一后,海峡两岸的民商事法律冲突就成为与中国大陆和香港、澳门法律冲突基本一致的区际法律冲突了。

四、海峡两岸的民商事法律冲突是"私法"性质的冲突

"公法"与"私法"的划分由古罗马法学家乌尔比安提出,为后代法学家广泛采用。虽然以什么标准划分"公法"与"私法"说法很不统一,但一般都将宪法、行政法、刑法等划为公法,而把民法、商法划为私法。两岸民商事法律调整的是两岸私人之间的财产和人身等方面的法律关系,从性质上看,它们均属"私法"范畴。所以,海峡两岸的法律冲突是具有"私法"性质的民商事法律之间的横向冲突,这种冲突的解决自有其独特的方法——冲突法解决方法。

还需注意的是,两岸双方已分别加入 WTO,②大陆与台湾地区又多了一种同为世界贸易组织成员方的关系。但这种关系没有改变两岸民商事法律冲突是特殊的区际法律冲突的性质。因为两岸分别加入 WTO,并没有改变上述两岸法律冲突性质上表现出的"特质",并没有改变两岸同是一个主权国家领土范围内不同法域的事实。相反,台湾地区以"中国台北"的名义加入 WTO,更说明台湾是中国的

---

① 国务院台湾事务办公室、国务院新闻办公室 1993 年 8 月 31 日《台湾问题与中国的统一(白皮书)》。

② 台湾地区以"台湾、澎湖、金门、马祖(简称'中国台北')单独关税区"[the Separate Customs Territory of Taiwan, Penghu, Kinmen and Matsu(Chinese Taibei)]的名义加入。

台湾,①两岸法律冲突的性质不变,不能以为台湾地区加入 WTO,就使两岸关系变成"特殊的国与国关系",两岸法律冲突变成国际法律冲突。而且,由于 WTO 协定是具有"公法"性质的经济法律,调整的是成员方之间的经济管制关系,并非针对私人权利义务的"私法"规范,因此,两岸双方接受 WTO 体制,基本上与两岸民商事法律冲突的解决无涉。② 海峡两岸的民商事法律冲突仍然是"私法"性质的冲突。

第三节 海峡两岸民商事法律冲突的特点

海峡两岸的民商事法律冲突既不同于世界其他国家内部的区际法律冲突,也有别于中国大陆同香港、澳门地区之间的区际法律冲突。③ 作为中国区际民商事法律冲突整体的一部分,总体看来,海峡两岸的民商事法律冲突具有与中国大陆、香港、澳门地区相互间法律冲突的共性,这些共性决定了中国的区际法律冲突与其他国家的区际法律冲突的不同。

第一,从冲突的类别看,中国的区际法律冲突是一种单一制国家内的法律冲突。

第二,从冲突的内容看,中国既有属于同一法系之间、又有分属不同法系之间的法律冲突;既有属于同一社会制度的法域之间、又有社会制度根本不同的法域之间的法律冲突;不仅表现为各地区本地

---

① 吴国平等:《两岸民商事法律冲突的性质和解决》,《福建政法管理干部学院学报》2002 年第 2 期。
② 徐崇利:《两岸民商事法律冲突问题的性质及立法设计》,载《厦门大学法律评论》(第 5 辑),柳经纬主编,厦门大学出版社 2003 年版。
③ 陈安主编:《海峡两岸交往中的法律问题研究》,北京大学出版社 1997 年版,第 228 页。

法之间的冲突,而且有时表现为各地区本地法和其他地区适用的国际条约之间以及各地区适用的国际条约相互之间的冲突。

第三,从冲突的协调途径看,各法域享有完全的民商事立法管辖权,在立法管辖权方面,无中央立法管辖权和各法域立法管辖权的划分;各法域都有自己的终审法院,在解决区际法律冲突方面,无最高司法机关加以协调。

但另一方面,海峡两岸的民商事法律冲突又有自己的个性特征。研究两岸民商事法律冲突的特殊性,对于正确认识与合理解决两岸法律冲突,具有重要的理论意义和现实意义。

一、海峡两岸民商事法律冲突的阶段性与渐进性并存

中国政府分别于1997年7月1日与1999年12月20恢复对香港与澳门行使主权,因此,中国大陆与香港、澳门地区的法律冲突,可以区分为恢复行使主权前和恢复行使主权后两个阶段。在恢复行使主权前,内地与港澳的冲突具有一定国际性,可作为国际民商事法律冲突;恢复行使主权后,即是区际法律冲突。

海峡两岸的民商事法律冲突虽然目前尚未出现大陆与港澳那样的回归前和回归后明显的阶段性,[①]但是却不可认为它没有阶段性。我们可以从另一个角度,把海峡两岸的民商事法律冲突做一阶段性划分。由于政治历史的原因,海峡两岸长期隔绝、互不承认,但是,两岸问题是一国内部尚未统一情况下造成的问题,事实上两岸存在着不同的政治、法律制度,形成两个不同的法律区域。所以,国家统一

---

① 陈安主编:《海峡两岸交往中的法律问题研究》,北京大学出版社1997年版,第231页。

前,两岸的民商事法律冲突既不是国际法律冲突,也与大陆与港澳地区的法律冲突不同,而是一种特殊的区际法律冲突。就连台湾学者也认为,将区际法律冲突的概念应用于两岸间民事问题的解决,把两岸的民商事法律冲突定位为特殊的区际法律冲突,"是现阶段较为务实可行的做法"。国家统一后,结束两岸的对峙,这种"特殊性"无疑会产生新的变化。根据这些特点,可以把海峡两岸的民商事法律冲突划分为国家统一前与统一后两大阶段。另外,从1979年大陆首倡两岸应尽快实现"三通"以来,"三通"成为两岸面临的迫切需要解决的问题。若直接"三通"成为现实,对两岸民商事关系的发展会产生很大的影响。这样,统一前的两岸民商事法律冲突,实现"三通"后其特点也不是一成不变,又呈现出"三通"前后法律冲突的小阶段性。

与法律冲突的阶段性相适应,又因两岸现实的互动关系所决定,法律冲突的解决不可能一蹴而就。虽然两岸的经贸关系迅速发展,人员往来日渐频繁,但是,台湾当局在解决两岸关系问题上,一直没有彻底改变其"单向、间接、民间"的原则,以种种方式设置障碍,阻挠"三通",限制两岸交往的进一步发展。因此,通过两岸官方的直接接触商讨解决民商事法律冲突的途径,尚待较长时日,[①]其法律冲突表现出发展的渐进性。

二、国家统一前海峡两岸的民商事法律冲突

(一)《中华人民共和国宪法》与两岸民商事法律冲突

宪法是一国法律体系中的根本大法,它规定国家的基本制度和

[①] 陈安主编:《海峡两岸交往中的法律问题研究》,北京大学出版社1997年版,第231页。

基本任务,享有最高的法律权威。事实上,对于具有数个不同法律制度的国家而言,作为其基本问题之一的区际法律冲突通常是由宪法来解决的。① 中国是单一制国家,各法域也有共同的母法——《中华人民共和国宪法》。但现行《宪法》对各法域的约束力不同。② 虽然《宪法》从整体上讲适用于香港、澳门和台湾地区,实际上,《宪法》中直接涉及这几个法域的条款并不多,只在第 31 条规定:"国家在必要时得设立特别行政区。在特别行政区实行的制度按照具体情况由全国人民代表大会以法律规定。"除此之外,《宪法》对于中国的区际法律冲突的解决没有规定,也没有划分各法域的立法管辖权。特别行政区享有包括立法、司法、终审及行政权在内的高度的自治权。当然,这并不是说《宪法》规定对港澳特别行政区没有间接的影响,③《香港基本法》和《澳门基本法》都规定,特别行政区是中华人民共和国不可分割的组成部分,特别行政区的高度自治权来源于中国宪法的特别授权,这些地区只是在中央政府领导下的地方行政区域。从此意义上说,大陆与港澳的民商事法律冲突相对而言比较简单,解决起来也比较容易。

对于台湾地区,则情况非常复杂。《宪法》"序言"明确规定,台湾是中华人民共和国的神圣领土的一部分。完成统一祖国的大业是包括台湾同胞在内的全中国人民的神圣职责。《宪法》的效力范围应及于台湾。④ 可台湾地区也有自己所谓的《"宪法"》,即《"中华民国宪法"》。根据其《"宪法"》增修条文第 11 条规定:"自由地区与大陆地

---

① 黄进:《论宪法与区际法律冲突》,《法学论坛》2003 年第 3 期。
② 赵相林主编:《中国国际私法立法问题研究》,中国政法大学出版社 2002 年版,第 572 页。
③ 黄进:《论宪法与区际法律冲突》,《法学论坛》2003 年第 3 期。
④ 朱维究:《台湾当局"涉及两岸关系立法"之研究》,《比较法研究》1999 年第 3、4 期。

区间人民权利义务关系及其他事务的处理,得以法律为特别之规定。"表明按照台湾方面的理解,《"中华民国宪法"》的效力范围也应包括大陆地区。然而,台湾现行《"宪法"》以及依现行《"宪法"》所确立的政权体系、法律体系均不被《中华人民共和国宪法》所承认,均为违宪的"伪法统"。另一方面,由于"两岸分治"的客观事实,台湾政权体系、法律体系都在其域内正常运作;同时又由于两岸交流的客观需要,大陆也不得不认可台湾政权体系和法律体系的存在和有效,并与之进行交流和沟通。这种态度和做法在政治上无疑是务实和符合客观需要的,但在法律上,不免有违宪之嫌,这即是宪法所确认的效力范围与实际生效范围不相一致带来的困境。① 从而更增加了海峡两岸民商事法律冲突的复杂性及冲突解决的难度。

(二) 涉及国际条约冲突的特殊表现

笼统地说,中国的区际法律冲突的共同特征之一表现为一法域的本地法与其他法域适用的国际条约的冲突或不同法域参加的国际条约相互之间的冲突。

按照传统国际法,主权是缔约权的唯一依据,只有主权国家才是缔结条约的主体。随着现代国际实践的发展,由非主权实体参与缔结国际条约的现象并非罕见。一些实例表明,缔结国际条约的主体除主权国家外,还有国际组织、联邦制国家的成员、交战团体、享有高度自治权的殖民地和区域性非主权实体。这些非主权实体的缔约权分别来源于国际组织的基本文件、国家宪法、条约法和国际习惯法等。②

在香港、澳门回归之前,根据"属地适用条款"(territorial appli-

---

① 朱维究:《台湾当局"涉及两岸关系立法"之研究》,《比较法研究》1999 年第 3、4 期。

② 李浩培:《条约法概论》,法律出版社 2003 年版,第 201 页。

cation clause),英国和葡萄牙缔结或参加的许多条约扩展适用于港澳。港澳回归后,根据中英《关于香港问题的联合声明》附件一第十一节、中葡《关于澳门问题的联合声明》附件一第八节以及《香港基本法》第151、153条和《澳门基本法》第136、138条的规定,香港、澳门特别行政区可以分别以"中国香港"和"中国澳门"的名义,在经济、贸易、金融、航运、通讯、旅游、文化、科技、体育等领域单独同世界各国、各地区及有关国际组织保持和发展关系,并签订和履行有关协议;中华人民共和国缔结的国际协议,中央人民政府可根据情况和香港及澳门的需要,在征询香港和澳门特别行政区政府的意见后,决定是否适用于香港和澳门特别行政区;中华人民共和国尚未参加但已适用于香港和澳门的国际协议仍可继续适用。这就意味着,一些国际协议适用于某地区,而不适用于其他地区,从而导致上述冲突。

台湾地区的情况同样非常复杂。它以"中华民国"名义缔结或参加的国际私法多边条约,1971年前签署或批准的主要有1950年在纽约签订、1957年延长效力的《失踪人死亡宣告公约》,1956年在纽约签订的《自国外获取赡养费公约》,1930年在海牙签订的《国籍法公约》、《关于无国籍特别议定书》、《关于某种无国籍之议定书》,1957年在纽约签订的《已婚妇女国籍公约》等。[①] 1971年中华人民共和国取得在联合国的合法席位,中华人民共和国政府为代表中国的唯一合法政府。台湾地区当然不应再是这些只有主权国家才能加入的国际条约的参加国。[②] 因而虽然台湾当局有关部门曾就一些条约指示

---

① 马汉宝:《国际私法总论》,1990年自版,第47页。

② 但是,它也通过一些变通方式,由非官方机构以双边协定形式,规定与有关国家间适用某些多边公约。例如,1982年《北美事务协调委员会与美国在台协会间相互实施1974年(海上人命安全公约)换函》。参见丘宏达:《现代国际法》,三民书局1998年版,第189页。

各法院按其规定办理,但在台湾退出联合国后,以上多边条约的适用与执行均已产生障碍,①实际上不可能产生这些条约与大陆法律的冲突或与大陆缔结、参加的国际条约的冲突。

由于台湾是中华人民共和国领土的一部分,中国缔结、参加的国际条约,除另有协议外,也应当适用于台湾。事实上,我们缔结的双边条约和多边公约均从未明确将台湾排除在外。只是目前海峡两岸仍处于分离状态,形成了缔结的条约适用于台湾的实际困难。②

考虑到台湾地区经济社会发展的需要和台湾同胞的切实利益,2000年国务院台湾事务办公室、国务院新闻办公室联合发布的《一个中国原则与台湾问题(白皮书)》明确表示,中国政府基于一个中国原则,以我们所能同意和接受的方式,对台湾加入某些允许地区参加的政府间国际组织与国际条约问题作出了安排。中国允许并承认台湾作为中国一个地区,以"中国台北"的名义,参加这些组织与条约。例如,台湾以"中国台北"的名义加入亚洲开发银行、亚太经合组织、世界贸易组织等。这样,可能会出现一些国际条约或协定适用于台湾地区而不适用于大陆地区,或适用于大陆地区而不适用于台湾地区的情况。但是,与港澳相比,一方面,港澳地区单独与世界其他国家和地区缔结有关条约协定的权力来源于基本法的授权,而允许并承认台湾地区单独对外缔结条约协定的法理依据不是基本法,而是国家的有关政策性文件,其缔结条约协定的范围有限;另一方面,中国允许并承认台湾地区参加的上述国际组织或协定,中国大陆同样也是其成员。因此,两岸涉及条约的冲突与港澳相比,较少发生。

---

① 陈荣传:《国际私法各论集》,五南图书出版公司1998年版,第59页。
② 江国青:《演变中的国际法问题》,法律出版社2002年版,第20页。

(三) 民商事法律效力的不明确承认

承认法律的域外效力是产生法律冲突的重要条件。中国政府承认香港、澳门所实行的法律制度。这不仅分别规定在中英《关于香港问题的联合声明》与中葡《关于澳门问题的联合声明》中，而且通过两个基本法予以具体规定。该种承认是完整的，在民商事法律方面，不仅承认其在本区域的域内效力，而且承认其在其他区域的域外效力。① 例如，根据 1987 年最高人民法院《关于适用〈涉外经济合同法〉若干问题的解答》，②当事人在订立合同时或者发生争议后，对于合同所适用的法律已有选择的，人民法院在审理该项合同纠纷案件时，应以当事人选择的法律为依据。"当事人选择的法律，可以是中国法，也可以是港澳地区的法律③或者外国法。"中国大陆法律的效力当然也为港澳地区所承认。反观海峡两岸，在两岸关系解冻前，双方处于完全敌对状态，互不承认对方的法律，何谈承认对方法律的域外效力？无论是中国大陆还是台湾地区，均在其立法、司法活动以及官方政要的言论中对此予以回避，甚至有意使其模糊。④

然而，前已论及，随着两岸交流的发展，为了适应相互交往的实际需要，两岸事实上均在一定程度上承认对方法域法律的效力。早在 1991 年 4 月 9 日，经第七届全国人大第四次会议审议通过的《最高人民法院工作报告》指出："审理涉台案件，要认真贯彻国家的法律、政策以及最高人民法院有关司法解释。台湾居民在台湾地区的

---

① 赵相林主编：《中国国际私法立法问题研究》，中国政法大学出版社 2002 年版，第 570 页。
② 该解答现已被废止。
③ 着重号均为笔者所加。
④ 曾涛：《论海峡两岸婚姻法律冲突及其解决》，载《中国国际私法与比较法年刊》(第四卷)，韩德培等主编，法律出版社 2001 年版。

民事行为和依据台湾地区法规取得的民事权利,如果不违反中华人民共和国法律的基本原则,不损害社会公共利益,可以承认其效力。对台湾地区法院的民事判决,也将根据这一原则,分别不同情况,具体解决承认其效力问题。"1998 年,最高人民法院公布《关于认可台湾地区有关法院民事判决的规定》,以司法解释的形式在一定条件下和一定程度上确认台湾地区民商法律在大陆的效力。台湾地区在 1992 年通过的《两岸人民关系条例》中表明其视中国大陆为不同于台湾地区的法域,在不违背台湾地区公共秩序的条件下,大陆法律可被台湾地区法院作为准据法援引适用。①

(四) 受多种因素影响的两岸民商事法律冲突

虽然本书探讨的是海峡两岸的民商事法律冲突,但这种冲突同样离不开两岸关系的大环境,离不开各种复杂因素交互作用的影响。

第一,历史因素与现实因素交互作用的影响。海峡两岸的民商事法律冲突,有着复杂的历史原因。不像港澳与大陆之间的法律冲突是由于英国和葡萄牙在港澳地区实行殖民统治,并推行英国和葡萄牙法制而造成的。海峡两岸之间的隔绝状况是因国内战争造成的。国民党政府退居台湾后,在台湾地区继续延用 1949 年被推翻的南京国民政府的"法律",是造成两岸之间法律冲突的主要原因。②从 1978 年底开始,两岸关系逐步缓和、趋向松动,特别是 1987 年台湾当局开放岛内民众赴中国大陆探亲以来,两岸的民商事交往有了较大发展。这就使两岸既有的法律关系出现"解冻",有待处理;而新

---

① 《两岸人民关系条例》第 44 条规定:"依本条例规定应适用大陆地区之规定时如其规定有背于台湾地区之公共秩序或善良风俗者,适用台湾地区之法律。"

② 蓝天主编:《"一国两制"法律问题研究》(总卷),法律出版社 1997 年版,第 755 页。

发生的法律问题,也带上了深深的历史烙印。① 如婚姻与继承问题,若无两岸长期的隔绝、敌对状态,则不会有众多的夫妻离散、杳无音讯及重组家庭的问题;若无两岸随后的开放往来,则这类问题将无从谈起,甚至不再成为问题。

第二,两岸关系形势和政治敏感性的制约和影响。当两岸严重对峙,两岸人民无从往来时,两岸固有的民商事法律关系被"冻结"或被割断,也不可能形成新的民商事法律关系,自然不会发生法律冲突问题。而两岸关系逐步走向缓和时,如上所述,既有的民商事关系会"解冻",新的民商事关系会产生,法律冲突不可避免。中国大陆成为WTO的正式成员后,2002年1月1日,台湾地区也成为WTO的正式成员,出现了在WTO内中国"一国四席"的法律局面,海峡两岸的民商事交往将更加频繁,民商事法律冲突也会不断增多。但当前,两岸之间的敌对状态并没有正式结束,台湾当局对两岸民商事交往仍采取很多限制措施,因而,两岸人民之间的民商事交往从整体而言,仍具相当大的局限性。

涉台法律问题本质上包含着程度不同的政治问题。法律因素与政治因素交织在一起,并通过一些具体的海峡两岸法律事务体现出来。其中就包括国家统一前对台湾地区民商事法律效力的承认和司法管辖权等问题。② 根据前述最高人民法院的司法解释及其工作报告,实践中,大陆对于港澳地区的法律和台湾地区的"法规"以及对台湾地区法院判决的"认可"在政策上存有差别。原因在于,内地适用港澳地区的法律解决有关问题的政治障碍已消除。反之,台湾当局不但不接受"一国两制"方针,而且大肆推行"两岸对等、分裂分治"和

---

① 张万明:《涉台法律问题总论》,法律出版社2003年版,第10页。
② 张万明:《涉台法律问题总论》,法律出版社2003年版,第12页。

"两个中国"的政策,因而在有关问题上,最高人民法院只能兼顾国家统一前两岸政治与交往的现实,采取这种权宜之计。① 《两岸人民关系条例》规定的法律适用原则主要以适用台湾法为优先,如该条例第41条规定:"台湾地区与大陆地区人民间之民事事件,除本条例另有规定外,适用台湾地区之法律。"而且,该条例称大陆地区法律为"规定",以示与台湾"法律"的区别,反映出明显的政治目的。

(五) 海峡两岸实现"三通"后民商事法律冲突的变化

两岸同胞同宗同文,有着不能割舍的民族感情与愈益深厚的共同利益,虽然两岸关系历经坎坷、曲折,但是,两岸人员往来和经济、文化等领域的交流始终保持发展的势头。实现两岸直接、双向、全面"三通"是促进两岸交往的客观需要,有利于两岸经济共同繁荣,符合两岸同胞的根本利益。"三通"已是大势所趋,人心所向。② "三通"后,只要国家未统一,海峡两岸民商事法律冲突同样是不同于大陆与港澳法律冲突的特殊的区际冲突。这时的民商事法律冲突与"三通"前比,会产生如下变化:

首先,民商事法律冲突数量的激增。例如,从1988年至2002年,就有超过2700多万人次的台湾同胞来大陆探亲访友、旅游考察、投资经营和从事两岸交流活动,大陆人员往来台湾也有70多万人次。2002年,两岸之间的客运量已近400万人次,贸易额超过400亿美元,货运量达数千万吨。③ 但因不能直接、双向、全面"三通",限

---

① 蓝天主编:《"一国两制"法律问题研究》(总卷),法律出版社1997年版,第757页。
② 国务院台湾事务办公室2003年12月17日:《以民为本 为民谋利 积极务实推进两岸"三通"》,《两岸关系》2004年第1期。
③ 国务院台湾事务办公室2003年12月17日:《以民为本 为民谋利 积极务实推进两岸"三通"》,《两岸关系》2004年第1期。

制了两岸同胞的交往和两岸经贸合作的进一步发展。如在通航方面,两岸飞机、船舶不能直接来往,人员旅行仍须经港澳等地中转;试点直航不能运输两岸贸易货物,这些货物仍须经日本、香港等第三地中转,造成了"船通货不通,货通船不通"的怪现象。① 如此状况,不仅妨碍两岸民商事关系的良性互动,而且给两岸同胞尤其是台湾同胞增加了经济负担,更耗费了大量时间和精力。2004年海峡两岸经贸关系仍呈现良好发展势头,两岸经济相互依赖进一步增强,但两岸"直航"与其他领域的经济合作未有重大突破。② 若能实现两岸的全面"三通",为双方人员的往来、商品的流通提供的便利将是巨大的,双方的经济合作、其他领域的民商事交往必定大大超过"三通"前的数量,带来的是两岸内容更丰富、更广泛的民商事法律关系及其法律冲突。

其次,民商事法律冲突重心的转变。据不完全统计,1994年至

---

① 2003年修正后的《两岸人民关系条例》,将"直航"条款由"禁止"放宽为"许可"。原条例第28条规定,台湾地区"船舶、航空器及其他运输工具,非经主管机关许可,不得航行至大陆地区";修正案第28条规定,台湾地区"船舶、航空器及其他运输工具,经主管机关许可,得航行至大陆地区",并增订"交通部"应于修正案通过后18个月内拟定许可及管理办法,但在必要时可向"立法院"报告备查延长办法出台时间。虽然该"直航"条款似乎从表面上表明台湾当局已决定开放"三通",但它通过所谓的许可及管理办法,不仅可以制定一个以"国与国"关系为架构的两岸根本无法实现的"三通"管理办法,更可通过延长管理办法出台的时间阻挠"三通",并把不能"三通"的责任推卸给大陆,煽动岛内民众对大陆的不满情绪。前台"陆委会主委"蔡英文坦承,《两岸人民关系条例》各项条款能否顺利进行,需视涉及"公权力"的谈判进度而定,尤其是"三通"条款涉及到政治、经济、技术等多层面的敏感议题,现只是完成立法技术的调整。参见中华新闻网:《解读台"两岸关系条例"修正案:追认既定事实》,
http://news.china.con/zh_ch/hmt/1004/20031102/11564286.html,2003—11—01。

② 王建民:《2004—2005年两岸经贸关系回顾与展望》,
http://www.china.com.cn/chinese/ChineseCommunity/761026.html,2005—01—20。

2000年间,厦门市两级法院共审理各类涉台案件339件,其中,民事案件就占269件,主要涉及婚姻家庭、继承、房屋、追索劳动报酬、知识产权等领域。[①] 当然,投资贸易方面不是没有纠纷,1995年至2000年底,福建省各类法院共受理涉台商事案件93件,主要涉及合资经营、承包经营、股权转让、借款合同、委托代理、海商海事等纠纷。[②] 可见,现阶段两岸民商事交往中的法律问题,主要以民事纠纷为多,以民事法律冲突为主。为保护和鼓励台湾同胞投资,促进两岸的经济发展,1994年,大陆制定《台湾同胞投资保护法》;而台湾当局当初开放台资投入大陆市场时,却通过其《两岸人民关系条例》禁止两岸直接投资贸易,仅允许台商通过在第三地区的子公司或经由第三地区的公司进行间接投资和转口贸易,并禁止大陆人民赴台投资,从形式上规避直接通商,也就直接限制了两岸的经贸往来。虽然为适应加入WTO的要求,台湾当局于2003年对《两岸人民关系条例》进行了大幅度的修订,对两岸经贸关系形式上加以"松绑",这也仅仅是立法技术的调整,两岸真正实现直接通商还有许多难题。[③] 若能

---

① 朱珍钮主编:《涉台审判实务与案例评析》,人民法院出版社2001年版,第37—38页。

② 吴国平等:《两岸民商事法律冲突的性质和解决》,《福建政法管理干部学院学报》2002年第2期。

③ 2003年修正后的《两岸人民关系条例》对两岸经贸交流的限制形式上有所"松绑"。大陆物品、劳务、服务或其他事项经许可进入台湾的可在台湾从事广告活动(第34条);台商投资大陆简化为"禁止类"及"一般类",台商只要经"经济部"许可就可以在大陆投资,但在一定金额以上的投资得以申报方式处理(第35条);台湾金融保险证券期货机构经许可得与大陆地区人民、法人、团体、其他机构有业务上之直接往来,并在大陆设分支机构(第36条);大陆地区的出版品、电影、录音及广播电视节目经主管机关许可,可进入台湾地区或在台湾地区发行、销售、制作、播出、展览、观摩(第37条);放宽民众携带小额人民币进出台湾地区,并将人民币视同外币(第38条);适度开放大陆人民、法人、团体、其他机构或其于第三地投资的公司,经许可在台从事投资行为(第69条、第73条);等等。但以上规定或附之以种种条件限制,或通过"委任立法"加以限制,使形式上"松绑"如同实质上的"禁止"。

实现"三通",直接通商不再成为问题,两岸交往的重点将更多地向货物买卖、投资经营、航运服务等领域发展。两岸当事人间新的投资、贸易关系的增加,就会产生新的投资贸易等领域的法律冲突;在"松绑"前许多台湾公司原来不得不"绕道"第三地(其他国家)先设公司,再迁回从事对大陆投资和贸易活动的,实质"松绑"后特别是"三通"后,就会改变做法,直接在两岸发展经贸关系。由此,这部分"国际"法律冲突将转变为两岸的区际法律冲突。① 从而,两岸民商事法律冲突将更多地体现在经贸等商事法律关系领域。

三、国家统一后海峡两岸的民商事法律冲突

国家统一后,海峡两岸实行"一国两制",它们的民商事法律冲突将是统一国家内的区际法律冲突。那时,中国的区际民商事法律冲突才真正是"一个国家,两种制度,三个法系,四个法域"的区际法律冲突。正如时任《宪法》修改委员会副主任委员和全国人大常委会副委员长的彭真,在《关于中华人民共和国宪法修改草案的报告》中所指出的:《宪法》第31条规定,正是因为考虑到台湾实现和平统一后,可作为特别行政区享有高度自治权这种特殊情况的需要而增加的。② 这就为两岸和平统一后实现"一国两制"作了必要的宪法上的准备。与港澳一样,国家立法机关可以在《宪法》第31条的基础上,制定《中华人民共和国台湾特别行政区基本法》,从而使《宪法》或宪法性的法律在解决两岸民商事法律冲突时发挥作用。对于涉及两岸条约的冲突,可以预见,国家统一后中央政府将会按照"一国两制"和解决港澳问题的经验来解决。涉及条约的冲突会增加,但由于历史

---

① 徐崇利:《两岸民商事法律冲突的性质及立法设计》,载《厦门大学法律评论》(第5辑),柳经纬主编,厦门大学出版社2003年版。

② 张万明著:《涉台法律问题总论》,法律出版社2003年版,第14页。

上台湾单独参加的条约有限,两岸涉及条约的冲突不会太多。历史因素和现实因素交互作用对两岸民商事法律冲突的影响仍然存在,两岸关系的形势及政治敏感性对民商事法律冲突的影响也不可排除,但毕竟是国家统一、"一国两制"下的问题,解决起来要容易得多。因为从根本上消除了交往的阻碍,两岸的民商事法律关系将不断发展,民商事法律冲突的范围将会越来越大,内容会越来越复杂。但是,随着解决冲突经验的积累,海峡两岸民商事法律冲突的解决也会越来越得心应手。

另外,还须强调的是,海峡两岸的民商事法律冲突是表现在两岸法律文化的承继性与相同性基础上的冲突。

中国的区际法律冲突既有同属一个法系的法域之间的冲突,又有分属不同法系的法域之间的冲突。虽然港澳居民中一直保持和发扬着中华民族的文化传统,中国法律的影响一直存在于港澳,但港澳地区的法制直接渊源于殖民地法制。香港地区的法制来源于英国普通法,澳门地区的法制来源于大陆法系的葡萄牙法。台湾社会的发展始终延续着中华文化的传统,即使在日本侵占的 50 年间,这一基本情况也没有改变。[①] 台湾地区的法律制度也属于大陆法系,尽管现今其法律制度已发生了一系列变化,可它基本上是南京国民党政府"六法全书"体系的因袭、延续和发展。大陆地区的法律制度则归属于社会主义法系。海峡两岸的法律冲突是不同法系的法域间的冲突。但是,不容否认,海峡两岸的法律制度同受中华法系的影响,同属中华法律文化的一部分。

对于中华法系的时间范围,学者们存有争议。有的学者认为,中

[①] 国务院台湾事务办公室、国务院新闻办公室 1993 年 8 月 31 日《台湾问题与中国的统一(白皮书)》。

华法系经历了漫长的、由简单到复杂、由低级到高级的发展历程。广义的中华法系应该包括三个历史阶段中本质不同的中国法制——历3000年之久的封建法制，近代昙花一现的半封建法制，新中国建立后的社会主义法制。社会主义法制对前两者来说，在本质上是根本对立的，是由中华民族这条红线把本质不同的三种法制连成了一个整体——广义的中华法系。① 不论是否同意这种论断，法律文化有其承继性。在几千年封建君主时期，中国的法律只有"刑律"，没有单独的民商法律。直到清末，沈家本等一批改革家将西方民商法律引进中国。民商法律的特点一是重"平等自由"，二是重"人民私权"。②受这些思想的影响，民国时期，保护人的私权、具有"私法"性质的中国的民商事立法有了很大的发展。中国本来就是一个具有悠久历史的国家，博大精深、渊源流长的中华法律文化"深刻而广泛地影响着我们这个民族对法律的态度、情感和期待"。③ 新中国成立后，大陆也着手制定自己的民法，1986年《民法通则》出台，有的学者指出，大陆民法的本质是私法，因为它"确认一切民事主体有一律平等的法律地位；确认一切民事主体在法律之范围内具有完全的意思自由；确认商品交易时，应依循'等价有偿'的原则。大陆民法之具有'私法'性质是社会主义民法的一大突破"。④ "两岸对于民法的性质有了同一方向的看法，可以说是得到'统一'了"⑤。此外，中华法系的其他特

---

① 见陈朝璧:《中华法系特点初探》,《法学研究》1980年第1期。转引自饶艾:《中华法系新论》,《西南交通大学学报(社会科学版)》2000年第1期。
② 应式文:《两岸民商法律的沟通和展望》,《法令月刊》第45卷第10期。
③ 刘升平、张文显:《论建构有中国特色的马克思主义法学》,《法制与社会发展》1995年第1期。
④ 见王家福等编著:《现代中国民法论》,法律文化社1991年版。转引自应式文:《两岸民商法律的沟通和展望》,《法令月刊》第45卷第10期。
⑤ 应式文:《两岸民商法律的沟通和展望》,《法令月刊》第45卷第10期。

色,如"重法治、修法典"①也影响海峡两岸的立法,海峡两岸重视制定法,都表现为成文法。两岸的民商事法律冲突就是具有私法性质的台湾地区成文法和大陆地区成文法在适用上的冲突。

总之,海峡两岸交往中的法律问题是与中国统一进程相伴的问题,在交往中出现的民商事法律冲突呈现出明显的个性特征。这些特征随着两岸交往形势的发展会不断产生变化,惟有洞察其变化,才能为海峡两岸民商事法律冲突的解决找寻出适合的途径。

第四节 海峡两岸民商事法律冲突的解决

一、复合法域国家解决区际法律冲突的模式

复合法域国家解决区际法律冲突主要通过冲突法方法与实体法方法。

一般说来,利用冲突法解决区际法律冲突的模式主要有:②(1)制定全国统一的区际冲突法。1926年波兰曾颁布《区际私法典》,以全国统一的区际冲突法来解决波兰的区际冲突问题。(2)各法域分别制定各自的区际冲突法。1948年以前的捷克斯洛伐克各法域之间的区际法律冲突就受制于各法域的冲突法。(3)类推适用国际私法。1888年的西班牙、1914年的希腊等采取这种做法。(4)适用与国际冲突法基本相同的规则来解决区际法律冲突。美国、英国对国际法律冲突与区际法律冲突不加区分,其冲突法既解决国际法律冲突也解决区际法律冲突。(5)利用一些冲突法条约来统一不

---

① 侯文富等:《简论中华法系的特色与价值》,《东北师大学报(哲学社会科学版)》1997年第3期。

② 黄进:《区际冲突法》,永然文化出版股份有限公司1996年版,第116—118页。

同法域的区际冲突法规则。①

复合法域国家利用实体法解决区际法律冲突的模式主要有：②(1)制定全国统一的实体法。即在复合法域国家出现区际法律冲突后，应解决冲突的需要而由中央立法机关制定适用于全国的统一实体法。(2)制定适用于部分法域的实体法。这类法律也是由复合法域的中央立法机关制定的，但其仅仅在部分法域内施行。(3)各法域采用相同或类似的实体法。例如，根据一些官方、半官方或民间机构提供的不具法律效力的"示范法"或"模范法"(model law)，各法域采取相同或基本相同的实体法，从而求得法律的统一。(4)最高法院在审判实践中发挥积极作用，推动实体法的统一。(5)将在一个法域适用的实体法扩大适用于另一个法域。

二、解决海峡两岸民商事法律冲突的模式分析

上述模式为我们解决中国的区际法律冲突提供了思考的路径，但海峡两岸的民商事法律冲突是特殊的区际法律冲突，这些模式是否适合于解决海峡两岸的民商事法律冲突问题，还需进一步分析与探讨。

通过统一的实体法途径避免和消除中国的区际法律冲突，纵然是最理想的方法，可是在中国特殊、复杂的区际法律冲突环境下，却不是轻而易举的事，只能是我们的理想和奋斗目标。③ 因此，即使将来根据"一国两制"实现了国家统一，两岸实体法的统一也不可能一蹴而就。在两岸目前的对峙状态下，更不可能用统一的实体法来解

---

① 肖永平：《内地与香港的法律冲突与协调模式的选择》，载《中国国际私法与比较法年刊》(第二卷)，韩德培等主编，法律出版社1999年版。
② 黄进：《区际冲突法》，永然文化出版股份有限公司1996年版，第120—130页。
③ 韩德培主编：《国际私法新论》，武汉大学出版社1997年版，第453—454页。

决两岸的法律冲突。用其他实体法模式解决区际法律冲突也存在着这样那样的问题或困境。① 海峡两岸的民商事法律冲突应该通过冲突法途径解决。

在冲突法模式中,大多数大陆学者认为制定全国统一的区际冲突法解决区际法律冲突可取而不可行,因为《宪法》及《香港基本法》、《澳门基本法》对中央立法机关制定统一区际冲突法的立法权限没有规定,中央立法机关无权制定该法;但仍有学者赞同制定全国统一的区际冲突法,认为这种模式的好处在于:可以消除"挑选法院"的现象;因不涉及实体法和程序法,法律的制定比较容易;能避免冲突法本身之间的冲突和反致问题的产生,并使识别问题变得简单;能为将来实体法的统一奠定基础。② 对于这样一种好的办法,两个基本法却没有规定,这就需要超越《香港基本法》和《澳门基本法》,③在"一国两制"的根本前提下,在捍卫国家主权和统一的原则下,全国人民代表大会及其常务委员会会同港澳立法机关,在平等自愿,公平互利,协商一致的基础上,制定一部统一的区际冲突法,为"一国两制"服务。④ 这种模式或许宜于用来解决大陆与香港、澳门的问题,却不适合解决海峡两岸的民商事法律冲突。因为海峡两岸彼此对

---

① 韩德培主编:《中国冲突法研究》,武汉大学出版社1993年版,第439—440页。
② 肖永平主编:《内地与香港的法律冲突与协调》,湖北人民出版社2001年版,第141页。
③ 这些学者借用19世纪德国法学家耶林针对当时罗马法作为普通法广泛适用于德国的情况,所提出的"通过罗马法而超越罗马法",提出"通过基本法而超越基本法"。所谓"通过基本法"就是充分遵守基本法的规定,坚持"一国两制"的根本理念;所谓"超越基本法"就是针对基本法的局限性,制定专门的法律来满足社会需求。当然超越基本法并不等于超越"一国两制"。参见肖永平主编:《内地与香港的法律冲突与协调》,湖北人民出版社2001年版,第140页。
④ 肖永平主编:《内地与香港的法律冲突与协调》,湖北人民出版社2001年版,第141页。

立,互不承认,双方在各自的体制下,有各自的最高立法、司法及行政机关,它们之间没有一个公认的共同上层机关来制定共同的冲突规范;再者,中央立法机关不可能会同台湾立法机关制定这样的法律。假使中央立法机关制定出法律来,也难以在台湾地区发生效力。

还有学者认为,统一区际冲突法或类似统一区际冲突法不仅仅只是全国范围内最高立法机关的制定法或司法机关的判例法,还可以通过区际协议的形式表现。对中国来说,采用区际协议的形式达成统一区际冲突法,不管是现在还是可以预见的将来,可能都不失为上策。① 这种观点理论上可行,同样宜适用于大陆与港澳之间。对于海峡两岸,在国家统一前的相当长时间内,用这种模式解决法律冲突的可能性微乎其微。两岸关系的现状决定,由什么人或机构代表本法域参与签定区际协议将成为问题。如果由官方出面达成协议,海峡两岸官方必须首先要有接触。但事实上两岸官方相互没有接触,失去达成官方协议的前提。若达成民间协议,则存在协议被"公权力"授权或确认的问题,未经授权或确认的民间协议,难以产生法律上的效力。所以,制定适用于各个不同法域的统一的区际冲突法,不是由其中任何一个法域的立法机关所能单独胜任的,这项立法工作与多法域之间民商事交往中实际问题的处理和纯学术观点的沟通很不相同,从任何意义上讲,都不可能绕开"一国两制"这个政治层面上带有根本性的尖锐分歧。②

各法域分别制定各自的区际冲突法曾得到一些台湾地区学者的肯定。认为海峡两岸应以"制定特别法"的模式,解决两岸间现存的

---

① 余先予主编:《冲突法》,上海财经大学出版社 1999 年版,第 434 页。
② 刘慧珊:《对制定统一区际冲突法可行性的探讨》,载《海峡两岸法律冲突及海事法律问题研究》,顾倚龙、吕国华主编,山东大学出版社 1991 年版。

部分法律问题。① 大陆与台湾在互相承认对方法律的同时,应各自制定一个统一而概括的特别法来规范这两个不同法域间的冲突,概括地承认他方辖区构成冲突法上的法律区域,并承认该法域内民商等私法的特殊效力。②《两岸人民关系条例》与《香港澳门关系条例》就是这种模式的反映。一些大陆学者也主张,应制定专门的区际冲突法,并起草了相应的示范法,如大陆著名法学家韩德培教授与黄进教授于1991年曾拟订《大陆地区与台湾、香港、澳门地区民事法律适用示范条例》③(以下简称《示范条例》),虽然该条例言明拟适用于"两岸四地",但是它主要是从大陆法域的角度拟订的,是大陆法域统一解决涉台、港、澳问题的域内法。这种模式的好处是使各法域解决区际法律冲突"有法可依",存在的主要问题是:各自的区际冲突法属于域内冲突法,作为域内法的一部分,会造成区域冲突法间的冲突,增加了区际法律冲突的复杂性;各法域区际冲突法的规定不同,反致、识别、法律规避等问题的产生不可避免,从而降低区际民商事法律关系的透明度;易产生当事人"挑选法院"的现象,导致判决结果的不一致,不利于对双方当事人利益的保护。④ 而且,强求其他区域尽快出台自己的域内区际冲突法也有实际的困难。⑤ 因此它也受到了大陆一些学者的质疑。

类推适用国际私法或者对国际法律冲突与区际法律冲突不加区

---

① 王志文:《海峡两岸间法律问题之解决模式》,载《海峡两岸律师学者对话录》,中国律师杂志社编,中国政法大学出版社1989年版。

② 陈东璧:《解决海峡两岸法律冲突的理论基础与基本途径》,载《海峡两岸律师学者对话录》,中国律师杂志社编,中国政法大学出版社1989年版。

③ 韩德培主编:《中国冲突法研究》,武汉大学出版社1993年版,第451—458页。

④ 赵相林主编:《中国国际私法立法问题研究》,中国政法大学出版社2002年版,第578页。

⑤ 赵相林主编:《中国国际私法立法问题研究》,中国政法大学出版社2002年版,第579页。

分,用与解决国际法律冲突基本相同的规则来解决区际法律冲突,两者在法律适用上没有实质性的区别。对于这种模式,大陆有的学者认为,把它作为一种解决海峡两岸法律冲突的过渡步骤存在合理性,但若作为长期的战略方针则是不可取的。理由是解决主权国家之间法律冲突的国际私法与解决一国内部不同法域之间法律冲突的区际冲突法存在许多差别。例如,两者的调整对象、任务、体现的政策、法律渊源以及属人法的连结点等都不同。[①]

利用一些冲突法条约来统一海峡两岸的区际冲突法,如前所述,国际条约在台湾地区适用存在根本性的障碍;而且,目前也没有两岸共同参加的冲突法条约。因此,这种模式并不可行。

三、现阶段解决海峡两岸民商事法律冲突的模式

由于海峡两岸的民商事法律冲突具有阶段性与渐进性的特点,因此,两岸法律冲突的解决不可能一步到位,也必须以阶段性、渐进性的态度,用阶段性、渐进性的方法来解决。不论理论上存在什么缺陷或不足,从务实、需要的角度考虑,目前,海峡两岸适用各自的冲突法或类推适用各自的国际私法解决相互间法律适用上的冲突是最适宜的方法。

台湾地区已制定自己的区际冲突法——《两岸人民关系条例》,它是专门的解决两岸民商事法律关系的基础性法律,是解决两岸法律冲突的首要根据。不可否认,这种单独制定自己的区际冲突法的方法存在弊端;而且,种种因素决定《两岸人民关系条例》的规范本身也是利弊兼杂,优劣兼具。但该条例的出台并非全无意义,其主要意

[①] 余先予:《正确解决台湾与内地及港澳的法律冲突问题》,载《中国国际私法与比较法年刊》(第二卷),韩德培等主编,法律出版社 1999 年版。

义在于：条例第一次根据"法律冲突理论"、采用冲突规范来解决两岸的民商事法律冲突问题，是认识上的进步，表明大陆地区实质上被视为不同于台湾地区的"法域"，大陆法律可被台湾法院援引作为特定民事案件的准据法。此外，根据该条例第41条第1款的规定："台湾地区人民与大陆地区人民间之民事事件，除本条例另有规定外，适用台湾地区之法律。"这就意味着除该条例外，海峡两岸人民间的民事事件也可准用《涉外民事法律适用法》。

中国大陆既没有专门的用于解决大陆与港、澳、台间法律冲突的相对统一的区际冲突法，也没有针对台、港、澳分别制定大陆与各法域间冲突的区际冲突法。大陆方面解决海峡两岸的区际法律冲突，目前最简便的方法是类推适用国际私法。这种模式得到大陆一些学者的肯定，也为笔者所赞赏。笔者甚至认为，今后长时间内，这都是解决海峡两岸民商事法律冲突的主要模式，即使作为长期的"战略方针"，也是可取的。原因如下：

第一，"我国的区际法律冲突，除了不存在主权国家间的法律冲突这一因素外，几乎与国际法律冲突没有多大的差别。"[1]不论是国际间的法律冲突还是区际法律冲突，都需要解决法律适用问题，英美法系国家一直将区际法律冲突与国际法律冲突同等对待的做法，似乎并未给其司法工作带来多大不便。[2] 该做法给我们解决两岸法律冲突提供了好的借鉴。因此，大陆与台湾的法律冲突同样可以类推适用各自的国际私法来解决。[3]

---

[1] 韩德培主编：《中国冲突法研究》，武汉大学出版社1993年版，第420页。

[2] 肖永平主编：《内地与香港的法律冲突与协调》，湖北人民出版社2001年版，第89页。

[3] 陈东璧：《解决海峡两岸法律冲突的理论基础与基本途径》，载《海峡两岸律师学者对话录》，中国律师杂志社编，中国政法大学出版社1989年版。

第二,海峡两岸的民商事法律冲突与国际法律冲突一样,属于私法性质的冲突,应用私法性质的规则来解决。也许有人担心用"国际"规则解决两岸"国内"的事项可能会引发政治问题,可能会给"台独"势力提供口实。这种担心有道理但又是不必要的,因为正如有的台湾学者所认为的,根据国际私法规则适用准据法应无国际政治上或外交上的考量,国际私法具有非政治性。[①] 处理海峡两岸的民商事法律冲突,类推适用国际私法,并不意味着把台湾地区当作"主权国家"看待,从冲突法的角度而言,仅仅是把台湾视为中国的一个实行与大陆地区不同法律制度的独特法域,这在其他国家也是有例可循的。德国统一前,对于两德间的法律冲突问题,西德的文献与实务都认为属于区际法律冲突而不直接适用国际私法,但考虑到区际法律冲突与国际法律冲突类似,所以可类推适用国际私法的相关规定。[②] 在冲突法中,英格兰所称的外国因素和外国是指非英格兰因素和英格兰以外的国家,虽然不是在全部但在很大意义上,英格兰冲突法把苏格兰和北爱尔兰看作是像法国或德国一样的"外国"。[③] 此处的"外国",指的就是冲突法上的不同法域,绝非把苏格兰和北爱尔兰理解为同法国、德国一样的主权意义上的国家。当然,为了避免引起一些不必要的误解或被人利用,我们可以不使用"把国际法律冲突与区际法律冲突不加以区分"的提法,而使用"类推"适用国际私法一说,以表明两者的区别。

第三,从各国的立法实践来看,区际法律冲突与国际法律冲突虽

---

① 赖来焜:《最新国际私法之本质论》,《月旦法学》第51卷第10期。
② 陈荣传:《两岸法律冲突的现况与实务》,学林文化事业有限公司2003年版,第12页。
③ [英]莫里斯主编:《戴西和莫里斯论冲突法》(上),李双元等译,中国大百科全书出版社1997年版,第3页。

然有种种区别,但这些区别不足以将区际冲突法制度与国际私法制度完全隔离开来。即使分别制定区际冲突法和国际私法的国家,有时为立法经济和避免重复,在区际冲突法的主要条文中,规定准用该国国际私法的规定,或在未制定区际冲突法的情形下,由该国法院类推适用国际私法的规定,以解决区际法律冲突问题。① 因为从历史渊源来看,冲突规则最早是用来解决意大利城邦间的"区际"法律冲突的,后来随着主权国家的出现,才被沿用于解决"国际"法律冲突。可见,冲突规则的诞生,自始就带有通用于"区际"与"国际"的性质。② 从规则制度来看,两者解决冲突的规则制度基本一致。国际私法上会遇到的识别、反致、公共秩序、法律规避等问题,在区际冲突法中同样会遇到,国际私法中的"物之所在地法"、"意思自治"、"行为地法"等原则同样是解决区际法律适用的原则。冲突法的基本制度与规则并不会因为解决海峡两岸法律冲突的"过渡期"的终结而消失,也不会因为把类推适用国际私法作为长期"战略方针"而产生根本性变化。

第四,随着冲突法趋同化趋势的加强,一些被司法实践证明有效的法律适用规则、灵活的法律选择方法被各国、各地立法所广泛接纳。这种变化不可能不影响海峡两岸的冲突法立法。从两岸正在制定的或修订的国际私法草案来看,诸如最密切联系原则、意思自治原则等已被高度重视并广泛接受。以此,类推适用国际私法,可能适用的就是两岸都接受或规定的规则。这就在一定程度上间接达到法律适用上的统一。类推适用异议最多的是国际私法中的"国籍"这一属

---

① 陈荣传:《两岸法律冲突的现况与实务》,学林文化事业有限公司2003年版,第10页。

② 徐崇利:《两岸民商事法律冲突的性质及立法设计》,载《厦门大学法律评论》(第5辑),柳经纬主编,厦门大学出版社2003年版。

人法连结点。因为无论是中国大陆还是台湾地区,一直以来,在解决国际法律冲突时,是以国籍作为属人法的基本连结点的。解决海峡两岸的区际法律冲突,显然国籍没有任何用武之地。但是,应该看到,在国际私法的趋同化环境下,国籍作为属人法连结点有弱化的倾向,住所地的地位得到了提高,大有逐渐取代国籍连结点之势。不但如此,"惯常居所"这一被海牙国际私法会议喜欢采用的概念,也被一定程度上接受。这种变化同样在两岸国际私法的制定或修改中得到反映,2002年《中华人民共和国民法(草案)》(送审稿)第九编"民事主体"一章,基本上规定以住所地或惯常居所地为连结点。台湾地区国际私法虽然一直采"本国法主义",但住所仍有重要意义,[①]而且,在本次国际私法修正过程中,有的学者也建议纳入"惯常居所地"原则。[②] 这就是说,属人法连结点的变化将会使上述异议不成为无法解决问题。即使该问题以后还存在,就大陆方面而言,可在司法实践中通过司法解释等方式加以解决。

第五,事实上,大陆在司法实践中已将涉台港澳案件作为"涉外案件"处理。根据2002年最高人民法院公布的《关于涉外民商事案件诉讼管辖若干问题的规定》第5条之规定:涉及香港、澳门特别行政区和台湾地区当事人的民商事纠纷案件的管辖,"参照本规定处理"。既然涉台案件也属于"涉外"案件,当然可以适用解决涉外案件的规则。

第六,已有现成可用的规则却不去适用,而要"另起炉灶"去制定一套专门适用于海峡两岸的区际冲突法(依此,还要另行分别制定针

---

① 赖来焜:《当代国际私法学之构造论》,神州图书出版有限公司2001年版,第427—430页。

② 赖来焜:《当代国际私法学之构造论》,神州图书出版有限公司2001年版,第516页。

对香港、澳门地区的区际冲突法),从立法经济角度考虑,是立法资源的浪费;从法官适用角度考虑,因前述问题的存在会造成法律适用上的麻烦。

当然,不能否认,即使英美法系将区际冲突法与国际私法等同看待的国家,在实践中也并非完全等同。[1] 海峡两岸的民商事法律冲突毕竟属于一国范围内的区际法律冲突,所以,仍需进一步强调,"类推"适用国际私法不是完全"套用",对一些特殊问题,在"类推"时,还需要通过某些途径,作出特殊的变通性处理。例如,上述最易引起争议的属人法连结点,可由最高人民法院解释其为"住所"或"惯常居所";其他实践中可能遇到的较敏感问题,如是否采用公共秩序保留制度、能否允许当事人规避法律等也可通过司法解释加以明确。中国大陆最高人民法院的司法解释是其国际私法不可忽视的法律渊源,[2] 合理利用司法解释来解决类推适用国际私法时产生的涉海峡两岸的具体问题,发挥人民法院在司法实践中的机动作用,既可保证法律适用的稳定性,又可保持法律适用一定的弹性,妥当可行。

至于解决两岸民商事法律冲突的其他模式或建议,其本身无可厚非,但可行与否,有待于两岸关系发展的检验。

---

[1] 参见肖永平主编:《内地与香港的法律冲突与协调》,湖北人民出版社2001年版,第41页;刘仁山:《加拿大国际私法研究》,法律出版社2001年版,第6页;董丽萍:《澳大利亚国际私法研究》,法律出版社1999年版,第6页。

[2] 于飞:《中国国际私法理论与立法》,中国法制出版社2004年版,第71—78页。

第二章 海峡两岸冲突法立法的演进

中国是世界上最早出现冲突规范的国家。公元651年,唐代《永徽律》第一编"名例律·化外人相犯条"规定:"诸化外人同类自相犯者,各依本俗法;异类相犯者,以法律论。"①这条规定在确认中国法律的属地效力的同时,确认外国法在中国的属人效力。宋元沿袭唐制。②但随后的朝代因其社会历史条件的变化,冲突规范的立法在中国并没有发展。③肇始于民国时期,中国冲突法立法才真正开始兴盛。

第一节 1949年以前的冲突法立法

一、北洋政府时期(1912年—1927年)

在中国,国际私法这一于特定条件下"舶来"的法律,是随着20世

---

① 《唐律疏议》解释为:"化外人,谓蕃夷之国别立君长者,各有风俗,制法不同。其有同类自相犯者,须问本国之制,依其俗法断之。异类相犯者,若高丽与百济相犯之类,皆以国家法律论定刑名。"
② 《宋刑统》第六卷"名例章"中作出了与上述唐律完全相同的规定。元袭宋制,在涉外民事立法方面,"大抵皆因宋旧制而为之法焉"。
③ 明、清时期中国由强盛走向衰落,绝对属地主义的法律思想得到发展,《大明律》规定:"凡化外犯罪者,并依法律拟断。"其理由是:"言此等人,原虽非我族类,归附即是王民,……并依常例拟断。示王者无外也。"清朝同样采取严格的属地主义,《大清律·名例律》规定:"凡化外人犯罪者,并依律拟断,隶理藩院者,仍照原定蒙古例(化外人既来归附,即是王民,有罪并依律断,所以示无外也)。"所以,明清时期的冲突法立法不可能有所发展。

纪初期中国的维新倡法运动,在移植西方国际法理论的过程中,作为一个独立的法律部门开始登上历史舞台的。① 1918年,出现了中国历史上第一部单行国际私法——《法律适用条例》,该法是移植借鉴外国国际私法的结晶,自有其产生的社会历史背景。

(一)《法律适用条例》的产生——移植国际私法的历史背景与条件

一部法律的产生,不能脱离一定的社会条件。《法律适用条例》的制定亦同。

1. 废除帝国主义在华领事裁判权的努力,为《法律适用条例》的产生奠定了政治基础

在鸦片战争以前,清政府对涉外案件的处理已经引起了列强的不满。他们认为中国的司法不公,有的方面还是野蛮的。随着清政府在战争中的失败,列强开始向清政府试探获取领事裁判权的可能性。② 1843年清政府与英国签订的《议定五口通商章程》,其中第13款规定:"凡英商禀告华民者,必赴领事处投禀,候领事先行查察,勉力劝息,使不成讼。如有华民赴英国官署控告英人者,领事均应听诉,一律劝息……遇有诉讼,不能劝息,又不能将就,即移请华官,公同查明其事;既系实情,即应秉公办理。英人如何科罪,由英国议定章程法律,令领事照办。华氏犯罪,应治以中国之法律。"当清政府同意该条款时,绝没有想到它正在让与的就是后来被称之为"领事裁判

---

① 何勤华:《略论民国时期中国移植国际法的理论与实践》,《法商研究》2001年第4期。

② 李启成:《领事裁判权制度与晚清司法改革之肇端》,《比较法研究》2003年第4期。

权"的那个具有重要意义的东西,还认为此种方法乃免生事端之良方。[①] 所以,《中美望厦条约》和《中法黄埔条约》基本沿用了中英条约里关于领事裁判权的条款。在随后清政府与英法俄美四国分别签订的《天津条约》和《中英烟台条约》里有更具体的规定。此前后,欧美各国相继与中国订立商约,纷纷援引所谓"最惠国待遇"条款获得领事裁判权。在近代中国享有领事裁判权的国家共有19个,遍及欧亚美三洲。

列强在华领事裁判权确立以后,该项特权不仅没有受到主权国家的限制,而且在随之而来的中外交涉之中逐步扩大。此种扩大主要体现在两个方面:一是上海租界内会审公廨和工部局领事法庭的设立;二是英、美等列强在中国设立的专门法院。[②]

这些在中国设立的领事法庭或其他法庭审理案件也不可能适用中国法。1879年驻北京的美国公使乔治·西华德所写的备忘录认为:"的确,近来中国政府曾提出这样的主张,认为外人治外法权特权的范围只限于给与他们受本国法庭审判和按照他们本国法律所规定的补救办法判罪的权利,但是(中华)帝国的法律仍是最高的法律,外国人和中国人一样必须尊重这些法律。虽然我们可以立即承认,为了公平和正义,外国人如违反了法律,而这些法律在中国一如在他处因为正当地照顾到他们所居住的社会和他们所居留的国家的政府的安全和方便而为必要的,那么他们的违法行为是应当受到惩罚的;但是很难承认这一广泛的主张,认为外国人和中国人在同样的意义上

---

① 李启成:《领事裁判权制度与晚清司法改革之肇端》,《比较法研究》2003年第4期。

② 英国和美国为行使在华领事裁判权而设立了专门法院。法国和意大利也专设若干法官以协助其领事在中国审理案件;日本则指派受过专门训练的领事官在沈阳、青岛和天津任领事法官;挪威在上海也有受过专门训练的领事法官一人。参见[美]威罗贝:《外人在华特权和利益》,王绍坊译,生活·读书·新知三联书店1957年版,第378—379页。

须受中国法律的支配,或认为在任何意义上须受中国法律的支配,而这种意义事实上却是要我们同意中国的主张。"①

即使涉及的仅仅是根据冲突规范的指引应适用的中国法,列强们也会找到种种借口使中国法律不能得以适用。例如,外国人在华不动产,应适用不动产所在地法,"因为不动产的权利应按照所在地法来确定乃是一切法律体系的一个基本原则。"②就连英国法官都认为,"把英国的不动产法适用于在中国主权下的土地,是忽视了对物法和对人法的区别——这一国际私法的原则在西方法律史上可以追溯到罗马共和国时代,这个原则在今天也一样是必要的。"英在华法庭对位于中国的土地权利义务应适用中国法律。但同时却又认为,"绝大部分中国的成文法律因和英国法的政策不符,在英国法庭上是无效的和不能实施的……而且,中国土地法几乎完全由当地习惯构成。半个世纪以来,英王陛下在华臣民一直遵守许多英国法,这些英国法律就这样取得了中国法律的效力。"③这显然是为不适用中国法而找一些冠冕堂皇的"合法"借口。又如,婚姻的仪式应适用婚姻举行地法,是国际私法的一项通用原则,但因为领事裁判权的存在,在华美国人"在中国缔结的婚姻适用治外法"。④ 中国的法律同样得不到适用。

领事裁判权的产生,使国家丧失了对外国侨民的司法管辖权,司法主权的完整性和最高性不复存在。中国的司法主权丧失殆尽,就涉外案

---

① [美]威罗贝:《外人在华特权和利益》,王绍坊译,生活·读书·新知三联书店1957年版,第380页。
② [美]威罗贝:《外人在华特权和利益》,王绍坊译,生活·读书·新知三联书店1957年版,第383页。
③ [美]威罗贝:《外人在华特权和利益》,王绍坊译,生活·读书·新知三联书店1957年版,第384页。
④ [美]威罗贝:《外国在华法院及其法律适用》,载《西法东渐——外国人与中国法的近代变革》,王健主编,中国政法大学出版社2001年版。

件而言,已无法律冲突可言,自然就没有调整法律冲突的冲突法。①

司法主权的丧失是主权沦丧的表现之一,因此爱国的官僚、士大夫为收回领事裁判权、维护国家主权的完整而奔走呼号。② 1902 年初,英、日、美、葡等帝国主义列强在与清廷续订商约的过程中表示,他们愿意尽力协助中国彻底改革法制,使中国的法律制度与西方各国的法制协调一致。③ 1902 年《中英续议通商行船条约》第 12 款载明:"中国深欲整顿本国律例,以期与各西国律例改同一律。英国允愿尽力协助以成此举。一俟查悉中国律例情形及其审断办法,及一切相关事宜皆臻妥善,英国即允弃其治外法权。"④随后,美国、日本、葡萄牙、瑞士等国也表达了类似的意思。1912 年中华民国建立后,废除领事裁判权的努力不但没有停止,反而进一步加强。⑤ 1917 年中德间的一切条约被废止,德国当然不可能再在中国享有领事裁判权。⑥ 在 1919 年召开的巴黎和会上,中国代表提出废除领事裁判权

---

① 阮毅成:《中国国际私法制度的建立》,载《国际私法论文选辑》(上),马汉宝主编,五南图书出版公司 1984 年版。

② 张晋藩:《综论中国法制的近代化》,《政法论坛》2004 年第 1 期。

③ 范忠信、叶蜂:《中国法律近代化与大陆法系的影响》,《河南省政法管理干部学院学报》2003 年第 1 期。

④ 见《光绪朝东华录》,中华书局 1958 年版,总第 4919 页。转引自陈亚平:《中英续议通商行船条约与清末修律辨析》,《清史研究》2004 年第 1 期。

⑤ Herbert Han-Pao Ma, *Private International Law of the Republic of China: Past, Present and the Future*, in *Private Law in the International Arena*, Jürgen Basedow etc., ed. T. M. C. Asser Press, 2000, p. 415.

⑥ 但从国际法角度看,因为没有签订和约,没有正式取缔其领事裁判权,故德国的领事裁判权尚不能视为正式结束。1920 年中德开始进行恢复商业关系的谈判。1921 年 5 月 20 日,中德签署《中德协约》。该协约第 3 条规定:"此国人民在彼国境内等遵照所在地法律、章程之规定";"两国人民于生命以及财产方面,均在所在地法庭管辖之下。"至此,德国侨民在中国不再享有领事裁判权,接受中国司法机构的管辖。此约签订,影响深远。有人称之为:"此约对中国之最大贡献,乃为中国免除不平等条约开一先例,使中国外交进入一新纪元。"参见杨丹伟:《近代中国法权交涉的历史考察》,《东方论坛》1999 年第 4 期。

的要求,1921年的华盛顿会议,中国代表再次要求撤废领事裁判权。① 所以,1918年《法律适用条例》的制定,"毋宁在表示我国收复司法权之决心,而未必为应付实际上之需要。事实上,在德、俄、奥三国分别于民国十年、十三年、十四年因特殊缘故,首先撤回领事裁判权以后,国际私法在我国始略见其实用。"②

2. 社会经济关系的变化,为《法律适用条例》的产生奠定了经济基础

"1840年的鸦片战争,打破了以自然经济为基础的,以家族为本位,闭关自守的封建专制主义体系。资本主义因素的迅速增长,加之外国资本的涌入,改变了中国社会的经济结构和阶级结构,从而使整个社会关系都处于激烈的变动之中。"③鸦片战争后,资本主义列强加强了对中国的掠夺,中国作为一个半殖民地国家被进一步卷入了资本主义世界市场。其结果是一方面打击了中国传统的自给自足的自然经济;另一方面也扩大了商品市场和劳动力市场,刺激了中国资本主义的发展。自1842年(清道光22年)至1924年,中国政府先后对外开放112处商埠(依照条约开放77处,自行开放35处)。1845年(道光25年)至1917年,西方列强强行在华开设租界29处,外国人居留地14处,铁路附属地商埠15处。④ 这些地区首先成为中国近代经济的增长点。据1895—1898年的不完全统计,新创办的规模

---

① 经过坚持不懈的努力,1943年1月11日,中英、中美间签定平等新约,将原有的不平等条约废除,从而使中国为害达100多年之久的领事裁判权,从此成为历史的代名词。参见阮毅成:《中国国际私法制度的建立》,载《国际私法论文选辑》(上),马汉宝主编,五南图书出版公司1984年版。
② 马汉宝:《国际私法总论》,1990年自版,第11页。
③ 江必新:《沈家本法制改革述论》,《比较法研究》1988年第2期。
④ 张洪祥:《近代中国通商口岸与租界》,天津人民出版社1999年版,第321—333页。

较大的商办厂矿企业有50余家,资本总额达1200万元,投资额几乎相当于官办、官商合办企业投资额的3倍。特别是沿江海一带的通商口岸发展更为迅速,1895年设厂资本总额为2420余万元,到1911年增加到1亿3200余万元,增长了3倍多。① 第一次世界大战期间,中国的民族工业得到了发展的机会。由于战争,西方各国不可能继续以大量商品输入中国,但中国的出口额并没有减少。除了纺织业、面粉业以外,火柴、水泥、卷烟、榨油、造纸、制糖业等在战争期间和战后最初几年也有发展。② 1914年至1918年间,以传统方式经营的小农经济占国内总产值的61.8%,传统、半传统的工商业经济占35.5%,近代产业经济占2.7%。③ 自然经济向商品经济的转型,从而导致经济关系的巨大变化。"自五口通商以后,门户洞开,海陆商埠,逐年增辟,加之交通之进步,机械之勃兴,而吾国之经济遂息息与世界与各国相通,昔之荒野僻壤,可变为最重要之都市,昔之家给人多,多变为不平均之发展。"④社会经济基础发生了变化,产生了新的社会关系和社会问题,需要创制与新的社会关系相适应的法律规范。⑤ 这正是《法律适用条例》产生的经济背景。

3. 外部先进法文化的介绍和引进,为《法律适用条例》的产生奠定了理论基础

"从鸦片战争前后开始的清朝统治末期至中华民国成立初期,中

---

① 中国近代史编写组编:《中国近代史》,中华书局1979年版,第268页、第406页。
② 胡绳:《从鸦片战争到五四运动》(下册),上海人民出版社1982年版,第1180—1184页。
③ 周俊旗、汪丹:《民国初年的动荡》,天津人民出版社1996年版,第150页。
④ 柳诒徵编:《中国文化史》(下册),中国大百科全书出版社1988年版,第845页。
⑤ 1902年5月13日,清廷就发布谕旨:"现在通商交涉事宜繁多,著派沈家本、伍廷芳将一切现行律例,按照交涉情形,参酌各国法律,悉心考订,妥为拟议,务期中外通行,有裨治理。"参见《大清法规大全·法律部》。

国人的思想活跃程度,并不逊于春秋战国时期。这一时期的思想以变法为主题,变法也贯穿于这一时期的政治生活,并被赋予为中华民族救亡图存的意义。"①"变法"离不开对国外法文化的介绍和引进。在中国近代史上,第一个提倡"睁眼看世界",了解和引进西方文化的是林则徐。鸦片战争以后来华的西方传教士,扮演着打破中国法文化封闭状态的先锋队的角色,在中国近代法学的萌芽与诞生的过程中起着一种奠基的作用。② 从国外归来的中国人对西方法律文化的介绍为中国法制的近代化提供了理论先导。

对中国而言,国际私法是舶来品。19 世纪末期,中国出现了第一部国际私法译著:《各国交涉便利法论》。③《各国交涉便利法论》是中国最早的系统的国际私法译著。它的出版,在中国国际私法学中占有重要的历史地位。在西方,国际私法几乎是与国际公法同时诞生的,古代罗马法中的万民法比公法更早。但对于一向忽视国民个人权益的中国来说,清政府为了对付西方列强的武力威胁和各种主权要求,注重的是国际公法的移植。④ 在 19 世纪末国际公法的翻

---

① 夏勇:《飘忽的法治——清末民初中国的变法思想与法治》,《比较法研究》2005 年第 2 期;张晋藩:《综论中国法制的近代化》,《政法论坛》2004 年第 1 期。
② 何勤华:《传教士与中国近代法学》,《法制与社会发展》2004 年第 5 期。
③ 该书译自英国牛津大学民法学博士费利摩罗巴德(Robert Phillimore)著《国际法评论》(*Commentaries upon International Law*)第四卷 *Private International Law or Comity*(按现在的翻译应是《国际私法和礼节》)。由[英]傅兰雅译,钱国祥校,江南制造局出版。《各国交涉便利法论》一书中没有注明出版时间。关于该书的出版时间,有的学者认为,比较保守的定位是,该书在 1894 年《各国交涉公法论》出版时已经着手翻译,到 1896 年傅兰雅离开中国前译完付梓(参见李贵连、俞江:《简论中国近代法学的翻译与移植——以我国第一部国际私法译著为例》,载《继承与移植——中国法律史学的世纪回顾与展望》,汪汉卿等主编,法律出版社 2001 年版)。有的学者的论文中注明的出版期是 1894 年(参见何勤华:《外国人与中国近代法学》,《中外法学》2004 年第 4 期)。
④ 何勤华:《略论民国时期中国移植国际法的理论与实践》,《法商研究》2001 年第 4 期。

译著述充斥中国的时候,把作为一综合性较强的英美国际私法学著作介绍到中国来,无疑,它开阔了近代中国对西方法学的眼界,加速了中国对西方先进法律制度的学习,也说明中国对西方国际私法的认识,是从英美法开始的。①

但是,在研究中国近代化时不能不考虑近邻日本的影响。文化的联系、文字的相同、毗邻的地理位置,极为相似的从封闭自治、遭受西方入侵、被迫开放到模仿西方、变法维新的经历,意味着两国间更易于相互反省、借鉴和仿效。日本近代法制的法典化和迅速崛起的民族振兴之路,作为一个巨大的外部力量,强烈刺激并逐步推动近代中国走上效法大陆法系法典模式的中国法的法典化道路。② 因而,对中国国际私法产生最大影响的是日本的国际私法学说。从20世纪初开始到清廷覆没,中国学者翻译的国际私法著作,均译自东瀛,③重要的如李广平译《国际私法》(加藤正雄著,译文汇编社1903年出版);范迪吉等译《国际私法》(中村太郎著,上海会文学者1903年出版);④郭斌编译《国际私法》(湖北法政编辑社1905年出版);曹履贞编译《国际私法》(湖北法政编辑社1905年出版);冯狷模译《国际私法图解》(石光三郎等著,作新社印刷局1906年出版);傅疆编译

---

① 李贵连、俞江:《简论中国近代法学的翻译与移植——以我国第一部国际私法译著为例》,载《继承与移植——中国法律史学的世纪回顾与展望》,汪汉卿等主编,法律出版社2001年版。

② 封丽霞:《偶然还是必然:中国近现代选择与继受大陆法系法典化模式原因分析》,《金陵法律评论》2003年(春季卷)。

③ [日]山田三良:《国际私法》,李倬译,陈柳裕点校,中国政法大学出版社2003年版,(点校者序)第9页。

④ 刘正中:《晚清中国国际私法与日本》,载《国际私法与比较法论丛》(第九辑),李双元主编,中国方正出版社2004年版。

《国际私法》(天津丙午社1907年出版);①袁希濂译《国际私法》(中村进午著,上海中国图书公司1907年出版);熊元楷、熊士昌编译《国际私法》(北京安徽法学社1911年刊印);汪康年编译《国际私法》(京师法学编辑社1911年刊印);李倬译《国际私法》(山田三良著,上海商务印书馆1911年出版)。

这些国际私法理论与文化的传播,使国人初步认识、了解国际私法,一定程度上促进了中国国际私法的建立。1902年(光绪28年)开始清末第一次民法典编纂,1911年(宣统3年)"修律大臣俞廉三等奏进民律前三编草案折"中所称的"编纂之旨"第一项,就提到国际私法以及私法平等原则。② 因此,清末民初的"西学东渐"自然影响中国的法制,影响中国的国际私法立法。"1912年中华民国建立后,虽然中国政局动荡不安,但法学界对移植西方国际法的热情并没有降低。"③《法律适用条例》在这样的文化背景下产生,也就不足为奇了。

(二)《法律适用条例》的特点——移植国际私法与被移植国际私法的比较

"《法律适用条例》制定之时,实以《日本法例》为母法,故研究我国《法律适用条例》,参照《日本法例》殊有必要。"④的确,学者们一般

---

① 以上郭斌、曹履贞、傅彊均以山田三良在法政大学的口授讲义为依据进行译述。参见[日]山田三良:《国际私法》,李倬译,陈柳裕点校,中国政法大学出版社2003年版,(点校者序)第6—8页。

② 1985年西北政法学院法制史教研室编印:《中国近代法制史资料选辑(1840—1949)》(第一辑),第421—424页。

③ 何勤华、李秀清著:《外国法与中国法——20世纪中国移植外国法的反思》,中国政法大学出版社2003年版,第592页。

④ 唐纪翔:《中国国际私法论》,商务印书馆1930年版,第232页。

认为,《法律适用条例》移植或承袭德、日国际私法立法,在规定内容和体系上与1898年《日本法例》相似,是在日本人主持下制定的。①然而,与被移植国际私法比较,《法律适用条例》有何特点,值得进一步探讨。

1. 法律表现形式以德、日国际私法立法为模式

第一,形式上采用单行法立法。早期的国际私法立法表现形式,主要有三种,即规定国际私法规范于民法典中,例《法国民法典》中的有关条款;规定国际私法规范于民法施行法中,例《德国民法施行法》第7条至第31条;以单行法形式规定国际私法,例《日本法例》。这三种形式,"就理论言之,国际私法之规定不限于民法之适用,故附于民法之内实觉不当;但如德国之规定于民法施行法中,亦有未合,盖以民法施行法规定民法施行之程序,其性质殊与国际私法不同,故关于国际私法之规定,应有独立之单行法规固为至当合理之法例也。"②《法律适用条例》采用与《日本法例》相同的单行法立法,实为当时最先进的立法形式。

第二,体系上沿袭德国法系。国际私法体系大致可分为:英美法系——以住所地法为属人法,以住所为法律适用和确定管辖权的标准。法国法系——广泛适用属人法,并以当事人本国法为原则,以国籍作为确定法国法适用的标准。德国法系——虽然以当事人本国法为属人法,但并不像法国法系那样广泛适用属人法,有时为了保护内国交易的安全而限制本国法的适用。《日本法例》就属于这种体系。这三种法律体系,"英美法系膠执成例,不便于推行;法国法系偏重理论,又不适于实际;惟德国法系折衷于两者之间,既不背于学理,又復

---

① 正是考虑这些原因,笔者对于《法律适用条例》的内容与特点,主要选择《日本法例》为比较。

② 翟楚编著:《国际私法纲要》,国立编译馆1945年版,第40—41页。

适于实用,可谓权衡至当。中国《法律适用条例》乃模仿德日之成法,并参配中国固有之国情而制定者,故属德国法系者也。"①

第三,法律条文数量与德、日立法相近。以《法国民法典》为代表的国际私法立法,法律规定一般较为简单,法律条文也较少。如1811年《奥地利民法》规定6条国际私法规范,1865年《意大利民法》规定7条国际私法规范。随着内外国人交往的增多,涉外民事法律关系日益复杂,立法中的国际私法规范也越来越详细。1896年《德国民法施行法》中的国际私法规范共有25条;1898年《日本法例》共30条,其中法律适用条款共28条。中国《法律适用条例》共27条,是当时规定最详尽的立法之一。

2. 法律结构迥异于德、日立法

《德国民法施行法》与《日本法例》的规定不分章节,全部条文按民法各编依次排列,没有总则与分则之别。与德、日法的结构模式不同,《法律适用条例》采用章节式法律结构,第一章"总纲",即总则部分;第二章至第六章分别为"关于人之法律"、"关于亲族之法律"、"关于继承之法律"、"关于财产之法律"、"关于法律行为方式之法律",这五章相当于分则部分;第七章是"附则"。从现今的观点来看,《法律适用条例》的结构更为合理。

3. 反映在法律内容上的特点

《法律适用条例》与《日本法例》相比较,总的来说,内容上的相同、相似之处多于不同之处。

第一,总则方面。《法律适用条例》在"总纲"章中,规定了四条。即公共秩序(第1条)、国籍的冲突(第2条)、外国法人的认许(第3条)以及反致(第4条)。其中条例第1条、第2条、第4条的内容,可

---

① 翟楚编著:《国际私法纲要》,国立编译馆1945年版,第42页。

以说是直接移植于《日本法例》第 30 条、第 27 条、第 29 条的规定。例如,《法律适用条例》第 1 条规定:"依本条例,适用外国法时,其规定,有背于中国公共秩序或善良风俗者,仍不适用之。"《日本法例》第 30 条规定:"应依外国法时,如其规定违反公共秩序及善良风俗者,不适用之。"《法律适用条例》第 4 条规定:"依本条例,适用当事人本国法时,如依本国法应适用中国法者,依中国法。"《日本法例》第 29 条规定:"应依当事人本国法时,如依其本国法又需依日本法律者,依日本法。"关于国籍的冲突,两者规定也没有什么不同。而且,严格说来,国籍的冲突与法人的认许,不属于国际私法总则部分的内容。这就是说,不论规定在《法律适用条例》总纲部分,还是分散规定在《日本法例》的不同条款中,真正属于总则内容的,只有公共秩序与反致条款。

然而,《法律适用条例》第 3 条规定:"外国法人,经中国法认许成立者,以其住所地法,为其本国法。"《日本法例》则没有关于法人认许的规定。

第二,分则部分。两者的异同可从如下分析:

其一,《法律适用条例》"关于人之法律"部分,共规定 4 条(第 5 条至第 8 条);相关内容分别规定在《日本法例》第 3 条至第 6 条。

这部分规定的相同点:首先,都规定人的能力依其本国法,但外国人依其本国法为无能力,而依内国(中国/日本)法为有能力者,则为有能力。同时,为保护在内国的法律行为,维护内国社会的安宁,又规定了行为地法的例外,即关于亲族法、继承法及在外国不动产的法律行为,不在此限。[①] 其次,对于禁治产和准禁治产,都规定凡在

[①] 关于亲族法、继承法的法律行为应依本国法,不动产的法律行为应依不动产所在地法。

内国有住所或居所的外国人,依其本国法及内国法同有禁治产或准禁治产之原因者,得宣告禁治产或准禁治产。再次,都规定外国人生死不明时,就其在内国的财产及应依内国法律的法律关系,得依内国法为死亡宣告。

这部分规定的明显不同点:一则,《法律适用条例》第5条第3款规定:"有能力之外国人,取得中国国籍,依中国法为无能力时,仍保持其固有之能力。"该规定主要为尊重既得权。如果因改变国籍而使有能力者变为无能力,则无论当事人或第三者的利益,均易发生危险,"易言之,可将其既得权完全推翻,甚非所以维持国际秩序之道也。"①《日本法例》无此规定;再则,《法律适用条例》只规定宣告禁治产和准禁治产的条件,而《日本法例》第4条第1款却规定,禁治产的原因,依禁治产人的本国法,宣告的效力,依宣告国法。而且,中国实体民法没有规定准禁治产制度,不存在依当事人本国法与中国法同有准禁治产的原因的情况,因此,《法律适用条例》第7条的规定实属多余;②三则,《法律适用条例》对依中国法为死亡宣告的条件,除了上述规定外,还要求外国人"在中国有住所或居所",《日本法例》无该要求。

其二,《法律适用条例》"关于亲族之法律"部分,共规定11条(第9条至第19条);相关内容分别规定在《日本法例》第13条至第24条。

《法律适用条例》的这部分内容与《日本法例》的规定基本相同。

---

① 于能模编:《国际私法》,商务印书馆1932年版,第134页。
② 于能模编:《国际私法》,商务印书馆1932年版,第136页;[法]宝道(Padoux):《中国〈法律适用条例〉之评议》,载《西法东渐——外国人与中国法的近代变革》,王健主编,中国政法大学出版社2001年版(本篇原稿系英文,由刘楷君译成中文后发表于《中华法学杂志》1930年第1卷第3期)。

有关亲族关系的法律适用，基本适用当事人的本国法。其中，有的规定应依当事人各该本国法（如《法律适用条例》第 9 条、第 13 条、第 14 条及《日本法例》第 13 条、第 18 条、第 19 条有关婚姻成立的要件、私生子认领成立的要件、养子成立的要件）；有的规定依父或夫之本国法（如《法律适用条例》第 10 条、第 12 条、第 15 条及《日本法例》第 14 条、第 15 条、第 17 条、第 20 条有关婚姻之效力及夫妻财产制、子之身份、父母与子之法律关系等）。涉及监护和保佐时，原则适用被监护人或被保佐人之本国法，例外适用中国/日本法。关于离婚，两者都要求重叠适用原因事实发生时夫之本国法或中国/日本法。两法这部分规定最突出的特点是以父权、夫权为中心。以离婚的法律适用为例，两部法律都规定同时适用夫之本国法与内国法主要考虑离婚与内国公共秩序与善良风俗有关，"惟本条对于当事人之本国法方面，偏重夫方，即夫妻国籍不同时，专以夫之本国法为据，妻之本国法如何规定，则置之不问，是对于保护妻之权利一点，实毫无顾及耳。"①其他多处规定依父或夫之本国法，明显地反映出男尊女卑、男女不平等的观念。

《法律适用条例》与《日本法例》关于这部分的规定也稍有不同之处，试举几例：前者第 9 条对于婚姻的成立，没有区分实质要件与形式要件，笼统规定依各该当事人本国法；后者第 13 条则对婚姻的形式要件作了规定："婚姻成立要件，依当事人双方本国法定之；但其方式，依婚姻举行地法。"前者对于夫妻财产制没有单独列条，而规定在第 10 条第 2 款中；②后者单独把夫妇财产制规定在第 15 条。前者第 16 条规定："扶养之义务，依扶养义务者之本国法；但扶养权利之

---

① 于能模编：《国际私法》，商务印书馆 1932 年版，第 140 页。
② 该条规定："婚姻之效力，依夫之本国法。夫妇财产制，依婚姻成立时夫之本国法。"

请求,为中国法所不许者,不在此限。"后者没有类似此处的"但书"的规定。这样规定的目的是为维护中国法律的尊严与社会利益,①但实际上,中国法律所认许的扶养义务与范围,较之任何国家为广,凡为各国所允许而为中国不允许的情况甚少,所以本但书应用的机会不多。②

其三,《法律适用条例》"关于继承之法律"部分,共规定 2 条(第 20 条、第 21 条);相关内容分别规定在《日本法例》第 25 条、第 26 条。

有关这部分内容,两法律的基本原则一致,均规定继承依被继承人的本国法,遗嘱的成立要件和效力依遗嘱成立时立遗嘱人的本国法。不同表现在,前者第 21 条关于遗嘱的撤销,只规定"依立遗嘱人之本国法",而后者第 26 条第 2 款规定"依撤销时遗嘱人之本国法",中国法律没有限定在"撤销时",规定过于笼统。此外,后者第 26 条第 3 款还规定"前二项之规定,就遗嘱之方式,依行为地法"。但前者没有此规定,似应根据该法第 26 条的规定,决定遗嘱的方式问题。

其四,《法律适用条例》"关于财产之法律"部分,既规定物权的内容,也包括债权关系,共 4 条(第 22 条至第 25 条);相关内容分别规定在《日本法例》第 10 条、第 7 条、第 9 条、第 11 条。

对于这部分,两法均规定,物权依物之所在地法;法律行为之债依当事人意思自治选择的法律;不当得利、无因管理之债,适用事实发生地法;侵权行为之债,以行为地法为原则,但也辅之以法院地法进行限制,而且不法行为的损害赔偿及其他请求,以内国认许者为限。

---

① 于能模编:《国际私法》,商务印书馆 1932 年版,第 146 页。
② [法]宝道(Padoux):《中国〈法律适用条例〉之评议》,载《西法东渐——外国人与中国法的近代变革》,王健主编,中国政法大学出版社 2001 年版。

这部分的明显不同之处：一是《法律适用条例》对船舶这种特殊的动产物权，规定依其船籍国之法律，《日本法例》无此特殊规定；二是关于法律行为之债的法律适用，《法律适用条例》第 23 条规定："……当事人意思不明时，同国籍者，依其本国法；国籍不同者，依行为地法。"《日本法例》第 7 条规定："关于法律行为之成立及效力，……当事人意思不明时，依行为地法。"①前者规定的优点是增加了法律行为之债法律适用的选择途径。当事人间的债的关系可能在其旅经某地时偶然发生，当事人也许并不了解该地的法律规定。这种情况下，当事人意思不明时，单纯适用行为地法，难以保证适用法律的公平。因而规定于当事人意思不明时，应尽先适用其本国法，万一当事人的国籍又不相同，各该当事人的本国法可能发生歧异，才适用行为地法。行为地法是法律适用的最后选择。

其五，《法律适用条例》"关于法律行为方式之法律"规定了一条，即第 26 条规定："法律行为之方式，除有特别规定外，依行为地法；但适用规定行为效力之法律所定之方式，亦为有效。以行使或保全票据上权利为目的之行为，其方式，不适用前项但书规定。"《日本法例》第 8 条规定："法律行为之方式，依定其行为效力之法律。不依前条之规定，而依行为地法所定之方式者，亦为有效；但设定或处分物权行为之方式，不在此限。"

这两条规定，在法律行为方式上，都结合采用行为地法原则和法律行为本身的准据法原则。但是，《法律适用条例》的规定以行为地法为主，以法律行为本身的准据法为补充；而后者恰相反，以法律行

---

① 如何理解该条规定的"法律行为"，根据《日本法例》第 10 条，物权行为依物之所在地法，亲属、继承关系的法律行为，法例第 13—26 条又另有规定，故本项的行为应指债权的法律行为。参见[日]北胁敏一：《国际私法——国际关系法Ⅱ》，姚梅镇译，法律出版社 1989 年版，第 115 页。

为本身的准据法为主,以行为地法为补充。此外,两者均规定了补充原则的例外,前者考虑到票据的行使及保全行为的特殊性,若不适用行为地法,必发生种种困难,且为证明其行为起见,也以依行为地法最为便利,①因而规定此种行为不适用行为本身的准据法;后者规定设定或处分物权的行为方式不适用行为地法,这是因为,物权方式应适用物之所在地法。

根据以上分析,可以看出,《法律适用条例》虽然以《日本法例》为母本,多数内容参考或移植日本法,但如果认为《法律适用条例》一概照搬或抄袭日本法,则"言之过激"了。

(三)《法律适用条例》的影响——移植国际私法的意义及其在中国司法实践运用的困境

《法律适用条例》在中国国际私法史中具有一定的历史意义。在中国国际私法立法史上,它是第一部系统的国际私法立法。虽然这部法律主要是对外国法的借鉴与移植,但是与同时期资本主义国家的国际私法单行法相比,它是条文最丰富、内容最详尽、结构最完善的立法。而且,个别条文规定得甚至比《日本法例》的有关条文先进,如关于法律行为之债在当事人没有意思自治时的法律适用;船舶物权不适用物之所在地法的例外规定等。由于历史原因,该部法律未能真正发挥作用,但在中国国际私法立法史上,它应该占据一席之地,起码它为以后的立法奠定了基础,提供了经验。

在中国国际私法理论史上,第一次通过该法的制定来加强大陆法系传统国际私法理论对中国国际私法学的影响。通过立法大大推动了中国国际私法的研究工作。各大学法律院系纷纷开设国际私法

---

① 于能模编:《国际私法》,商务印书馆1932年版,第160页。

课程；到国外学习国际私法的人数不断增多；国际私法著作开始大量在国内流行，推出各类国际私法版本 20 余种，普及了国际私法的知识。①

而且，一方面，废除领事裁判权的斗争"催生"《法律适用条例》，反过来说，《法律适用条例》的诞生，传播了各国主权平等、各国法律地位平等、各国法律适用平等的思想，对收复国家司法主权又是一种促进与推动。领事裁判权废撤、司法主权复归，条例才可能真正适用。因此，"废"与"立"两者互为补充、互为推进、相得益彰。假如真的以这种思想导致立法，倒也符合思维逻辑。

然而，如上所述，这部法律在中国司法实践中发挥的作用却是有限的。原因在于它脱离了中国当时的社会、历史现实，不符合中国的国情。根据前文分析，首先，帝国主义在华领事裁判权尚未撤废，中国的主权尚不完整。在这种政治背景下产生的《法律适用条例》，适用的根本条件毫无疑问存在问题。当然，不容忽视《法律适用条例》在宣示及推动中国收复司法主权，进而维护国家主权的决心与进程的意义。但是，从一部以调整涉外民商事法律关系，解决涉外民商事法律冲突为己任的基本性法律来说，仅有这点是远远不够的，这不应是它的根本目的与任务。其次，清末明初虽然中国门户已开放，商品经济有所发展，但事实上，在清末修律的时候，基础极为深厚的传统小农经济，并没有像表面上表现出来的那样呈崩溃的状态。1亿3200余万元的资本，相对于中国庞大的人口以及原始的农业经济，实在是微不足道。② 不仅如此，随着中国政治主权的沦丧，带来的是经济主权的丧失。这时，中国的对外经济交往发生了重大的转折和

---

① 董立坤：《国际私法论》（修订本），法律出版社 2000 年版，第 38 页。
② 赵虎：《清末修律之动因与意义分析》，《山东农业大学学报（社会科学版）》2004年第1期。

急剧的变化：从独立自主转变为俯仰由人，从平等互利转变为任人宰割，①中国失去了与他国进行平等经济贸易交往的机会。因而，国际私法存在的经济基础是薄弱的。再次，国际私法的适用还有一个不可忽视的社会条件，即内外国人民商事地位平等。但当时的中国，由于领事裁判权的存在，外国人的地位居于中国人之上，这就失去了中外当事人进行平等民商事交往的前提，也失去了根据国际私法规范平等地适用不同国家法律，特别是适用中国法律的可能。

"事物之世界化，为社会进化之大势，事物之国民化，惟其适合于国民之特性，且在不背世界进化趋势之范围内，始于国民有利。"②国际私法的借鉴与移植也是如此。它要求：一是必须考虑本国的经济、政治、历史、文化的实际状况，注意外国法与本国法的相互兼容性。1918年《法律适用条例》脱离了当时中国的国情和经济基础，套用资本主义国家的立法原则、法律内容和立法模式，结果形同虚设。二是借鉴或移植外国法不是简单、盲目照搬，而是有鉴别地吸收。移植过来的东西也面临"本土化"的问题。本土化除了指"法按照本民族的特质而发展之外，还应包括把具有世界性或国际性价值取向的法律理念、法律规则、法律组织、法律运行方式以及法律技术等在中国理解消化并掌握、运用的过程。"③对国际私法的借鉴与移植同样如此。结合社会实际，消化吸收他人的先进成果，为我所用，是借鉴或移植国际私法的正确之途。《法律适用条例》与《日本法例》相比较，法律结构比较合理，内容上个别条款也有变化，甚至比后者规定得更为先

---

① 陈安主编：《国际经济法学专论》（上编 总论），高等教育出版社2002年版，第92页。

② ［日］穗积陈重：《法律进化论》，黄尊三译，中国政法大学出版社1997年版，第269页。

③ 陈芸：《略论中国法治的资源取向》，载《法的移植与法的本土化》，何勤华主编，法律出版社2001年版。

进,但因受种种复杂条件的限制,使它"曲高和寡",并没有在中国被"理解消化并掌握、运用",没能真正发挥作用。

二、南京国民政府时期(1927年—1949年)

南京国民政府成立后,1927年司法部民事司曾拟制一个《法律适用条例草案》。该草案的结构与1918年《法律适用条例》相同,共六章28条。

从内容上看,与《法律适用条例》相比,该草案主要增加了第1条:"凡法律属于公法之规定,于在中华民国内者,不问何人适用之。"理由为:"公法之规定,如宪法、刑法、诉讼法等,皆为国家主权所系,于凡在中华民国领土内者,无论内外国人,一律适用。虽我国有领事裁判权,不免稍受限制,但原则因不能不认定耳。"该条规定体现或强调国家主权原则,有其理论意义。但领事裁判权不撤废,该条规定作为一种"不能不认定"的原则,只能成为一种摆设,给人以心理安慰而已。第2条规定的公共秩序条款与《法律适用条例》的规定有所不同,即:"凡法律属于私法之规定,在本条例范围内,得适用外国法律;但其规定,有背于我国公共秩序或善良风俗者,不适用之。"本条但书之前,明确肯定私法之事项应根据冲突规范适用外国法的思想,体现内外国法律平等的原则,值得肯定。其他除个别条款有较大改变,如顺应保护子女权利、保护弱者权利的潮流,草案第17条一改《法律适用条例》保护父亲利益的原则,规定"亲权的行使,依子之本国法";《法律适用条例》认为扶养义务是为保护扶养义务者而设,因而规定"依扶养义务者之本国法",而草案却认为,扶养义务为保护扶养权利者而设,应依被保护人之法,其第18条规定:"扶养之义务,依扶养权利者之本国法"。除此之外,草案内容再无多大变化。

《法律适用条例草案》仅仅是一纸草案,并没有经过立法程序的通过与颁布施行。1927年8月12日南京国民政府下令暂准援用1918年《法律适用条例》。

第二节 1949年以后的冲突法立法

一、中国大陆的冲突法立法①

新中国成立后,除了在有关双边条约②以及中央政府颁布的行政法规、最高人民法院的批复中出现个别的冲突规范外,在很长的一段时间内国际私法的国内立法几乎是一片空白。

在《民法通则》颁布之前,中国大陆的国际私法立法屈指可数,只有1983年民政部发布的《中国公民同外国人办理结婚登记的几项办法》中关于此种结婚必须遵守中国婚姻法的规定;1983年《中外合资经营企业法实施条例》第15条;1985年《继承法》第36条和《涉外经济合同法》第5条等。1986年《民法通则》第8章"涉外民事关系的法律适用",规定了共计9条13款冲突规范,使中国冲突法立法初具轮廓。1992年《海商法》第14章、1995年《票据法》第5章和《民用航空法》第14章、1999年《合同法》第126条都是关于冲突规范的规定。此外,最高人民法院于1987年发布了《关于适用〈涉外经济合同法〉若干问题的解答》(以下简称最高人民法院《解答》)、1988年发布了《关于贯彻执行〈中华人民共和国民法通则〉若干问题的意见(试

---

① 中国大陆的冲突法立法不够完善。为了全面反映立法、司法机关以及学者对国际私法的态度,本书对中国大陆的立法作广义的理解,既包括立法机关的制定法、正在讨论的法律草案,也包括司法机关的司法解释与学术团体的民间"示范法"等。

② 如1959年《中苏领事条约》第20条规定:"缔约任何一方公民死亡后遗留在另一方领土上的财产,包括动产和不动产,均按财产所在地国家的法律处理。"

行)》(以下简称最高人民法院《意见(试行)》)中有关冲突规范的司法解释丰富了中国的冲突法制度。

值得注意的是,早在1993年中国国际私法学会年会上就成立了以韩德培教授为组长的《中华人民共和国国际私法示范法》(以下简称《示范法》)起草小组,并于其后的几年一直致力于《示范法》的修订与完善工作。2000年《示范法》(第六稿)在法律出版社以中、英文出版。《示范法》分为5章,包括总则、管辖权、法律适用、司法协助和附则,共166条。它是中国法学界第一部完全由学术团体起草的示范法典,反映了中国学者对国际私法立法体系、内容的主张,对中国的国际私法立法与司法实践产生了重要的影响。

2002年12月,《中华人民共和国民法(草案)》(以下简称《民法(草案)》)出台并首次被提请至全国人大常委会审议。《民法(草案)》第九编以"涉外民事关系的法律适用法"①为题,规定有关国际私法规范。"涉外民事关系的法律适用法"分为一般规定、民事主体、物权、债权、知识产权、婚姻家庭、继承、侵权等8章,共94条。全编内容完整、结构系统化,体现了普遍主义的价值取向,增强了法律选择的灵活性,努力做到管辖权选择与结果选择的有机结合,本土资源与国际资源的辩证统一,虽然在立法模式和立法技术上尚存在问题,②但较之《民法通则》第八章仅有的9条规定,是国际私法立法的巨大进步,反映了近16年中国国际私法理论研究与司法实践的长足发展。尤其值得注意的是,2003年12月17日,全国人大常委会公布确定今

---

① 该送审稿第九编"涉外民事关系的法律适用法"为第三稿。此前,已有所谓"专家稿"和"室内稿"两稿。参见齐湘泉主编:《涉外民事关系法律适用法总论》,法律出版社2005年版,第1页脚注②及"序"第3页。2003年初,拟议中的《民法(草案)》第九编开始下发征求意见。

② 于飞:《中国国际私法理论与立法》,中国法制出版社2004年版,第24—30页。

后五年中国立法方向的《十届全国人大常委会立法规划》。根据该规划,"涉外民事关系的法律适用法"成为本届全国人大任期内审议的内容之一,①从而大大加快了国际私法的立法步伐,中国大陆国际私法的出台指日可待。

专家学者也曾拟订一些解决中国区际法律冲突的示范性条例或草案,例如,前已提及韩德培教授与黄进教授于1991年拟制的《示范条例》。该条例分为总则、自然人和法人、民事法律行为和代理、物权、债权、知识产权、婚姻家庭、继承、时效、附则等10章,共50条,结构合理,内容全面,所涉范围广泛。条例第2条、第3条、第4条明确宣示:"本条例确定涉及跨大陆、台湾、香港和澳门地区的自然人之间、法人之间、自然人和法人之间民事法律关系的法律适用。本条例没有规定的,类推适用(准用)大陆地区的国际私法。国际私法没有规定的,直接适用与民事法律关系有最密切联系的地区的实体法。""在民事法律方面,大陆、台湾、香港和澳门地区均为平等的具有独特法律制度的法域。""大陆地区与台湾、香港和澳门地区的当事人在民事活动中地位平等,其合法民事权益受到法律同等的保护。"可见,《示范条例》试图为中国大陆建立统一的区际冲突法模式。此外,中国管理科学研究院台湾法律研究所于1989年草拟《大陆地区与台湾地区人民关系法建议草案》,②大连海事大学(原大连海运学院)司玉

---

① 引人注目的《民法(草案)》在经过九届全国人大常委会首次审议之后,本届全国人大任期内将安排分编审议,将审议其中的物权法、侵权责任法、涉外民事关系的法律适用法三编。参见张朔:《我国公布今后五年立法规划 76件法律案榜上有名》,http://www.people.com.cn/GB/shehui/1060/2252451.html,2003—12—18。

② 参见《经济与法律》(香港),1990年第3期。转引自沈涓:《中国区际冲突法研究》,中国政法大学出版社1999年版,第66页。

琢教授等还草拟《统一区际海事冲突法(草案)》①等。这些研究成果也是探讨两岸区际冲突法不可或缺的有价值的资料。

二、台湾地区的冲突法立法

台湾地区现行有关冲突法的立法主要有:1953年《涉外民事法律适用法》、1992年《两岸人民关系条例》(第三章"民事")以及1997年《香港澳门关系条例》(第三章"民事")。② 以上前者调整的是台湾地区与其他国家的涉外民事法律关系,属国际私法;后两者的有关规定解决台湾地区与大陆及香港、澳门地区的区际民事法律冲突,属区际冲突法。

(一) 1953年《涉外民事法律适用法》

1.《涉外民事法律适用法》的产生

1949年国民党政府偏居一隅后,《法律适用条例》在中国台湾地区继续适用。然而,该条例施行数十年来,历史的变迁与涉外民事交往的频繁与复杂,要求有周密的法则规范,否则不足以资应用,《法律适用条例》的规定尚显简略,已经难以符合形势发展的需要。此其一;其次,《法律适用条例》的制定,远在台湾地区现行民法之先,原条例的一些用语与台湾《民法》的规定不相符,如《法律适用条例》第13条的"私生子",台湾《民法》规定为"非婚生子女",《法律适用条例》第24条的"事务管理不当利得",台湾《民法》称为"无因管理、不当得利"等,两部法律用语不同,也需修正;再次,原条例中的一些原则与

---

① 司玉琢、李兆良:《论中国区际海事法律冲突》,《经济与法律》(香港)1991年第2期。

② 此处主要就《两岸人民关系条例》第三章"民事"部分及《香港澳门关系条例》第三章"民事"部分规定的冲突法规范作相应的探讨。

制度,现行台湾《民法》已不再采用,如《法律适用条例》第 7 条关于"准禁治产"的规定、第 19 条关于"保佐"的规定,已不具任何意义。

因此,本着"一、法则之内容,务求详明,俾于现代复杂之国际私法关系,可以因应而不穷;二、法则之精神,兼顾内外国情,于确认外国人合法权益之中,注重本国人民利益之保护,与夫公序良俗之维持"①的精神,采撷各国先例之所长,参酌过去司法实践经验,制定《涉外民事法律适用法草案》初稿,于 1952 年 12 月 3 日经台湾地区"行政院"第 207 次会议通过,送"立法院"审议,以完成立法程序。台湾地区"立法院"于 1952 年 12 月 16 日经第十会期二十二次会议决定,将法律草案交民刑商法及外交两委员会审查。后经两委员会第十会期第二次全体委员会联席会议讨论,全体委员会照初步审查意见通过。1953 年 5 月 15 日及 19 日,"立法院"全体会议"三读"通过该立法。②

2.《涉外民事法律适用法》的特点

《涉外民事法律适用法》共 31 条,"就体例而言,亦与原条例稍有变更。盖因原条例,近 27 条,即区分为七章,稍嫌琐细,且其第一章总纲,规定排除条款,多数国籍或无国籍及国内法律不统一诸问题,均属法律适用之变例,而非全部法例之通例,乃定名为总纲,其体例亦欠惬当,故本草案初稿,仿德日法例,不分章节,全部条文,悉按民法各编,依次类列,而将各种适用法律之变例规定于后。"③

在内容上,与《法律适用条例》相比,《涉外民事法律适用法》许多原则保持原条例的规定。例如,涉及身份关系的法律适用,坚持大陆

---

① 1952 年 12 月 9 日《涉外民事法律适用法草案说明》。
② 何佐治:《涉外民事法律适用法》,载《国际私法论文选辑》(上),马汉宝主编,五南图书出版公司 1984 年版。
③ 1952 年 12 月 9 日《涉外民事法律适用法草案说明》。

法系的传统,以国籍为连结点,采本国法主义,而且多处规定依父或夫之本国法;合同之债,以当事人意思自治为基本原则;离婚,重叠适用当事人属人法与法院地法;继承的准据法,采同一制;坚持以公共秩序保留作为限制外国法适用的"安全阀";对反致,仍然采用原则上肯定的态度;等等。

然而,《涉外民事法律适用法》的大部分规定有不同程度的变化。

首先,更正原条例中的部分措辞。除把原条例中的"私生子"修改为"非婚生子女"(该法第17条)、"事务管理不当利得"修改为"无因管理、不当得利(该法第8条)外,还把原条例第25条的"因不法行为"改为"由侵权行为"、"不法者"改为"侵权行为者"(该法第9条)。原条例中的"中国"一律改为"中华民国"、"中国人"一律改为"中华民国国民"、"中国法"改为"中华民国法律"。

其次,修改原条例中的部分内容。对条文内容作了较大修改的主要有:关于法律行为方式,将原条例第26条第1款(以行为地法为原则、以法律行为本身的准据法为补充),修改为以法律行为本身的准据法为原则,以行为地法为补充(该法第5条第1款);关于夫妻财产制,改变原条例第10条第2款"依婚姻成立时夫之本国法"的规定,把它单列一条,即第13条,其第1款规定:"夫妻财产制依结婚时夫所属国之法,但依中华民国法订立财产制者,亦为有效。"这里,改称"夫所属国之法"的侧重点在于突出结婚时丈夫的国籍,目的是防止丈夫于结婚后,任意改变国籍,改变夫妻财产关系,从而影响妻或其他利害关系人的合法利益;而但书的规定主要是为了与其实体民法的精神相一致;① 关于子女身份,该法第16条规定:"依出生时其母之夫之本国法,如婚姻关系于子女出生前,已消灭者,依婚姻关系

---

① 1952年12月9日《涉外民事法律适用法草案说明》。

消灭时其夫之本国法。"这里的"婚姻关系消灭"包括夫之死亡、离婚或婚姻之撤销等情形,以之代替原条例第 12 条中的"死亡",对确定子女的身份有利;关于当事人本国国内各地法律不同时,原条例第 2 条第 3 款规定,以其所属地方之法为其属人法。但何者为所属地方,往往不易确定,而且外侨久居异国,一般只有国籍,难以确定其所属地方。因此,该法第 28 条规定:"依本法适用当事人本国法时,如其国内各地之法律不同者,依其国内住所地法,国内住所不明者,依其首都所在地法。"

再次,补充原条例中的部分条款。例一,把原条例第 4 条仅规定的狭义反致,扩充为包括狭义的反致、转致与间接反致在内的广义的反致(该法第 29 条)。这是该适用法最大的改革。[①] 例二,该法涉及内国人权益的补充性规定。在属人法事项上,凡涉及"中华民国国民"的,按照该法规定其内国法一成不变地必予适用。[②] 在这方面作了补充性规定的,诸如:第 3 条除保留原条例第 6 条有关禁治产的规定外,第 2 款还规定,禁治产宣告的效力,依中华民国法律;第 4 条除保留原条例第 8 条关于死亡宣告的规定外,第 2 款还规定,外国人失踪,其配偶或直系血亲为"中华民国国民"且现在此有住所或居所者,得声请依"中华民国"法为死亡之宣告,不受前项之限制;第 11 条第 2 款补充规定结婚一方为"中华民国国民"且在"中华民国"举行的婚姻,其方式依"中华民国"法律;第 12 条以但书补充婚姻效力的规定,即为外国人妻未丧失"中华民国"国籍并在此有住所或居所,或外国

[①] 吴明轩:《论涉外民事法律适用法》,载《国际私法论文选辑》(上),马汉宝主编,五南图书出版公司 1984 年版。

[②] Herbert Han-Pao Ma, *Private International Law of the Republic of China: Past, Present and the Future*, in *Private Law in the International Arena*, Jürgen Basedow etc., ed. T. M. C. Asser Press, 2000, p.426.

人为"中华民国国民"之赘夫者,其婚姻效力依"中华民国"法;第14条但书补充离婚的法律适用,即配偶一方为"中华民国国民"者,依"中华民国"法;第19条但书规定,父丧失"中华民国"国籍而母之女仍为"中华民国国民"者,依"中华民国"法;第22条但书规定,依"中华民国"法"中华民国国民"应为继承人者,得就其在"中华民国"之遗产继承而为继承,等等。这些含有较强"民族主义"色彩的规定,"可以归因于该法律是中国收复失去近一个世纪司法主权后的第一部此类立法的事实",①它们不仅仅为保护涉外民事关系中内国国民的利益,而且旨在维护内国的公共秩序与善良风俗。② 例三,该法的其他补充性规定:第6条补充第3款,规定行为地如果兼跨两国以上或不属于任何国家时依履行地法;第10条补充第2款,规定以权利为标的的物权,依权利成立地法;第11条但书补充婚姻方式的规定,即结婚方式依当事人一方的本国法或婚姻举行地法均为有效;第26条补充原条例未能解决的同时取得重复国籍的问题,规定同时取得国籍者,依与其关系最切国之法;第27条补充规定当事人有多数住所、居所时,依其关系最切之住所地法(但在"中华民国"有住所者依"中华民国"法,居所不明者,依现在地法),等等。

第四,删除原条例中的部分规定。被该法整条删除的《法律适用条例》的条款,主要有三条,即第7条、第19条与第17条。第7条规定的准禁治产、第19条规定的保佐是实体民法所没有规定的;第17

---

① Herbert Han-pao Ma, *Private International Law of the Republic of China: Past, Present and the Future*, in *Private Law in the International Arena*, Jürgen Basedow etc., ed. T. M. C. Asser Press, 2000, p.426.

② 何佐治:《涉外民事法律适用法》,载《国际私法论文选辑》(上),马汉宝主编,五南图书出版公司1984年版。

条①作为一种补充性规定,仅仅限于亲属关系领域,适用范围较窄,而该法第 30 条的补充性规定已包括一切涉外民事法律关系,故无存在的必要。此外,还有一些条文中的部分款项,或因适用机会极少或无规定必要或规定重复等原因,也被删除。例如,原条例第 5 条第 3 款、第 16 条之但书规定、第 22 条第 3 款、②第 23 条第 3 款③等。

最后,新增一些条文。《涉外民事法律适用法》增加的但书及款项较多,在上述补充原条例中的部分条款中已作探讨。该法整条条文增加者,主要有 4 条,即第 7 条、第 15 条、第 23 条及第 30 条。第 7 条规定:"债权之让与对于第三人之效力,依原债权之成立及效力所适用之法律。"新增这条规定主要考虑,债权的让与本身属法律行为的一种,关于其成立及效力在让与人及受让人间,固应受第 6 条的支配。但其对于第三人的效力,并非第 6 条所能包括,所以有专门确定其准据法的必要。该条规定的原债权本身的准据法同时也为债权转移对第三人效力所应适用的法律,其目的在于使原有债的关系保持确定,以免原债务人及其他第三人的利益,因债权变更而受影响。④第 15 条第 1、2 款规定:"离婚之效力依夫之本国法。为外国人妻未丧失中华民国国籍或外国人为中华民国国民之赘夫者,其离婚之效力依中华民国法律。"离婚的效力涉及离婚后子女的监护教养、夫妻一方赔偿的请求、赡养费的给予等问题,与离婚的原因事实问题截然不同,所以增设专条,比照关于婚姻效力的原则,规定单独适用夫之

---

① 《法律适用条例》第 17 条规定:"前八条以外之亲族关系,及因其关系所生之权利义务,依当事人之本国法。"
② 《法律适用条例》第 22 条第 3 款规定:"关于物权之遗嘱方式,得依第二十六条第一项前段之规定。"
③ 《法律适用条例》第 23 条第 3 款规定:"行为地不同者,以发通知之地为行为地。"
④ 1952 年 12 月 9 日《涉外民事法律适用法草案说明》。

本国法。同时为保护内国人利益,规定第 2 款。① 增补第 23 条的目的是保护内国的公共利益,规定:"外国人死亡时,在中华民国遗有财产,如依其本国法为无人继承之财产者,依中华民国法律处理之。"第 30 条规定:"涉外民事,本法未规定者,适用其他法律之规定,其他法律无规定者,依法理。"这是一条总括性兜底条款,根据 1952 年 12 月 9 日《涉外民事法律适用法草案说明》,这条规定一方面有利于该法与其他法的衔接。"关于涉外民事之法律适用法则,虽特设单行法规,然于各项原则,非能包括靡遗,其有关规定,散见于民法及其他民事法律规定者为数不少,例如关于外国人之权利能力规定于民法总则施行法,又如关于外国法院判决之效力,规定于民事诉讼法,在审判涉外案件之际即须随时参合援用,故本条前段明揭此旨,以促司法者之注意";另一方面,增加法律的补缺功能。"晚近国际交通发达,内外国人接触频繁,讼案随之而增,其系争之点甚多有现行法律所不及料,而未加规定,其有赖于法官,本其学识经验,临案审断,殆为势所必然。本条后段特设补充规定,凡涉外民事为法律所未规定者,应依法理以谋解决。"

总之,《涉外民事法律适用法》的法律条文增加,规范内容不乏值得肯定之处,较《法律适用条例》有明显的进步。

3.《涉外民事法律适用法》的修正

《涉外民事法律适用法》是台湾地区重要的法源,已适用半个世纪之久。但随着国际民商事关系的发展及其复杂化,该法有的规定已明显落后,难以适应形势发展的需要。稍加分析,不难看出它的缺陷。

---

① 1952 年 12 月 9 日《涉外民事法律适用法草案说明》。

第一,总则性规定并不全面。① 现行法中有关识别、先决、法律规避等规定付之阙如。

第二,平等原则贯彻得不够。平等适用外国法,是国际私法存在的前提。只有体现内外国人之间平等、内外国法律之间平等,才能合理地适用法律。如上所述,《涉外民事法律适用法》补充了较多的适用内国法的规定,但这些规定是否都合理,似皆有再予斟酌考虑的余地。② 男女平等原则已被引入国际私法领域,但台湾地区国际私法有关亲属法领域的法律适用仍与《法律适用条例》一样,多规定适用父或夫之本国法,法律适用上的男女不平等及父权至上、亲为本位的观念并没有改变。③

第三,法律适用的灵活性体现不足。当今,各国、各地区的国际私法立法都增加了法律适用的灵活性,新近立法普遍规定了最密切联系原则,但《涉外民事法律适用法》并没有采纳该原则。虽然第26条、第27条中出现了"关系最切"的用语,但其意义与最密切联系原则有着实质性的区别。私法自治是私法的基本原则,体现在国际私法中即当事人意思自治。该原则的采用,"盖其有简单、明确、公平、符合正当期待利益保护等优点"。④ 意思自治原则除了适用于合同领域外,并有条件地向其他领域扩展。台湾地区立法把当事人的选择只限定在合同领域,法律选择的灵活性大打折扣。晚近,大陆法系和英美法系在属人法上有融合的趋势,许多国家采惯常居所地法。

---

① 台湾地区学者一般把国际私法规范分为两类,即主要法规与辅助性法规。主要法规是规定涉外民事法律关系应适用某国法律的法规;辅助性法规是用来补充解决法律适用时所生问题的法规。例如,有关国籍、住所的积极冲突与消极冲突的解决,一国数法、公共秩序保留、反致、识别、法律规避、先决等问题的法规都属于辅助性法规。
② 刘铁铮:《论〈涉外民事法律适用法〉之修正》,《法令月刊》第50卷第5期。
③ 曾陈明汝:《国际私法原理续集——冲突法论》,1996年自版,第94—95页。
④ 刘铁铮:《论〈涉外民事法律适用法〉之修正》,《法令月刊》第50卷第5期。

惯常居所地法原则一则可以克服大陆法系与英美法系在"本国法主义"与"住所地法主义"之间的矛盾；二则也增加了法律选择的灵活性。台湾地区法律却固守"本国法主义"，立法显得僵硬、死板。

第四，部分条文的规定不明确，尚存缺漏。如第 25 条关于公共秩序的规定，在排除适用外国法后，应该适用什么法律，该条没有规定。第 28 条关于一国数法的规定的特点是以"首都地法"作为解决应适用外国何地法的最后办法。然而，当事人有多数住所时，或当事人无住所却有居所时，应如何处理，该条均未设定解决之办法，显有疏漏。① 对于合同问题，没有细分其种类，而一体适用第 6 条，对银行交易、证券交易、票据、保险、消费、雇佣等行为没有明确的规定。②

第五，立法内容滞后。因科学技术进步带来的一些新型的法律关系而生的法律冲突，如与互联网、电子商务有关的纠纷产生的法律冲突，现行法无规定，法律冲突便无法解决。

第六，结构安排不分章节，架构欠分明，③法律条文共计 31 条，立法仍显简略。

当前，国际私法的立法总体上表现出立法模式向法典化方向发展的趋势，形式上已有总则、分则之分，法典结构日趋合理；调整对象不断扩大，适用范围愈加广泛，弹性连结因素在立法中被广泛采用，传统规范的灵活性得以加强；政策定向和结果选择方法在法律选择中受到重视等特点。反观《涉外民事法律适用法》，从上述内容可以看出，它已不能满足日趋复杂的涉外民商事关系发展的需要，落后于国际私法发展的国际潮流，有必要加以修正。有鉴于此，台湾地区

---

① 吴明轩:《论涉外民事法律适用法》，载《国际私法论文选辑》(上)，马汉宝主编，五南图书出版公司 1984 年版。
② 刘铁铮:《论〈涉外民事法律适用法〉之修正》，《法令月刊》第 50 卷第 5 期。
③ 王志文:《涉外民事法律适用法之检讨与修正》，《华冈法粹》2004 年第 31 期。

"司法院"于1998年10月推出"司法院涉外民事法律适用法研究修正计划",该计划的目的在于针对《涉外民事法律适用法》进行"全面检讨"以及"彻底修正"。在该计划中,提出了研修法律应遵循的六项原则:①(1)因"国家"社会发展而新生之事项,为原规定所无者,增列之。(2)原规定不能适应目前社会需要或窒碍难行者,删除或修改之。(3)原规定含义不明,易生适用上疑意者,修正之。(4)"司法院"解释、"最高法院"判决及决议或学说上有争执之事项,性质上得以条文规定者,参酌修正增列之。(5)外国立法例、学者专家之建议,有关机关及民间之反映意见,有利于涉外民事事件之审理者,参酌修正增列之。(6)其他法规关于涉外民事事件之规定,具有一般性,得纳入该法者,增列之。该法规定之内容,宜与他法合并单独规定者,删除之。

台湾"司法院"根据该项计划,组成"司法院涉外民事法律适用法研究修正委员会"。至今,该委员会已推出三个法律修正版本。②

第一版本即1999年3月至2000年3月(法律研修委员会第二次会议至第五次会议)讨论的《涉外民事法律适用法修正草案》(原稿)。该草案计有"总则"(包括法源;法院之职权;法律适用与外交承认;外国法之证明、调查、不明;外国人之地位等。共10条)、"涉外民事事件之程序"(包括管辖权;当事人能力与诉讼能力;国际诉讼竞合之效果等三节。共12条)、"法律之适用"(规定两节。第一节为通则,包括定性、附随问题、公序良俗、规避法律、国籍、住所、一国数法

---

① 台湾地区"司法院"编印:《司法院涉外民事法律适用法研究修正资料汇编(一)》,2002年11月,第2页。转引自王志文:《涉外民事法律适用法之检讨与修正》,《华冈法粹》2004年第31期。

② 赖来焜:《基础国际私法学》,三民书局2004年版,第261—262页;王志文:《涉外民事法律适用法之检讨与修正》,《华冈法粹》2004年第31期。

与人际法、反致等,共 11 条;第二节分为自然人、法人、法律行为、债、物权、亲属、继承、破产、仲裁等,共 94 条)、"外国法院确定判决或裁定之承认与执行"(共 10 条)及"附则"(共 7 条)五章,共 144 条。

第二版本即 2001 年 5 月至 2002 年 5 月(法律研修委员会第六次会议至第十六次会议)讨论的《涉外民事法律适用法修正草案》(初稿)。其内容主要有"通则"(包括法源;公序良俗;国籍积极冲突;国籍消极冲突;住所冲突;一国数法;因地及因人;反致;规避法律;先决问题;法院不便利管辖;国际诉讼竞合;外国仲裁条款妨诉抗辩;当事人合意外国法院管辖;承认外国法院身份判决;外国确定判决之承认与执行等。共 16 条)、"准据法"(包括六节:人,共 6 条;法律行为,共 4 条;债,共 12 条;物权,共 8 条;亲权,共 14 条;继承,共 4 条)及"附则"(包括增修条文不溯及既往原则;涉外民事事件已系属于法院者;施行日期等 3 条规定)三章,共 67 条。可见,无论就章节架构还是规范设计而言,该第二版本与第一版本反映出两种截然不同的修法模式,予人以重起炉灶之感。①

第三版本即《涉外民事法律适用法部分条文修正草案》(自 2003 年 9 月第十七次会议开始讨论,同年 11 月 11 日起公布在"司法院"的网站上)。② 该版本删除、缩减并更改了第二版本中的部分条文,在架构安排上,也有明显地变动,规定了"通则"(包括法源、国籍之积极冲突、国籍之消极冲突;住所之冲突;一国数法;反致;规避法律;公序良俗等。共 8 条)、"权利主体"(共 5 条)、"债"(共 20 条)、"物权"

---

① 王志文:《涉外民事法律适用法之检讨与修正》,《华冈法粹》2004 年第 31 期。

② 该版本修正草案在第十七次会议的正式记录中,被称为《涉外民事法律适用法修正草案》(第一稿)。参见王志文:《涉外民事法律适用法之检讨与修正》,《华冈法粹》2004 年第 31 期。为了使用的方便,本书对修正草案的三个版本,即所谓"原稿"、"初稿"、"第一稿"相应称为《修正草案》(第一稿)、(第二稿)及(第三稿)。

(共 7 条)、"亲属"(共 14 条)、"继承"(共 4 条)及"附则"(共 2 条)七章,共 60 条。

如果把该《修正草案》(第三稿)与现行的《涉外民事法律适用法》相比较,它的突出特点主要表现在:从结构上看,相对现行法规定的 31 条,修正草案增订 30 条,修正 25 条,删除一条(合并第 14、15 两个条文为一条),并调整了条文的顺序,共规定了七章。从内容上看:首先,调整、修改、补充了总则部分的内容。移列现行法第 25 条以下的内容到修正草案的最前端;修改了现行法第 25 条公序良俗的规定;增加了法律规避的内容;等等。其次,增加了新类型法律关系的法律适用。例如,修正草案第 16 条至第 20 条增订代理权授予、票据行为、指示证券或无记名证券等问题的冲突规则;特别是适应国际民商事关系发展的需要,针对国际贸易的发展带来的商品制造者责任和消费者保护等问题、跨国投资引起的限制竞争及不正当竞争等问题、信用卡交易及互联网线上交易产生的特殊侵权问题以及知识产权保护等问题,修正草案试图从全新的视野对其加以思考,[①]在第 24 条至 26 条、第 38 条至第 40 条作了相关规定。同时,删除了诸如有关区别嫁娶婚和招赘婚等方面的规定。再次,落实男女平等原则,重视保护弱者利益。修正草案第 43 条以下的规定改变了依"夫之本国法"的做法,而根据夫妻共同的连结因素确定准据法,以贯彻男女平等的精神。此外,在涉及亲权、监护、扶养等关系的法律适用中,修正草案第 51 条至第 53 条反映对子女、被监护人、被扶养人利益的保护。最后,广泛适用最密切联系原则。修正草案约有 15 个条文规定了最密切联系原则,这些规定显示该草案要在"规则"与"方法"两种

[①] 陈荣传:《国际私法的新走向——鸟瞰涉外民事法律适用法修正草案》,载《两岸国际私法研讨会论文集》,赖来焜编,玄奘大学法律学院 2005 年版。

取向之间,重新寻找一种新的平衡关系,并将涉外民事法律关系准据法的决定,从原来由立法者依逻辑判定,部分拉回到由法院依个案综合认定,①从而实现法律适用的弹性或灵活。

总之,上述三个版本,在结构上一改《涉外民事法律适用法》章节不分的做法;在内容上各具特色,而且法律条文从涉猎广泛走向内容相对集中,最后只规定了法律适用问题。整体而言,《涉外民事法律适用法》采取仅以冲突规范为核心的立法模式,已不适应涉外民商事案件法律适用多元化的需要。《修正草案》(第一稿)的规范设计似乎较能兼顾宏观面及微观面,因此亦应获得较高之评价。② 台湾学者也认为,《涉外民事法律适用法》的修正宜改变现在只规定冲突规范的最狭义的立法模式,国际私法立法的规范内容除了规定冲突规范外,还应包括管辖权规范和判决的承认与执行规范,从而使其与国际私法立法潮流相符合。③

(二)《两岸人民关系条例》

《两岸人民关系条例》中包含有解决台湾地区与大陆地区民商事法律冲突的区际冲突法。

1.《两岸人民关系条例》的制定

海峡两岸的长期敌对、隔绝状态从 20 世纪 70 年代末期开始有所缓和。1987 年 11 月 2 日,台湾当局被迫开放民众赴大陆探亲,逐步放宽对两岸人民往来的限制。这样,一些早已存在的但因两岸隔

---

① 陈荣传:《国际私法的新走向——鸟瞰涉外民事法律适用法修正草案》,载《两岸国际私法研讨会论文集》,赖来焜编,玄奘大学法律学院 2005 年版。
② 王志文:《涉外民事法律适用法之检讨与修正》,《华冈法粹》2004 年第 31 期。
③ 吴光平:《从国际私法体系论涉外民事法律适用法之修正》,《立法院院闻》第 31 卷第 7 期。

绝不成为"问题"的问题开始呈现出来;一些新问题因交往而衍生。本着"安全性、前瞻性、通盘性、事实性及弹性等原则,以确保台湾地区安全、社会安定及民众福祉为前提,就两岸人民往来已发生及可能发生之问题,以前瞻之观点,为通盘之考量,将两岸人民往来有关事务,尽可能纳入本条例中;为兼顾情理及维护人民权益,于民事事件,除本于'一国两地区'之理念适度纳入区际法律冲突之理论,以解决实际问题外,对大陆人民在中共控制之下所产生之民事上权利、义务,亦基于事实需要,予以有条件之承认;对于大陆地区人民,原则上与台湾地区人民平等对待,惟基于维护台湾地区经济,社会及法律之稳定,爰依宪法第二十三条及宪法增修条文第十条①规定意旨,设有若干必要之限制。"②

1992年7月,台湾地区"立法院"通过《两岸人民关系条例》。该条例分为总则、行政、民事、刑事、罚则及附则等六章,后经1993年、1994年、1995年、1996年、1997年、2000年、2002年及2003年八次修正,现行的是2003年10月29日以"总统令"公布的文本,计有96条。"民事"部分(第41条至第74条)规定34条,其中,规定22条(第41条至第62条)冲突规范。③

2.《两岸人民关系条例》的特点

从内容来看,《两岸人民关系条例》关于冲突法的规定具有以下特点:

第一,冲突规范条文大体上以台湾现行《涉外民事法律适用法》

---

① 现为《"中华民国宪法增修条文"》第11条。
② 见台湾地区"行政院"对《两岸人民关系条例》的立法说明。转引自李念祖:《两岸人民关系条例中三项基本宪法问题初探》,《理论与政策》1993年第7卷第2期。
③ 《两岸人民关系条例》虽经历次修改,但这些冲突规范基本没什么变化。

为基础,同时结合两岸的特殊情况制定而成。①

法律行为方式依行为地法、物权依物之所在地法、侵权规定重叠性冲突规范等是《涉外民事法律适用法》与《两岸人民关系条例》都采用的原则。但《两岸人民关系条例》是针对两岸民事法律适用的规定,因此在一些具体的法律适用上又有不少变化。主要表现在:

(1)适用"本区法"的规定。《两岸人民关系条例》第46条第1款、第2款规定:"大陆地区人民之行为能力,依该地区之规定。但未成年人已结婚者,就其在台湾地区之法律行为,视为有行为能力。大陆地区之法人、团体或其他机构,其权利能力及行为能力,依该地区之规定。"该条规定与国际私法之"本国法"有异曲同工之妙。② 第49条规定:"关于在大陆地区由无因管理、不当得利或其他法律事实而生之债,依大陆地区之规定。"这里其实适用的是事实发生地法。第58条、第60条规定,受监护人、被继承人为大陆地区人民者,关于监护、继承,依该地区之规定。第61条、第62条规定,大陆地区人民之遗嘱、捐助行为,其成立或撤回之要件及效力,依该地区之规定。

(2)适用"设籍(户籍)地区法"的规定。"设籍地区"是《两岸人民关系条例》创设的一个新连结点,这是因为将《两岸人民关系条例》定位为"区际私法"或"区际冲突法",从而将国籍的连结因素改变为户籍或设籍地所致。③ 以"设籍地区"为连结点的事项主要有:第42条规定:"在本条例规定应适用大陆地区之规定时,如该地区内各地方有不同规定者,依当事人户籍地之规定。"第55条规定:"非婚生子女

---

① 王志文:《港澳问题与两岸法律冲突》,《法令月刊》第43卷第1期。
② 赖来焜:《当代国际私法学之构造论》,神州图书出版有限公司2001年版,第21页。
③ 李后政:《两岸民事关系条例与审判实务》,永然文化出版股份有限公司1994年版,第273—274页。

认领之成立要件,依各该认领人被认领人认领时设籍地区之规定。认领之效力,依认领人设籍地区之规定。"第 56 条规定:"收养之成立及终止,依各该收养者被收养者设籍地区之规定。收养之效力,依收养者设籍地区之规定。"第 57 条规定:"父母一方为台湾地区人民,一方为大陆地区人民者,其与子女间之法律关系,依父设籍地区之规定,无父或父为赘夫者,依母设籍地区之规定。"第 59 条规定:"扶养之义务,依扶养义务人设籍地区之规定。"可见,"设籍地区"的连结点,主要规定在身份关系中。

(3)适用"登记地法"的规定。《两岸人民关系条例》改变《涉外民事法律适用法》第 10 条第 4 款关于"船籍国法"和航空器"登记国法"的规定,在第 51 条第 4 款规定:"船舶之物权,依船籍登记地之规定;航空器之物权,依航空器登记地之规定。"

(4)其他。如关于侵权行为的准据法,《涉外民事法律适用法》第 10 条采用重叠适用侵权行为地法与法院地法的原则,《两岸人民关系条例》第 50 条则采损害发生地法与法院地法的重叠适用,对侵权行为地的界定更为明确。对于合同之债,两法的规定也不完全相同。《涉外民事法律适用法》第 6 条首先以当事人意思自治为主,在当事人意思不明时,才考虑其他,台湾学者归纳其为"六阶梯级适用方式",即当事人意思→国籍→行为地→发约地→要约人住所→履行地。① 而根据《两岸人民关系条例》第 48 条第 1 款、第 2 款的规定:"债之契约依订约地之规定。但当事人另有约定者,从其约定。前项订约地不明而当事人又无约定者,依履行地之规定,履行地不明者,依诉讼地或仲裁地之规定。"该条似没有把意思自治作为首要原则规

---

① 赖来焜:《当代国际私法学之构造论》,神州图书出版有限公司 2001 年版,第 265 页。

定下来。从第 2 款的前句表述看来,订约地法与意思自治是同等的,台湾学者称其为"四阶梯级适用方式",即当事人意思→订约地→履行地→诉讼地或仲裁地,①但笔者认为,称其为"三阶梯级适用方式",即订约地或当事人意思→履行地→诉讼地或仲裁地更为合适。

第二,对优先适用台湾地区法律的过度强调。具体表现:

关于两岸民事法律适用的一般原则。《两岸人民关系条例》第 41 条第 1 款规定:"台湾地区人民与大陆地区人民间之民事事件,除本条例另有规定外,适用台湾地区之法律。"该规定实际上把两岸人民间的民事事件均纳入台湾地区法律的调整范围,即一部分归该条例调整,另一部分归台湾地区其他法律调整。②

关于连结点。第 41 条第 3 款规定:"本章所称行为地、订约地、发生地、履行地、所在地、诉讼地或仲裁地,指在台湾地区或大陆地区。"但第 45 条却规定:"民事法律关系之行为地或事实发生地跨连台湾地区与大陆地区者,以台湾地区为行为地或事实发生地。"对跨连两岸的"行为地"、"事实发生地"连结点如此定性,方便了台湾地区法律的优先适用,但却明显有违"平等原则"。就连台湾地区学者都认为,扩张法庭地法适用范围的"台湾优先"的立场,与一般区际冲突规则的规定颇有出入。区际冲突法的重点应在为区际性的民事法律关系,妥当地决定其适用的法律,而不在急于指定法庭地法为裁判依据;③而且,就整体而言,区际冲突法应更重视各冲突法律间的平等性,使外域法比国际冲突法中的外国法,得到更多的适用机会,并消

---

① 赖来焜:《当代国际私法学之构造论》,神州图书出版有限公司 2001 年版,第 22 页。

② 徐平:《台湾当局有关两岸民事关系法律适用规定之评析》,《台湾研究集刊》1994 年第 3 期。

③ 陈荣传:《两岸法律冲突的现况与实务》,学林文化事业有限公司 2003 年版,第 23 页。

除在法律适用上的"恋家情结"(homeward)。①

关于单边冲突规范,特别是适用台湾地区法的单边冲突规范。这类规范在《两岸人民关系条例》中占有较大的比例。尤其是第52条关于判决离婚的事由、第53条关于结婚或离婚的效力、第54条关于财产在台湾地区的夫妻财产制、第58条关于受监护人在台湾有住所的监护关系、第60条关于继承在台湾的遗产、第61条关于财产位于台湾的遗嘱继承、第62条关于财产位于台湾的捐助等,规定适用台湾地区法律。这样规定,姑且不论单边冲突规范无法就特定的法律关系全面解决其准据法的问题,已不符合当代冲突法立法的发展趋势,更重要的是不利于两岸民商事法律关系的发展。

关于反致。《两岸人民关系条例》第43条规定:"依本条例规定应适用大陆地区之规定时,如大陆地区就该法律关系无明文规定或依其规定应适用台湾地区之法律者,适用台湾地区之法律。"该条"或"之后规定的是适用台湾地区法的狭义的反致。另外,规定大陆地区法律无明文规定时,以台湾地区法律代替之,扩大了台湾地区法律的适用范围。

关于公共秩序保留。公共秩序保留也为《两岸人民关系条例》所重视,并把它作为排除大陆地区法律的适用,及其后法院直接适用台湾地区法律的有力武器。因而,该条例第44条规定:"依本条例规定应适用大陆地区之规定时,如其规定有背于台湾地区之公共秩序或善良风俗者,适用台湾地区之法律。"

第三,有的冲突规范规定保守,条例反映出相当程度的政治顾虑。

首先,法律选择欠灵活。以合同的法律适用为例,在当事人没有

---

① 刘铁铮、陈荣传:《国际私法论》,三民书局1998年版,第755页。

选择法律时,国际上一般采用最密切联系原则为补充,但该条例第48条却规定在当事人没有选择法律时,根据阶梯性冲突规则确定准据法。这样规定有两大弊端:①一是企图用一个统一的标志,用单一的准据法来调整各种合同中的复杂关系,往往缺乏针对性,容易使合同的法律适用又回到机械、僵硬的老路上去;二是结合前述第45条的规定,当合同的订立地或履行地跨连大陆和台湾两地时,则不论合同与台湾地区是否有密切联系都以台湾地区为合同订立地或履行地而适用台湾地区的法律,只会给纠纷的公正合理解决设置障碍。

其次,封建色彩尚存。例如,第57条规定:"父母一方为台湾地区人民,一方为大陆地区人民者,其与子女间之法律关系,依父设籍地区之规定;无父或父为赘夫者,依母设籍地区之规定。"这条规定,既带有重男轻女的封建主义色彩,也不利于保护子女的合法权益。

再次,政治顾虑明显。《两岸人民关系条例》的措辞反映出相当程度的政治顾虑。② 条例中每提及以台湾地区的法律为准据法时,皆规定应适用台湾地区的"法律",而应适用大陆地区的法律时,却用大陆地区"规定"的措辞,刻意回避"法律"二字。台湾学者批评之"殊为保守与落伍,殊不知国际私法与区际私法应有'非政治'性"。③ 另外,该条例第41条第2款规定:"大陆地区人民相互间及其与外国人间之民事事件,除本条例另有规定外,适用大陆地区之规定。"其实,大陆人民间及其与外国人间的民事关系,本与两岸人民交往无涉,不属于《两岸人民关系条例》的调整范围,台湾当局当时这样规定,显然

---

① 余先予:《正确解决台湾与内地及港澳的法律冲突问题》,载《中国国际私法与比较法年刊》(第二卷),韩德培等主编,法律出版社1999年版。
② 王志文:《港澳问题与两岸法律冲突》,《法令月刊》第43卷第1期。
③ 赖来焜:《最新国际私法之本质论》,《法令月刊》第51卷第10期。

是为了显示其"法律主权及于全中国"。①

3.《两岸人民关系条例》的意义

《两岸人民关系条例》的制定是两岸关系发展的需要。"台湾当局制定这种包罗万象的特别法,旨在使其成为效力高于其他法律、用以处理两岸民间交往一切事宜、使用方便的根本性法律,以与两岸关系的特殊性、复杂性相适应。"②就冲突法的规定来看,其意义在于:

第一,第一次用"法律冲突理论"解决两岸的民事法律冲突问题,这在认识上是一个进步。运用"法律冲突理论",当初曾受到部分大陆学者的批评,认为该理论无论用于国际或国内都是不存在主权纠葛的,在台湾与大陆之间并无适用此种理论的条件。③ 然而,两岸法律冲突不是国际法律冲突,而是在两岸对峙状态下形成的特殊区际法律冲突。"在海峡双方实体法未能统一的前提下,透过法律冲突法以处理两岸民事关系,事实上已成为两岸关系法制化架构之下的一种合理选择,且此种解决模式也已在两岸法学界中逐渐形成共识。"④这是因为冲突法所涉及的是"不同法律体系之间的歧义","它几乎与私法中每一个分支都有关系"。⑤ 通过冲突法选择适用法律,有利于实现不同私法环境下交往的当事人间在法律适用上的平等,承认和保护当事人的合法权益,促进涉外民商事关系的健康发展和人民的正常往来。在此基础上采纳一些解决法律冲突的通行办法,

---

① 徐平:《台湾当局有关两岸民事关系法律适用规定之评析》,《台湾研究集刊》1994年第3期。

② 曾宪义等:《关于〈台湾地区与大陆地区人民关系条例〉的评估及对策的初步研究》,载《涉台法律问题研究》,海峡两岸关系协会编内部资料,1994年。

③ 李家泉:《一国两制与台湾前途》,人民日报出版社1991年版,第169页。

④ 王志文:《海峡两岸法律冲突规范之发展与比较》,载《中国法制比较研究论文集》,陈家瑞主编,东吴大学法学院1995年版。

⑤ [英]莫里斯:《法律冲突法》,李冬来等译,陈公绰等校,中国对外翻译出版公司1990年版,第7页。

如规定物权依物之所在地法、侵权依侵权行为地法、人的身份能力依设籍地法等在客观上为两岸民商事法律冲突的顺利解决、两岸民商事交往的进一步发展创造了法律条件。

第二,私法上的"一国两地区",表明大陆实质上被视为不同于台湾地区的"法域"。台湾地区是以"一国两地区"为基础来架构《两岸人民关系条例》的。"一国两地区"的概念具有模糊性,台湾地区的政要对其进行了各种有目的的阐释。① 笔者认为,暂不论政治因素,如果仅仅从民商事私法关系的角度、从冲突法的角度来解读"一国两地区",则该理念是有意义的。"尽管两岸迄今尚未统一,但大陆和台湾同属一个中国的事实从未改变,这就是两岸关系的现状。"②中国大陆与台湾地区同属"一个中国",国内有两个实行不同法律制度的、民商事法律地位平等的"地区"——法域,因而具有制定区际冲突法解决相互之间的法律冲突的现实条件。《两岸人民关系条例》既然规定以冲突规范解决两岸的民事法律冲突,在此一规范模式下,大陆地区实质上已被视为不同于台湾地区的"法域",虽然台湾官方在正式文件中不愿直呼大陆之现行法为"法律",但是适用冲突规范的结果是大陆地区的法律可被台湾地区的法院直接援引,以作为特定民事案件的"准据法"。③

其实,对于《两岸人民关系条例》的出台,一些台湾人事先有相当顾虑,担心两岸法律冲突既系国家统一前的暂时状态,以法律规定其解决对策有让其凝固的危险;而且,在法律上承认敌对当局的立法规定,也有矮化自己的嫌疑。④ 但是,诚如一些台湾学者所言,在"法制

---

① 李家泉:《一国两制与台湾前途》,人民日报出版社 1991 年版,第 169—171 页。
② 贾庆林在江泽民对台八项主张发表 10 周年纪念会上的讲话。
③ 王志文:《港澳问题与两岸法律冲突》,《法令月刊》第 43 卷第 1 期。
④ 陈荣传:《两岸法律冲突规则的立法问题》,《军法专刊》第 37 卷第 12 期。

上独立的各法域,无论透过国际私法的类推适用或立法上的特别措施解决区际法律冲突问题,不仅有其实务上的必要性,也有其法制发展的传统意义。换言之,各法域之法律既在内容上产生冲突,自然必须形成与其相配合的法律冲突法制,一旦全国统一适用单一法律,两岸法律冲突法制自当功成身退,所以根本无须过虑。再者,承认中共的私法具有规范性,实际上也只是对于规范存在的事实的正视,与在法律适用的层面上认为习惯或法理也可以作为有拘束力的法源一样,决不致造成政治上承认或矮化当地的法律位阶的问题,⋯⋯"① 这样,制定专门的区际私法,在立法上使其与国际私法一刀两断,让两岸法律冲突褪去国际法律冲突的色彩,除了使法律关系较为明确之外,也有严正宣示必将统一的意义。② 上述论断不可认为其完全不合理。

当然,如前所述,国际上解决区际民商事法律冲突的途径不同,这种单独制定自己的区际冲突法的方法存在很多弊端,③并不可取。而且,《两岸人民关系条例》的规范也是利弊间杂,优劣兼具,因此,该条例绝非解决两岸民商事法律冲突的灵丹妙药。

(三)《香港澳门关系条例》

随着香港、澳门的回归,台湾地区与港、澳地区的关系也发生或将发生变化,为顺应这一变化的需要,及时调整与港澳的关系,在完成《两岸人民关系条例》之后,台湾地区即着手拟订港澳关系条例。

---

① 陈荣传:《两岸法律冲突规则的立法问题》,《军法专刊》第 37 卷第 12 期。
② 陈荣传:《两岸法律冲突规则的立法问题》,《军法专刊》第 37 卷第 12 期。
③ 余先予:《正确解决台湾与内地及港澳的法律冲突问题》,载《中国国际私法与比较法年刊》(第二卷),韩德培等主编,法律出版社 1999 年版;赵相林主编:《中国国际私法立法问题研究》,中国政法大学出版社 2002 年版,第 578—579 页。

1997年4月公布的《香港澳门关系条例》包括总则、行政、民事、刑事、罚则和附则等六章,共62条。该条例是在"求自卫"、"保现状"的大前提下制定的,总体看来,较为保守。① 其第三章"民事"部分共5条,该章只规定一条冲突规范,即第38条规定:"民事事件,涉及香港或澳门者,类推适用涉外民事法律适用法。涉外民事法律适用法未规定者,适用与民事法律关系最重要牵连关系地法。"这条规定的意义表现在两个方面:首先,"类推适用涉外民事法律适用法",显然与拟订条例所遵循的基本原则:"尽量维持现有规范,以维持、促进及保障台港澳间关系……"②相一致。但采用"类推"之谓,表明其立论的基础是把区际法律冲突与国际法律冲突区分开来,台湾地区与港澳地区的法律冲突,属于区际法律冲突,因而不能"依"也不能"准用"《涉外民事法律适用法》,只能类推适用,涉及到具体诸如"本国法"等连结点时,可以调整为"本区法";③其次,第一次把最密切联系原则规定于台湾地区的冲突法立法中,规定在《涉外民事法律适用法》没有规定时,根据最密切联系原则选择法律,增加了法律适用的灵活性,符合公平选法的精神。

　　台湾地区针对不同空间范围的法律冲突,制定了不同的冲突法。但是,法律冲突的实践是复杂的,有时会发生冲突竞合,产生冲突法适用上的冲突,提出究竟应适用或优先适用哪部法律决定准据法的问题。如果某法律关系同时涉及台湾地区、大陆及香港地区,例如,一台湾地区人民与一大陆地区人民在香港结婚,后来就婚姻是否有

---

　　① 黄康显:《台湾新模式的港澳基本法——评港澳关系条例草案》,《信报财经月刊》(香港)1994年第206期。
　　② 台湾地区"大陆委员会":《〈港澳关系条例〉草案背景说明》,《经济与法律》(香港)1994年第3期。
　　③ 余先予主编:《冲突法》,上海财经大学出版社1999年版,第449页;赖来焜:《当代国际私法学之构造论》,神州图书出版有限公司2001年版,第25页。

效在台湾地区法院涉讼,此时是适用《两岸人民关系条例》,还是适用《香港澳门关系条例》的有关冲突规范?台湾地区学者认为,港澳条例的规范目的,"是在法律适用上,将其(港澳——笔者注)定位为根本不适用两岸条例之另一独立地区,且基本上希望维持法律适用之结果,与港澳回归前相当或类似之状态,故应优先适用港澳条例之规定,以决定其准据法。"①某法律冲突如果涉及外国,无论是否及于大陆地区人民,台湾地区实践中适用的是《涉外民事法律适用法》。例如,台湾地区人民凌 X 玉女士与大陆地区人民郑 X 琦先生在日本结婚,其结婚要件的准据法应依《涉外民事法律适用法》还是《两岸人民关系条例》来决定?台湾地区"法务部"(法 83 律决字第 17951 号函)认为,应依《涉外民事法律适用法》第 11 条决定之。②

总体而言,中国大陆改革开放 20 多年来,国际私法立法取得的成果是前所未有的,国际私法法律体系已初步建立。但是,现行国际私法立法还存在着明显的缺陷,是整个法律体系中的一个薄弱环节。③ 因为在立法模式上,采取非法典式的分散立法方式,不利于综合适用,对国际私法的一般性问题或总则性问题无法加以全面规定;在规范内容上,一则,规定在不同法律中的冲突规范协调不够,少数规范甚至相互冲突;二则,已制定的国际私法规定比较零星,不够系统和全面;三则,有些规定比较抽象、含糊,缺乏可预见性和可操作性;四则,过度依赖司法解释来弥补立法的不足,不但会使现行国际私法的法律体系严重失衡,并在一定程度上助长立法的惰性,而且,

---

① 陈荣传:《两岸法律冲突的现状与实务》,学林文化事业有限公司 2003 年版,第 16 页。

② 陈荣传:《两岸法律冲突的现状与实务》,学林文化事业有限公司 2003 年版,第 17—18 页。

③ 黄进主编:《国际私法》,法律出版社 1999 年版,第 169 页。

会造成法律适用的不稳定状态。[1]

从台湾地区冲突法立法的演进来看,在立法形式上,台湾地区主要采用的单行法立法模式较合理,同时也符合冲突法立法发展的法典化趋势。另外,从现行法律规定的内容来看,在条文上,台湾地区的法律规定较为齐全,但一些条款的具体规定僵硬、死板,灵活性不够,这又与法律选择的多样化、灵活化的趋势不相符。而且,一些条文中的封建色彩、男女不平等的观念更是落后于时代的发展。

目前,海峡两岸都在进行冲突法的制定或修改。可以预见,在全球国际私法立法不断趋于科学进步、公正合理的大环境下,两岸的冲突法立法将日益走向完善。

---

[1] 丁伟:《世纪之交中国国际私法立法回顾与展望》,《政法论坛》2001年第3期。

第三章 海峡两岸冲突法制度论

第一节 海峡两岸冲突法中的识别

自1891年德国学者康恩(Kahn)和1897年法国学者巴丹(Bartin)"发现"识别问题,并分别由劳任森(Lorenzen)和贝克特(Beckett)于1920年和1934年将其介绍给美国与英国法学界后,大陆法系学者及英美法系学者普遍认为识别是国际私法上的一个基本问题。识别是解决涉外民商事案件所不可缺少的逻辑前提,它的作用在于保障法院正确地确定冲突规范,从而正确地适用准据法。而且识别对于法院管辖权的确立也有意义。

一、海峡两岸学者关于识别的主张

海峡两岸冲突法学者肯定识别的功能。但是,两岸学者对于识别的涵义、对象以及识别的标准的看法不尽相同。

(一) 识别的涵义

中国学者曾对识别采用不同的中文译名。历史上出现过"法律品质说"、"法律涵义冲突"、"法律关系的分类"等称谓。[①] 中国大陆学者主要用"识别"的名称。

---

① 董立坤:《国际私法论》(修订本),法律出版社2000年版,第69页。

大陆地区的学者一般认为,识别(characterization),又叫定性(classification)、归类(qualification),是指在适用冲突规范时,依照某一法律制度对有关的事实或问题进行分析,将其归入一定的法律范畴,并且对有关的冲突规范进行解释,从而确定何种冲突规范适用于何种事实或问题的过程。

台湾地区学者基本上把识别称为"定性"。但什么是定性,学者的看法略有差别。代表性的概念如:"定性者,即在确定某一法律上概念或名词之意义,俾选择适当的适用法则,而加以正确的适用。"①"所谓定性,即是在确定某种法律概念之性质及其在某种法制中之地位,同时也在确定此种法律概念与其他法律概念之界限,以及其适用的范围。"②"定性系为对因不同法律制度或国家间就法律关系性质、概念、用语、归属或归类之不同,于选择法律之前须先予确定,以便决定准据法。即系争之法律关系在涉外案件之性质、概念必先加以确定,始能选择准据法。"③"对于国际私法选法法则之归类概念之意义加以理解,亦即对于涉外民事法律适用法选法规则之归类概念加以解释,俾明了各选法法则之适用范围,此系所谓定性,又称为法律关系之性质决定。"④"定性即为将所发生之特定法律事实,归类于特定之法律部门之程序。"⑤

---

① 刘铁铮:《国际私法上定性问题之研究》,载《国际私法论文选辑》(上),马汉宝主编,五南图书出版公司1984年版。
② 江守权:《论国际私法上之次位定性》,载《国际私法论文选辑》(上),马汉宝主编,五南图书出版公司1984年版。
③ 柯泽东:《国际私法》,中国政法大学出版社2003年版,第71—72页。
④ 李后政:《两岸民事关系条例与审判实务》,永然文化出版股份有限公司1994年版,第231—232页。
⑤ 陈隆修:《比较国际私法》,五南图书出版公司1989年版,第3页。

(二) 识别的对象

关于识别的对象,除应对有关事实或问题进行识别外,识别是否还包括对冲突规范本身的解释,理论上有较大的争论。巴丹认为识别只限于法律关系的解释,而不包括对连结点的解释,英国著名冲突法学者沃尔夫(Wolff)也支持这种观点,而康恩则认为,识别包括对法律关系的性质及连结因素的解释。① 还有的学者认为识别的对象是诉讼标的;②认为识别分为三个阶段:第一阶段是对事实情况的识别,第二阶段是对连结点的识别,第三阶段是对根据法院地的法律选择出的应适用的外国法的识别;③认为识别包括对诉因、连结点以及外国法律规则的识别;④等等。与国外学者一样,中国学者在这个问题上的观点也不尽一致。大陆地区学者的分歧主要表现在:

识别作为一个法律认识过程,它包含两个方面:一方面是对涉外民商事案件所涉及的事实或问题进行分类或定性,纳入特定的法律范畴;另一方面是对冲突规范本身进行识别,即对冲突规范在"范围"上所使用的名词术语进行解释。⑤

识别是对冲突规范的解释,是在适用冲突规范时,对其中某些法

---

① 李双元:《国际私法(冲突法篇)》(修订版),武汉大学出版社 2001 年版,第 206 页。

② [法]亨利·巴蒂福尔、保罗·拉加德:《国际私法总论》,陈洪武等译,陈公绰校,中国对外翻译出版公司 1989 年版,第 401 页。

③ Ernest G. Lorenzen, *The Qualification, Classification, Characterization Problem in the Conflict of Laws*, *The Yale Law Journal*, Vol. 50, 1940—1941, pp. 743—744.

④ John O'Brien, *Conflict of Laws* (2nd ed.), Cavendish Publishing Limited, 1999, pp. 93—98.

⑤ 韩德培主编:《国际私法新论》,武汉大学出版社 1997 年版,第 173 页。

律名词的意义及内容的确定。①

识别是对涉外民商事关系中的事实情况或事实构成进行定性或分类,把它纳入特定的法律范畴,从而确定应适用哪一种冲突规范的过程。识别是人们对客观事物的认识活动,这一认识活动的对象只能是事实情况而非其他。识别的对象不是冲突规范,不是冲突规范的连结点,也不是其系属。② 一旦法律事实之法律关系的性质或范畴已经解决,识别冲突问题便随之解决了。③

识别作为一个法律认识过程,包括两个相互制约的方面:对涉外民商事案件所涉及的事实或问题进行分类或定性,纳入特定的法律范畴;对冲突规范本身进行识别,即对冲突规范所适用的名词术语进行解释,它既包括对"范围"的解释,也包括对"连结点"的解释。④ 持这种观点的为多数,笔者也赞同这种观点。

从上述台湾地区学者对定性涵义的主张来看,他们所认定的定性的对象大致可以分为三类:

第一类认为定性只是对冲突规范的解释,持这类观点的学者占多数。但仔细分析,这一类学者的看法也不完全一致:有的笼统地认为是对法律名词、概念的解释,而没有说明是对范围的解释还是对连结点的解释;有的认为是对法律关系的性质、概念的确定,即对范围的识别;或者认为,"至于定性的对象为何,一般言之,不外联系因素(如住所、履行地等)与归类概念(如继承、夫妻财产、行

---

① 余先予主编:《国(区)际民商事法律适用法》,人民日报出版社1995年版,第310页。
② 齐湘泉主编:《涉外民事关系法律适用法》,人民出版社2003年版,第63—64页。
③ 张仲伯主编:《国际私法学》(修订本),中国政法大学出版社1999年版,第71页。
④ 肖永平:《肖永平论冲突法》,武汉大学出版社2002年版,第62页。

为能力等)。"①

第二类虽然认为定性是"确定某一法律上概念或名词之意义",但通过举例说明定性的对象,认为定性包括确定当事人所主张的事实、确定财产上的利益归属、确定法律条文的意义、确定连结点的归属等等;②而且认为定性问题涉及的范围——定性的阶段包括:③其一,讼争问题的定性。此阶段中,法院应确定当事人以诉所主张事实之法律性质,把其划归于适当的法类。其二,连结因素的定性。讼争问题确定后,其适当的连结因素应如何确定,此为定性的第二步骤。上述两步骤的定性,都依法院地法。其三,准据法适用范围的定性。该第三步骤,申言之,准据法所属国的法律,若属于诉讼程序性质者,则不为法院所适用;反之,属于诉讼实体性质者,则为法院所适用。所以,准据法适用范围的划定,即将法院所应适用的外国法,定性为是程序法还是实体法。该项法则的定性究竟应依本案的准据法还是

---

① 马汉宝:《国际私法总论》,1990年自版,第225页。
对于冲突规范的结构,大陆学者一般认为是由范围与系属两部分构成。台湾学者有"二分说"与"三分说"之分。"二分说"认为冲突规范由两部分组成,第一部分提出问题,第二部分回答问题,这两部分可称之为归类概念及联系因素。"三分说"认为,冲突规范由指定原因、连结因素与准据法三部分构成。指定原因系指法律关系之类型,归该冲突规范所应调整或适用者系何一法律关系。指定原因可能有三种不同性质,一谓其为法律关系,二谓其为事实,三谓其为法律问题。称"指定原因"、"起作用的事实"者其性质可理解为法律事实而非法律关系,因为在有关事实尚未被法律确认之前,还未成立法律关系;称"范围"者,多认为冲突规范的这部分内容本质上属于法律关系性质;称"法律问题"也未尝不可,因为这种事实究竟有何种法律后果,尚待解决。参见赖来焜:《当代国际私法学之构造论》,神州图书出版有限公司2001年版,第77页;董立坤:《国际私法论》(修订本),法律出版社2000年版,第56页;肖永平:《中国冲突法立法问题研究》,武汉大学出版社1996年版,第78页。
② 刘铁铮:《国际私法上定性问题之研究》,载《国际私法论文选辑》(上),马汉宝主编,五南图书出版公司1984年版。
③ 刘铁铮:《国际私法上定性问题之研究》,载《国际私法论文选辑》(上),马汉宝主编,五南图书出版公司1984年版,第402—407页;翟楚编著:《国际私法纲要》,国立编译馆1982年版,第284页。

应依法院地法,则是问题的实质。可见上述主张不仅包括对有关事实或问题的定性或归类,还包括对冲突规范范围和连结点的解释,以及对准据法的识别。

第三类认为定性是对特定法律事实的归类,没有把对冲突规范名词、概念的解释纳入定性中。

(三) 识别的标准

关于识别的标准,国际上主要有法院地法说、准据法说、分析法与比较法说、个案识别说、二级识别说等。两岸学者都认为这些学说各有利弊,但依何标准识别,中国大陆有的学者主张应依法院地法进行识别;有的主张一般情况下依法院地法,特殊情况下考虑与案件有密切联系的其他国家的法律制度进行识别;有的主张以比较法为基础确定识别标准;有的认为解决识别冲突的一般方法是依法院地法,在必要的时候和适当的场合,利用功能主义的比较法方法来辅助和完善依法院地法的识别方法;[①]有的认为识别问题很难确定一个统一的标准,应具体情况具体分析;还有的提出识别的依据应该是有关事实构成或事实情况发生地或存在地国家的法律;等等。观点各异,不一而足。[②]

台湾地区的学者着重对各学说的优劣进行了较细致的评价,对定性的标准提出了看法。

陈隆修教授认为,或许唯一可为绝大部分学者及法院共同承认的原则为物权的性质由物之所在地法决定,除此之外,定性的问题实

[①] 具体表现为:将外国法"翻译"成本国法律概念;在本国国际私法中修改或添加国内法体系中的某些法律概念或法律分类;识别完成之后,还原外国法规则的本来面目。参见宋晓:《当代国际私法的实体取向》,武汉大学出版社 2004 年版,第 325—328 页。

[②] 于飞:《中国国际私法理论与立法》,中国法制出版社 2004 年版,第 176—179 页。

难以用一个机械性的规则加以处理,绝大部分学者及法院徘徊于法院地法理论及准据法理论之间,但又较偏向法院地法理论。为实际操作的便利,法院地法理论自然较容易被接受,但为了达成公平正义的判决,法院不得不弹性地采取准据法理论。分析法与比较法应为整个国际私法的发展趋势,而不仅仅只局限于定性领域。认为比较法学及分析法学无法提出适宜的解决方式的反对理由,或许为片面之见。目前有许多国际通用的法则或价值存在,但用该方法解决各国法律之差异的工作应由学术界负担,而不是像英美法一样以法院的判决引导学术研究的方向。比较法并非仅比较各国直接相关的法律差异,而应致力于发掘各国法制后的、基本政策的相同之处。无论法院采取何种标准定性,在国际案件中国际社会所共同接受的价值及政策应该称为定性的最终目的。①

刘铁铮教授认为:"盖关于涉外法律关系,各国纵有相同之适用法则,惟由于对同一法律概念或名词定性之差异,致各国判决仍难免于冲突,此为国际私法之病态,研究定性问题之目的,即在铲除此种病态,而谋国际私法判决一致理想之实现。"②为此,首先,各国在制定国内法时,应尽量站在国际的观点,把各种可能产生的法律涵义冲突,尽量择其重要者,加以统一规定;其次,通过缔结国际条约,确定各种法律名词的意义,使各国共同遵守。这种方法解决了实体法的名词概念的分歧,但却非一步可及。对于定性问题,还应从避免初步定性③着手,即先确定应适用国的法律——准据法,然后再依该准据法,对涉外案件加以定性,以确定应适用该国的何种性质的法律。至

---

① 陈隆修:《比较国际私法》,五南图书出版公司1989年版,第14页、28—30页。
② 刘铁铮:《国际私法上定性问题之研究》,载《国际私法论文选辑》(上),马汉宝主编,五南图书出版公司1984年版。
③ 台湾学者一般把一级识别和二级识别称为初步定性与次步定性。

于如何先确定案件的准据法,主要有两种方式,即采最密切联系原则①以及各国缔结条约,以统一准据法的适用。用这两种方式达到选择准据法的统一,从而避免初步定性。②

柯泽东教授提出,如果全部以法院地法定性,必然会产生武断及任意之流弊。法院地法说固然较为妥当,但为了使其更灵活地运用,还应以案件准据法及比较法为补充。具体地说,如法律关系的准据法不是法院地法时,应当以案件准据法为定性依据;对需定性的法律关系的分析,应依案件的准据法,但以法院地法的概念作归类;在支持法院地法为定性的原则下,还可兼用比较法观点分析归类。③

李后政法官提出,如何取舍定性的标准,实非易事,也非学理之见仁见智的问题,而在于具体涉外民事案件发生时,如何为其选定一个最为妥适的准据法,使该准据法的适用能获得公平的结果,亦即应以公平或具体妥当性作为处理定性问题,乃至任何国际私法问题的中心理念。④

上述台湾地区学者都不主张一概依法院地法定性是合理的。刘铁铮教授的主张有利于法律适用的统一,但是,一方面,统一各国的法律名词、涵义不容易;另一方面,定性不仅仅涉及对法律名词、涵义的解释,还包括对事实的归类,确定应适用的准据法事实上难以避开一级识别。而且,最密切联系原则作为法律选择原则固然可行,但是作为识别的一般原则却存在问题,因为对"最密切联系"本身还存在识别问题,仍需以某一国家或法域的法律作为识别依据。依柯泽东

---

① 台湾学者称其为最重要牵连关系说等等。
② 刘铁铮:《国际私法上定性问题之研究》,载《国际私法论文选辑》(上),马汉宝主编,五南图书出版公司1984年版,第408—411页。
③ 柯泽东:《国际私法》,中国政法大学出版社2003年版,第78—79页。
④ 李后政:《两岸民事关系条例与审判实务》,永然文化出版股份有限公司1994年版,第264页。

教授的观点,将会给司法实践带来困难,例如,如何根据准据法对法律关系进行分析,以法院地法的观念进行归类,恐怕法官难以掌握。① 李后政法官的主张过于笼统、原则,公平、妥当是国际私法的追求目标,但是,对于具体案件的定性来说,法官首先考虑的可能还是如何适用法律,解决案件。

笔者基本同意陈隆修教授的主张,认为应综合采用法院地法说、准据法说与比较法说。首先应明确,比较法说的主要功能在于指导立法。② 对于大陆法系成文法来说,对各国国际私法进行比较研究的任务在于学者,而不应由法官来完成。学者们通过对各国国际私法进行分析与比较得出的结论,被立法者采纳,规定在立法中。国际上的确有一些各国普遍接受的一般的规则,如动产不动产的识别应依物之所在地法。以这些规则为指导,不但在一定程度上达到各国立法的趋同,以减轻各国法律之间的冲突包括识别的冲突,而且也为法官根据法院地法识别创造条件。在具体司法操作上,从方便、经济的角度来考虑,法院地法应作为识别的一般原则。有时,对于准据法已经确定后的具体问题的解决,当然应依准据法进行识别。

在以法院地法作为识别的标准时,是依法院地的实体法还是冲突法识别? 早先的法院地法仅限于法院地的实体法,但依法院地法可能会使本应适用的外国法得不到适用,或本不应适用的外国法却得到适用,尤其在法院地法没有与外国法相类似的制度或规则时,识

---

① 但在德国,帝国法院很清楚地表达了这种观点。它声称:"如果涉及一个德国法中没有的外国法的规定,应该根据该外国法的观点,考虑这种规定的目的和作用来确定它的意思和意义,然后,应该按德国国际私法的概念和类别对它进行归类。"参见[法]亨利·巴蒂福尔、保罗·拉加德:《国际私法总论》,陈洪武等译,陈公绰校,中国对外翻译出版公司1989年版,第405—406页。

② 金振豹:《论我国国际私法上识别制度之重构》,《比较法研究》2003年第3期。

别无法进行。① 而国际私法调整的法律关系具有广泛的世界性,因而有人提出"新法院地法说",即依法院地国的国际私法进行识别。英国学者戚希尔(Cheshire)和诺斯(North)就认为,对于含有事实情况的识别与纯国内案件应有所不同,因为后者只是对纯国内法的解释问题,而前者解决的是国际私法问题,英国的法官当然不应局限于英国国内法的概念与范畴,否则在国内法无对应概念的情况下就会束手无策。②《美国第二次冲突法重述》第 7 条的注释指出,当同样的法律名词或概念,在某一法域的实体法及法律选择规则中均出现时,则对该名词或概念所给予的实体上的意义,并不决定对该名词或概念所给予的法律选择上的意义。中国大陆有不少学者赞同这种主张。③ 一些台湾学者也主张国际私法上的法律关系不能仅局限于内国法律所规定的法律关系的性质与内容,必要时,应改变及扩大法院地法本身的概念。④

其实,采用法院地法作为识别一般依据的国家的立法并没有明确该法院地法是指实体法还是冲突法,可以把它理解为既包括法院地的实体法也包括其冲突法。笔者对把法院地的冲突法纳入识别的标准持肯定态度。因为它可以弥补上述法院地实体法的不足,但是法院地的实体法与冲突法不是毫无联系的两个范畴,其二者之间应该相互依赖、互为补充。有的法律概念是冲突法所没有的,实体法中

---

① 韩德培主编:《国际私法新论》,武汉大学出版社 1997 年版,第 177 页。

② P. M. North ed., *Cheshire and North Private International Law* (13th ed.), Butterworths, 1979, p. 44.

③ 金振豹:《论国际私法上识别冲突的解决》,《比较法研究》2003 年第 3 期。胡敏飞:《"定性"的立法设计与论证》;杜新丽、张薇:《完善我国识别问题的立法建议》,中国国际私法学会 2004 年年会论文。

④ 梅仲协:《国际私法新论》,三民书局 1980 年版,第 227 页;柯泽东:《国际私法》,中国政法大学出版社 2003 年版,第 79 页。

却存在,如中国大陆冲突法中没有不当得利、无因管理的冲突规范,但《民法通则》却有这方面的实体规定;《婚姻法》中没有区分婚生子女和非婚生子女,但《示范法》对非婚生子女的认领问题也规定了冲突规范。这说明法院地的实体法和冲突法对识别都有意义。正如法国学者巴蒂福尔(Batiffol)所言:尽管承认有不一致的可能性,但必须肯定这样的规则,即除非有相反的指示,在适用冲突规则时也可以应用国内法中的类别。冲突规则的目的是把全部国内法划分为各种类别,以便确定系属。既然国内法就是冲突规则的内容本身,就应该承认,冲突规则是按其本身含义来理解国内法的,即在理解国内法时也理解它的类别划分。① 考虑到国际私法识别问题的复杂性,在具体案件中,根据法院地的实体法还是冲突法识别应由法官根据案情需要酌情决定。

二、海峡两岸冲突法识别的立法探微

(一) 中国大陆立法

中国大陆现行立法及司法解释中没有规定或涉及识别规则。立法中是否应该规定识别制度,大陆地区学者的观点比较一致:普遍赞成。认为国际民商事案件的国际性决定了识别制度存在的必要性;识别冲突的客观存在使识别成为国际民商事案件审理的一个必经过程;识别是正确确立法院管辖权和适用冲突规范的前提;识别是客观存在的分类过程,是法律所不能回避的一项制度等。② 与学界普遍

---

① [法]亨利·巴蒂福尔、保罗·拉加德:《国际私法总论》,陈洪武等译,陈公绰校,中国对外翻译出版公司1989年版,第409页。
② 杜新丽、张薇:《完善我国识别问题的立法建议》,中国国际私法学会2004年年会论文。

的观点相适应,《示范法》和《民法(草案)》第九编都有识别的规定。《示范法》第 9 条规定:"对国际民商事关系的定性,适用法院地法。但如果依法院地法不能适当解决的,可以参照可能被选择适用的法律来解决。"第 10 条规定:"对连结点的认定,除自然人的国籍外,适用法院地法。"第 11 条规定:"对准据法的解释,适用其所属国家的法律及其解释规则。"《民法(草案)》第九编第 5 条规定:"涉外民事关系的分类和定性,以法院所在地法律为依据,也可以该涉外民事关系应当适用的法律为依据。"第 6 条规定:"对于连结点的认定,除自然人和法人的国籍外,适用法院所在地法律。"第 7 条规定:"适用法律的解释,依照该法律所属国的解释规则解释。"

上述规定除了文字表述有一定差异外,内容基本一致。其特点在于:其一,都采用"定性"的术语;其二,都规定依法院地法定性;其三,都把对事实的定性与连结点的认定及准据法的解释分别加以规定;且对连结点的认定,原则上根据法院地法;对准据法的解释,根据准据法所属国、地区的法律进行。笔者认为,把对事实的定性与连结点的认定及准据法的解释分别开来加以规定是合理的。从前述大陆地区学者对识别的概念和对象的分析来看,大多认为识别应包括对法律事实的定性和对冲突规范的解释,可以认为,识别是一个广义的概念。在识别的大概念下,对涉外民商事关系事实或问题的定性、对冲突规范连结点的认定及准据法的解释是三个有区别的问题。对事实或问题的定性和分类的原因是不同国家对同一事实构成赋予不同的法律性质,连结点的认定则由于各国对冲突规范中的连结点有不同的规定或解释,[①]准据法的界定是准据法适用中产生的问题。所以,对事实或问题定性是要把它们划入特定的法律范畴,从而找出相

---

① 田立晓:《论国际私法中的识别问题》,《政法论坛》1993 年第 4 期。

应的冲突规范;对连结点的解释,是为了在确定冲突规范之后,准确地选择应适用的准据法;对准据法的解释则是在准据法选择后,通过对准据法的界定来确定准据法的适用范围。这是三个相互关联但目的和任务各不相同的阶段。

当然,对上述《示范法》与《民法(草案)》的规定尚须进一步推敲。《示范法》第9条和《民法(草案)》第5条都规定定性以法院地法为原则,但前者规定依法院地法不能"适当"解决的,可以参照可能被选择适用的法律来解决,此处的"适当"如何理解?"可以参照"的措辞比较含糊,会带来定性上的困难。根据后者的规定,把法院地法作为定性的一般标准的意图不甚明显,"也可"的表述同样含糊不清,什么时候"也可"以准据法为依据?所以,不妨直接规定:"对涉外民事关系的定性,适用法院地法。依法院地法不能定性的,适用可能被选择适用的法律。"

(二) 台湾地区立法

台湾地区《涉外民事法律适用法》没有关于定性的规定。有的学者对立法中的定性采肯定的态度。如前所述,台湾学者把国际私法上的法规分为两类:一类为主要法规,即针对各种涉外法律关系,直接规定其应适用法律的规定;另一类为辅助法规,系指非直接针对涉外法律关系规定其应适用的法律,而是用来补充解决法律适用时所生问题的法规,如定性、规避法律、附随问题等,二者相辅相成,缺一不可。因而,有关定性问题、附随问题等均有明文规定之必要。[①]《修正草案》(第一稿)曾试图规定定性,其第23条规定:"涉外民事事件之性质,由法院定之。但被告不争执者,得依原告之主张。"这条规

---

① 刘铁铮:《论〈涉外民事法律适用法〉之修正》,《法令月刊》第50卷第5期。

定与大陆《示范法》及《民法(草案)》的显著不同是：其一，把定性的对象界定为涉外民事事件，而没有包括对冲突规范的解释；其二，定性的一般标准"由法院定之"，显然没有采法院地法说，而是采用个案分析的做法；其三，但书部分似乎体现以当事人的意思自治为标准定性，表明当事人同意在定性问题上依原告主张的标准。这条规定参考了《奥地利国际私法》的规定。①

但是，《修正草案》(第二稿)、(第三稿)却删除了定性的规定。理由是：国际私法上的定性问题是决定涉外民事事件准据法的必经程序，它的问题类型属于涉外程序中的一环。不过从目前各国国际私法发展的情况来看，如果定性问题要在国际私法上特别予以讨论，是因为此等问题的准据规范迄今仍然没有统一的标准。在这种情况下，如果该草案要对定性问题做明文规定，势必要规定定性应依哪一国的法律规范为标准。但上述权限在现阶段，显然又应该交由临案审断的法官来决定较妥，因此，如果要在该稿草案中规定定性问题，也只能规定在涉外民事程序中有此等问题存在，而不宜以立法手段规定此等问题的解决方案。即使国际私法典中未规定定性，法官在涉外民事案件的准据法决定过程中，也会碰到该问题；如果在法典中予以明确规定，对于法官在个案中决定定性标准的结论的形成，将带来一些限制。因此，定性问题如由法官在个案中充分衡量，并作出明确的决定，透过案例的积累，将来还是会对其标准形成某种见解，现

---

① 1978年《奥地利国际私法》第2条为"选择法律的必要条件的确定"，规定："除程序规则要求在那些可以协议选择法律的问题上(第19条、第35条第1款)接受当事人的主张外，对选择哪一法律有决定性意义的事实与法律上的必要条件，应由法官依职权确定。"第19条规定："夫妻财产，依当事人明示选择的法律，无此种协议选择的法律时依结婚时支配婚姻的人身法律效力的法律。"第35条第1款规定："契约依当事人明示或默示选择的法律；如情况显示当事人曾设想依某一特定的法律，应认为与默示的选择具有同等效力。"

阶段暂时不必在立法上先下定论。① 这种观念趋于保守,与台湾地区所持的大陆法系成文法传统也不相适应。

三、海峡两岸有关识别问题的个案

虽然海峡两岸现行冲突法对识别问题没有作出明确的规定,但正如前述,识别是解决涉外民商事案件所不可缺少的逻辑前提,在司法实践中常会碰到此问题。两岸法院对个案的识别颇具特点,以下述两案为例。

案例1:

中国技术进出口总公司诉瑞士工业资源公司(IRC 公司)案。② 该案的合同行为与侵权行为竞合,原告提起的是侵权之诉,法院首先应解决的即是对该争议属于合同纠纷还是侵权纠纷加以识别。这不仅涉及法律适用,也涉及管辖权的确定。当事人在合同中订有仲裁条款,如果定性为合同纠纷,则当事人应提交仲裁,而不应向法院提起诉讼。上海市高级人民法院的二审判决认为:"上诉人 IRC 公司利用合同形式进行欺诈,已超出履行合同的范围,不仅破坏了合同,而且构成了侵权。双方当事人的纠纷,已非合同权利义务的争议,而是侵权损害赔偿纠纷。被上诉人有权向法院提起侵权之诉,而不受双方所订立的仲裁条款的约束。因本案侵权行为地在上海……上海市中级人民法院对本案具有管辖权。"人民法院将该案识别为侵权纠纷,这显然是根据中国大陆的法律观念即法院地法进行识别的。因为在中国大陆的司法实践中,常从分析当事人的目的来区分合同不

---

① 参见陈荣传教授就删除定性及先决等问题的说明。转引自王志文:《涉外民事法律适用法之检讨与修正》,《华冈法粹》2004 年第 31 期。

② 案情详见《中华人民共和国最高人民法院公报》1989 年第 1 期。

履行的行为和利用合同进行欺诈的行为。① 本案的被告自始至终运用欺诈手段,利用合同形式达到骗取货款的目的,其行为已构成侵权。

案例 2:

台湾地区"最高法院"81 年台上 935 号案例。② 本案首先涉及对讼争因素的定性问题。对于该案,台湾地区"最高法院"认为:③根据《涉外民事法律适用法》第 6 条第 1 款、第 2 款及第 7 条的规定,法律行为发生债之关系者,其成立要件及效力,依当事人意思定其适用之法律;当事人意思不明时,同国籍者依其本国法;国籍不同者依行为地法。债权之让与对于第三人之效力,依原债权成立及效力所适用之法律。而"载货证券附记'就货运纠纷应适用 X 国法'之文句,乃单方所表示之意思,不得认为系双方当事人之约定,尚无涉外民事法律适用法第 6 条第 1 项之适用。……本件上诉人主张伊系载货证券持有人,依债务不履行请求损害赔偿云云,该载货证券背面准据法之记载,既非上诉人与证券签发人间之约定,即难据以为当事人准据法之约定。而上诉人富邦保险公司系因受让取得载货证券,载货证券

---

① 肖永平:《肖永平论冲突法》,武汉大学出版社 2002 年版,第 75 页。
② 案情:再兴钢铁公司与诉外人嘉山钢铁公司于 1989 年间自阿根廷采购进口钢坯,交被上诉人印商辛地亚航运公司所有之印度籍"加拉葛瑞"轮(M. V. Jalagouri)承运来台,惟被上诉人将"加拉葛瑞"轮佣租予 Davabshaw B. cor-Setjees Sous Shipping Co., Ltd.。该论一离港即抛锚,嘉山、再兴两公司共支付仓租、装卸、海关、港口代理及转运运费等费用共计美金 463737.64 元将钢坯转运来台,富邦保险公司已代嘉山公司给付,受让嘉山公司的权利及载货证券,富邦保险公司与再兴等两公司依债务不履行及侵权行为的法律关系,请求被上诉人损害赔偿。参见游启忠:《从最高法院裁判论涉外民事法律适用法第一条、第六条及第二十九条之适用》,《法学丛刊》第 189 期。
③ 转引自游启忠:《从最高法院裁判论涉外民事法律适用法第一条、第六条及第二十九条之适用》,《法学丛刊》第 189 期。

原持有人与签发人系属不同国籍,签发地为阿根廷,均为两造所不争。依上开规定,本件载货证券所发债之关系,自应依阿根廷法。查阿根廷系西元1924年……海牙规则之签约国,亦为两造所不争,则上诉人有关债务不履行部分之请求,应以海牙规则为其准据法。至上诉人另依侵权行为请求损害赔偿部分,涉外民事法律适用法第9条第1项本文规定:'关于由侵权行为而生之债,依侵权行为地法。'所谓行为地,包括实行行为地及结果发生地。上诉人主张因被上诉人之侵权行为,致其在我国发生支出运费等之损害结果,关于此部分自应适用我国有关法律之规定。"

从法院的上述分析可以看出,台湾地区法院与大陆的司法实践一样,主要依法院地法定性,同时结合准据法标准。第一,定性发生在适用冲突规范的过程中,前述台湾学者提出的理论上的定性的几个阶段在实践中表现得并不是很明显,法官可以把这几个阶段的定性交错进行。定性的第一个阶段在法院受理立案时已经解决。即依法院地法把该事实定性为债务不履行与侵权损害赔偿。第二,对于一般债的准据法的确定,法院首先考虑的是《涉外民事法律适用法》第6条。根据法院地法对连结点分析后,法院认为提单中的法律适用条款不是双方当事人的约定,故而不能根据第6条第1款;因双方当事人的国籍不同,根据第6条第2款的规定,应适用行为地法,即提单签发地阿根廷法律。该案债权让与问题,《涉外民事法律适用法》第7条规定,应依原债权的成立及效力所适用的法律——阿根廷法律。再按照阿根廷法律决定准据法的适用范围。因阿根廷是1924年《海牙规则》的参加国,所以上诉人有关债务不履行部分的请求,应依《海牙规则》为准据法。此处是根据准据法识别。第三,对于侵权损害赔偿的请求,根据《涉外民事法律适用法》第9条第1款的规定,应适用侵权行为地法。法院把侵权行为地解释为包括实施行为地与结果发生地,该案结果发生在台湾地区,故应适用台湾有关法律的规定。

四、识别与海峡两岸民商事法律冲突的解决

(一) 解决区际民商事法律冲突采用的识别标准

区际民商事法律冲突毕竟不能完全等同于国际民商事法律冲突,解决区际民商事法律冲突应根据什么标准进行识别,国外学者提出了不同的看法。[①] 意大利学者维塔(Vitta)认为,区际冲突法中的识别问题同国际私法中的识别问题是相类似的。在区际法律冲突中,进行识别应注意到冲突规范是区域法律制度的组成部分,鉴于各法域的区际冲突规范导源于它们所属的地方法律制度并成为其中一部分,对于它们必须依照其所属的地方法律制度加以解释和适用。尼波耶(Niboyet)等法国学者主张,解决一国内的省际法律冲突,原则上必须依该国中央的法律制度进行识别;如没有中央法律制度,依显要的地方法律制度进行识别;如这种地方法律制度也不存在,则依在该国首都地区有效的法律制度进行识别。匈牙利学者萨瑟(Szászy)虽然主张,为了适用立法管辖权规范、区际冲突规范以及诉讼程序规范,中央的司法机关和特定区域的司法机关都必须用与国际私法相同的原则来解决识别冲突,但也认为,区际冲突法和国际私法的识别有所不同:如果复合法域国家的中央法律含有宪法性规则,则这些规则对特定地方的法官有约束力,他们必须绝对地适用;如果依据复合法域国家的宪法,中央司法机关的法官必须适用其所在地区的地方法律制度,也必须适用相同地区的地方法律制度中的冲突

---

① 下述观点转引自黄进:《区际冲突法》,永然文化出版股份有限公司1996年版,第244—246页;[意]维塔:《区际冲突法》,詹礼愿、于爱敏译,於忠莉校,载《中国国际私法与比较法年刊》(创刊号),韩德培等主编,法律出版社1998年版。

规范。①

可见,解决区际法律冲突,适用区际冲突规范,主要应依区际冲突规范所属的法律制度(即法院地法)进行识别。但是,在识别问题上,区际冲突法因受宪法的制约,绝对地依法院地法进行识别有时会遇到很大的困难。在区际冲突法中,各法域之上有一个共同的主权者,有中央立法特别是宪法的存在,各法域进行识别要受其中央立法尤其是宪法的干预和限制。② 如美国对州际法律冲突的识别区分为宪法规则和州际规则。对宪法性问题的识别必须依联邦宪法。③

(二) 识别与海峡两岸民商事法律冲突的解决

虽然一个国家之内,在法律选择过程中对相关问题进行识别是一个次要且偶然的问题,④然而,因为海峡两岸民商事实体法与冲突法的规定不同,对同一事实的认识、理解不同,对冲突规范的解释不同,识别成为解决两岸民商事法律冲突的一个不可忽视的问题。

大陆学者曾就制定中国统一的区际冲突法作过一些设计,认为对于中国全国统一的区际冲突法,可采取如下几种方法进行识别:⑤其一,如果在某些问题上已有全国统一的实体法,可以依该法对统一区际冲突法中的问题进行识别。其二,借鉴"分析法学和比较法理论",用各地法律制度对所涉问题的共同认识或普遍性概念进行识别。其

---

① L. D. István Szászy, *Conflict of Laws in the Western, Socialist and Developing Countries*, A. W. SIJTHOFF-LEIDEN, 1974, pp. 250—251.
② 黄进:《区际冲突法》,永然文化出版股份有限公司 1996 年版,第 247—249 页。
③ 赵相林、刘红英:《美国州际法律冲突立法与实践及其对我国的启示》,载《中国国际私法与比较法年刊》(第二卷),韩德培等主编,法律出版社 1998 年版。
④ Mathias Reimann, *Conflict of Laws in Western Europe: A Guide Through the Jungle*, Transnational Publishers, Inc., 1995, p. 23.
⑤ 黄进:《区际冲突法》,永然文化出版股份有限公司 1996 年版,第 355—356 页。

三,自治识别,即由全国统一的区际冲突法本身对其有关概念的定义或解释进行识别。其四,如果统一区际冲突规范指定的应适用的某地的准据法需要解释,则依该准据法所属地区的法律为准进行识别。

问题是中国目前及在今后相当长的时间内难以制定全国统一的区际冲突法。海峡两岸的区际法律冲突又具有其特殊性,以上识别标准自然不适用于两岸民商事法律冲突的解决。而且,我们的宪法并没有规定中国的区际法律冲突问题,在两岸关系的现实下宪法对识别难以发挥作用,因此,解决涉海峡两岸的识别问题就显得复杂了。《示范条例》第7条提出:"对案件、民事法律关系及其有关事实的定性和对冲突规范的解释适用法院地法。对准据法的解释适用其所属地区的法律。"第14条提出:"民事法律关系的行为地或事实发生地跨连两个或两个以上的地区的,以行为或事实结束地为行为地或事实发生地。"还有学者认为,一旦日后大陆国际私法立法对识别问题作出规定,应将该规定准用于解决两岸民商事区际法律冲突。在这之前,两岸法律冲突中的识别问题,可依大陆学界的普遍主张,采用"比较法理论与分析法学"和"功能定性说"的方法来解决。[①]

台湾地区《两岸人民关系条例》除在第41条第3款对行为地、订约地、发生地、履行地、所在地、诉讼地或仲裁地进行解释;第45条对跨连两岸的"行为地"、"事实发生地"加以认定外,并没有对定性的一般性问题作专门规定。有的台湾学者认为:"涉及台湾地区与大陆地区之民事事件与作为准据法的台湾地区之法律或大陆地区法律之实体法,层次不同。台湾地区与大陆地区人民关系条例之归类概念之法律关系之解释,不应受到任何实体法之拘束,无论是法院地法或台

---

① 徐崇利:《两岸民商事法律冲突的性质及立法设计》,载《厦门大学法律评论》(第5辑),柳经纬主编,厦门大学出版社2003年版。

湾地区之法律或大陆地区之法律均然,而依照台湾地区与大陆地区人民关系条例之目的形成独立之法律概念,至于如何形成,则须建立在比较法之基础上,即参照台湾地区之法律或大陆地区之法律相类似之法律制度,得出一最妥适之法律概念。"①此外,"随着涉及台湾地区与大陆地区之民事事件之增多与日趋复杂,定性将愈来愈困难,台湾地区与大陆地区人民关系条例有必要就各种法律关系再予类型化,俾定性上之负担能适度减轻,所选定之准据法亦属妥适之法律。"②以上论述,除了体现"比较法说"的思想外,还强调在对《两岸人民关系条例》进行识别时,不受任何实体法的拘束,反映了"新法院地法说"的主张;而且,要求对条例的各种法律关系再类型化,似乎也透出自治识别的意味。

就大陆地区来说,笔者赞同它的国际私法立法应对识别问题作出明确的规定。但鉴于识别问题上国际私法和区际冲突法并不完全等同,该规定只可类推适用于解决中国的区际法律冲突。如果将来宪法对区际法律冲突问题作出限制性规定,则识别也应受制于此。在目前海峡两岸冲突法对识别标准都没有明确规定的情况下,解决两岸民商事法律冲突的识别的标准应允许有多种选择。这方面,其他多法域国家的实践有例可寻。美国对宪法以外其他问题的识别,根据其《第二次冲突法重述》第 7 条第 2、3 款规定:"对冲突法概念和术语的分类和解释,除第 8 条③的规定外,依法院地法。对本地法概念和术语的解释依支配有关问题的法律。"可见,法院地法只负责对

---

① 李后政:《两岸民事关系条例与审判实务》,永然文化出版股份有限公司 1994 年版,第 267 页。

② 同①。

③ 《美国第二次冲突法重述》第 8 条规定的是反致制度。第 7 条的规定说明在反致时对他州的冲突规范的识别除外。

冲突法概念和术语的分类和解释,对冲突规范指定的准据法的解释,依其所属的法律制度进行识别。结合海峡两岸的民商事法律冲突更为复杂,两岸长期隔绝,它们之间的民商事法律冲突不可避免地会受两岸关系现实影响的实际情况,解决两岸的民商事法律冲突,首先依法院地法(包括法院地的冲突法)进行识别是最便利、可行的选择。除此之外,为了法律适用的准确与公平,有时应根据准据法所属的法律制度进行识别,例如两岸对对方准据法的解释,就应该在不违反"一个中国"原则的前提下,按照对方的法律观念来进行。考虑到两岸判决能在彼此法域顺利地承认与执行,以及解决两岸复杂的区际法律冲突的灵活性要求,如通过分析比较,发现两岸法律对所涉问题有共同的认识及普遍的概念时,当然可用"比较法理论与分析法学"的方法。此外,还可通过自治识别,两岸对各自有关冲突法的概念给以明确定义或加以明确解释,以消除和避免识别上的冲突。

第二节 海峡两岸冲突法中的法律规避

法律规避(evasion of law, fraude à la loi)是伴随着冲突规范的适用而产生的。确定涉外民商事案件的准据法,冲突规范规定的连结点起着导向性的作用。而有些客观存在的连结点,如国籍、住所、行为地、物之所在地等在事实上是能够随当事人的意思而改变的。当事人通过有目的的和不合适的利用连结因素,以便于:避免在公共秩序原则下法律适用的无效;逃避强制规则的适用;或逃避最适合的法院。① 从而规避本应对其适用的法律,以达到趋利避害的目的。

---

① Q. C. William Tetley, *Evasion/Fraude à La Loi and Avoidance of the Law*, *McGill Law Journal*, Vol. 39, 1994, p. 306.

对于法律规避应该怎样处理,是各国、各地区国际私法理论、立法和实践不可回避的问题,也是海峡两岸冲突法需要面对的问题。

一、海峡两岸关于法律规避的理论

(一) 法律规避的内涵

什么是法律规避?大陆学者的看法基本一致,但在具体表述上略有差异。例如:国际私法中的法律规避指涉外民商事法律关系的当事人故意制造某种连结点,以避开本应适用的对其不利的法律,从而使对自己有利的法律得以适用的一种行为;①法律规避指涉外民事法律关系的当事人为利用某一冲突规范,故意制造某种连结点,以避开本应适用的法律,从而使对自己有利的法律得以适用的一种逃法或脱法行为;②法律规避指涉外民商事法律关系的当事人故意制造或改变构成法院地国冲突规范连结点的具体事实,以避开本应适用的对其不利的法律,而使对其有利的法律得以适用的逃法或脱法行为。③ 这几种观点,第二种强调法律规避行为的逃法或脱法性,第三种强调当事人故意改变的是构成冲突规范连结点的具体事实,但三者的实质没有什么不同。

台湾地区的学者对法律规避有不同的称谓,如"规避法律"、④

---

① 黄进:《中国国际私法》,法律出版社 1998 年版,第 133 页。
② 韩德培主编:《国际私法新论》,武汉大学出版社 1997 年版,第 194 页;李双元等著:《中国国际私法通论》(第二版),法律出版社 2003 年版,第 189 页。
③ 张潇剑:《国际私法学》,北京大学出版社 2000 年版,第 200 页;于飞:《中国国际私法理论与立法》,中国法制出版社 2004 年版,第 227 页。
④ 马汉宝:《国际私法总论》,1990 年自版,第 236 页;刘铁铮、陈荣传:《国际私法论》,三民书局 1996 年版,第 145 页。

"法律诈欺"、①"选法欺诈"、②"窃法舞弊"、③"回避法律"、④"窃法作弊"⑤等等。

对于法律规避的概念,马汉宝教授认为:为便利达成某种目的,故意避免某种实体法,而适用另一种实体法,称为"规避法律"。在国际私法上,当事人如希望摆脱甲国法,而适用较有利的乙国法,则必须先与乙国建立联系因素,才能达到目的。刘铁铮教授认为:"规避法律指当事人故意藉变更连结因素之归属关系,以逃避不利于己而适用之内国法律,求得有利于己外国法律适用之谓。"曾陈明汝教授认为:法律诈欺"指当事人利用国际私法选法之法则,规避特定准据法之强行或禁止规定,以服从他种准据法之拘束,间接达成某种特定目的之谓"。刘甲一教授认为:选法欺诈"乃谓当事人故意改变连结因素之归属关系,藉以闪避不利于己之法律之适用"。赖来焜教授认为:"所谓法律规避,系指当事人如依国际私法选法规则所定之准据法之适用结果,将受不利益,为避免此等不利益规定,特别是内国法之适用,故意以变更连结因素之手段(例如住所、国籍)以求得有利于己之新准据法。"⑥台湾学者对于法律规避的定义虽不完全一致,但基本涵盖了法律规避的实质要素。可以看出,法律规避具有不适法性(法律规避消极地规避内国强行法规的适用,违背内国选法安定的秩序)、虚伪性(规避法律的当事人藉变更连结点,逃避原应适用的法律,可谓主观上欠缺诚意)、连续性(当事人利用变更连结因素归属的

---

① 曾陈明汝:《国际私法原理》(第一集),1984年自版,第199页。
② 刘甲一:《国际私法》,三民书局1995年版,第150页。
③ 翟楚编著:《国际私法纲要》,国立编译馆1982年版,第253页。
④ 苏远成:《国际私法》,五南图书出版公司1995年版,第117页。
⑤ 何适:《国际私法释义》,1986年自版,第191页。
⑥ 赖来焜:《当代国际私法学之构造论》,神州图书有限公司2001年版,第106页。

法律手段,所欲达成另一效果,手段与目的具有相互影响,相互连结的关系)的特征。①

以上观点表明,尽管海峡两岸学者对法律规避涵义的认识不尽相同,但以下几点的看法一致:第一,对构成法律规避的主观要件,都强调当事人的主观故意,即有故意规避法律的意图,认为法律规避必须是故意的和不适当的。这是区分改变连结点的行为是否属于法律规避的首要因素,②因而也被一些学者视为"法律规避的特有因素"。③ 第二,强调利用冲突规范中的连结点,即变更连结因素或改变连结因素之归属关系,使原来应适用的法律得不到适用;而且,本应适用的法律是强制性或禁止性的,而不是任意性的。第三,强调最后达到对当事人有利的目的,即有利于该当事人的准据法得以适用。

(二) 法律规避的性质

1. 国际私法的法律规避与实体法的脱法行为

中国大陆学者较少关注国际私法的法律规避与实体法的脱法行为之间的关系。按照台湾地区学者的观点,当事人常藉不正常的方法以回避原应服从的强行规定,而图达到其目的。此种情形在国内法上,称为"脱法行为",在国际私法上,称为"回避法律"、"法律之诈欺"、"连结点之虚伪创设"。④ 国际私法上的法律规避是由实体法上的脱法行为的概念演变而成的,两者在沿革上互有牵连,但两者存在

---

① 刘铁铮:《国际私法上规避法律问题研究》,载《国际私法论文集:庆祝马教授汉宝七秩华诞》,国际私法研究会丛书编辑委员会编,五南图书出版公司1996年版。
② 肖永平、邓朝晖:《法律规避问题比较研究》,《法商研究》1998年第3期。
③ [法]亨利·巴蒂福尔、保罗·拉加德:《国际私法总论》,陈洪武等译,陈公绰校,中国对外翻译出版公司1989年版,第512页。
④ 苏远成:《国际私法》,五南图书出版公司1995年版,第117页。

于不同的法律关系中,因而,在对象和方法上互有差异。① 从对象来看,前者系直接逃避内国实体法规,可称其为"直接诈欺",后者系逃避特定准据法,它规避的是特定国家的实体法规,并藉规避特定准据法的间接手段达到该目的,可称其为"间接欺诈"。从方法来看,两者都变更了应适用的法律。但国际私法上的法律规避,乃藉变更连结因素的系属关系,以逃避不利于己的内国法的适用,求得有利于己的外国法的适用;而实体法上的脱法行为则系以迂回的手段,运用原有权利以外的行为以达成有利于己的权利效果,例如基于不法原因而获得债权的人,为获清偿,而藉票据的交付而达到确保清偿的效果。其无关乎连结因素的变更,也无关乎外国法的适用。②

2. 法律规避与公共秩序保留

法律规避是一个独立的问题还是公共秩序保留问题的一部分,学者们的看法不同。一种意见认为,法律规避是一个独立的问题。巴蒂福尔认为法律规避和公共秩序这两种概念之间的联系是无可争议的,但它们的性质并不相同。因公共秩序不适用外国法是着眼于外国法的内容;因法律规避而不适用外国法所考虑的是当事人的欺诈行为。它们之间之所以有联系,只是因为它们所导致的结果是相似的。③ 另一种意见认为,法律规避属于公共秩序问题,其特殊性在于外国法的适用可能导致的"社会混乱"是由当事人通过欺诈行为引起的,④两者的目的都是为了维护内国法的权威。

---

① 刘甲一:《国际私法》,三民书局1995年版,第151页。
② 刘铁铮、陈荣传:《国际私法论》,三民书局1998年版,第619页;刘甲一:《国际私法》,三民书局1995年版,第151页。
③ [法]亨利·巴蒂福尔、保罗·拉加德:《国际私法总论》,陈洪武等译,陈公绰校,中国对外翻译出版公司1989年版,第516页。
④ [法]亨利·巴蒂福尔、保罗·拉加德:《国际私法总论》,陈洪武等译,陈公绰校,中国对外翻译出版公司1989年版,第515页。

中国大陆的学者中,少数人认为法律规避是公共秩序的一部分。① 绝大多数学者赞同法律规避是不同于公共秩序保留的一个独立问题。因为:第一,二者产生的原因不同。法律规避是当事人通过自己有意识的行为造成的;公共秩序保留是因法院地国的冲突规范所援引的外国法的适用或其内容违反法院地国的公共秩序而引起的。第二,两种行为的性质不同。法律规避是个人行为,目的在于规避本应适用的法律,是一种形式上合法、实质上不合法的违法行为;公共秩序保留是一种国家行为,是一国法院为维护国家利益而采取的一种正当手段,是合法的。第三,对当事人产生的后果不同。由于否定法律规避的效力而不适用外国法时,当事人企图适用某一外国法的目的难以达到,而且可能还要对其行为负法律上的责任;因公共秩序保留不适用冲突规范所援引的外国法,当事人不需负任何法律上的责任。

对此,台湾地区的多数学者认为,"法律欺诈与公序良俗两种概念,确有关联,但因二者之形成有很大差异,致不能在性质上将其混为一谈。"②但是当事人因诈欺以图适用的外国法律本身违反公共秩序时,究竟应以法律规避为理由抑或以其违反公共秩序为理由排除该外国法律的适用?刘甲一教授认为,如果按照其违反公序良俗的观点,法律规避的效力问题与《涉外民事法律适用法》第 25 条的公序良俗问题互有牵连。但其实,两者的性质不同。选法欺诈不适用外国法系由于规避行为的无效,而与该法律本身之内容无直接关系;而后者,则由于外国法律本身之内容违反法院地国之公序良俗,故排除其适用。况且规避法律违背被规避法律的立法目的,恶性较大,应宣

---

① 孙建:《对国际私法中法律规避问题的探讨》,《河北法学》2003 年第 2 期。
② 曾陈明汝:《国际私法原理》(第一集),1984 年自版,第 206 页。

明其规避行为无效之理由,借以发挥警戒的特别作用。① 也有学者认为,"国际公序之运用,比较规避法律为广为多。国际公序之运用,固为不同理由与方式,但广义言之,规避法律可视为国际公序应有的一种特别形态。前者为动态,系由当事人涉外脱法行为所引起之结果。但后为静态,为法官本身所作之决定,系由外国法规定之内涵所引致者。"②同时认为,规避法律只涉及适用准据法的改变,与准据法是否违背公序良俗无关。规避法律的成立,是由于当事人故意引发的行为,具有诈欺的恶性;国际公序是从公权力作用,并考虑立法目的、政策的要求,是为保护本国整体法制与国家利益而设置的。可见,这种观点既区别于前述"独立说",也区别于公共秩序的"特殊形态说"。

3. 法律规避与"选择法院"(forum shopping)

对于法律规避与"选择法院"的关系,因是两个实质上不同的问题,大陆学者讨论的不多。台湾地区学者认为,当事人选择法院,择地行诉并没有改变连结因素,仅仅是选择一与己有利的管辖法院,属于规避管辖法院的情形。但是,国际私法上的法律规避,是基于当事人规避法律的意图,改变连结因素,利用不同国家的冲突规范达成者,并非指规避不利的管辖法院,选择有利的管辖法院而造成。③ 在国际私法选法规则统一之前,不可能完全消除选择法院;而法律规避则在国际私法选法规则统一后,仍无法消除。④

(三) 法律规避的对象和效力

法律规避的对象即法律规避规避的是什么,是仅指规避内国法

---

① 刘甲一:《国际私法》,三民书局 1995 年版,第 157 页。
② 柯泽东:《国际私法》,中国政法大学出版社 2003 年版,第 133 页。
③ 柯泽东:《国际私法》,中国政法大学出版社 2003 年版,第 130—131 页。
④ 张孙福:《论国际私法上之法律规避问题》,《东吴法研论集》2005 年创刊号。

还是也包括规避外国法;是仅指规避实体法还是也包括规避冲突法。法律规避的效力就是法律规避的后果,即规避行为是否有效,规避内国法有什么效力,规避外国法又有什么效力。法律规避的对象和效力是密不可分的。

从各国的理论、立法和实践来看,对于法律规避的对象,可以归纳为两种情况:一种是法律规避仅指规避内国法,不包括规避外国法;另一种是法律规避不仅包括规避内国法,也包括规避外国法。对于法律规避的效力,有绝对无效说、相对无效说、相对有效说、完全有效说等不同的主张。① 绝对无效说从"欺诈使一切归于无效"这一法律格言出发,认为既然是一种欺诈行为,在发生法律规避的情况下就应当排除当事人所希望援用的法律的适用,而适用本应适用的法律。无论是变更连结因素的行为本身,抑或达成行为的目的,皆属无效。相对无效说认为,法律规避并非当然无效,只有在违背内国法律之立法目的时,始属无效。相对有效说认为,承认法律规避旨在维护法律尊严及贯彻立法精神与目的,如果变更连结因素行为的本身没有悖于上述宗旨,应为有效,至于达成的目的行为则无效。② 完全有效说根本否认法律规避问题的存在,认为无论是变更连结因素的行为还是达成目的行为的效力,都应依该行为的准据法,而不应因当事人的变更连结因素行为是否有规避法律的意图而受影响。③ 因为既然冲突规范给予当事人以选择法律的可能,则当事人为了达到自己的某种目的而选择某一国的法律即不应归咎于当事人,应当承认这种行为有效;如果要防止冲突规范被人利用,就应该由立法者在冲突规范

---

① 刘甲一:《国际私法》,三民书局1995年版,第155—156页;陈长文:《国际私法上之法律规避问题》,《法令月刊》第35卷第6期。
② 例如,变更国籍的行为有效,但变更国籍后的离婚则无效。
③ 何适:《国际私法释义》,1986年自版,第195页。

中有所规定。

中国学者对此问题也有不同的看法。

1. 中国大陆学者的观点

中国大陆学者普遍认为，由于国际私法所调整的涉外民商事法律关系涉及两个或两个以上国家的法律，当事人既可适用外国法来规避内国法，也可适用第二国法来规避第三国法，而第二国和第三国对法院来说都是外国。因此，国际私法上的法律规避，应该包括一切法律规避在内，既包括规避内国法，也包括规避外国法。

此外，还应该认为，法律规避既包括对实体法的规避，也包括对冲突规范的规避。因为通过法律规避行为规避本应适用的实体法，实际上就是规避指定本应适用的实体法的冲突规范的适用。①

关于法律规避的效力，首先，无论当事人是内国人还是外国人，不管法律规避行为发生在国内或外国，凡规避中国法律的行为均属无效，即规避内国法无效。至于规避外国法是否有效，主要有以下观点：

(1)具体问题具体分析说。② 这种观点认为对法律规避应区别对待，如当事人规避外国法中某些正当、合理的规定，如禁止近亲结婚、性病患者结婚的规定，则这种规避行为应为无效；如规避外国法中非合理、正当的规定，如种族歧视的规定，则该规避行为应视为有效。这是中国国际私法学界较普遍的主张，并对司法实践产生较大的影响。但有学者对这种主张提出质疑，理由是，法院地国家无权判断外国法内容的合理与否。无论是依古老的"平等者间无管辖权"原则，还是根据现代国际法的国际主权原则，法院地国家都无这样的权利。而且，"外国法合理与否"这一说法本身模糊不清，很难掌握。因

---

① 黄进、郭华成：《澳门国际私法总论》，澳门基金会1997年版，第142页。

② 董立坤：《国际私法论》（修订本），法律出版社2000年版，第84页；姚壮：《国际私法理论与实务》，法律出版社1992年版，第68—69页。

为外国法中有相当一部分规定因各国国情的不同而不同,有些国家禁止离婚,有些国家只承认宗教婚姻,有些国家税种较多、赋税较重等都是从其本国的具体情况来考虑的,对于这些外国法的内容,很难判断其合理与否,而这些法律往往是现实生活中当事人规避的对象。再者,这种观点也难以准确指导实践,在实践中缺乏可操作性。①

(2)规避外国法无效说。该说主张,只要当事人规避的法律是本应适用的强行法或禁止性规定,则不论其是实体法还是冲突法,也不论是内国法还是外国法,只要该行为符合法律规避的构成要件,就构成法律规避。② 但又有学者提出,这种学说一方面加大法官的工作量,不具有实践操作意义;另一方面,不利于保护国际民商事交易安全和善意无过失相对人的利益。③

(3)规避外国法有效说。此说认为,涉外民商事案件当事人规避外国法的,若该当事人本国没有和中国签定或共同参加有关的国际条约,则行为有效;④或反言之,在涉外民商事案件当事人的本国与中国签定或共同参加有关的国际条约因而承担条约义务的情况下,中国司法机关才可能对其规避外国法行为宣布无效,否则应承认规避外国法的行为有效。认为这样做不仅在实践中有一定的积极意义,而且既可以使中国忠实地履行已承担的条约义务,又能够关照其他国家对法律规避效力的不同态度和不同规定,采取原则性和灵活

---

① 郭丽红:《论规避外国法的效力》,《甘肃政法学院学报》1998年第2期。
② 肖永平、邓朝晖:《法律规避问题比较研究》,《法商研究》1998年第3期;赵相林主编:《中国国际私法立法问题研究》,中国政法大学出版社2002年版,第56页。
③ 田曼莉:《国际私法上法律规避效力新诠释》,《同济大学学报(社科版)》2001年第6期。
④ 郭丽红:《论规避外国法的效力》,《甘肃政法学院学报》1998年第2期。

性相结合的方法,处理好国际民商事关系。① 反对此说的学者则认为,根据国家主权原则,内外国法律应是平等的,不应因内国法与外国法的不同而采取不同的态度,仅仅只否定规避内国法的效力而承认规避外国法的效力。②

以上三种观点,各有其理由与合理之处,但第一种观点实际操作时很难掌握,第三种观点有违国际私法中内外国法律平等的理念,相比较而言,第二种观点更科学合理,因为不论规避内国法还是规避外国法,法律规避都是一种欺诈行为,而"欺诈使一切无效"。而且,从晚近一些国家或地区的国际私法立法和司法实践来看,有越来越重视对规避外国法行为进行否定的倾向,③也越来越体现内外法域法律的平等与非歧视原则。如1999年中国《澳门民法典》第19条就总体上要求法官在适用冲突规范时,无须考虑那些存有欺诈意图,以规避本应适用的准据法而造成之事实状况或法律状况,而没有区分被规避的准据法是域内法还是域外法。

2. 台湾地区学者的观点

台湾地区学者对法律规避的对象看法不同。有的学者认为法律规避仅指或主要指规避内国法。翟楚教授认为,当事人规避的是"其原应服从内国法律之强行规定、命令规定或禁止规定";④刘铁铮教授认为法律规避的当事人逃避的是"不利于己而原应适用的内国法律";⑤赖来焜教授认为法律规避是当事人为避免"不利益规定,特别

---

① 田曼莉:《国际私法上法律规避效力新诠释》,《同济大学学报(社科版)》2001年第6期。
② 齐湘泉主编:《涉外民事关系法律适用法》,人民出版社2003年版,第103页。
③ 李双元主编:《国际私法学》,北京大学出版社2000年版,第237页。
④ 翟楚编著:《国际私法纲要》,国立编译馆1982年版,第253页。
⑤ 刘铁铮、陈荣传:《国际私法论》,三民书局1998年版,第618页。

是内国法之适用"。① 还有的学者对规避对象的态度不甚明确,从他们对法律规避的定义来看,应该认为既包括规避内国法也包括规避外国法。②

台湾学者首先从分析法律规避是否适法入手,探讨法律规避的效力问题:③

其一,适法性说。即国际私法上规避法律的行为属正当。理由是规避法律是当事人选法自由的一种表现,应承认其为适法;反之,如认为规避法律为违法,则需证明当事人有诈欺逃避内国法之意图,否则,将难与善意情形下改变连结因素的行为加以区别。但意图为主观因素,很难证明,所以不如索性承认其为适法,以减少讼源,避免争执。如认为规避法律行为违法,需对当事人的行为及其结果予以制裁,对当事人不利,也易引起国与国间的纷争;而且,将使一国不公平、不合理的法律不易废止,不仅阻碍内国法律的进步,也会妨碍社会经济的发展。因此,当事人变更连结因素所为的法律行为,自应认为有效,始属允当。④

其二,不适法性说。即法律规避行为系属不正当,具有不适法性。原因是:(1)规避法律渊源于实体法上的脱法行为,实体法上的脱法行为既属违法,法律规避自亦难免。(2)以诈欺方式规避一国强行法而成立的法律关系,不应加以承认,否则无异于鼓励人人诈欺。(3)当事人利用连结因素的变更来规避法律,表面上虽未违法,但其破坏选法安定的秩序,无异直接违反内国法的规定。(4)如认为规避

---

① 赖来焜:《当代国际私法学之构造论》,神州图书出版有限公司 2001 年版,第 106 页。
② 如马汉宝、曾陈明汝、刘甲一、苏远成等。
③ 刘铁铮、陈荣传:《国际私法论》,三民书局 1998 年版,第 619—621 页。
④ 苏远成:《国际私法》,五南图书出版公司 1995 年版,第 121 页。

法律为违法,则可树立内国法律的尊严,使人不敢心存侥幸,萌生欺诈内国法的意图。而且,是否具有诈欺法律的意图,并非完全无法判断,对显然有诈欺行为的,自不应姑息,否则必产生不公平的现象,有碍选法安定的秩序。① (5)如果认为规避法律的行为合法,就忽略了当事人意图规避法律的事实,有藐视内国法律的嫌疑;而且假若内国法院明知当事人意图规避法律却熟视无睹、束手无策,将导致立法的目的无以贯彻,法律的尊严无以维护,从而影响社会大众对司法的依赖。②

既然法律规避不具适法性,其行为的效力就存在问题。对于有关法律规避效力问题的上述主张,台湾学者又提出不同的看法。例如,有的学者认为,相对有效说虽然简单、明确,但适用标准失之过宽,是否适合现代国际私法生活,颇有争议;绝对无效说立论单纯,但其结果与相对有效说一样,徒增处理涉外法律关系的困难。相对无效说,立论平允,既切合选法诈欺的本质,又能对规避法律的滥用,加以适当之限制,较为合理。③ 有的学者针对各种主张的缺陷,提出所谓的折衷说。即当事人意图改变连结点的行为有效,达成目的的行为无效;但前项情形如果没有违反法院地国的立法目的时,均属有效。认为如果法律规避行为未与法院地国的立法目的相违背时,可以例外地承认其效力。但是原则上,对法律规避的处罚,旨在维护被规避的法律的立法精神,防止当事人为欺诈的不正当行为。当事人本有选法的自由,若其滥用此项自由,巧避法律,达到不适用原应

---

① 刘铁铮:《国际私法上规避法律问题研究》,载《国际私法论文集:庆祝马教授汉宝七秩华诞》,国际私法研究会丛书编辑委员会编,五南图书出版公司1996年版。
② 陈长文:《国际私法上之法律规避问题》,《法令月刊》第40卷第7期。
③ 刘铁铮、陈荣传:《国际私法论》,三民书局1998年版,第625页;曾陈明汝:《国际私法原理》(第一集),1984年自版,第207页。

服从的法律的禁止性规定的目的,其恶性足应给以处罚。所以其所规避的行为应该认为无效,并且仅以其所期待完成的行为为限。至于改变连结点行为本身,因其并没有违背立法目的,应承认其效力。①

此外,中国大陆学者对法律规避的探讨较少关注法律规避的解决问题,台湾学者对此问题有一定的研究。② 他们认为:首先,在传统冲突法的法律选择理论下,可以通过探求连结因素的真实意义来解决法律规避问题。在具体的案件中,即使某事实具备成为决定准据法的连结因素的形式,但如果实质上它并不符合立法时所预期的该等连结因素所应具有的特别关联时,法院就可以以该作为连结因素的事实不符立法意旨为由而排除之,③并另从具体案件事实中寻求符合立法意旨的事实作为连结因素来决定案件的准据法。其次,根据美国冲突法"革命"中出现的"功能性选法理论",准据法的决定是法官透过理性及客观的分析,而不是凭借预设的连结因素决定的,所以当事人根本无规避法律的机会。假如当事人意图规避法律,法官通过针对具体案件的事实,斟酌适用各相关法律可能产生的利益的过程,也可使其意图无法得逞。因为当事人所积极期待适用的法律,往往与当事人的关系不密切,且不符合该法律的政策,因此在功

---

① 张孙福:《论国际私法上之法律规避问题》,《东吴法研论集》2005 年创刊号;林益山:《国际私法上之规避法律问题》,《月旦法学杂志》2000 年第 58 期。

② 陈长文:《国际私法上之法律规避问题》,《法令月刊》第 40 卷第 7 期;张孙福:《论国际私法上之法律规避问题》,《东吴法研论集》2005 年创刊号。

③ 例如,A 国法律禁止离婚,A 国夫妇便归化为允许离婚的 B 国人,并依 B 国法律离婚。A 国法院在判定该离婚行为的准据法时,首先应探求其国际私法规定的"离婚,依双方当事人之本国法"中"当事人之本国法"的真实意义,是否具备立法者所预期的特别关联(如社会、文化、生活习惯上之密切关系)。如果答案是否定的,法官即可排除 B 国法律的适用。参见陈长文:《国际私法上之法律规避问题》,《法令月刊》第 40 卷第 7 期。

能性选法理论下,无法律规避问题可言。①

二、海峡两岸有关法律规避的立法

立法中是否应规定法律规避?两岸学者的主导性观点基本一致,对此持肯定的态度。

法律规避在立法中应居于什么地位,即是把它作为一个原则性的条款规定在国际私法的总则部分,还是仅仅把它作为在某方面的一个禁止手段而不允许当事人规避法律?从规定法律规避的国家和地区的立法及有关国际条约的规定来看,多把它作为一般原则规定在总则中,如1982年前《南斯拉夫法律冲突法》(第一章"基本条款")第5条规定:"按照本法和其他联邦法律的规定所应适用的外国法,如果其适用是为了规避南斯拉夫社会主义联邦共和国法律,则不适用该外国法。"1999年中国《澳门民法典》(第三章"非本地居民之权利及法律冲突"第一节"一般规定")第19条规定:"对因存有欺诈意图,以规避原应适用之准据法而造成之事实状况或法律状况,在适用冲突规范时,无须对该状况予以考虑。"1978年《匈牙利国际私法》第8条、1974年《阿根廷国际私法(草案)》第4条以及1979年美洲国家间《关于国际私法一般规则的公约》第6条都采取这种方式。也有少数国家立法只是在某一个方面禁止法律规避,例如1972年《塞内加尔家庭法》第851条就把法律规避局限在婚姻家庭关系方面。

法律规避制度最早渊源于婚姻关系。现代社会,随着国际民商事交往的日益增多,法律规避渐渐从婚姻家庭法方面渗透到国际民商事法的各个领域。中国大陆学者比较一致的看法是:法律规避应

---

① 陈长文:《国际私法方法论之回顾与展望》(下),《法令月刊》第35卷第7期。

当是中国国际私法中的一项独立制度,应当是法律适用的一般性制度,应在总则中把它规定下来。①

中国大陆立法未对法律规避作明文规定。1988年最高人民法院《意见(试行)》第194条规定:"当事人规避我国强制性或者禁止性法律规范的行为,不发生适用外国法律的效力。"②该条解释可以适用于规避中国法律情形的任何涉外民商事关系中,因而可以认为,最高人民法院也主张把法律规避作为一般性制度而适用。《示范法》在第一章"总则"第13条规定法律规避,即:"当事人故意规避中华人民共和国强制性或者禁止性法律规定的,不得适用当事人企图适用的法律。"从而使之具有法律适用的一般性条款的性质。《民法(草案)》第九编第一章"一般规定"中没有规定法律规避,只在第六章"婚姻家庭"第61条第2款规定了涉外结婚的法律规避:"中华人民共和国承认在境外缔结的合法婚姻,但当事人故意规避中华人民共和国强制性或者禁止性法律规定的除外。"按照该规定,似乎可以得出这样一个结论:法律只禁止在境外结婚的当事人规避中国强制性或禁止性的法律规定,而并不禁止其他国际民商事关系的当事人规避法律。③这样的规定不免挂一漏万,实欠妥当。而且,为了体现内外法域法律的平等,对当事人规避中国法律的行为和规避外国法律的行为应该一概予以禁止。

---

① 赵生祥:《禁止法律规避制度在中国国际私法中的地位》,《现代法学》2004年第5期。黄进、杜焕芳:《关于国际私法总则的若干思考》;金彭年、吴德昌:《婚姻中的法律规避问题》,中国国际私法学会2003年年会论文。贺琼琼:《"法律规避"的立法设计与论证》;粟烟涛:《婚姻事项上的法律规避问题比较研究》,中国国际私法学会2004年年会论文等等。

② 1990年最高人民法院《关于贯彻执行〈民法通则〉若干问题的意见(修改稿)》(以下简称修改稿)第244条保留该条规定。

③ 赵生祥:《禁止法律规避制度在中国国际私法中的地位》,《现代法学》2004年第5期。

《民法通则》规定了公共秩序保留却没有规定法律规避,但前述最高人民法院的司法解释明确禁止当事人规避中国强制性法律,可见,大陆的司法实践把法律规避作为一项与公共秩序保留制度并列的独立制度而适用。学者肯定这种做法,《示范条例》就区别法律规避与公共秩序保留分别作了规定。其第9条拟定:"当事人故意规避大陆地区强制性或禁止性法律规范的,大陆地区法院不适用该当事人企图适用的法律。"第10条指出:"依本条例规定应适用非大陆地区的法律时,其适用违背大陆地区的社会公共利益的,则不得适用,而适用大陆地区相应的法律。"

所以,中国大陆地区立法应把法律规避作为一般性的制度规定下来,并与公共秩序保留以及识别、反致、外域法的查明等制度一样置之于"总则"部分,规定:"当事人故意规避中华人民共和国强制性或者禁止性的法律规定或者规避根据本法应当适用的外国强制性或者禁止性法律规定的,不得适用当事人企图适用的法律。在此情况下,适用依照本法规定应适用的法律。"

台湾地区现行冲突法立法也没有关于法律规避的明确规定。台湾学者认为,应根据1953年《涉外民事法律适用法》第30条的规定,在司法实践中,如果采用法律规避,法官必须以"法理"为根据,来说明法律规避的理由、要件及效力。至于法律规避是否应独立于公共秩序保留,立法不甚明确。如果把《涉外民事法律适用法》第30条的"无规定者,依法理"理解为也包括法律规避,则因该法第25条规定了公序良俗条款,似可认为该法也隐含着应把法律规避与公共秩序分开的意味。《两岸人民关系条例》不知是否因在第44条规定了公共秩序问题,而没有规定法律规避。

在目前修订《涉外民事法律适用法》的过程中,增订法律规避的相关规定已成为重要共识,①并先后规定在几个不同的修法文本中。这几个文本也都把法律规避规定在了"通则"部分。《修正草案》(第一稿)第 26 条对法律规避条款是这样设计的:"为达到适用外国法律之目的,而故意规避中华民国法律之强制或禁止规定者,仍适用中华民国法律。"《修正草案》(第二稿)第 8 条对法律规避的规定为:"涉外民事事件原应适用中华民国法律之强行规定,但当事人以不正当之方法,使其准据法为外国法时,仍适用中华民国法律之强行规定。"《修正草案》(第三稿)第 7 条对法律规避的规定为:"涉外民事之当事人,以不正当方法规避中华民国之强制或禁止规定者,仍适用该强制或禁止规定。"根据台湾地区"司法院"关于《涉外民事法律适用法修正草案总说明》(第三稿),"涉外民事事件原应适用中华民国法律,但当事人以不正当方法巧设连结因素或连系因素,致应适用外国法,而规避中华民国法律强行规定之适用时,该连结因素或连系因素已丧失真实及公平之性质,其法律之适用已难期合理,而有必要适度限制其适用,爰明定其仍应适用该强制或禁止规定。"②这里的"不正当"是个不确定的法律概念,适用外国法的结果是否系因当事人的不正当行为所致,应综合全部的事实内容及整体过程的利益变更情形决定,其具体标准应由法院透过个案来判断。③ 上述三个法律修订版本规定的法律规避,除了文字表述与结构上有所变化外,没有实质的不同。同中国大陆司法解释及《示范法》一样,修正草案只规定当事人不能规避法院地法律,而对当事人规避的是外国法的强行性规定的问题三个版本都未做规定,法律条文规定得不够完整。

---

① 王志文:《涉外民事法律适用法之检讨与修正》,《华冈法粹》2004 年第 31 期。
② 载自赖来焜:《基础国际私法学》,三民书局 2004 年版,第 507 页。
③ 陈荣传:《国际私法的新走向——鸟瞰涉外民事法律适用法修正草案》,载《两岸国际私法研讨会论文集》,赖来焜编,玄奘大学法律学院 2005 年版。

台湾学者也认为,既然国际私法的目的是欲达成判决一致及保障当事人正当期待利益,就应将禁止规避内国法与禁止规避外国法都包括在内。①

从上述内容可以看出,两岸冲突法在法律规避的立法上都有空缺,两岸也都试图在新的立法中给法律规避以一席之地,但把该制度"置于"何地,在什么范围内禁止法律规避,还需要两岸立法机关及学者的进一步研究论证。

三、禁止法律规避与海峡两岸民商事法律冲突的解决

(一) 解决区际法律冲突时禁止法律规避的理论与实践

研究过区际冲突法的学者似乎很少顾及区际冲突法中的法律规避问题。前南斯拉夫学者瓦雷戴(Varady)是为数不多的探讨过该问题的学者之一。瓦雷戴认为,在国内法律冲突中,法律规避问题是非常难以处理的问题。根据前南斯拉夫的情况,一方面,禁止法律规避在国内冲突中是非常需要的,因为在一国内部比在国际范围内制造人为的连结点容易得多;而且,在前南斯拉夫的国内冲突中,公共政策不能取代甚至减轻禁止法律规避的工作。另一方面,在前南国内的不同共和国或自治省的法律的差异不大,这就削弱了在国内冲突中规避的重要性。此外,因在一国境内流动的容易性,使得判定住所或缔约地的改变是否真是欺诈变得极为困难。为了查明是否存在欺诈而调查新制造的连结点的可能性还会造成混乱和法律的不确定。面对这种复杂的困境,前南立法者还是决定将禁止法律规避作

---

① 张孙福:《论国际私法上之法律规避问题》,《东吴法研究集》2005年创刊号。

为一项国内冲突法的制度。①

英美国家国际法律冲突与区际法律冲突不加区分,解决国际法律冲突的原则同样用来解决区际法律冲突,对于禁止法律规避的观点与做法一般也应当是如此。

在美国,尽管法院制裁规避的例子很多,但是一般认为,美国冲突法没有法律规避的一般理论。有人认为规避条款是无效的,有人认为公共政策可以充当规避原理的角色等等。1971年《美国第二次冲突法重述》为禁止法律规避"开启了一道极为狭窄的门缝"(open the door very slightly)。根据该重述第187条第2款(2)的规定,法院需确定具有"根本政策"和"实质上更大利益"的州。虽然该项规定没有明确提及规避,但是,它给法院提供了用其他法律取代与根本政策相矛盾的法律的方法。第187条第2款(1)的规定也很有意思。它要求被选择州的法律与当事人或交易必须有重要联系。换言之,清楚表明选择的法律不能规避与适当的政府利益有最重要联系的某个法律。当然,在"政府利益分析"下规避法律是很困难的,因为法院有干预的权利,并且强调它相信适当的法就是适当政府的"根本政策"。②

英国在根据欧共体1980年《关于合同债务的法律适用公约》(《罗马公约》)而制定1990年《联合王国合同(适用)法》之前,权威观点是一致认为法律规避的理论不存在于英国法律中,主要原因是受公共政策的影响。因为"英国法院将拒绝实施任何被认为是违反了英国公共政策的合同。……尽管合同根据外国法被认为是合法的,

---

① 转引自黄进:《区际冲突法》,永然文化出版股份有限公司1996年版,第295—296页。

② Q. C. William Tetley, *Evasion/Fraude à La Loi and Avoidance of the Law*, *McGill Law Journal*, Vol. 39, 1994, pp. 311—312.

也将遭到拒绝"。如果与合同有最密切联系的是英国法,对英国一个强行规则的规避会导致法院拒绝适用当事人选择的法律。正如杰非(Jaffey)所说的:"一个与英国有最密切联系的合同清楚表明选择外国法,公共政策可以被用来阻止对英国强行规则的规避。"然而,为了得到结果的平衡,法律规避原理的适用也是可能的。在 Vita Food Products v. Unus Shipping Co. 中,赖特(Wright)详细说明一个重要原则,即当事人可以自由选择支配合同的法律,只要目的的表达是善意(bona fide)的,并且法律选择不违反公共政策。这样,在英国,虽然不是在名义上,但是依照 Vita Food 案,发出了一个法律规避理论适用的信号。善意意味着不规避强行规则。① 而且,在英国法中,阻止法律规避最有效的方法是不仅在合同领域(这个领域目前已适用《罗马公约》),而且也在婚姻领域引进强制规则的概念。②

加拿大和澳大利亚也是普通法适用地区。但是,至少有六个加拿大法院的判决接受英国普通法在选法时要求的"善意与合法",法律规避原则被认为适用于加拿大。澳大利亚的一些案例也清楚地表明它们是建立在法律选择的善意合法以及利用公共政策限制当事人自治的基础上。这两个国家同样要求法律选择不能规避强行规则。③

可以说,规避法律作为一种现象在世界各国都是普遍存在的,它不仅产生于国际,也产生于区际民商事法律关系中。对于法律规避的禁止,以法国为代表的大陆法系国家比较重视当事人规避法律的主观恶意,以此作为否定和制裁法律规避行为的基本出发点,以英美为

---

① Q. C. William Tetley, *Evasion/Fraude à La Loi and Avoidance of the Law*, McGill Law Journal, Vol. 39, 1994, pp. 313—314.

② J. J. Fawcett, *Evasion of Law and Mandatory Rules in Private International Law*, Cambridge Law Journal, Vol. 49, No. 1, 1990, p. 62.

③ Q. C. William Tetley, *Evasion/Fraude à La Loi and Avoidance of the Law*, McGill Law Journal, Vol. 39, 1994, pp. 316—317.

代表的普通法系国家则更为强调法律规避行为的结果和它对被规避地法律秩序的破坏,更注重从保护被规避地的公共秩序和社会利益的角度来衡量对此类问题的处理。就区际民商事法律关系而论,由于一国内各法域处于同一主权之下,一般来说,一法域的法院有义务维护本国内其他法域法律的效力和尊严,因而视法律规避行为为无效。①

(二)禁止法律规避与海峡两岸民商事法律冲突的解决

随着香港、澳门的回归,中国成为多法域国家,"两岸四地"的人员和资金的流动将更方便、更容易。如前南斯拉夫学者瓦雷戴所言,在一个国家范围内,比在国际范围内制造人为的连结点容易得多。在海峡两岸的民商事交往中,因多种原因可能导致法律规避更易产生。

第一,交往的现实原因。长期以来,两岸是社会制度根本不同的两个敌对区域。在两岸交往相互隔绝时,两岸之间直接规避对方法律的情形自然很少发生。但从1987年11月台湾当局决定开放台湾同胞赴大陆探亲以来,前述统计数据表明,两岸跨海峡探亲访友、旅游考察、投资经营和从事两岸交流活动的人员逐年趋升。两岸民间交流的增加,使当事人改变诸如住所、惯常居所、公司设立地、法律行为地等构成连结点的事实更为容易,为规避法律提供了客观条件。

第二,现存的法律原因。两岸的立法、司法制度存在根本区别,民商事法律的内容差异很大,法律冲突激烈。适用不同的法律会得出不同的结果,从而影响当事人的利益。当事人趋利避害的本能决定其会设法规避对其不利的法律,追求对其有利的法律得以适用。

第三,难以避免的政治原因。按理说,民商事法律主要解决的是当事人之间的私人关系,属"私法"性质的法律,不应有过多公权力干

---

① 黄进主编:《中国区际法律问题研究》,法律出版社2001年版,第42页。

涉。但是，两岸的民商事关系无不受两岸政治关系的影响。两岸尚未统一，台湾当局至今不肯回到"一个中国"的立场上来，其分裂国家的图谋不可能不影响两岸当事人的民商事法律关系。为了摆脱台湾当局对两岸民商事交往设置的种种障碍，一些台湾居民也不得不采取规避限制性法律规定的做法。①

第四，不可忽视的辅助原因。两岸的相互对立，使它们彼此更容易承认当事人规避对方法律所产生的结果的合法性，这样，当事人因规避行为易于成功而得到鼓励，②更会通过选择改变连结点的事实来逃避本应适用的法律的适用。

对于海峡两岸民商事法律关系中的法律规避，首先，应该明确，法律规避是区别于公共秩序保留的一个独立问题。从前述内容可知，《两岸人民关系条例》只规定了公共秩序而没有规定法律规避问题。大陆学者拟订的《示范条例》分别对二者作了规定。在解决海峡两岸的民商事法律冲突时，应把法律规避与公共秩序保留区别对待。区别对待的意义在于，一般说来，强制性或禁止性法律规范所涉及的范围比公共秩序所涉及的范围广泛。如关于结婚年龄的规定是强制性规范，但并不属于公共秩序问题。如果不将法律规避作为一项独立的制度，可能会造成当事人规避了中国大陆的强行性规范，但却不能被禁止的后果。③ 而且，两岸的民商事法律关系根据大陆冲突规范应适用台湾地区的法律时，因当事人故意规避对方法律而导致适用大陆方法律，并不一定违背大陆地区公共秩序，但却使大陆冲突规

---

① 徐崇利：《两岸民商事法律冲突的性质及立法设计》，载《厦门大学法律评论》（第5辑），柳经纬主编，厦门大学出版社2003年版。
② 沈涓：《中国区际冲突法研究》，中国政法大学出版社1999年版，第96页。
③ 赵生祥：《禁止法律规避制度在中国国际私法中的地位》，《现代法学》2004年第5期。

范指定的法律不得适用,从而影响法律选择的稳定性。

至于法律规避的效力,根据大陆的司法解释及学界的态度,当事人规避中国大陆强制性或禁止性法律规范的行为,自应认定为无效。然而,当事人规避台湾地区的强制性或禁止性法律规范的行为效力如何?有的学者主张法院应区分不同情况,酌情处理。① 笔者赞同这种区别对待的主张,但是对对岸法律的规避的效力,不能仅仅从理论上以其是否"正当、合理"为判断标准而笼而统之。考虑到两岸关系的复杂性,笔者认为,要注意以下几点:

第一,根据两岸民商事法律冲突的特殊性,对于当事人针对某些特定法律的规避行为的效力应予以承认。首先,当事人规避的是直接或间接违背"一个中国"原则的台湾地区法律,应承认其效力;其次,当事人规避的是有关限制两岸经济贸易关系以及民间往来的台湾法律,应承认其效力。

第二,区分构成法律规避的连结点的变更与不构成法律规避的连结点的变更。虽然法律规避是通过改变构成连结点的具体事实来实现的,但在现实生活中,连结点的改变有时属于正常现象。有的学者认为,法律规避的对应术语是法律的回避(avoidance of the law)。回避是有关连结因素的可接受安排,例如,为了一种合法的目的,通常在平等的交易双方当事人间达成协议,目的是选择适用法律或管辖权。② 这种回避行为就是正常的。这说明现实中存在如何区别连结点的正常变动与法律规避的问题。葡萄牙学者提出了一些不属于

---

① 徐崇利:《两岸民商事法律冲突的性质及立法设计》,载《厦门大学法律评论》(第5辑),柳经纬主编,厦门大学出版社2003年版;沈涓:《中国区际冲突法研究》,中国政法大学出版社1999年版,第98—99页。

② Q. C. William Tetley, *Evasion/Fraude à La Loi and Avoidance of the Law*, *McGill Law Journal*, Vol. 39, 1994, pp. 306—307.

法律规避的情形：①(1)当事人改变了国籍,但他在其新的国籍所属国连续居住,且该国籍正是该当事人长期期望取得的。此情况下,该当事人改变国籍不能视为法律规避。(2)当事人错误地规避不存在的某项实体规范的适用,该行为可不视为法律规避。(3)当事人改变连结点时,错误选择了一个并不指向其所希望适用并对其有利的法律的连结点,法律规避并不存在。(4)当事人拟改变或创设一个新的连结点,但事实上他未成功,法律规避没有成立,因为不存在未遂的法律规避。(5)如果某法人在特定国家有一个"有效的住所",不论其选择此住所的用意如何,不能将此选择视为法律规避。

可见,认定法律规避必须把握法律规避的主客观要件,既注重当事人的主观恶意,又强调规避行为的结果,结合具体情况加以分析认定。

上述因素可以成为解决海峡两岸民商事交往中可能出现的法律规避应予考虑的因素。例如,如果两岸当事人错误地规避两岸并不存在的某项实体规范的适用,说明他规避的不是本应适用的准据法,不构成法律规避；如果两岸当事人选择了一个并不指向其所希望适用并对其有利的连结点时,虽然他有规避法律的意图,但在这种连结点选择错误的情况下,其意图并没有真正实现,不构成法律规避；如果两岸当事人改变或创设连结点的努力未成功,"未遂"的行为不能构成法律规避。

第三,在禁止法律规避问题上也应体现两岸民商法律的平等性。从冲突法的视角看,海峡两岸是两个地位平等的法域,其民商事法律的地位也应是平等的。为了维护法律的权威,应该认为,当事人规避中国大陆的法律和规避中国台湾地区法律的行为具有相同的性质,当事人规避外法域法律的适用实际上是对内法域冲突法的违反。而且,不论规避的是何地的法律,都是当事人实施的欺诈行为,如果不

---

① 黄进、郭华成：《澳门国际私法总论》,澳门基金会1997年版,第142—143页。

禁止当事人规避外法域法，无异于放纵或鼓励当事人的欺诈行为，这样一来，涉外民商事交往中的欺诈之风会愈演愈烈，两岸的民商事交往的秩序将遭破坏。因此原则上，凡是法律规避行为，都应该禁止。由此，以"一个中国"原则为底限，凡当事人所规避的台湾地区强行法既不违反"一个中国"原则，又不限制两岸的交往时，对其规避行为，根据"欺诈使一切无效"，应该否定其法律规避的效力。

第四，公共秩序保留与禁止法律规避的配合适用。原则上禁止当事人规避台湾地区民商事法律中的强制性规则，只不过是通过否定当事人规避行为的效力，将两岸民商事法律的适用恢复到没有规避行为时的正常状态。但这并不表明被规避的法律就必然会得到适用。如果被规避的法律的适用会产生违背大陆地区公共秩序的结果，大陆法院仍然可以以公共秩序保留为依据来排除对方法律的适用。即禁止当事人规避台湾地区的民商事法律强行规则，与维护中国公共秩序的需要不冲突。法律规避与公共秩序保留虽是两个独立的问题，但两者可以配合适用。因而，前述学者拟订的《示范条例》依次规定法律规避和公共秩序是合理的。这种顺序安排的逻辑是：①有法律规避行为时，首先禁止当事人的法律规避行为，并适用被规避的法律；如果被规避的法律是台湾地区法律，而对该法的适用又违反中国大陆的公共秩序时，则根据公共秩序保留排除该台湾法的适用，从而充分发挥公共秩序保留"安全阀"的作用。

第三节　海峡两岸冲突法中的公共秩序保留

公共秩序保留作为排除外国法或外法域法适用的"安全阀"而被

---

① 赵生祥：《禁止法律规避制度在中国国际私法中的地位》，《现代法学》2004年第5期。

各国、各地区冲突法广泛接受。中国冲突法不论在历史上还是今天，都肯定公共秩序保留制度。在冲突法中，公共秩序保留主要产生于两种情况：适用外国或外法域法时产生的公共秩序问题；承认和执行外国或外法域法院判决或仲裁裁决时产生的公共秩序问题。两者的基本内容相同。

一、海峡两岸关于公共秩序保留制度的理论

(一) 公共秩序保留的称谓

作为冲突法的一个重要制度，公共秩序保留在不同的学者中有不同的称谓。

德国学者称之为"保留条款"或"排除条款"(vorbehaltsklausel, reservation clause)，其他大陆法系国家的学者称之为"公共秩序"(public order)；英、美等普通法系国家的学者则多用"公共政策"(public policy)的概念；前苏联和其他东欧国家的学者习惯称之为"公共秩序保留"(reservation of public order)。

中国大陆学者通常称之为"公共秩序"或"公共秩序保留"。中国台湾地区的学者则称之为"公序良俗"[1]或"公共秩序"[2]；还有的学者称之为"国际公序"[3]、"内国公安"[4]等。

---

[1] 刘铁铮：《国际私法论丛》，三民书局1994年版，第413页；陈隆修：《比较国际私法》，五南图书出版公司1989年版，第122页；马汉宝：《国际私法总论》，1990年自版，第211页；曾陈明汝：《国际私法原理》(第一集)，1984年自版，第188页、第205页；苏远成：《国际私法》，五南图书出版公司1995年版，第104页。

[2] 赵晋枚：《国际私法上外国法适用限制之实际标准》，载《国际私法论文选辑》(上)，马汉宝主编，五南图书出版公司1984年版。

[3] 柯泽东：《国际私法》，中国政法大学出版社2003年版，第99页。

[4] 翟楚编著：《国际私法纲要》，国立编译馆1982年版，第220页；洪应灶：《国际私法》，中华文化大学出版部1984年版，第44页。

(二) 公共秩序保留的内涵和功能

像任何一个法律概念一样,公共秩序的概念和功能是交织在一起的。① 什么是公共秩序? 一国法院应依据什么标准来排除冲突规范所指引的外国法的适用? 这是正确运用公共秩序保留至关重要的问题。

1. 公共秩序保留的内涵

考察各国、各地区的立法,一般都规定描述性的定义或概念,② 如 1987 年《瑞士联邦国际私法法规》第 17 条、1992 年澳大利亚《法律选择法案》第 4 条第 3 款、1995 年《意大利国际私法制度改革法》第 16 条、1998 年《委内瑞拉国际私法》第 5 条、1999 年中国《澳门民法典》第 20 条都直接规定外国法的适用不得违反法院地的"公共秩序";1896 年《德国民法施行法》第 30 条把"公共秩序"表述为"善良风俗和德国法之目的",而 1986 年《联邦德国关于改革国际私法的立法》第 6 条则规定:"如果外国法规定之适用,其结果明显地不符合德国法律的基本原则,则该外国法律不予适用;特别是外国法的规定,如果其适用不符合基本法规定的基本权利,则不得适用。"1966 年《葡萄牙民法典》称为"国际公共秩序";1989 年修订的《日本法例》第 33 条采用"公共秩序和善良风俗"的概念;1991 年《加拿大魁北克民法典》第 3081 条表述为"国际关系中公认的公共秩序";1998 年《突尼斯国际私法典》第 36 条称为"突尼斯法律体系的基本精髓"。美国 1918 年的一个判决对"公共政策"作了较详细的说明:"法院不得拒绝受理一起诉讼,除非外国法的适用将侵犯某些根本的正义原则,善

---

① Joost Blom, *Public Policy in Private International Law and Its Evolution in Time*, *Netherlands International Law Review*, Vol. 50, 2003, p.374.
② 金彭年:《国际私法上的公共秩序研究》,《法学研究》1999 年第 4 期。

良风俗的普遍观念或有关共同福利的根深蒂固的传统。"① 可见,没有哪个国家、地区立法或判例对公共秩序作出一个具体明确的规定,要明确界定公共秩序的内涵和外延,是十分困难的。因为公共秩序是个弹性条款,它不但具有地域上的差异性,而且具有时间上的可变性。每一个国家制定的公共秩序制度各不相同;而每个国家的基本国情也不是长期固定不变的,即使同一个国家,对公共秩序的态度在不同的历史时期也会有所不一致。因而,国际私法上的公共秩序具有不确定性,它的适用会因地、因时、因事而不同。②

按照中国大陆多数学者的看法,国际私法中的公共秩序保留是指法院在依自己的冲突规范本应适用某一外国实体法作为涉外民商事法律关系的准据法时,因其适用与法院地国的重大利益、基本政策、道德的基本观念或法律的基本原则相抵触而排除其适用的一种保留制度。

中国台湾地区的学者都是在"外国法适用之限制"下对公共秩序进行探讨,③但何为"公安"或"公共秩序"? 台湾学者也认为其内涵因时因地而异,难有一客观认定标准。④ 有的台湾学者认为:"公序良俗或公共政策,乃是当事人于追求其私人法律行为时,影响到法院地之公众、社会或国家之利益、秩序、基本政策或道德水准,法院必须放弃当事人之法律行为,以保护法院地更重要之利益、秩序、基本政策或道德水准。""国际私法之目的本是欲保障及强制执行当事人依

---

① See Loucks v. Standard Oil Co. of New York,224N. Y. 99,111,120N. E198,202(1918). 转引自金振豹:《国际私法上公共秩序保留制度之比较研究及其完善》,中国国际私法学会2003年年会论文。
② 金彭年:《国际私法上的公共秩序研究》,《法学研究》1999年第4期。
③ 刘铁铮:《国际私法论丛》,三民书局1994年版,第413页;陈隆修:《比较国际私法》,五南图书出版公司1989年版,第119页;马汉宝:《国际私法总论》,1990年自版,第205页;苏远成:《国际私法》,五南图书出版公司1995年版,第104页。
④ 曾陈明汝:《国际私法原理》(第一集),1984年自版,第188页。

外国法律所取得之私权利,但各国法院却皆保留权利于特殊情形下,不去承认或强制执行依据外国法律所取得之私权利、地位、能力或法律关系。此种特殊情形即法院若承认或强制执行依外国法律取得之私权利、地位、能力或法律关系时,会与法院地之公序秩序善良风俗不和谐或相冲突。"[1]有的学者认为:"就一般国家所采之原则而言,外国法有损害内国之'公安'或'公益'(publica utilitas)者即不予适用。盖内国立法者允许适用外国法,原在维护国际交往之安全与公平。其中内外国交往之安全与公平尤应重视;因此,倘外国法之内容有害内国之公安或公益时,自不许加以适用。"[2]也有的学者认为:"在国际私法上,外国法适用之限制,或表现于各国之立法上,或表现于其司法判例中。外国准据法若违反法院地之公共利益,道德观念,政治原则,或法律精神等,其适用即被排除。此种公共利益,道德观念,政治原则,或法律精神,在国际私法上,多数学者称之'公共秩序'……"。[3]还有学者把公序良俗分为"公共秩序"及"善良风俗"两种情形。公共秩序又分为"国内公序"与"国际公序"。[4]"国内公序"纯属国内法律关系中有关强制性的规定,不属于冲突法上的公序良俗;"国内法律中有具备强度适用力而与特定涉外关系有关之强制法规,法院应加尊重并优先适用者,该强制法规构成'国际公序'。"[5]这

---

[1] 陈隆修:《比较国际私法》,五南图书出版公司1989年版,第119页。
[2] 马汉宝:《国际私法总论》,1990年自版,第205页。
[3] 赵晋枚:《国际私法上外国法适用限制之实际标准》,载《国际私法论文选辑》(上),马汉宝主编,五南图书出版公司1984年版。
[4] 柯泽东:《国际私法》,中国政法大学出版社2003年版,第100页;刘甲一:《国际私法》,三民书局1995年版,第173页。
[5] 国际公序的强制法规,必须具备以下条件之一:(1)必须在国内不分国民及外国人均可普遍且一律适用者;(2)必须法院地国就该法规之适用有重大利害关系者,如禁止奴隶制、一夫多妻制及关于不动产转移登记之创设效力之规定等。参见刘甲一:《国际私法》,三民书局1995年版,第173页。

才是冲突法上的公序良俗。基于国内道德观念而构成之习俗,谓之善良风俗。善良风俗之观念依社会之进化而变动,法院应以判决时所通行的善良风俗为应适用之善良风俗。①

根据1952年12月9日《涉外民事法律适用法草案说明》,"在明定外国法有悖于中国之公共秩序或善良风俗者,均应排除其适用,以示限制。所谓公共秩序,不外为'立国精神'及'基本国策'之具体表现,而善良风俗又发源于民间之伦理观念,皆国家民族所赖以存立之因素,法文之规定,语虽减而义极赅,俾可由执法者体察情势,作个别之审断。"

2. 公共秩序保留的功能

公共秩序中包含的价值尽管在相当大的程度上有所重叠,但至少渊源于四个方面:其一,公共秩序反映了适合法院地政府以及法律体系要求的国家利益。这种国家利益可以被称作公法的价值。其二,也是更普遍的,公共秩序吸收了构成内国私法体系基础的基本价值。从公共政策的这个方面来看,那些完全脱离于这些价值的外国法律和诉求必须被拒绝,以便于保护这个体系的完整性。其三,在适用(或拒绝适用)公共政策时,法官借助的是与区际或国际交往有关的价值,而不是与内国法律制度有关的价值。这仍然是一国的国内利益,因为它是建立在内国法律体系在全球性的贸易和个人事务上保有效力的信念的基础上。其四,公共政策可以吸收国际习惯和条约法渊源。在援引这些渊源时,法院这样做的目的不是为了保护本国的法律秩序,而是为维护国际法律秩序不被因个别诉求而受到不能接受的损害。②

---

① 刘甲一:《国际私法》,三民书局1995年版,第173页。
② Joost Blom, *Public Policy in Private International Law and Its Evolution in Time*, *Netherlands International Law Review*, Vol. 50, 2003, p.385.

因而,国际私法上公共秩序保留制度的功能主要表现在:第一,公共秩序保留起着一种对外国法的否定、防范的作用。按照其原始功能,公共秩序的核心作用是对其他国际私法规则的适用提供一种检验。公共秩序阻挡其他冲突规则的一般适用,目的是避免接受在法院看来是对其法律体系的根本价值的损害。① 这种作用是消极的,即不适用原应适用的外国法。第二,公共秩序保留还起一种对内国法的积极的或肯定的作用,即对于某些涉外民商事法律关系,法院在援用公共秩序时,并不首先表明根据冲突规范本应适用外国法,而是直接认定由于该案件与法院地国家有某种重要的联系,因而法院地国的某些体现公共秩序的法律必须直接适用。在这种情况下,法院便可对内国的冲突规范完全置之不顾、视而不见。② 这是国际私法上公共秩序的积极功能。

台湾地区学者对公共秩序功能的讨论不多。有的学者认为,公共秩序的功能表现在三个方面:③第一,对违背法庭地道德观及端正礼仪的外国法律的拒绝适用。公序良俗此种功能的运用,多见于早期的案例。晚近,因为社会的发展及道德观念的变化等原因,公序良俗条款道德可责性之运用,逐渐衰退。然而,没有一个法律制度会甘冒风险,在一个政治自由及个人自由对世界上相当高人口比例来说仍停留在抽象观念的社会里,去毫无限制地适用或执行外国法或依外国法所取得之权利。所以,公共秩序条款的这种功能仍然存在。

第二,防止系属案件当事人在特殊环境下不公平情势之发生。

---

① Joost Blom, *Public Policy in Private International Law and Its Evolution in Time*, Netherlands International Law Review, Vol. 50, 2003, p.374.

② 李双元、金彭年等著:《中国国际私法通论》(第二版),法律出版社2003年版,第171页。

③ 刘铁铮:《国际私法论丛》,三民书局1994年版,第426页。

这里的问题,不是原应适用的外国法本身的可责性或嫌弃性,而是法院适用该外国法会造成严酷的结果使然。适用法院地法以保障当事人的权利,避免适用原应适用的外国法所造成的严酷结果,似更能使具体案件之判决符合公平正义。

第三,影响选法规则。"'公共政策'是避免适用法院希望避免的法律选择规则适用的一个途径。"①在不修正或变更原应适用之国际私法选法规则的情况下,受诉法院可藉公共秩序条款的援用,达到拒用自己国际私法所规定的选法规则的目的。此种功能,其实拒绝的是应适用的外国法,而主张该法律关系与法院地关系密切,因此法院地有权适用自己的法律,以规范该法律关系。这种功能经常适用的案件,是在受诉法院发现法院地法不被适用是不可忍受的。原则上,公共秩序或公共政策是相对的,一个与案件事实无利害关系的法院,不得援用自己的公共秩序来拒绝适用一个基于一般冲突规则而援引的外国法。②

可以看出,台湾地区学者关于公共秩序功能的观点主要体现在公共秩序的消极功能方面,但是,第一种功能的重心在外国法律的规定;第二种功能强调的是外国法律适用的结果;第三种功能隐含着公共秩序的积极功能,说明法院地法在某些情况下必须适用,当然,这只是国际私法一般性规则的特殊化表现,而非永久变更一项规则。③

(三) 公共秩序保留的适用标准

作为国际私法上的一项基本制度,公共秩序保留被各国、各地区

---

① Monrad G. Paulsen and Michael I. Sovern, 'Public Policy' in the Conflict of Laws, Columbia Law Review, Vol. 56, 1956, p. 981.
② Arthur Nussbaum, Public Policy & the Political Crisis in the Conflict of Laws, Yale Law Journal, Vol. 49, 1940, pp. 1030—1031.
③ 刘铁铮:《国际私法论丛》,三民书局 1994 年版,第 427 页。

广泛接受。海峡两岸的冲突法规定也是如此。然而,根据什么标准适用该制度?国际私法学说中主要有"主观说"与"客观说"两种主张。①"主观说"认为,如果外国法的规定本身违背法院地的公共秩序,则该外国法的适用即被排除。这种观点强调的是外国法本身的可厌恶性、有害性或邪恶性,至于法院地之公共秩序是否真正受到损害,则在所不问;"客观说"并不重视外国法规定本身是否不妥,而是着重考察个案是否违反法院地之公共秩序。"客观说"又有"联系说"与"结果说"之分。前者认为外国法除了与法院地国公共秩序相抵触外,还需考察个案与法院地国的联系如何。如果个案与法院地国有实质性的联系,则应排除该外国法的适用;反之,则外国法的适用不应排除。而后者是以外国法适用的结果是否危害法院地的公共秩序为判断标准。如果仅仅是外国法的内容与法院地的公共秩序不相符,不一定排除外国法的适用,只有适用的结果危及法院地的公共秩序时,才排除外国法的适用。

虽然"主观说"运用起来简单方便,只要法院地认为外国法的规定与法院地公共秩序观念不符合,即可排除外国法的适用。但此说无异于强求外国当事人依法院地之法律及道德标准行事,②外国法适用的机会将大大减少,会影响个案的公正。因此,"仅仅因法院地法的规定不同于外国法时,不足以构成(运用公共秩序的)抗辩,传统上公共秩序原则仅适用于对基本政策的攻击已构成威胁时。"③"客观说"中的"联系说"强调案件与法院地的联系,实际上,案件与法院

---

① 赵晋枚:《国际私法上外国法适用限制之实际标准》,载《国际私法论文选辑》(上),马汉宝主编,五南图书出版公司 1984 年版。

② 同①。

③ Courtland H. Peterson, *American Private International Law at the End of the 20th Century: Progress and Regress*, in *Private International Law at the End of the 20th Century: Progress or Regress?* Symeon C. Symeonides, ed., Kluwer Law International, 2000, p.438.

地的联系愈紧密,法院地的公共秩序受影响的可能性就愈大,因此英、美、法、荷、比等国的国际私法案件,关于公共秩序的运用就须首先衡量案件与法院地的联系。可有时案件与法院地有关联,未必会影响到法院地的公共秩序;反之,案件事实可能与法院地无关,却也不见得法院地之公共秩序无受害之虞。"结果说"重视个案的实际情况,区分是外国法的内容还是外国法的适用结果违反法院地国的公共秩序,既能维护法院地国的公共秩序,又有利于个案的公正合理解决,①因而被多数国家的实践和立法所采纳,也被多数学者所肯定。两岸的学者基本上都赞成"客观说",尤其是"客观说"中的"结果说"。认为对外国法适用的限制,应从严解释,以"结果说"为准,辅以"联系说",以发现外国法的适用,是否真正违反法院地的公共秩序。②

(四) 公共秩序保留的适用原则

如何适用公共秩序保留制度?国际私法理论中有"例外说"与"原则说"之争。萨维尼(Savigney)认为,某法律关系的本座,如在外国之法域,则原则上应适用该外国的法律。但在有些情形下,通常应该适用的外国法律规则,由于特殊理由,可被排除适用。特别是在适用外国法会造成同法院地法某一基本原则相矛盾的结果时,就会发生这种例外的、不适用的情况。任何一个国家的法律都是由两部分组成,一部分是"纯粹为享有权利的个人而制定的",这一类规则不能因为个人的约定而排除适用,但是根据冲突规范有关法律关系应受外国法支配时,这些规则就不适用;另一部分并非为了个人的利益而制定,而是建立在社会道德或"公共利益"基础上的,这类规则意在适

---

① 韩德培主编:《国际私法新论》,武汉大学出版社1997年版,第213页。
② 赵晋枚:《国际私法上外国法适用限制之实际标准》,载《国际私法论文选辑》(上),马汉宝主编,五南图书出版公司1984年版。

用于一切情形,因而绝对排除外国法的适用。① 孟西尼(Mancini)及其信徒们与萨维尼的观点不同,他们认为一些排除外国法的规则不是例外的规则,而是国际私法原则的当然结果。② 孟西尼认为法律的适用因其为私益事项或公益事项而有所不同。③ 关于私益事项以当事人国籍为基础,应适用当事人本国法;反之,关于公益事项的法律具有属地效力,因此,应绝对拘束在该国境内的一切人(包括外国人)。从而形成冲突法上的两大基本原则,即:(1)对于私益事项适用本国法,谓之本国法主义;(2)对于公益事项适用内国法律,谓之公共秩序原则。④ 可见,依孟西尼的看法,公共秩序居于基本原则的地位。

海峡两岸的国际私法学者对公共秩序保留基本上持"例外说"。因为就性质而言,国际私法是法律适用法,冲突规范是适用外国法的根据。既然冲突规范已指定以外国法为准据法,法院便应遵从这种指定。倘若动辄以公共秩序保留为借口拒绝外国法的适用,所有的涉外民事法律关系均按本国法处理,将不利于国际私法的发展,长此以往,国际私法也就没有存在的必要了。

但是,"例外"适用的前提下,在什么范围适用公共秩序保留呢?学者们试图在理论上对适用公共秩序的范围作一定的限定。中国大陆学者中,有的从较宏观的立场来限定此范围。他们认为,如若适用外国法违反中国宪法的基本精神、违反"四项基本原则"、有损于国家

---

① [英]马丁·沃尔夫:《国际私法》,李浩培、汤宗舜译,法律出版社1988年版,第254页。
② [英]马丁·沃尔夫:《国际私法》,李浩培、汤宗舜译,法律出版社1988年版,第256页。
③ 刘甲一:《国际私法》,三民书局1995年版,第171页。
④ 除此之外,孟西尼的学说还包括自由原则。后人概括孟西尼的学说为三大原则,即本国法原则、公共秩序原则和契约自由原则。

统一和民族团结的;适用外国法有损于国家主权、安全的;适用外国法违反中国部门法的基本原则,如婚姻法规定的一夫一妻、男女平等原则的;适用外国法违背国家所承担的国际条约义务的,都应排除其适用。此外,如果外国法院无理拒绝承认中国法律的效力的,根据对等原则,中国也可援用公共秩序保留,拒绝适用该外国的法律。① 有的则从相对微观的角度分析这一问题,认为如果出现下列情形之一,即可认定违反了中国的公共秩序:外国法中有种族歧视、民族歧视或性别歧视的规定;外国法中有多配偶制或允许直系血亲间结婚或三代以内旁系血亲结婚的规定;外国法中有与中国法律中的其他强制性或禁止性规定相抵触的相关规定;外国法中有其他违背中国法律的基本原则、道德的基本观念和国家的主权与安全的规定。②

台湾地区一些学者也试图从理论上限定公共秩序的范围。如若外国法否认外国人人格之存在,或因性别、信仰而剥夺人之行为能力,或认许乱伦之婚姻,或为刑罚性质、财税法规等,自应限制该项外国法的适用。③ 纳妾制度、一夫多妻制、奴隶制、准许卖淫等都非公共秩序所允许。④ 可见,这些学者对根据公共秩序保留不适用外国法的情形作了一些较具体的列举,而非较宏观的归纳。当然,这不是绝对的。有学者认为,所谓违背公序良俗不应适用的外国法,"乃指外国法意义、制度、内容与中国社会、文化、经济等之对立不相符合者。"归类而言:(1)这些规定来源于外国实体法或冲突法本身或国际

---

① 孟宪伟:《略论公共秩序保留》,《西北政法学院学报》1985年第2期;肖永平:《肖永平论冲突法》,武汉大学出版社2002年版,第103—104页;徐冬根、薛凡:《中国国际私法完善研究》,上海社会科学院出版社1998年版,第195—196页。
② 金彭年:《国际私法上的公共秩序研究》,《法学研究》1999年第4期。
③ 刘铁铮:《国际私法论丛》,三民书局1994年版,第428页。
④ 苏远成:《国际私法》,五南图书出版公司1995年版,第112页。

条约的规定;(2)外国法本身规定没有违背我法,但其实务非我法可接受,则该外国法应予以排除;(3)外国的法律原则不能接受者,包括人道政策方面,如种族歧视待遇、奴隶制度相关的法律;道德政策方面,如一夫多妻制、私有财产或权利自卫之不尊重、两愿离婚之禁止等。[1] 有的学者结合《涉外民事法律适用法》第 25 条的规定,认为适用公共秩序保留原则,应具备两个条件:[2]第一,必须根据《涉外民事法律适用法》的规定应该适用外国法。以下三种情形,不发生公共秩序保留的适用问题:其一,狭义的反致导致适用法院地法时;其二,涉外民商事法律关系,根据属地原则应适用法院地法时,如"管辖"、"刑罚"、"行政处分"等事项应适用"中华民国"法律,原则上不适用外国法;其三,国内不动产所有权登记的法律,具有属地效力,不发生外国法律适用问题。第二,必须是外国法违反"中华民国公共秩序及善良风俗"。所谓外国法律指外国现行法或仍具有法律效力的旧法;所谓"公共秩序及善良风俗"应限于"国际公序"及现在通行之"中华民国善良风俗",国内民法中的公共秩序概念不包括在内。[3] 外国法是否违反"中华民国"之善良风俗,须视其适用之结果而定。

(五) 公共秩序保留的适用效果

公共秩序保留的适用效果即运用公共秩序保留排除外国法的适用后,应该如何适用法律来处理该涉外民商事纠纷。对于这一问题,理论上有分歧。

---

[1] 柯泽东:《国际私法》,中国政法大学出版社 2003 年版,第 108—109 页。
[2] 刘甲一:《国际私法》,三民书局 1995 年版,第 176 页。
[3] 台湾地区《民法》第 72 条规定:"法律行为,有背于公共秩序或善良风俗者,无效."这条也是"公序良俗原则"的规定,但属于"国内公序",不属于《涉外民事法律适用法》第 25 条规定的"公共秩序及善良风俗"。

1. 拒绝审判说。认为冲突规范既已指定应适用外国法,便表明它不允许用其他法律代替,因此,在外国法被排除后,应该视为同外国法不能查明一样,得拒绝审判。

2. 适用内国法说。认为外国法之所以适用,无非因其比适用内国法更合理,现国际私法指引的外国法的适用违反了内国的公共秩序,自应适用内国法较为妥当。

3. 分别处理说。认为冲突规范指定应适用外国法,既未排斥内国法的适用,也未规定外国法违反内国公共秩序时应适用内国法。所以在外国法不适用时,法官有权根据案件酌情"应否适用内国法,抑以另一外国法代替之",分别处理。

以上三种学说,拒绝审判说对于法官来说比较方便,但这种学说最不足取。外国法的适用是否违反法院地的公共秩序,任由法官自由裁量。法院借口应适用的法律不存在而拒绝审判,系拒绝正义之表现,违反设置法院,解决纷争的宗旨。[①]

适用内国法说(台湾学者称之为"保留条款说")被许多国家的国际私法立法与实践所接受。[②] 但是现在不少学者主张,以法院地法取代被公共秩序排除适用的外国法的做法,应尽量加以限制。因为既然内国冲突规范指定有关的涉外民商事关系应以外国法为准据法,就表明该案件与有关的外国有更密切的联系,适用外国法更为合适。如果一味地适用法院地法,会助长公共秩序的滥用,破坏内外国法律平等的原则。因此,对于此问题,应根据案件的具体情况妥善处

[①] 刘铁铮:《国际私法论丛》,三民书局1994年版,第420页。
[②] 1972年《塞内加尔家庭法》第851条、1975年原《民主德国法律适用条例》第4条、1979年《匈牙利国际私法》第7条、1982年《土耳其国际私法和国际诉讼程序法》第5条、1984年《秘鲁民法典》第2049条、1992年《罗马尼亚关于调整国际私法关系的第105号法》第8条、1996年《列支敦士登关于国际私法的立法》第6条都是这样规定的。

理,而不能一概代之以法院地法。① 必要时可考虑适用与该外国法有较密切联系的另一外国法。②

两岸学者大多赞同分别处理说。台湾学者认为:"国际私法规定适用外国法,既未排除内国法之适用,又未于外国法违反内国公安时,明文规定仍应适用内国法。故于外国法之不适用时,法官自得审酌案情,应否拒绝审判,抑应以内国法代用,分别处理之。"③根据该观点,"既不会发生无法律可用;又不致如保留条款说之一概以内国法代用,而有扩大内国法适用之嫌。实较符合国际私法之原理。"④因而,该观点较为妥当。

总之,在排除外国法后应如何适用法律不能一概而论。以法院地法取代外国法的做法是有道理的;而且,如果根据公共秩序而介入的法院地规则导致法律适用的一致性所必须的结果,这些结果也会被认为是公共秩序所要求的。⑤ 但是这种取代应限制在严格需要的情况下。公共秩序导致对外国法中某条特定规定的拒绝,但并不导致对该外国法的全面拒绝。⑥ 因此,首先,应适用的外国法中与法院地公共秩序不相抵触的规则应继续适用,例如 1966 年《葡萄牙民法典》第 22 条第 2 款规定,拒绝适用冲突规范所指向的外国法后,"可适用该外国法中其他最为合适的法律规范,……";其次,如果外国准

---

① 李双元:《国际私法(冲突法篇)》(修订版),武汉大学出版社 2001 年版,第 285—286 页。
② 肖永平:《肖永平论冲突法》,武汉大学出版社 2002 年版,第 103 页;陈清云:《论国际私法上外国法适用之限制——以公序良俗条款为中心》,《万国法律》2004 年第 2 期。
③ 翟楚编著:《国际私法纲要》,国立编译馆 1982 年版,第 227 页。
④ 刘铁铮:《国际私法论丛》,三民书局 1994 年版,第 421—422 页。
⑤ [法]亨利·巴蒂福尔、保罗·拉加德:《国际私法总论》,陈洪武等译,陈公绰校,中国对外翻译出版公司 1989 年版,第 501 页。
⑥ [法]亨利·巴蒂福尔、保罗·拉加德:《国际私法总论》,陈洪武等译,陈公绰校,中国对外翻译出版公司 1989 年版,第 501 页。

据法有可适用的替代规则,则应适用该替代规则;①再次,如果法院地的冲突规范对某一涉外案件规定了几个可供选择的连结点,倘若其中一个连结点所指向的准据法违反法院地的公共秩序,法院地还应考虑其他连结点所指向的准据法。例如,1995 年《意大利国际私法制度改革法》第 16 条第 2 款规定:在违反公共政策的外国法不应予以适用的情况下,"准据法应根据就同一问题可能提供的其他连结因素来确定。……";第四,在不存在以上因素的情况下,应适用法院地的有关规定。② 意大利上述立法最后规定:"……如没有其他连结因素,则适用意大利法律。"

二、海峡两岸有关公共秩序保留的立法

中国立法早就确立了公共秩序保留制度。1918 年《法律适用条例》第 1 条规定:"依本条例,适用外国法时,其规定,有背于中国公共秩序或善良风俗者,仍不适用之。"

(一) 中国大陆立法

新中国成立后,1950 年,中央人民政府法制委员会在《关于国人与外侨、外侨与外侨婚姻问题的意见》中就指出,对于中国人与外侨,外侨与外侨在中国结婚或离婚的问题,中国婚姻登记机关应不仅适用中国婚姻法,而且应当在适当限度内照顾到当事人本国婚姻法,以免当事人结婚或离婚被其本国认为无效。但适用当事人本国婚姻法以无

---

① 德国帝国法院 1921 年曾有个判决,宣布一项规定不受时效约束的债权的瑞士法律应该被德国法官排除,因为该法违反了德国的公共秩序,但是法院并不以德国法律取代该瑞士法,而对这种债权适用了瑞士法中最长的时效的规定。

② 金振豹:《国际私法上公共秩序保留制度之比较研究及其完善》,中国国际私法学会 2003 年年会论文。

损于中国的公共秩序,即无损于中国的公共利益,也不违背中国目前的基本政策为限度。① 1954 年《宪法》中出现了"公共利益"的概念。

1982 年《民事诉讼法(试行)》第 204 条规定了承认和执行外国法院判决和裁定的公共秩序问题,1991 年《民事诉讼法》仍保留公共秩序制度并对 1982 年立法进行了修改和完善。其第 268 条规定:"人民法院对申请或者请求承认和执行的外国法院作出的发生法律效力的判决、裁定,依照中华人民共和国缔结或者参加的国际条约,或者按照互惠原则进行审查后,认为不违反中华人民共和国法律的基本原则或者国家主权、安全、社会公共利益的,裁定承认其效力,需要执行的,发出执行令,按照本法有关规定执行。违反中华人民共和国法律的基本原则或者国家主权、安全、社会公共利益的,不予承认和执行。"

1986 年《民法通则》第一次在国际私法中规定公共秩序保留制度。该法第八章"涉外民事关系的法律适用"第 150 条规定:"依照本章规定适用外国法律或者国际惯例的,不得违背中华人民共和国的社会公共利益。"1992 年《海商法》第 276 条作了与该条相同的规定。

《示范法》第 14 条规定:"依照本法规定应适用外国法律时,如果适用结果明显违背中华人民共和国的公共秩序的,则不予适用,可以适用中华人民共和国相应的法律。"

《民法(草案)》第九编第 11 条规定:"依照本法规定适用外国法律或者国际惯例,不得违反中华人民共和国的社会公共利益。"

(二) 台湾地区立法

台湾地区 1953 年《涉外民事法律适用法》第 25 条也有与《法律适用条例》相类似的规定:"依本法适用外国法时,如其规定有背于中

---

① 韩德培主编:《国际私法新论》,武汉大学出版社 1997 年版,第 216 页。

华民国公共秩序或善良风俗者,不适用之。"1992年《两岸人民关系条例》第44条规定:"依本条例规定应适用大陆地区之规定时,如其规定有背于台湾地区之公共秩序或善良风俗者,适用台湾地区之法律。"《修正草案》(第一稿)第25条第1款、(第二稿)第2条第1款、(第三稿)第8条第1款的规定一致:"依本法适用外国法时,如其适用之结果有背于中华民国公共秩序或善良风俗者,不适用之。"但上述各条第2款的内容,不尽相同。前者第2款规定:"前项情形,应适用其他关系最切国之法;关系最切国之法不明者,适用中华民国法律。"中者第2款规定:"前项情形,除本法另有规定外,适用其他关系最切之国之法。"后者第2款规定:"涉外民事依前项规定不适用外国法者,适用中华民国法律。"《民事诉讼法》第402条规定:"外国法院之确定判决,有左列各款情形之一者,不认其效力:……三、外国法院之判决,有背公共秩序或善良风俗者。……"

(三) 海峡两岸公共秩序保留立法分析

1. 公共秩序保留的措辞

从海峡两岸的法律规定来看,中国大陆立法对公共秩序保留的措辞有"公共秩序"、"公共利益"、"基本政策"、"法律的基本原则或国家主权、安全、社会公共利益"、"社会公共利益"等,但不论使用什么措辞,都是关于公共秩序保留条款的规定。台湾地区立法使用的措辞是一致的,都采用"公共秩序或善良风俗"的概念。

2. 公共秩序保留的立法模式

基于国际私法上的公共秩序保留具有消极和积极双重功能,因而,关于公共秩序的立法模式,各国、各地区主要表现为以下几种:

直接限制外国法适用的立法模式,即规定消极功能的公共秩序。这种模式明确规定凡外国法的适用与内国的公共秩序相抵触,则不予适用。例如,1996年《列支敦士登关于国际私法的立法》第6条规定:"外国法的规定,如果其适用可能导致某一与列支敦士登法律的基本价值相背离的结果,则不得适用。在必要时,应适用列支敦士登法律中的相应条款以取代之。"这种立法例为国际社会所普遍采用。

间接限制外国法适用的立法模式,即规定积极功能的公共秩序。这种模式明确规定有关内国法必须强制地适用于有关涉外民商事法律关系,从而在相关领域排除外国法的适用。1804年《法国民法典》第3条率先规定:"有关警察与公共治安的法律,对于居住在法国境内的居民均有强行力";"关于个人身份与法律上能力的法律,适用于全体法国人,即使其居住于外国时亦同。"采用这种立法例的国家目前并不多,但这并不意味着那些未作规定的国家的公共秩序只有消极功能而无积极功能。公共秩序的积极功能,多数国家是以"直接适用的法"(law of immediate application)的形式出现的。[1]

合并限制外国法适用的立法模式,即同时规定积极功能和消极功能的公共秩序。这种模式一方面规定某些法律必须直接适用,同时又赋予法院在出现立法不能预见的情形下援用公共秩序条款来排除外国法的适用。例如,1995年《意大利国际私法制度改革法》第17条规定:"尽管已指定外国法,但并不排斥由于其目的和宗旨应予以适用的意大利法律的强制性规定。"第16条规定:"一、违反公共政策

---

[1] 金彭年:《国际私法上的公共秩序研究》,《法学研究》1999年第4期。
公共秩序保留与"直接适用的法"有联系也有区别。"直接适用的法"是公共秩序保留的渊源之一,两者相互协力,分别在冲突规范适用前和适用后,共同构筑了维护本国重大利益的双重防线。但是,两者也有区别:前者是一种向后的消极抵制方式,后者是一种向前的积极干预方式;前者强调外国法适用的结果,后者强调内国法的强制适用;前者的适用范围并无一定的标准,后者主要适用于保护某些群体的利益;前者已被各国、各地区冲突法广泛适用,后者目前以欧陆国家为主要研究领域,等等。参见贺万忠:《国际私法中强行法问题浅析》,《法律评论》第65卷第10—12期;吴光平:《即刻适用法及其于海事国际私法上货物运送法律关系之运用》,《法学丛刊》第189期。

（公共秩序）的外国法不应予以适用。二、在此种情况下，准据法应根据就同一问题可能提供的其他连结因素来确定。如没用其他连结因素，则适用意大利法律。"

海峡两岸冲突法立法中的公共秩序条款主要表现为直接限制外国法的立法模式。不论是中国大陆《民法通则》第 150 条、《海商法》第 276 条，还是《示范法》、《民法（草案）》等都是这样规定的。台湾地区《涉外民事法律适用法》第 25 条、《两岸人民关系条例》第 44 条、《修正草案》（第一稿）、（第二稿）、（第三稿）有关条款也都采用这种形式。

当然，两岸立法也不乏间接适用的规定。已废止的 1985 年《涉外经济合同法》第 4 条规定："订立合同必须遵守中华人民共和国法律，并不得损害中华人民共和国的社会公共利益。"第 9 条第 1 款又强调："违反中华人民共和国法律或社会公共利益的合同无效。"第 5 条第 2 款规定："在中华人民共和国境内执行的中外合资经营企业合同、中外合作经营企业合同、中外合作勘探开发自然资源合同，适用中华人民共和国法律。"1999 年《合同法》第 7 条、第 52 条、第 126 条第 2 款也有类似规定。这些规定可以认为是积极功能的公共秩序保留条款，间接限制外国法的适用。①

台湾地区 1999 年修正《海商法》时，根据"行政院"修正草案第 77 条规定："载货证券所载之装载港或卸货港为中华民国港口者，其载货证券所生之法律关系，应适用本法之规定。"②这是一条间接限制外国法适用的规定，台湾学者称其为"即刻适用法"。③ 但生效后

---

① 金彭年：《国际私法上的公共秩序研究》，《法学研究》1999 年第 4 期。
② 赖来焜：《最新海商法论》，神州图书出版有限公司 2002 年版，第 557 页。
③ 柯泽东：《从国际私法方法论探讨契约准据法发展新趋势——并略评两岸现行法》，《台大法学论丛》第 23 卷第 1 期。

的《海商法》第 77 条却改变为:"载货证券所载之装载港或卸货港为中华民国港口者,其载货证券所生之法律关系依涉外民事法律适用法所定应适用之法律。但依本法中华民国受货人或托运人保护较优者,应适用本法之规定。"这条规定的"但书"似是一种"有条件的即刻适用法"?① 此外,另有台湾学者认为,台湾地区 1999 年新《海商法》第 94 条规定:"船舶之碰撞,不论发生于何地,皆依本章之规定处理。"直接表达出作为法院地法的本法被直接适用的意愿,是目前台湾地区法律中唯一的"即刻适用法"明示条款。②

3. 公共秩序保留的适用标准与原则

海峡两岸的冲突法立法,如大陆《民法通则》第 150 条规定:"依照本章规定适用外国法律或者国际惯例的,不得违背中华人民共和国的社会公共利益。"本条规定的是外国法的"适用"而不是外国法的"内容"有违国家的社会公共利益,因而采用的是"客观说"中的"结果说"。

台湾地区 1953 年《涉外民事法律适用法》第 25 条"依本法适用外国法时,如其规定有背于中华民国公共秩序或善良风俗者,不适用之"。采用的是"主观说"。《两岸人民关系条例》第 44 条规定同样如此。但如前所述,台湾学者的普遍观点是,"外国法适用之限制,必以适用外国法之结果有害中国公序良俗时方为之"。因为所谓"中华民国公共秩序",不外"中华民国"立法精神及"基本国策"之具体表现;"中华民国善良风俗",不外"中华民国"一般人民之伦理道德观念。

---

① 王志文:《涉外民事法律适用法之检讨与修正》,《华冈法粹》2004 年第 31 期。有的学者认为它与美国现代冲突法中的"较好法律的方法"(Better Law Approach)相类似,因而不是"即刻适用法"。参见吴光平:《即刻适用法及其于海事国际私法上货物运送法律关系之运用》,《法学丛刊》第 189 期。

② 吴光平:《重新检视即刻适用法——起源、发展,以及从实体法到方法的转变历程》,《玄奘法律学报》第 2 期。

而西方文明与东方文明不甚一致；即使东方各国国情，也未必完全相同。所以，一国不能纯依本国标准，对他国法制予以判断，从而限制他国法律的适用。如果应该适用的外国法的规定本身违反一国的公共秩序，但若不适用会造成对当事人的不公平而违反法律秩序的安定；相反，虽然外国法内容与法院地的公共秩序不相符，但是适用该外国法并不会造成对内国社会公益有害的结果，也有利于个案的公正，自不妨适用该外国法。① 为此，修正草案的三个版本都改变为"结果说"。

公共秩序保留的"例外说"符合国际私法制定此类条款的立法精神。但是，由于公共秩序本身的灵活性及其适用因事、因时、因地而不同的特点，"为了规定这个保留的界限所作的尝试从来没有成功过。"②立法中不可能也没必要对它作出明确、硬性的规定，究竟应在什么情况下才能运用公共秩序条款，依赖于法官的自由裁量。海峡两岸冲突法立法也莫过于此。

4. 公共秩序保留的适用效果

外国法被排除适用后，应如何适用法律，大陆冲突法立法及台湾地区1953年立法都没有规定。《示范条例》第10条认为应"适用大陆地区相应的法律"。《两岸人民关系条例》及《修正草案》（第三稿）也采用"保留条款说"，规定根据公共秩序条款不适用大陆地区法或外国法时，适用"台湾地区之法律"或"中华民国之法律"。

此外，中国大陆的公共秩序保留条款不仅指向外国法律，还指向

---

① 刘铁铮：《国际私法论丛》，三民书局1994年版，第429页；马汉宝：《国际私法总论》，1990年自版，第211页；苏远成：《国际私法》，五南图书出版公司1995年版，第112页。

② ［英］莫里斯：《法律冲突法》，李东来等译，陈公绰等校，中国对外翻译出版公司1990年版，第46页。

国际惯例,即利用公共秩序保留来排除国际惯例的适用。这种规定是特有的,在国际上并不多见。

三、公共秩序保留制度的发展及海峡两岸立法的完善

公共秩序保留在大陆法系国家和地区所起的作用毋庸置疑。众所周知,在实践中,英美法系国家对公共秩序保留制度的运用远不如大陆法系国家普遍。然而,这并不意味着公共秩序在这些国家不发挥作用。

美国自从20世纪60年代兴起"冲突法革命"以来,出现了以"最密切联系"、"利益分析"为代表的各种法律选择理论,以这些理论为指导,法律选择方法产生了不同于传统法律选择的路径。在一部分法律领域,传统固定连结点的冲突规则被抛弃。内国法院主要结合案情对与案件有关的各国法律进行考察,从法院地及其他有利害关系法域的相关政策、对当事人正当期待利益的保护,以及判决的一致等角度进行衡量,最终确定最合适的准据法。这样,法院地公共秩序的考虑从一开始就是法律选择过程的一部分,从而使最终选择的法律不可能与法院地的公共秩序相抵触。[1] 现代法律选择理论影响着国际私法的立法和司法实践,但并不意味着公共秩序在国际私法中已经过时。据学者的实证考察,美国法院以公共政策为由拒绝适用外国法的案件,多与法院地有重要的连结关系。例如,法院地恰为物之所在地时,法院常以公共政策为由适用物之所在地法;在信托关系中,当一国或一州与信托关系有重要的连结关系时,公共政策有时会影响准据法的选择;在侵权行为与契约案件中,法院有时以公共政策

---

[1] Peter Hay, *Conflict of Laws* (2), West Publishing Co., 1997, p.156.

为由,拒绝适用侵权行为地法或契约履行地法,而以法院地法为案件的准据法;对于有关身份的案件,法院可能基于住所地的重要连结因素而适用公共政策原则等。① 1971年《美国第二次冲突法重述》提出了"重大公共政策"(strong public policy)的概念,此标准常为美国法院所采用。② 不过,美国法院在适用公共政策时,普遍采用谨慎的态度。

在英国国际私法实践中,以下各种情况也会运用公共秩序保留:第一,外国法含有的可厌恶的内容。例如许可订立买卖奴隶或非医疗目的的有害药物的合同的外国法不得适用。第二,诉讼可能损害重大的国家利益。例如破坏英国与其他国家良好的国际关系的行为。这是为了保护英国公共的或国家的利益与形象。第三,在特殊案件中各方当事人的公正。这种运用公共政策的情形主要出现在家庭法领域,是指外国准据法的适用、外国判决的承认和执行将导致在特定环境下案件的不公正。第四,对基本道德的藐视。法院借助诸如诚信等一般道德观念,利用公共政策来防止对一个外国法的欺诈性的逃避。③

1995年《英国国际私法(杂项规定)》规定一公共政策条款,第14条第3款规定,根据本法应以法院地以外的国家的法律为侵权或不法行为的准据法时,如其适用与公共政策的原则(principles of public police)冲突者,则不予适用。英国传统判例法规则在侵权上采"双重可诉原则",即为解决某一侵权或不法行为是否具有可诉性而

---

① Monrad G. Paulsen and Michael I. Sovern,'*Public Policy* ' *in the Conflict of Laws*,*Columbia Law Review*,Vol. 56,1956,pp.981—998.

② 肖永平:《肖永平论冲突法》,武汉大学出版社2002年版,第95页。

③ P. B. Carter,*The Rule of Public Policy in English Private International Law*,*International & Comparative Law Quarterly*,Vol. 42,1993,pp.3—6.

要求同时符合法院地法和行为地的法律。必须符合法院地法的要求使侵权问题适用公共政策的机会并不多。① 然而,1995年的立法变革,基本上废除了上述传统规则,②为防止外国法的适用有违英国的公共政策,实有必要在立法中纳入公共政策条款。

可见,公共秩序保留符合主权原则,有利于法院地权益的维护,它的适用有极大的灵活性与伸缩性,可以更直接而彻底地排除外国或外法域法的效力,并且从法律上将造成不适用外国或外法域法的责任推给了相应的外国或外法域法,③"在冲突法案件中保留公共政策是必要的",④在保持传统法律选择的普通法管辖领域,公共政策仍然保持着它的活力。⑤ 但是,对公共秩序的滥用的直接后果是大大降低国际私法在协调各国法律冲突中的价值,从而妨碍涉外民商事交往的稳定和安全。为此,当今国际私法的立法和实践表现出限制适用公共秩序的趋势:

首先,在适用公共秩序保留的条件方面,有关立法的措辞体现了限制公共秩序的精神。如1987年《瑞士联邦国际私法法规》第17条规定:"适用外国法律明显违反瑞士的公共秩序的,则拒绝适用。"1999年中国《澳门民法典》第20条第1款规定:"如适用冲突规范所指之澳门以外之法律规定,导致明显与公共秩序相违背,则不适用该等规定。"1980欧共体《关于合同债务的法律适用公约》第15条规

---

① 王志文:《英国法上侵权行为冲突规范之变革》,《华冈法粹》第26期;陈隆修:《以实体法方法论为选法规则之基础》(上),《东海大学法学研究》第21期。

② 根据1995年《英国国际私法(杂项规定)》第10条规定,任何诽谤诉讼仍适用"双重可诉原则"。

③ 张潇剑:《国际私法上的公共政策机制之剖析》,《法学评论》2005年第4期。

④ [英]莫里斯著:《法律冲突法》,李东来等译,陈公绰等校,中国对外翻译出版公司1990年版,第46页。

⑤ Joost Blom, *Public Policy in Private International Law and Its Evolution in Time*, *Netherlands International Law Review*, Vol. 50, 2003, p.397.

定:"凡依本条约规定所适用的任何国家的法律,只有其适用明显地违背法院地国的公共秩序时,方可予以拒绝适用。"1985 年海牙《国际货物销售合同法律适用公约》第 18 条也有类似规定。这些法律均用"明显"一词强调援用公共秩序排除外国法适用的严格条件,尽管这仍然是一个弹性的措辞,但从中可以看出国际社会限制公共秩序的普遍意向。[1]

其次,在适用公共秩序保留后的补救方面,从近年的国际私法立法实践看,越来越多的立法开始对法院地法的直接适用有所限制。如前所述,过去,在排除外国法适用的情况下,一般都倾向于用法院地法取而代之。但是目前许多学者主张,应尽可能限制法院地法取代的做法,因为只有这样才更符合国际私法的基本精神。[2] 所以有的国家如前述意大利国际私法把适用法院地法作为最后救济的手段;有的国家则要求"必要时"才适用法院地法,如 1978 年《奥地利国际私法》第 6 条、1982 年《土耳其国际私法和国际诉讼程序法》第 5 条、1987 年《瑞士联邦国际私法法规》第 18 条都有这样的规定。还有的国家和地区立法规定可以选择适用外国(法域)法中最合适的法律或法院地法。例如,1966 年《葡萄牙民法典》第 22 条第 2 款、中国《澳门民法典》第 20 条第 2 款规定,冲突规范所指向的外国(法域)法与本地的公共秩序相违背,则适用该外国(法域)法中其他最为或较为合适的规定,也可适用葡萄牙或澳门的法律。

可见,公共秩序是保护国内的统一立法体系免受因适用外国法带来损害的最后手段。只要国际私法仍然保持其目前的特征,公共

---

[1] Mathias Reimann, *Conflict of Laws in Western Europe: A Guide Through the Jungle*, Transnational Publishers, Inc., 1995, pp. 27—28.

[2] 李双元、徐国建主编:《国际民商新秩序的理论建构》,武汉大学出版社 1998 年版,第 255 页。

秩序将永远不会消失,但是它的影响却较清楚地表明正在趋于减弱。①

顺应公共秩序保留的发展趋势,海峡两岸冲突法中的公共秩序保留制度也需进一步地完善。

比较国际上的普遍做法,中国大陆的公共秩序保留制度存在以下问题:②

第一,应该用"公共秩序"的措辞代替"社会公共利益"。因为用"社会公共利益"表达公共秩序保留制度,其内涵过于简单。公共秩序还应包括法律的基本原则和道德的基本观念等内容。

第二,中国大陆立法没有规定外国法被排除后的法律适用,这不是一种积极的做法。

第三,为了表明在适用公共秩序保留上的慎重,立法应增加"明显"违背公共秩序等限制性措辞。

第四,现行立法规定,中国法律和中国缔结或参加的国际条约没有规定的,"可以适用国际惯例",这里的"可以适用"表明国际惯例的适用是任意性的,因而,没有必要借助公共秩序排除国际惯例的适用。③

《民法(草案)》第九编第11条仍然沿用《民法通则》第150条的规定。《示范法》第14条的规定相对较为完善。该规定采用"结果说",而且有"明显违背"等限制性措辞,但排除外国法的适用后,"可以适用中华人民共和国相应的法律"的规定并不明确,可以适用也意味着可以不适用,不适用中国法律时应适用什么法律解决纠纷?对

---

① Joost Blom, *Public Policy in Private International Law and Its Evolution in Time*, Netherlands International Law Review, Vol. 50, 2003, p.397.
② 于飞:《中国国际私法理论与立法》,中国法制出版社2004年版,第226页。
③ 肖永平:《肖永平论冲突法》,武汉大学出版社2002年版,第105页。

于这个问题,应参照其他国家和地区的立法,或把适用法院地法作为最后的救济手段,或规定"必要时适用中华人民共和国法律的有关规定"。

台湾地区《涉外民事法律适用法》第 25 条的规定存在的问题:

首先,除学界主张"结果说"外,司法审判实务也采"结果说"。根据台湾地区"最高法院"83 台上 130 号判决、高等法院 89 上字第 396 号判决、花莲地方法院 83 更(1)上字第 1 号判决:《涉外民事法律适用法》第 25 条规定系指适用外国法之结果与台湾地区公序良俗有所违背而言,并非以外国法本身之规定作为评价对象。[①] "最高法院"2006 年度台上字第 20 号判决:《涉外民事法律适用法》第 25 条规定,系指法院审理应适用外国法之结果,与台湾地区公序良俗有所违背时,自不得适用外国法。[②] 但该条条文却采用"如其规定有背于……"的字眼,似采"主观说",给人以司法实践不符合法律规定之感。

其次,与中国大陆立法一样没有规定外国法被排除后的法律适用,这同样不是一种积极的做法。

再次,立法没有限制公共秩序适用的措辞。

《修正草案》(第三稿)第 8 条的规定改现行立法的"主观说"为"结果说",同时规定,"涉外民事依前项规定不适用外国法时,适用中华民国法律。"以贯彻维护法院地公共秩序或善良风俗排除该外国法适用之立法旨意。[③] 其实,在排除本该适用的外国法后,不应一律代

[①] 黎文德:《我国司法实务上国际私法之发展》,《月旦法学》2002 年第 10 期。

[②] 中国民商法律网:http://www.civillaw.com.cn/weizhang/default.asp?id=24763,2006—2—20。

[③] 台湾地区"司法院"《〈涉外民事法律适用法部分条文修正草案〉总说明及条文对照表》(第三稿)。载自赖来焜:《基础国际私法学》,三民书局 2004 年版,第 518 页。

之以法院地国之内国法。《修正草案》(第一稿)第 25 条第 2 款规定："前项情形,应适用其他关系最切国之法;关系最切国之法不明者,适用中华民国法律。"该款采用有条件的法院地主义,以法院地法的适用为最终补救,相较于草案第三稿及前述第二稿的规定,更为妥当。

四、公共秩序保留与海峡两岸民商事法律冲突的解决

复合法域国家在解决区际法律冲突时是否以及如何适用公共秩序保留制度,学者的主张不同,各国也有不同的实践。

(一) 解决区际法律冲突时公共秩序保留的理论与实践

1. 排除适用论。即反对运用公共秩序保留原则来解决区际法律冲突问题。例如,齐特尔曼(Zitelmann)认为,在区际法中,公共政策原则不能根据其他法域的准据法的规定与善良道德相冲突,或因它们违反法院地法的目的而加以援用。①

2. 完全适用论。认为国际私法中的公共秩序原则应完全适用于区际法律冲突的解决。如冯·巴尔(Bar)认为,就法律性质而论,区际法中的公共政策原则与国际私法中的公共政策原则是相同的。②

3. 有限适用论。这是一种折衷主张,认为在有的区际冲突法中可以适用公共秩序原则,有的区际冲突法中则不能适用公共秩序原则。不过,持这种主张的学者对在什么情况下可以援用该原则的看法并不完全一致。意大利学者维塔认为,尽管公共政策问题在区际法律冲突中不像在国际法律冲突中出现得那样频繁,但是在许多案

---

① 转引自黄进:《区际冲突法》,永然文化出版股份有限公司 1996 年版,第 278 页。
② 转引自黄进:《区际冲突法》,永然文化出版股份有限公司 1996 年版,第 279 页。

件中显然需要评价其实际重要性。公共政策应在区际冲突法中得到广泛的适用,因为它可以用来保护在它所属法律制度下的生活方式。因此,如果一个地方法律制度被允许存在,那么,它的固有本质应得到尊重,应防止与其不相容的外域法的入侵而歪曲其性质。由此得出结论,不仅在联邦制国家内的区际法律冲突中,而且在具有复合法律制度的单一制国家内的区际法律冲突中,都应承认公共政策原则的施行。只有在因兼并而产生的区际法律冲突中,由于一个法制统一的国家因兼并而变成了一个复合法域国家,它可以采取许多措施以恢复其法律的统一,不仅能够将其国际私法规范扩大适用于被兼并地区,类推适用于区际法律冲突,而且它也能够规定,施行这些规则应受到它自己的公共政策观念限制,而不受地方法律制度的公共政策观念的限制。因而排除公共政策保护也许被证明是合理的。[1]荷兰学者卡恩·弗罗因德(Kahn-Freund)认为,公共秩序原则可以适用于联邦制国家内的州际法律冲突,也可以适用于产生在一个国家和它的殖民地、被保护国或其他附属领地之间的国际、州际和地方间冲突的界限模糊的情况,但它不适用于地方间的法律冲突。这是联邦制国家内的州际冲突与单一制国家内的地方间冲突的一大区别。[2]

复合法域国家有关公共秩序的实践也是不同的。[3]

在单一制国家内,有的国家区际公共政策被法律默示地排除。例如,1926 年 8 月 2 日颁布的波兰《国际私法典》含有公共秩序条

---

[1] [意]维塔:《区际法律冲突》,詹礼愿、于爱敏译,於忠莉校,载《中国国际私法与比较法年刊》(创刊号),韩德培等主编,法律出版社 1998 年版。

[2] 转引自黄进:《区际冲突法》,永然文化出版股份有限公司 1996 年版,第 281 页。

[3] 转引自黄进:《区际冲突法》,永然文化出版股份有限公司 1996 年版,第 283—290 页。

款,但同日颁布的《区际私法典》则无公共秩序问题的规定。一般认为,该区际私法典排除了区际公共秩序的存在。还有的国家法律明文排除区际公共政策的适用。例如西班牙1974年制定的《民法典》新序则第16条第1款规定,其第12条第3款关于在国际法律冲突中公共政策施行的规定不得类推适用于区际法律冲突。在英国,法院认为可以以违反公共政策为由拒绝承认其他英联邦国家的法律,但却不能利用公共政策来排斥适用英国另一法域的法律。①

有些复合法域国家尽管是单一制国家,但由于其国内的区际法律冲突是因兼并或殖民而带来的结果,多数国家的司法实践都排除了公共政策的运用,但意大利却相反。第一次世界大战后,意大利因兼并而成为多法域国家,为了解决国内的区际法律冲突,意大利于1923年4月22日颁布了第893号法令,该法令第2条规定,《民法典》总则第12条所指的当时有效的"强行法律"(mandatory laws)应在新省被视为有效的法律。这一规定表明意大利允许以地方法观念为基础的公共政策在其新省和旧省的法律冲突中适用。②

在联邦制一些具有集中统一的区际冲突法而各法域没有自有区际冲突法的国家,公共秩序原则一般不适用于区际法律冲突。例如,在前南斯拉夫联邦的区际冲突法立法中,就没有公共秩序的规定。美国、澳大利亚、加拿大同是联邦制多法域国家,对区际冲突法中的公共秩序又有不完全相同的态度。公共政策在美国的司法实践中,不仅适用于国际案件,也大量适用于州际案件。③ 虽然美国联邦宪法第4条第1款规定了"充分诚意与信任条款",要求"各州对于他州

---

① [意]维塔:《区际法律冲突》,詹礼愿、于爱敏译,於忠莉校,载《中国国际私法与比较法年刊》(创刊号),韩德培等主编,法律出版社1998年版。
② 同①。
③ 肖永平:《肖永平论冲突法》,武汉大学出版社2002年版,第96页。

之公共法令、记录与裁判手续,应有完全的诚意与信任",美国联邦最高法院却认为,如果他州的法律与法院地州的公共政策相抵触,此条款并没有使法院地州有义务适用他州的法律。但是,"充分诚意与信任条款"排除了美国各州法院以公共政策为由拒绝承认或执行他州法院的判决。澳大利亚宪法第118条也规定有"充分诚意与信任条款",而且,为了实施"充分诚意与信任条款",澳大利亚联邦还颁布了《1901年州和地区的法律与案卷承认法》(The State and Territorial Laws and Records Recognition Act 1901)。该法第18条规定,任何州或地区的公共法令、案卷和司法程序如依该法要求得到证明或证实,在每一个法院和公共机关应被给予完全的诚意与信任。与美国不同,澳大利亚许多法官怀疑根据地方的公共政策来排除姊妹州的法律或判决是否与充分诚信义务相一致。澳大利亚高级法院在其判决意见中认为,联邦成员州的公共政策不能被用来排除另一州的法律的适用。[①] 加拿大宪法没有"充分诚意与信任条款",公共政策制度在加拿大的省际法律冲突中并不像其在国际法律冲突中执行得那么严格。在加拿大的省际案件中,公共政策不仅可以被法院用来排除外省法律的适用,而且可以用来拒绝承认和执行外省法院的判决。尽管如此,加拿大的各普通法省份或区的法院很少能成功地援引公共政策,因为这些省或区对适用公共政策的例外都有极为严格的解释。[②] 可以看出,联邦制国家在解决区际法律冲突时,大多采用有限制的公共秩序保留制度。

因此,解决区际法律冲突是否接受公共秩序保留问题不能一概而论。但是,区际冲突法中的公共秩序和国际私法中的公共秩序应

[①] 董丽萍:《澳大利亚国际私法研究》,法律出版社1999年版,第137页。
[②] 刘仁山:《加拿大国际私法研究》,法律出版社2001年版,第167页。

该有所不同。因为是在一个主权国家内各法域的法律冲突,各地区间存在着共同的利益,所以,一般情况下,区际法律冲突中公共秩序或者不适用,即使适用,也要受到更多的限制,其适用的范围应更狭小。结合多法域国家的实践,考察区际法律冲突中的公共秩序,应考虑以下几个因素:①其一,区际法律冲突产生的原因;其二,区际冲突法是中央的还是各法域自有的;其三,复合法域国家中央宪法对区际法律冲突解决的制约;其四,复合法域国家内各法域法律差别的性质和程度,即区际法律冲突的程度。一般而言,各法域间法律差别越大,冲突越深,公共秩序适用的可能性就越大。

(二) 公共秩序保留与海峡两岸民商事法律冲突的解决

解决海峡两岸的民商事法律冲突,公共秩序保留是一不可或缺的手段。既不能像一些国家一样在区际冲突法中废除公共秩序保留制度,也不能对公共秩序保留采取限制政策,而应适当扩大公共秩序保留制度的适用,发挥其"安全阀"的作用。② 具体理由:

首先,海峡两岸的民商事法律冲突不是因为兼并或殖民而形成的,而是国家内战形成两岸对峙的结果。目前国家还没有统一,两岸立法权完全分立,起码在国家统一前两岸不可能就相互间的民商实体法进行统一,即使将来国家统一了,实体法的统一也不易。目前,国家的中央立法没有适用于全国的统一区际冲突法,《宪法》也没有解决区际法律冲突的制约条款(即使有这样的条款,《宪法》也难以在台湾地区产生效力,因为台湾地区也有《"中华民国宪法"》),两岸的民商事法律冲突从形态上看,似处于一种"无序"状态,这就为公共秩

---

① 黄进:《区际冲突法》,永然文化出版股份有限公司1996年版,第290页。
② 徐崇利:《两岸民商事法律冲突的性质及立法设计》,载《厦门大学法律评论》(第5辑),柳经纬主编,厦门大学出版社2003年版。

序保留的运用奠定了基础。

其次,两岸长期以来形成不同的法律制度与法律体系,法律之间的差别大。法律冲突的程度不但超越于其他"单一制"复合法域的国家,而且超越于"联邦制"国家的区际法律冲突,也和中国内部大陆与香港、澳门的区际民商事法律冲突不完全一致,是一种更深刻、更全面、更复杂的法律冲突。这样,两岸法域的法律中势必存在一些为对方所不能容忍的内容,如果这些法律得到对方法域的适用,势必会有损于其他法域法律或道德的基本原则及其社会公共利益。① 这就大大增加了运用公共秩序保留的机会。

再次,虽然民商事立法是私法性质的法律,它所反映的政治性与阶级性并不直接,然而,台湾当局至今不但未回到"一个中国"的原则上来,而且分裂国家的企图越来越明显。这种政治动向不可能不影响台湾的民商事立法,这就形成两岸民商事法律冲突的特有复杂性。当适用某一台湾法律规定违反"一个中国"原则时,大陆人民法院应毫不犹豫地运用公共秩序保留制度。②

最后,根据台湾地区《两岸人民关系条例》第 44 条的规定,台湾地区在解决两岸法律冲突时,可以以公共秩序保留排除大陆地区法律的适用。其立法目的在于保护台湾地区的公共秩序或善良风俗。③ 同样,大陆地区在解决两岸民商事法律冲突时,如果适用台湾地区法律会造成对大陆地区社会公共利益不利的结果,也应借助公共秩序保留来排除台湾地区法律的适用。《示范条例》第 10 条认为:

---

① 吕国民:《论区际冲突法上的公共秩序保留》,《江苏社会科学》1998 年第 3 期。
② 徐崇利:《两岸民商事法律冲突的性质及立法设计》,载《厦门大学法律评论》(第 5 辑),柳经纬主编,厦门大学出版社 2003 年版。
③ 李后政:《两岸民事关系条例与审判实务》,永然文化出版股份有限公司 1994 年版,第 392 页。

"依本条例规定应适用非大陆地区的法律时,其适用违背大陆地区的社会公共利益的,则不得适用,而适用大陆地区相应的法律。"

这里的"适当扩大公共秩序保留制度的适用"表明,尽管解决两岸民商事法律冲突应当扩大公共秩序保留,但这种制度还是应有限制地适用:第一,解决海峡两岸民商事法律冲突的实践中,不能动辄以公共秩序保留为借口,拒绝适用对方法律。两岸在立法中应适当地限制公共秩序的适用,而在两岸的司法实践中,法官在适用该制度时也应在一定程度上有所制约。因为两岸的民商事法律冲突毕竟不是国际法律冲突,如果滥用公共秩序保留制度,将会导致两岸民商事法律冲突的不公正、不合理解决,从而影响两岸经贸和民间交往的顺利进行。①

第二,在公共秩序保留的适用上,既应遵循"结果说",也不能忽视"主观说"。从前述学者们一致的观点来看,对公共秩序保留的适用基本主张"结果说"。两岸解决相互间的民商事法律冲突一般情况下也应以"结果说"为主。两岸法律规定的不一致是显而易见的,不能仅仅因为法律的内容不一致就轻易排除对方法律的适用,而应着重考察相互适用对方法律所产生的结果。然而,遵循"结果说"不是绝对的,有时应采用"主观说"。台湾地区《两岸人民关系条例》第44条规定"如其规定有背于"的措辞,采用的是"主观说";对于大陆地区来说,如果冲突规范援引的台湾地区有关法律的内容不符合"一个中国"的原则,这时毫无疑问应采用"主观说"。

第三,在以公共秩序保留为由排除对方法律的适用后,应适用什么法律解决两岸的民商事纠纷?因两岸的民商事法律冲突是主权国家内的法律冲突,拒绝审判说显然不利于保护当事人的合法利益。

---

① 吕国民:《论区际冲突法上的公共秩序保留》,《江苏社会科学》1998年第3期。

有的学者认为,在中国的区际冲突法中,运用公共秩序排除本应适用的法律后,应援用最密切联系原则重新确定应适用的准据法,从而间接地遏制公共秩序保留的滥用。① 应该认为,就中国区际法律冲突的总体而言,以上观点是合适的。但是考虑到两岸关系的复杂性及特殊性,在两岸关系中应充分利用公共秩序保留的"安全阀"作用,大多数情况下应适用法院地法。上述《示范条例》第10条就反映了这种思想。《两岸人民关系条例》第44条也规定排除大陆法律的适用后,应"适用台湾地区之法律"。当然,如果案件及当事人与对方地区的法律有更密切的联系,则应适用对方较合适的法律规定。

第四节 海峡两岸冲突法中的反致制度

反致(renvoi)的概念有广义与狭义之分。广义的反致包括狭义的反致(remission)、转致(transmission)、间接反致(indirect remission)等。反致制度自产生以来,虽然学界的争论之声一直未绝,但是,却被许多国家和地区的立法所采纳。海峡两岸的冲突法立法也有不同的表现。

一、海峡两岸有关反致制度的立法

中国大陆现行立法没有关于反致的明确规定,只在最高人民法院有关司法解释中有两条涉及反致的条款。一条是已废止的1987年最高人民法院《解答》第二部分之(五)规定:"当事人协议选择的或者人民法院按照最密切联系原则确定的处理合同争议所适用的法律,是指现行的实体法,而不包括冲突规范和程序法。"这一规定只表

---

① 吕国民:《论区际冲突法上的公共秩序保留》,《江苏社会科学》1998年第3期。

明,在合同领域不接受反致,并不表明对反致的一般态度;①另一条是1988年最高人民法院《意见(试行)》第178条第2款规定:"人民法院在审理涉外民事关系的案件时,应当依照民法通则第八章的规定来确定适用的实体法。"②这条对是否适用反致并未作明确规定。《示范法》第8条是关于反致制度的规定,即:"本法规定应适用的法律,是指现行有效的民商事实体法律,不包括冲突规范,但本法另有规定的除外。在民事身份领域,外国冲突规范对中华人民共和国法律的反致应予接受。"《民法(草案)》第九编第2条的规定与《示范法》第8条的内容基本一致:"依照本法规定应当适用的法律是指有关国家的民商事实体法,而非冲突法,但自然人的法律地位和身份关系,依照本法规定应当适用某外国法律,而依照该国冲突法又应当适用中华人民共和国法律的,可以适用中华人民共和国法律。"

　　台湾地区立法明确规定了反致。1953年《涉外民事法律适用法》第29条规定:"依本法适用当事人本国法时,如依其本国法就该法律关系须依其他法律而定者,应适用该其他法律。依该其他法律更应适用其他法律者亦同。但依该其他法律应适用中华民国法律者,适用中华民国法律。"该规定兼采多种反致,"并为之扩充,为世界各国国际私法立法之创举"。③《涉外民事法律适用法修正草案》对反致的基本态度未变。根据《修正草案》(第三稿)第6条规定:"依本法适用当事人本国法时,如其本国法就该法律关系须依其他法律而定者,应适用该其他法律。依该其他法律更应适用其他法律者,亦同。但依其本国法或该其他法律应适用中华民国法律者,适用中华

---

① 中国国际私法学会:《中华人民共和国国际私法示范法》,法律出版社2000年版,第92页。
② 1990年最高人民法院关于该意见的修改稿第208条第2款仍保留此条。
③ 洪应灶:《国际私法》,中国文化大学出版社1984年版,第62页。

民国法律。"①1992年《两岸人民关系条例》第43条涉及区际冲突法的反致问题,规定:"依本条例规定应适用大陆地区之规定时,如大陆地区就该法律关系无明文规定或依其规定应适用台湾地区之法律者,适用台湾地区之法律。"这里包含适用台湾地区法律的狭义反致。

二、海峡两岸反致立法的特点

(一) 中国大陆反致立法

中国大陆关于反致的规定有以下几个特点:

第一,除了在司法实践中对于合同领域不适用反致的态度明确以外,现行立法和司法解释在具体条文中没有规定反致制度。

第二,从《示范法》第8条和《民法(草案)》第九编第2条的规定可以看出,对于反致问题,不论民间立法还是官方立法草案的规定都较为原则、谨慎,仅在有限的范围内,即涉及民事身份关系方面接受外国冲突规范对中国大陆法律的反致,来自其他领域的反致一概不接受。这样规定,主要是考虑到在有关民事身份的法律冲突问题上,大多主要依属人法加以解决。在民事身份领域实行反致,有利于属

---

① 《涉外民事法律适用法修正草案》的三个版本对反致制度的条文设计并不完全相同。(第一稿)第33条有两种设计方案。甲案认为:"现行法就反致之规定,范围广泛,理论完整",故保留现行法第29条的规定;乙案认为,现行法将反致"扩充兼采转据与间接反致,且转据反致并及于第四国,理论上虽一以贯之,实务上却难以执行,且较诸世界采反致之其他国家,范围委实过大。本草案将其修正,仅采直接反致,以减轻法官之负担"。故规定:"依本法适用当事人本国法时,如依其本国法就该法律关系而依中华民国法律者,适用中华民国法律。"(参见台湾地区"司法院"《涉外民事法律适用法修正草案》之立法说明,载自赖来焜:《当代国际私法学之基础理论》,2001年自版,第692—693页。)(第二稿)第7条保留了现行法的规定。

人法原则的贯彻。①

第三,《示范法》与《民法(草案)》对反致的规定在措辞上有所不同。表现在:首先,《示范法》规定的应适用的外国法,应是"现行有效"的民商事实体法律,"不包括冲突规范",《民法(草案)》规定应当适用的法律是指"有关国家"的民商事实体法,"而非冲突法"。这里的显著不同:一是后者没有强调"现行有效";二是前者用"不包括"冲突规范的表述比后者用"而非"二字更直接,语气上更坚定;三是在"不包括冲突规范"及"而非冲突法"中,冲突规范和冲突法的内涵不完全相同。应该认为,规定排除冲突规范更科学。因为把冲突规范指向的外国法理解为实体法和冲突法的总和仅是反致产生的主观条件,起决定作用的原因还在于两个相关国家的冲突规范的规定不一致,或对表面相同的冲突规范(连结点)的解释不一致,如果冲突规范的规定或解释一致,即使认为外国法也包括冲突法,也不会发生反致;而且,从许多国家的立法看,冲突法中一般还包括管辖权及判决的承认与执行规范,尽管这些领域也有发生反致的可能性,②但是因各国有关管辖权等规范大多为强制性及单边性的,因此这些领域发生反致的机会很小。其次,《示范法》第 8 条第 1 款规定不采用反致的基本原则后,接着规定,"但本法另有规定的除外",这就为第 2 款在民事身份领域例外接受反致奠定了基础,而《民法(草案)》用但书形式规定例外接受反致。再次,《示范法》把接受反致的范围规定为"民事身份"领域,而《民法(草案)》规定为"自然人的法律地位和身份关系"方面。从表面上看,后者规定的内涵与外延大于前者,实质上,这里的"民事

---

① 中国国际私法学会:《中华人民共和国国际私法示范法》,法律出版社 2000 年版,第 92 页。

② 李双元、徐国建主编:《国际民商新秩序的理论建构》,武汉大学出版社 1998 年版,第 424 页。

身份"包括了法律地位和身份关系。最后,《示范法》规定,在民事身份领域外国冲突规范对中华人民共和国法律的反致"应予"接受,而《民法(草案)》规定,在自然人的法律地位和身份关系方面,外国冲突法反致中华人民共和国法律的,"可以"适用中华人民共和国法律。这里,"应予"具有强制性;"可以"是任意性的,可以适用,也可以不适用。比较而言,可以看出,《示范法》关于反致的规定更科学、更严谨。

(二) 台湾地区反致立法

1. 法律条文解析

台湾地区《涉外民事法律适用法》"将反致之种类大大的扩充适用,其慷慨大方为世界各国所不及",①规定接受广义的反致是其最突出的特点。该法第29条的规定含有四层意思:

第一,只有在适用当事人本国法时,才适用反致制度。台湾地区有的学者也认为,反致产生的前提是本国法与住所地法发生冲突。②

第二,"依本法适用当事人本国法时,如依其本国法就该法律关系须依其他法律而定者,应适用该其他法律……"。这一层次对于直接反致的规定不甚明确,因而受到学者的质疑。③ 如果把"其他法律"解释为"我们法"时,其为直接反致,解释为"外国法"时,为转据反致。④

第三,"……依该其他法律更应适用其他法律者亦同。"该层规定的"其他法律"较复杂,根据柯泽东教授的分析,至少有六种不同的转致或扩张的反致情形。⑤

---

① 曾陈明汝:《国际私法原理》(第一辑),1984年自版,第219页。
② 刘甲一:《国际私法》,三民书局1995年版,第140页。
③ 如:曾陈明汝:《国际私法原理》(第一辑),1984年自版,第219页。
④ 柯泽东:《国际私法》,中国政法大学出版社2003年版,第143页。此外,台湾地区学者一般把反致的三种基本形态称为直接反致、转据反致和间接反致。
⑤ 柯泽东:《国际私法》,中国政法大学出版社2003年版,第143页。

第四,"……但依该其他法律更应适用中华民国法律者,适用中华民国法律。"这是间接反致的规定。有的学者认为世界各国立法很少规定间接反致,该立法规定的间接反致缺乏比较法及实务的根据。①

《修正草案》(第三稿)维持全面反致的规定方式,对现行法的反致规定除了在"但书"部分作了修改以外,其他内容没有改变。其但书部分规定:"但依其本国法或该其他法律应适用中华民国法律者,适用中华民国法律。"这就对直接反致有了明文规定。

2. 反致适用范围的疑问

台湾地区1953年立法及其修正草案对反致的适用领域不是限制在法律关系上,而是限制在属人法连结点上,即"依本法适用当事人本国法时"。似乎没有国籍这个连结点,就不可能产生反致问题。② 只有在属人法事项上采本国法主义时,在行为能力、禁治产宣告、婚姻之成立要件与效力、夫妻财产制、离婚之原因与效力、亲子关系、收养、监护、扶养、继承及遗嘱等法律关系中,才会有反致的适用。

然而,因《涉外民事法律适用法》在下列事项上也规定或涉及当事人本国法,所以也存在是否采用反致的问题。

(1) 合同之债的法律适用与反致

《涉外民事法律适用法》第6条第1款规定,法律行为发生债的关系的成立要件及效力,依当事人意思自治原则确定法律适用。第2款规定:"当事人意思不明时,同国籍者,依其本国法,国籍不同者,依行为地法。"根据该款规定,在适用当事人共同本国法时,是否适用

---

① 刘铁铮:《国际私法论丛》,三民书局1994年版,第224页。
② 郭树理:《区际私法反致问题刍议》,载《民商法论丛》(第25卷),梁慧星主编,金桥文化出版(香港)有限公司2002年版。

反致？对此,台湾地区学者有赞成与反对两种主张。① 赞成者认为,反致条款适用的条件,以应适用的法律为准,与该涉外法律关系的种类无关,因此,凡适用本国法的场合,在法律没有明文禁止的情况下,自不应限制反致的适用。反对者认为,世界上大多数采用反致的立法例,都是以属人法事项为范围的,《涉外民事法律适用法》第 29 条规定以本国法为准据法者也是以属人法事项为限,而合同关系非属人法事项,故不适用反致的规定。

　　细加分析,反对说更为合理。原因之一,正如反对者所言,合同法律关系不属于属人法事项,不采用属人法原则。上述法律第 6 条第 1 款与其他国家、地区的立法一样,合同之债首先适用意思自治原则,当事人自主选择法律一般选择实体法,而不选择冲突法。合同领域不适用反致是国际社会的普遍意见。原因之二,因合同关系的复杂及合同涉及当事人的切身利益,合同的法律适用强调灵活性,也强调稳定性与可预见性。法律规定在当事人意思自治不明时,当事人国籍相同者,适用当事人共同本国法;国籍不同者,适用行为地法,有利于实现法律适用的稳定性与可预见性。否则,根据 29 条规定的宽泛的反致制度,法律适用的不稳定、不可预见显而易见。而且,第 6 条的规定是一整体,意思自治与行为地法都不适用反致,仅仅规定位于中间环节的共同本国法适用反致,也不符合法律内在的逻辑要求。原因之三,根据台湾地区 1952 年 12 月 9 日《涉外民事法律适用法草案说明》,当事人意思不明时首先采用当事人共同本国法是为了克服径直适用行为地法的弊端,因为单纯适用行为地法,"不免有窒碍之处,盖外国人间之法律行为发生债之关系,系因旅经某地,而偶然为

---

① 赞成者:刘甲一:《国际私法》,三民书局 1995 年版,第 140 页。反对者及其理由:刘铁铮:《国际私法论丛》,三民书局 1994 年版,第 221—222 页;林益山:《"反致问题"之探讨》,《月旦法学杂志》1997 年第 32 期。

之者,不乏其例,其主观上甚或不知行为地法为何物,若强以行为地法为准,实难其公允。"所以,为了实现法律适用的"公允",显然,此处不采用反致较为合适。若采反致,势必又依当事人本国法适用行为地法,不但画蛇添足,且有违该立法意旨。①

《修正草案》(第三稿)第15条改变了原来规定的当事人意思表示不明时的硬性法律适用原则,规定:"法律行为发生债之关系者,其成立要件及效力,依当事人意思定其应适用之法律。当事人无明示之意思或其明示之意思依前项应适用之法律无效时,依关系最切之法律。"这条规定采用当前流行的"合同自体法"理论,把意思自治原则与最密切联系原则结合,当然在合同领域就不会发生反致了。

(2) **国籍消极冲突的法律适用与反致**

《涉外民事法律适用法》第27条规定:"依本法应适用当事人本国法,而当事人无国籍时依其住所地法,住所不明时,依其居所地法。"此情形下的反致问题,有人持"消极说",有人持"积极说"。②"消极说"认为,在这种场合下,若该无国籍人在内国有住所或居所,自适用该法代替本国法,反致无从发生;若该无国籍人在外国有住所或居所,则无论该外国采本国法主义抑或住所地法主义,都应适用该外国法,故无适用反致之必要。③"积极说"则认为,第27条之所以规定适用住所地法或居所地法,是因为本国法无法确定,从而以之代替,住所地法或居所地法实际上相当于"本国法"之法律;而且,就属人法之事项而言,各国所规定的准据法,未必仅限于本国法和住所地法,如多数立法规定不动产继承应适用不动产所在地法,这时,仍然

---

① 刘铁铮:《国际私法论丛》,三民书局1994年版,第222页。
② 苏远成:《国际私法》,五南图书出版公司1995年版,第63页。
③ 刘铁铮:《国际私法论丛》,三民书局1994年版,第222页。

会发生反致情形。因此,肯定反致。①

对于第 27 条规定的情况是否会产生反致的问题,主要应着眼于反致成立的前提。如果认为反致的成立,仅限于本国法与住所地法之间的冲突,则无适用反致于无国籍人的余地;若如上述,反致并非仅以本国法与住所地法冲突为要件,则在以住所地法或居所地法代替本国法的场合,仍然有发生反致的可能性。② 假设一个在英格兰有惯常居所的无国籍人,对位于日本的不动产继承涉讼于日本法院。根据 1989 年《日本法例》第 20 条规定:"继承,依被继承人的本国法。"该法第 28 条第 2 款规定:"依当事人本国法,当事人无国籍时,依其常居地法。"而其常居地的英格兰冲突规则却规定,不动产继承由不动产所在地国家的法律支配。③ 日本与英格兰都接受反致,这时就会产生反致问题。

《修正草案》(第三稿)第 3 条规定:"依本法应适用当事人本国法,而当事人无国籍时,依其住所地法。"根据以上分析,这条规定同样潜在着产生反致的可能。

(3) 区际冲突的法律适用与反致

《涉外民事法律适用法》第 28 条规定:"依本法适用当事人本国法时,如其国内各地方法律不同者,依其国内住所地法,国内住所不明者,依其首都所在地法。"对于这种情形下有无反致发生的可能,也有肯定与否定两种主张。否定者认为,国际私法基本上就属人事项规定适用当事人本国法,在一国数法的法域,并无所谓本国法,其关

---

① 如:刘甲一:《国际私法》,三民书局 1995 年版,第 140 页;林益山:《"反致问题"之探讨》,《月旦法学杂志》1997 年第 32 期;刘铁铮:《国际私法论丛》,三民书局 1994 年版,第 222 页。
② 曾陈明汝:《国际私法原理》(第一辑),1984 年自版,第 217 页。
③ [英]莫里斯主编:《戴西和莫里斯论冲突法》(中),李双元等译,中国大百科全书出版社 1998 年版,第 918 页。

于属人法则,通常皆以住所地法为准。法律规定以国内住所地法或首都所在地法代替其本国法的适用,倘若采用反致,则依该国国际私法仍适用其国内住所地法,这与不采用反致无异;如依该国国际私法应适用国外住所地法时,则会破坏本国法主义之精神。肯定者认为,在一国数法的情形下,因其本国法无法确定,而规定适用当事人国内住所地法或首都所在地法,所以,国内住所地法与首都所在地法相当于本国法,存在反致的可能性;而且,反致的发生,不仅仅限于属人法两大原则。① 这些主张,各有其合理性。

其实,这里涉及的是国际私法与区际冲突法交互作用时产生的反致问题。对于这个问题,意大利维塔教授认为,当一国法律指向某多元法律体系的外国法时,从该外国再转指某一区域的法律并不构成反致,只有在根据所适用的那一法域的法律规范又转适用另一外国法时,才构成真正的反致。② 这种观点是从国际私法反致的角度来理解的。从区际冲突法角度来看,如果该多法域国家具有统一的区际冲突法时,不会产生反致;如果该国各法域都有各自的区际冲突规范并都承认反致,则会出现国际私法与区际冲突法交互作用时的反致问题。有学者研究后认为,这种情况下交互作用的反致可分为两种类型:首先适用国际私法然后适用区际冲突法和首先适用区际冲突法然后再适用国际私法。它们的共同特点是都必须相继援引复合法域国国内两个以上法域的法律,如果仅援引一个法域的法律,则只能产生纯粹国际私法上的反致问题。③ 因此,根据台湾地区的法律,适用当事人本国法时,该国法律不统一,各地区又有不同的冲突

---

① 刘铁铮:《国际私法论丛》,三民书局1994年版,第223页。
② 金宁:《区际私法中的反致问题初探》,《法律科学》1991年第2期。
③ 郭树理:《区际私法反致问题刍议》,载《民商法论丛》(第25卷),梁慧星主编,金桥文化出版(香港)有限公司2002年版。

法,则不论适用国内住所地法或首都所在地法,都可能产生反致现象。这种现象的产生是适用国内住所地或首都所在地的冲突规范的结果,与法院地的本国法主义没多大关系。

《修正草案》(第三稿)第5条规定:"依本法应适用当事人本国法时,如其国内法律因地域或其他因素有不同者,以该国法律规定应适用之法律,为其本国法,该国法律无规定者,依其国内关系最切之法律。"根据这条规定,"依该国法律规定应适用之法律",即该国有统一的区际冲突法时依该法的规定,这时反致不可能发生;如该国无统一的区际冲突法,则根据最密切联系原则来确定法律的适用,也不会产生反致。

3. 反致立法的不足

从以上内容可以看出,台湾地区反致立法存在着下述不足:

第一,反致只限定于适用本国法的场合,一方面,当一些其他方面的具体规定或事项涉及到本国法时,就存在是否适用反致的问题,立法规定不明确,适用中不得不由人们推论,给法律适用带来麻烦;另一方面,实践中,产生反致的并非只在本国法领域,从实际效果和国际协调考虑,来自物之所在地法,尤其是不动产所在地法的反致也应接受。[①] 因此,这样的规定人为地把其他可能产生反致的领域排除在外,有时会导致于个案不利的后果,也表现出在反致规定上的一定保守性与僵硬性。

第二,从各国、各地区的立法与实践来看,最常适用也最易发生的是狭义或直接的反致,但1953年立法对此却规定得很含糊,让人产生疑问。

第三,在立法技术上,也有值得推敲之处,如一个条文中同时出

[①] 肖永平:《中国冲突法立法问题研究》,武汉大学出版社1996年版,第188页。

现五次代表不同法律的"其他法律","解释上,煞费苦心,且不合逻辑"。①

《修正草案》(第三稿)除了增加了狭义反致的明确规定外,以上其他不足并没有改观。

三、中国大陆反致制度的建立与完善

中国从1918年的《法律适用条例》就开始接纳反致制度,反致规定在中国已有一定的历史。台湾地区1953年《涉外民事法律适用法》在1918年立法的基础上,对反致制度作了全面的规定,《涉外民事法律适用法修正草案》对现行立法的缺漏,又作了修正。尽管其反致立法还有各种各样的不足或缺陷,但总体而言,台湾地区对反致的种类规定得详细,反致立法较为完备。中国大陆可借鉴台湾地区立法经验,建立与完善自己的反致制度。

(一) 立法宜以接受反致为原则

《示范法》与《民法(草案)》起草者们的观点是原则上不接受反致,只在例外的情形下接受狭义的反致。的确,反致是一个利弊兼具的制度。在理论上反对反致的学者的最重要理由是反致会导致"恶性循环";而在实践中,采用反致会增加法院和当事人的负担。② 但是,反致制度产生以来,还没有发生过一个因"恶性循环"而导致案件无法解决的例子。相反,反致的实践表明,反致的优点大于其缺点:传统冲突规则的机械性需要利用反致来调节;本国法与住所地法的冲突至今还存在,仍然需要借助反致来解决;判决结

---

① 曾陈明汝:《国际私法原理》(第一辑),1984年自版,第220页。
② 于飞:《反致制度反思与展望》,《政法论坛》2001年第5期。

果的一致与个案的公正分别代表着传统国际私法与现代国际私法的不同追求,这两个价值取向,在某种程度上可依托反致来实现。① 各国、各地区从本国和本地区不同时期的法律制度的实际情况出发,结合案件的需要有选择地运用这一制度,以达到实现本国政策、维护个案公正的目的。以美国冲突法上的反致为例,《美国第一次冲突法重述》受属地主义的影响,以属地连结因素作为冲突法发展的中心,因而弃绝反致的适用。到《美国第二次冲突法重述》,大部分学者转而支持反致,认为反致制度增加了法院地法适用的机会,特别有利于原告的利益。② 因此,该重述言明反致可运用于下述情况:③在考虑实际可行性后,如果法院地选择规则的目的是获得与其他州法院相同的判决时;或者法院地是一个无利益的州而其他相关州赞成通过它们的选择规则来进行适用法律的选择。根据美国现代法律选择方法,按照"利益分析说"人们不必去考虑反致,然而,如果利用反致来决定利益——如果有利益的话,相关国家或州有什么利益? 现代反致(modern renvoi)的支持者回应到:反致的真正好处就在于它让法院地查明另一有审判权的国家或州到底有什么确切的利益。④ 斯科莱斯(Scoles)和海(Hay)教授有说服力地证明反致的适用价值,尤其是在法院对其他有管辖权的州的冲突规则的考虑有助于确认虚假冲突的情况下。显然,如果法院地州的选择规则导致法院不能适用它自己的法律解决手头

---

① 于飞:《反致制度反思与展望》,《政法论坛》2001年第5期。
② 柯泽东:《国际私法》,中国政法大学出版社2003年版,第160页。
③ 参见美国《第二次冲突法重述》第8条。
④ Matthen Chait, *Renvoi in Multinational Cases in New York Courts: Does Its Past Preclude Its Future? Cardozo Journal of International and Comparative Law*, Vol. 11, 2003, p. 167.

的案件,那么法院地州认为它有"利益"是值得怀疑的。① 这些主张把反致的适用与利益分析结合起来,以利益分析加以检验,作为协调反致理论的新方法。② 如果利益分析的目的是确定相对国家或州的利益,现代反致在确定这些利益时起着非常重要的作用。因为法院若忽视了一个相对国家或州的法律选择规则,就会根本上漠视相对国家或州在诉讼中适用其法律是否有利益的可能的重要信息资源。对相对国家或州的利益予以适当考虑,会导致外国法持续适用且获得相互有利的结果,并且除了促进了体现在国内法中的政策的发展外,也可以抑制选择法院。因而反致似乎不仅仅在现代国际法律选择中有用而且是根本性的方法。③

既然反致具有解决法律冲突的独特作用,就应该在立法中以接纳它为原则。韩德培教授认为:"承认反致不仅应限于极少数的例外情形,而实应扩大为国际私法上的一个原则,只有在少数情形下不便适用时才应予以适当的限制。"④目前世界上各国各地区的立法与实践原则上接受反致的居多,台湾地区的立法也是把反致的适用作为原则规定的。中国大陆立法自不应例外。

---

① Courtland H. Peterson, *American Private International Law at the End of the 20th Century: Progress and Regress*, in *Private International Law at the End of the 20th Century: Progress or Regress*? Symeon C. Symeonides, ed., Kluwer Law International, 2000, p.437.

② 柯泽东:《国际私法》,中国政法大学出版社 2003 年版,第 162 页。

③ Matthen Chait, *Renvoi in Multinational Cases in New York Courts: Does Its Past Preclude Its Future? Cardozo Journal of International and Comparative Law*, Vol. 11, 2003, p.175.

④ 韩德培:《国际私法上的反致问题》,载《韩德培文选》,黄进、刘卫翔等编,武汉大学出版社 1996 年版。

(二) 立法应接受广义的反致

中国大陆立法是仅接受狭义的反致,还是像台湾地区一样反致、转致甚至间接反致一概接受?对于这个问题,要考虑各类反致适用的结果和影响。《示范法》和《民法(草案)》规定的狭义反致的好处在于,通过适用法院地法即终结致送,可以实现司法任务的简单化,且有利于扩大法院地法的适用,有利于实现判决的一致。但是,反致制度的运作本身是依照外国冲突规范的指引,只承认外国冲突规范对法院地法的指引而忽视它对第三国的指引,有碍反致逻辑的纯粹性,破坏了内国、外国和第三国间判决一致的实现,有违各国法制环境的平等开放精神。① 而且,如果第三国法律更有利于保护当事人的权益,并是与案件有最密切联系的更为合适的法律,不接受这种转致,也难以保证个案的公正合理解决。转致包括一级转致与多级转致,前者只承认从某外国向第三国的转致,从而适用该第三国的实体法,例如,1982年《土耳其国际私法和国际诉讼程序法》第2条第3款规定:"根据外国法律中的冲突规范规定,应适用另一外国法的,则适用该另一外国的实体法。"这种规定方式的优点是可避免多级转致过程中出现的对多个外国法内容查明的困难,及多国间循环致送的麻烦,但是它忽视了被转致国的冲突规范。② 而多级转致允许外国冲突规则间的层级转递,直至某一国的法律接受这种转致,才予以终止,从而使其符合反致的逻辑性要求,达到多国间判决一致的目标。多数承认转致的国家和地区接受多级转致,台湾地区立法即是。立法上

---

① 李双元、徐国建主编:《国际民商新秩序的理论建构》,武汉大学出版社1998年版,第243页。

② 李双元、徐国建主编:《国际民商新秩序的理论建构》,武汉大学出版社1998年版,第243页。

规定间接反致的国家和地区,除台湾地区立法外,并不多见。实践中,间接反致的发生是有可能的,这种形式最终也导致了法院地法的适用。上述种类的反致是相互联系的,既然立法要接受反致,就没有必要对反致的种类加以人为地限制而把它们硬性分割开来。①

(三) 立法形式与法律条文设计

从承认反致的各国和地区的立法例来看,在立法形式上,各自的做法并不一致。笔者将之归纳为以下三种:其一,概括式,即概括规定接纳反致制度,没有规定不适用反致的情况。1978年《奥地利国际私法》第5条的规定属于这种类型。其二,列举适用式,即列举适用或例外适用反致制度的领域,前者如台湾地区《涉外民事法律适用法》第29条规定在适用当事人本国法时接纳反致,后者如中国大陆《示范法》第8条规定在民事身份领域例外接受反致。其三,概括式和列举排除式结合,即概括规定接受反致,但列举不适用反致的领域,如1995年《意大利国际私法制度改革法》第13条第1款规定:"在以下条文中指向外国法时,对外国国际私法向另一国家现行法律的反致应予考虑,如果(1)依据该国法律接受反致;(2)反致指向意大利法律。"该条第2款则具体列举了上述第1款不适用的情况。考虑到反致是一利弊兼具的制度,漫无边际地运用它并不能促进国际私法的发展,这种概括式与列举排除式的结合也应为我们所借鉴。为此,反致条款可作如下规定:

"对外国法的指定,也包括它的冲突规范在内。

外国冲突规范对中华人民共和国法律的反致应予接受;如外国法转致时,则对于转致应予尊重;如果该被转致国冲突规范规定应适

---

① 肖永平:《中国冲突法立法问题研究》,武汉大学出版社1996年版,第188页。

用中华人民共和国法律时,则适用中华人民共和国实体法。

以上规定的适用应考虑实际可行性及判决结果的公平合理。

在合同领域,对外国法的指定仅指外国的实体法,不包括冲突规范。"

这样规定,一方面肯定了反致制度的适用,既接受狭义的反致,也接受转致和间接反致;另一方面,按照国际社会的普遍实践,规定在合同领域不适用反致的例外。这个例外规定,实际上也是把中国大陆业已存在的司法实践上升为法律,使人民法院在合同领域不适用反致真正"有法可依"。

然而,原则性、机械性的规定有时会带来法律适用的困难和个案的不公正。晚近国际私法立法许多规定采用反致要实现一定的功能,反映一定的价值观,要考虑"实际可行性",要使法律关系"公平而合理"等等。1970年《美国第二次冲突法重述》第8条第2款规定,如适用法律选择规则的目的在于实现判决一致,则法院可适用另一州的法律选择规则,"但需考虑实际可行性"。1964年《捷克斯洛伐克国际私法及国际民事诉讼法》第35条规定,只要对有关法律关系"是公平而合理的",就承认反致和转致。这样规定更为灵活。是否运用反致,由法官根据这些弹性原则,结合案件具体情况自由裁量。因而,中国大陆立法如果规定采用反致时法官"应考虑实际可行性及判决结果的公正合理",就为反致这一较为机械的方法引入了机动灵活的运作机制,完善了反致立法。这样做一方面有望达到在反致上确定性与灵活性的统一,另一方面提高了反致的技术可行性,也符合国际私法所追求的公正合理的理念,是一种更为实用,更具合理性、可行性的方法。①

---

① 于飞:《反致制度反思与展望》,《政法论坛》2001年第5期。

四、反致与海峡两岸民商事法律冲突的解决

反致不仅符合解决国际法律冲突的需要,也符合解决中国区际法律冲突的需要。区际法律冲突的解决主要通过两种办法,即制定统一的或各法域各自的区际冲突法和类推适用各法域各自的国际私法。

区际冲突法中是否存在反致,学者们的看法不同。① 意大利学者德诺瓦(De Nova)认为,如果具有复合法域的法律制度的国家有统一的区际冲突法制度,则在区际冲突法中反致原则不能适用;但是,如果在复合法域国家内的每一个区域都有自己不同于其他区域法律制度的区际冲突规范,那么反致问题就可能在区际冲突法中产生。匈牙利学者萨瑟则认为,一般为国际私法公认的原则应适用于区际法律冲突。在反致问题上,如果中央或区域的立法者在制定法中明确接受或排除反致,中央和区际司法机关的法官应遵守规定;如果没有明确规定,区际反致问题必须依据在国际私法中相同的原则加以解决。可见,虽然论证的角度不同,但这些学者肯定反致制度可能存在于区际冲突法中。

就中国而言,如果能制定全国统一的区际冲突法,并采用统一的识别标准,反致在中国的区际冲突法中就失去了存在的基础。但是,正如前文所述,中国的区际法律冲突非常复杂,各法域都享有立法权和独立的司法权、终审权,中国的区际法律冲突,除了不存在主权国家的法律冲突这一因素外,几乎与国际冲突没有多大区别。实现全国法律统一的进程将缓慢而艰难。中国没有适用于"两岸四地"的统一的区际冲突法,目前也不可能制定统一适用于海峡两岸的区际冲

---

① 黄进:《区际冲突法》,永然文化出版股份有限公司1996年版,第254页。

突法。所以,在中国的区际法律冲突领域产生反致问题的客观基础仍然存在。①

反致是解决海峡两岸民商事法律冲突的必要选择。原因在于:

首先,海峡两岸民商事法律冲突的特殊性要求尽可能寻求更多的解决冲突的途径。如前所述,两岸的民商事法律冲突是特殊的区际法律冲突。不论冲突产生的背景还是冲突存在的现实等都与其他国家内的区际法律冲突及中国大陆与香港、澳门的法律冲突不同,将两岸的民商事法律冲突视为一种特殊的区际冲突是一种较为合适的态度与务实可行的做法。两岸的统一是中华民族的根本利益所在,是历史的必然,但是由于种种复杂的内外原因,国家的统一不可能一蹴而就。因而这种特殊的冲突将会在较长的时期内存在,这就为解决两岸民商事法律冲突陡增许多困难。尽力寻找一切可能的解决两岸民商事法律冲突的方法,是促进两岸民商事交往顺利发展的需要。反致既然是一被实践证明的解决法律冲突有效的制度,何不尝试让它在解决海峡两岸民商事法律冲突方面发挥作用?

其次,运用反致适用法院地法,有利于两岸民商事法律冲突的解决。狭义反致和间接反致的结果是最后适用法院地法。在有时的确难以熟知对方法域实体法,或对方法域实体法没有规定,或适用对方法域实体法对当事人不利等情况下,法官适用自己所熟知的本法域的实体法,可减少适用法律的错误,有利于保护当事人的利益。② 这点在解决海峡两岸的民商事法律冲突时非常有意义。虽然两岸的民商事法律冲突是私法性质的冲突,两岸事实上也有条件地承认对方法律的效力,但两岸长期以来的对立状态仍然会给依冲突规范适用

---

① 然而,《示范条例》的拟订没有接受反致,其第 6 条规定:"本条例规定应适用的法律,是指现行的实体法,而不包括冲突法和程序法。"

② 沈涓:《中国区际冲突法研究》,中国政法大学出版社 1999 年版,第 100 页。

对方的法律带来障碍,根据反致适用法院地法就成为一个较合理的选择。台湾地区的区际冲突法——《两岸人民关系条例》第 43 条接受狭义的反致。至于为何在该条例中规定狭义的反致,台湾地区"立法院"司法、内政、法制三委员会联席会议的审查报告并未详细说明其立法理由,①其目的无非是为扩大台湾地区法律的适用。中国大陆没有自己的区际冲突法,只能类推适用国际私法的规定。虽然现行法没有规定反致制度,但也没有规定拒绝。从发展趋势看,不论接纳程度如何,中国大陆将来的立法应该折衷地接受反致制度。人民法院解决涉两岸民商事法律冲突时,倘若采用反致,则可能使台湾地区的冲突规范反致中国大陆法律(或被转致于其他法域法律),只要这样做有利于法律的适用,有利于两岸民商事法律冲突的解决,没有理由不接受它。

再次,通过反致实现两岸判决的一致,有利于保持两岸民商事法律关系的稳定。反致在一定条件下能使案件无论在哪一法域的法院审理都适用同一实体法,从而实现判决一致。英国学者托马斯(Tomas)曾精辟地指出:"反致的目的在于保证受诉法院所作出的判决将同准据法所属法律体系的法院可能作出的判决一致。"②对于两岸民商事法律关系来说,两岸法律的不同和现实的对立状况会造成更多的当事人"挑选法院"的现象,判决一致可以避免当事人选择法院,从而增加涉两岸民商事判决的执行效力,保持两岸民商事法律关系的稳定。

第四,反致增加了两岸法律选择的灵活性,有利于实现个案的公

---

① 李后政:《两岸民事关系条例与审判实务》,永然文化出版股份有限公司 1994 年版,第 335 页。

② 转引自金宁:《论反致与我国国际私法的立法》,《安徽大学学报(哲学社会科学版)》1988 年第 3 期。

正。当海峡两岸的法院根据其冲突规范应适用对方法域的法律时，若考虑对方法域的冲突规范至少有三种选择法律的可能，即依该对方法域的冲突规范适用其本法域的实体法或法院地法或第三地法，从而扩大了法律选择的范围，增加了法律选择的灵活性。法官可以选择适用与案件有最密切联系的法律，选择适用对案件或当事人有更大利益的法域的法律，以实现个案公正。

反致制度对于解决国际和区际民商事法律冲突都是有利的。作为冲突法的特有制度，反致可以发挥其在维护社会利益、取得判决一致、维护个案公正等方面的积极作用。法院在选择准据法时，可以以其为盾牌，适用本国、本地实体法或希望适用的实体法来实现自己的意图。但反致又是一利弊兼具的制度，绝对地采纳或否定它都无法达到冲突法的全部目的，①对该制度，应本着实事求是的态度，在某些场合，反致学说是方便的，并且能促进公正。为获得一种所要求获得的结果，反致说也许是个有用的手段，②既不能把它全盘否定，也不应无限制接受，而应在充分考虑中国大陆冲突法发展需要的基础上，全面借鉴他人立法经验，制定出符合社会实际的反致制度。

第五节　海峡两岸涉外民商事法律关系外国（法域）法的适用与查明

冲突法是解决涉外民商事法律冲突的法律。根据冲突规范的规定，有时该涉外民商事法律关系需适用内国（法域）法，有时则需适用

---

① 韩德培、杜涛：《晚近国际私法立法的新发展》，载《中国国际私法与比较法年刊》（第三卷），韩德培等主编，法律出版社 2000 年版。
② ［英］莫里斯：《法律冲突法》，李东来等译，陈公绰等校，中国对外翻译出版公司 1990 年版，第 476 页。

外国(法域)法。在适用内国(法域)法时,与内国(法域)处理一般的对内法律问题而适用内国(法域)法并无不同。但在适用外国(法域)法时,会产生一系列法律问题需要解决。对这些问题进行研究是冲突法理论的重要使命,对这些问题加以规定是冲突法立法的一项重要内容。①

一、海峡两岸涉外民商事法律关系外国法的适用与查明

台湾地区的学者一般认为,广义的内国适用外国法主要有三种情形:②第一,以内国立法之承受而适用外国法。即内国立法直接以外国法为其内容,如昔日德意志曾以罗马法为母法,此时外国法已因立法而成为内国法的一部分,其性质与内国法无异,故此种情况不应称之为外国法的适用,而宜称之为外国法的"采用"。第二,依条约或国际惯例的结果而适用外国法。如因不平等条约,承认外国人享有领事裁判权,而在内国适用该外国人的本国法等。这种情形不是内国法院适用外国法,而是外国法在内国的"替用"。第三,依国际私法的规定而适用外国法,这才是所谓的外国法的"适用"。外国法的适用需考虑外国法的性质、外国法的查明、外国法无法查明时的补救、外国法适用错误的解决等问题。

(一) 外国法的性质

各国对外国法性质的认识并不一致,主要有"事实说",英美普通

---

① 黄进、郭华成:《澳门国际私法总论》,澳门基金会1997年版,第165页。
② 翟楚编著:《国际私法纲要》,国立编译馆1982年版,第206页;洪应灶:《国际私法》,中华文化大学出版部1984年版,第34页;马汉宝:《国际私法总论》,1990年自版,第189—190页;刘铁铮、陈荣传:《国际私法论》,三民书局1998年版,第201页。

法系尤其是英国法国家多奉行此说;"法律说",德国、荷兰、比利时等国家多持这种主张;"折衷说"(台湾学者称为"内国法一部说"①),法国等国家采取这种做法。② 除这几种主张外,台湾地区学者一般认为还应包括"法理说"、"既得权说"等。③

就以上学说,两岸学者有不同的认识,并从不同的角度对其进行分析论证。

关于"事实说",台湾地区学者认为,其理论上的谬误主要在于法律与事实绝对二分的原则。"事实说"论者显然是希望从国家主权的观念上,为"法律"概念下定义,再将法律概念以外的全部问题归入事实问题。按这种主张推论时,本应在法律概念的定义上尽量使其抽象化、一般化,使得法律概念可以在法院地法之外,也将外国法包罗无遗。但是"事实说"的立论却在决定法律问题与事实问题的区分标准时,仅将法律概念理解为在法院所在的国家中具有效力的法律规范而已;④ 而且,任何司法决定,皆为一项"三段论式"之结果,其小前提是事实,大前提则必为一种"法则"(legal rule),若将应加适用的外国法视为"事实",则等于以"事实"适用于"事实"。⑤ 可见"事实说"的错误,是从程序的观点演绎外国法的应有性格,推论的开始即以程序法的相关规定着手,勉强从这一错误的始点开始推论,终究又发生新的难题。⑥

---

① 翟楚编著:《国际私法纲要》,国立编译馆 1982 年版,第 209 页。
② Sofle Geeroms, *Foreign Law in Civil Litigation: A Comparative and Functional Analysis*, Oxford University Press, 2004, pp.41—91.
③ 刘铁铮、陈荣传:《国际私法论》,三民书局 1998 年版,第 209 页;何适:《国际私法释义》,1986 年自版,第 149 页。
④ 刘铁铮、陈荣传:《国际私法论》,三民书局 1998 年版,第 208 页。
⑤ 马汉宝:《国际私法总论》,1990 年自版,第 194—195 页。
⑥ 刘铁铮、陈荣传:《国际私法论》,三民书局 1998 年版,第 209 页。

关于"法律说",两岸学者认为,把外国法看作是法律而非事实,内国法院法官应依职权适用外国法是正确的,但是,中国大陆学者认为,本国法官适用外国法与适用内国法是有根本区别的,否认这种区别会陷入形式主义的泥潭。① 也有一些台湾学者认为,这种学说存在逻辑上的谬误。因为法官适用外国法与"法律效力不逾越领土"的原则相左,法律的效力之所以在空间上不能逾越其本国领土,是为避免侵害它国之主权;而尊重它国主权的结果,也应产生不许内国法院适用外国法的结论。此外,在涉外案件牵涉到两个以上的国家时,法院最后为何在主权应受同等尊重的国家间,只尊重其中一国的法律而予以适用,法律说似也无法自圆其说。②

关于"折衷说",有的台湾地区学者认为,该学说把外国法没有看作纯粹的事实,也非当然的法律,而把外国法看作是内国法的一部分,理论新颖巧妙。但是,其理论上的解释,在采取成文国际私法的国家,固能言之成理;然而,在不成文国际私法的国家,则难以获得满意的解释。③ 中国大陆有的学者认为该说比较符合实际。④

至于"法理说",台湾地区学者认为,"此说殊有相当理由,盖适用时外国法之本质不变,但内国法官之观点,特以该法为合于法理而加以适用耳。"⑤因此,有的台湾学者也称其为"内国法内容说"。⑥ 按照这种学说,法官以适用内国法为职责,但在某种涉外民商事法律关系

---

① 董立坤:《国际私法论》(修订本),法律出版社2000年版,第93页。
② 马汉宝:《国际私法总论》,1990年自版,第195页;洪应灶:《国际私法》,中华文化大学出版部1984年版,第36页;等等。
③ 洪应灶:《国际私法》,中华文化大学出版部1984年版,第37页;翟楚编著:《国际私法纲要》,国立编译馆1982年版,第210页。
④ 董立坤:《国际私法论》(修订本),法律出版社2000年版,第93页。
⑤ 何适:《国际私法释义》,1986年自版,第149页。
⑥ 翟楚编著:《国际私法纲要》,国立编译馆1982年版,第210页。

中，为正义的要求必须适用外国法时，法官应将事实上的外国法作为内国法的内容而适用之。外国法能作为内国法的法理者，应该是该外国法与内国法具有一定的共同性。这样，似乎可以把该学说归入"法律说"。在中国大陆学者看来，"法理说"更应该是一种外国法无法适用时的补救方法。

冲突规范指向的外国法应该被视作法律，这是海峡两岸多数学者的主张。① 外国法本来就是法律，并不因为人们把它说成是事实而改变其性质；内国法院适用外国法是根据本国冲突规范的指引，是适用内国法的结果，承认外国法为法律丝毫不会损害本国主权。一国的冲突规范指定适用外国法，即把该外国法作为具体地调整当事人权利义务关系的准据法，如果把外国法视为"事实"，显然与冲突规范本身的目的不相符。沃尔夫一针见血地指出，法院对于它受理的事实所适用的是"法律"，而不仅仅是事实，如果认为法官把一个"事实"适用于一些事实，那是毫无意义的。② 一些国家之所以把外国法视为事实，主要是从诉讼程序方便的角度来考虑，诚如国际私法学者卡恩·弗罗因德所言："外国法当然是判决所依据的一种规则，它既不是一起事件，也不是一种事实状态。它被作为'事实'仅仅是一种程序技巧，没有任何法理学和哲学上的含义。"③ 而且，从逻辑上看，法院之所以适用外国法，其目的在于解决涉外法律争议。从法院形成判决的逻辑结构来看，事实是小前提，外国法是大前提，把事实置于法律规则中，形成法律结论。如果外国法的性质为事实，在法院依

---

① 如翟楚、马汉宝、曾陈明汝、刘铁铮、陈荣传、黄进等都持这种主张。

② [英]马丁·沃尔夫：《国际私法》，李浩培、汤宗舜译，法律出版社1988年版，第319页。

③ O. Kahn-Freund, *General Problems of Private International Law*, A. W. Sijthoff International Publishing Company B. V., 1976, p.125.

法院地法的冲突规范予以引致时,必然不能与法院地法同样立于大前提的地位;在法律的适用遭遇诸如反致、公共秩序保留等而陷于困难时,也不得由法院地法或其他类似的法律所代替,最后的结果是驳回当事人的诉讼请求。①

需强调的是,冲突规范指定的外国法的性质为法律,但它始终是外国的法律,②其适用必有不同于内国法的适用之处。从理论上说,根据国家主权原则,内国法院只应适用内国法,外国法来源于外国主权,内国法院没必要接受外国法,这时该外国法对内国而言当然不具有法律效力。但是,使一些民商事法律具有域外效力是国际民商事交往的需要,而且这种域外效力也被国际社会广泛承认。本国冲突规范指引的外国法一般就是这种类型的外国法,这种外国法当然是法律,更确切地说,是解决某涉外民商事法律关系的准据法。

(二) 外国法的查明

在国际私法中,"外国法证明问题虽然具有程序性质和附属性质,但几乎没有什么问题比它更加重要","站在更高的层面看,外国法证明程序的功效,尤其关乎冲突法本身的可行性。"③因此,外国法的查明或证明是一个值得高度重视的国际私法的基础性问题。

因为对外国法性质认识的不同,对于外国法的查明,各国也采用不同的形式。认为外国法是"事实"的,外国法的内容由当事人举证

---

① 刘铁铮、陈荣传:《国际私法论》,三民书局1998年版,第213页。
② [英]马丁·沃尔夫:《国际私法》,李浩培、汤宗舜译,法律出版社1988年版,第319页。
③ Richard Fentiman, *English Private International Law at the End of the 20th Century: Progress and Regress*, in *Private International Law at the End of the 20th Century: Progress or Regress?* Symeon C. Symeonides, ed., Kluwer Law International, 2000, p. 187, p. 188.

证明;认为外国法是"法律"的,按照"法官知法"原则,法官应负责查明外国法的内容;持"折衷说"的,认为法官应依职权查明外国法,但当事人也负有辅助证明的义务。

历史上,中国曾有由当事人举证的实践。1918年上字1205号大理院判决:"法院所不知之外国法律应由当事人举证,法院无必知外国法之义务。"①目前,中国大陆学界基本一致的观点是,中国的民事诉讼采取"以事实为根据,以法律为准绳"的原则,人民法院在审理涉外民商事案件时,不论是对"事实"还是"法律",都必须查明,因此,把外国法看作是"法律"还是"事实"的争论,在中国没有实际意义。②在司法实践中,中国大陆更多地体现了"折衷说"所主张的做法。③1988年最高人民法院《意见(试行)》第193条(修改稿第223条)规定:"对于应当适用的外国法律,可通过下列途径查明:(1)由当事人提供;(2)由与我国订立司法协助协定的缔约对方的中央机关提供;(3)由我国驻该国使领馆提供;(4)由该国驻我国使馆提供;(5)由中外法律专家提供。"已被废止的1987年最高人民法院《解答》第二部分之(十一)规定:"在应适用的法律为外国法时,人民法院如果不能确定其内容的。可以通过下列途径查明……"其具体途径,除没有包括上述司法解释(2)之外,对于其他途径,两者的解释基本一致。

中国大陆的司法解释虽然是可行的,在确定外国法的内容时既尊重当事人提供的有关法律资料,又重视通过其他途径查明外国法,并没有把查明外国法的责任完全诿之于当事人,但是,却存在过于原

---

① 转引自柯泽东:《国际私法》,中国政法大学出版社2003年版,第172页。
② 韩德培主编:《国际私法新论》,武汉大学出版社1997年版,第201页。
③ 但有的涉外民商事案件,如2002年"原告新加坡船务有限公司与被告深圳市新华股份有限公司等光船租赁权益转让合同纠纷案",大陆人民法院在诉讼中似把外国法作为事实问题来看待,并经过了举证、答辩、庭前证据交换、庭审质证等程序。参见詹思敏:《外国法的查明与适用》,《法律适用》2002年第11期。

则和简单的缺陷。表现在：司法解释并没有解决对外国法是法律还是事实的定性问题；在外国法查明的责任归属问题上，对《民法通则》的解释不如对《涉外经济合同法》的解释明确，后者首先要求人民法院查明外国法的内容，如果不能查明时，再通过其他途径，但前者却没有"人民法院如果不能确定外国法内容"的字眼；对于什么情况属于外国法无法查明等没有明确的规定。因此，对司法实践缺乏指导作用。①

《示范法》第 12 条规定："中华人民共和国法院和仲裁机构审理国际民商事案件时，或者中华人民共和国行政机关处理国际民商事事项时，可以责成当事人提供或者证明本法规定应适用的外国法律，也可以依职权查明。……"《民法（草案）》第九编第 12 条规定："依照本法规定应当适用的法律为某外国法律，中华人民共和国法院、仲裁机构或者行政机关可以责成当事人提供该外国法律，也可以依职权查明该外国法律。……"以上表明，在查明外国法时，当事人应提供或者证明应适用的外国法，同时法院重视其本身的主动调查，这是查明外国法的一种较为灵活的方法。但是，根据上述规定，当事人是在法院的"责成"下去查明外国法的，否则，他没有义务去查明；法院"也可依职权查明"的规定，显然属于法院的自由裁量权，而非法院的法定义务。因而，上述规定仍没有明确解决外国法的查明问题。②

1988 年 2 月 8 日生效的《中华人民共和国和法兰西共和国关于民事、商事司法协助的协定》第 28 条规定："有关缔约一方的法律、法规、习惯性和司法实践的证明，可以由本国的外交和领事代理机关或者其他的有资格机关或个人以出具证明书的方式提交给另一方法

---

① 张磊：《外国法的查明之立法及司法问题探析》，《法律适用》2003 年第 1—2 期。
② 同①。

院。"该协定的内容表明由当事人负查明外国法的责任。

对于此问题,台湾地区的理论与实践基本持上述第三种主张,即当事人与法官协力负举证之责。台湾地区 2000 年 2 月 9 日修正的《民事诉讼法》第 283 条规定:"习惯、地方制定之法规及外国法为法院所不知者,当事人有举证之责任。但法院得依职权调查之。"第 277 条规定:"当事人主张有利于己之事实者,就其事实有举证之责任。但法律别有规定,或依其情形显失公平者,不在此限。"第 278 条规定:"事实于法院已显著或为其职务上所已知者,毋庸举证。前项事实,虽非当事人提出者,亦得斟酌之。但裁判前应令当事人就其事实有辩论之机会。"此外,台湾《民事诉讼法》第 295 条规定:"应于外国调查证据者,嘱托该国管辖之官署或驻在该国之中华民国大使、公使或领事为之。"实际上,台湾地区法院在适用外国法时,也可由专家鉴定外国法的内容。① 《修正草案》(第一稿)曾对外国法的查明作过设计,其第 5 条规定:"涉外民事应适用外国法律,法院不知其内容者,得命当事人证明其内容。"第 6 条规定:"法院依当事人之申请或依职权调查外国法律之内容时,得嘱托该外国人管辖机关或中华民国驻外机关,或委托其他专业之机关、团体或个人调查之。"这两条的设计在措辞上与上述《民事诉讼法》第 283 条、第 295 条的规定有差别,但基本精神是一致的,仍采"折衷说"。

(三) 外国法无法查明时的解决方法

有时冲突规范指引的外国法可能无法适用。这种无法适用包括事实上的无法适用——对于应适用的外国法,无法证明或调查,也可称为外国法之不明;法律上的无法适用——因受其他法规之限制而

---

① 苏远成:《国际私法》,五南图书出版公司 1995 年版,第 95 页。

无法适用,如违反法院地之公安。① 这里仅指外国法事实上的无法适用,即外国法无法查明。对于这个问题,海峡两岸现行法都没有作出规定。

外国法无法查明时的解决方法,国际上也有各种不同的主张与做法,主要有:直接适用内国法,这是大多数国家采取的做法;类推适用内国法,采取这种做法的主要是英美国家;驳回当事人的诉讼请求或抗辩,德国(美国对于非普通法系国家)采取这种实践;适用同本应适用的外国法相近似或类似的法律,德国曾有案例采用这种方法;适用一般法理,日本的学说和判例大多采这种主张。台湾地区学者认为,驳回诉讼请求在理论上与"法官不得以法律不明或不备,而拒绝审判"的原则相违背,而且,也易使法官动辄以外国法不明为借口,驳回当事人的请求,有碍国际交往的安全。"适用内国法说"推定外国法与内国法内容一致,过于武断,而且违背国际私法所追求的判决一致的目的。② 所以不少学者主张依"法理说",因为根据其《涉外民事法律适用法》第30条的规定:"涉外民事,本法未规定者,适用其他法律之规定,其他法律无规定者,依法理。"《民法》第1条也规定:"民事无明文者,依习惯,无习惯者依法理。"③旧中国1923年大理院上字151号判决认为:"关于身份亲属等事件,依法律适用条例应适用俄国人本国法时,得斟酌该地方新旧法令,作为条理采用。"④该判决用的即是"法理说"。台湾地区法院也认为:"本于诚实信用之原则,似

---

① 曾陈明汝:《国际私法原理》(第一辑),1984年自版,第184页。
② 刘铁铮、陈荣传:《国际私法论》,三民书局1998年版,第232页。
③ 洪应灶:《国际私法》,中华文化大学出版部1984年版,第38页、第42页;翟楚编著:《国际私法纲要》,国立编译馆1982年版,第210页、第216页。
④ 转引自翟楚编著:《国际私法纲要》,国立编译馆1982年版,第210页。

非不得将外国立法例视为法理而适用。"①但是,有的学者认为,外国法不明时所补充的"一般法理",毋庸置疑,绝非台湾地区《民法》所采用的法理。② 因为法院地国际私法所指定的外国法,既系指外国实体法,如其内容不明者亦应综合该外国法院的判例、学者的学说乃至立法体制等要素,探求该外国法对系争法律问题所采之精神,以发现该外国法与其他近似法制所包含的法理。这种观点与近似说无多大不同,实际是以其他近似法律,作为应适用的外国法的"法理"来加以适用。③ 还有的学者主张,外国法无法查明时,适用相近的法律,但违反内国之公安时,法官亦得酌量情形而以内国法替代适用或如近似之法律也不得而知时,惟有采"不得已而适用内国法以免拒绝裁判"之解释。④

其实,与外国法有关的程序性规定,不应单纯以某一理论的逻辑演绎来推论,而应从诉讼经济和程序便利的角度考虑。对外国法的调查应由法官与当事人通力合作,尽各种可能查明外国法,从而减少外国法不明的情形。⑤ 实在无法查明外国法时,为了诉讼的方便,应允许法院径自适用法院地的实体法。从世界各国的立法例看,多数国家采用这种做法。但从晚近的立法看,在法律措辞上,有限制法院地法适用的倾向。如1978年《奥地利国际私法》第4条第2款规定:"如经充分努力,在适当时期内外国法仍不能查明时,应适用奥地利法。"1982年《土耳其国际私法和国际诉讼程序法》第2条第2款规

---

① 见台湾地区"最高法院"59年台上字第1009号判决。转引自刘铁铮、陈荣传:《国际私法论》,三民书局1998年版,第210页。
② 苏远成:《国际私法》,五南图书出版公司1995年版,第99页。
③ 刘铁铮、陈荣传:《国际私法论》,三民书局1998年版,第232页。
④ 曾陈明汝:《国际私法原理》(第一辑),1984年自版,第186页;马汉宝:《国际私法总论》,1990年自版,第201页。
⑤ 刘铁铮、陈荣传:《国际私法论》,三民书局1998年版,第233页。

定:"经过多方努力后仍无法查明与案件有关的外国法的规定时,则适用土耳其法律。"

根据中国大陆的理论和司法实践,外国法不能查明时,最高人民法院1987年《解答》第二部分之(十一)规定,"可以参照我国相应的法律处理";1988年最高人民法院《意见(试行)》第193条(修改稿第223条)规定,"应适用中华人民共和国法律"。《示范法》第12条规定:"适用与该外国法律类似的法律或者中华人民共和国相应的法律。"《民法(草案)》第九编第12条规定:"可以适用中华人民共和国相应的法律。"上述规定,"可以参照"之措辞欠妥,直接规定适用中国法律显得武断,"适用与该外国法律类似的法律"实际操作有一定困难,因为应该适用的外国法本来就无法查明,查明与该外国法类似的法律会面临同样的问题,所以不妨参照上述奥地利和土耳其的立法,规定"如经充分努力,在适当时间外国法仍无法查明时,适用中华人民共和国法律"。

(四) 外国法的适用错误

外国法的适用错误包括两种情形:一种是内国冲突规范的适用错误,即依冲突规范本应适用某一外国的法律,却适用了另一外国或内国的法律,或者本应适用内国法,却适用了外国法而发生的错误;另一种是外国法本身的适用错误,即虽依冲突规范适用了某一外国法,但对该外国法的内容作了错误解释,并据此作了错误的判决。此外,适用外国国际私法的错误也应属于外国法的适用错误。例如,适用反致制度的场合,依法院地国冲突规范的规定应适用某外国法,再依该外国冲突规范的规定决定案件的准据法时,对该外国的冲突规范适用错误,致使本不应适用的某国法律得以适用。外国法错误适用的主要问题是对该错误如何救济,能否允许当事人提起上诉,以纠正这种错误。

对于第一种错误情形,国际上及海峡两岸的学者都认为,它具有错误适用内国法的性质,与错误适用内国其他法律规范的性质相同,应允许当事人上诉。两岸的司法实践也是这样做的。

对于第二种错误,即对外国法作了错误的解释并适用,能否允许当事人上诉加以纠正,在国际私法的理论与实践中,有两种主张:法国、德国、瑞士、西班牙等国家不允许当事人上诉;奥地利、葡萄牙、意大利、波兰等国家以及英美国家允许当事人上诉。从这些国家的实践看,外国法本身适用错误能否上诉,除了考虑外国法的性质之外,更应考虑最高法院对下级法院就法律认识错误的修正功能,以及对内国有关法律的统一认识,是否应及于对外国法认识的统一。

中国大陆对民事案件实行两审终审制,无法律审和事实审之分。因此,无论什么错误,当事人都可以提起上诉,即使涉外民商事案件也一样。这样做,有利于维护正当的国际民商事关系,保证国际民商事交往的正常、有序进行。

台湾地区学者一般认为,从理论上说,法院之所以适用外国法,乃是适用内国国际私法的结果,因此,适用外国实体法的错误,属于间接违反内国国际私法,其判决应属于违背法令的判决,所以应允许当事人上诉至最高法院。从民事诉讼程序来看,台湾实行的是三审终审制,根据台湾地区《民事诉讼法》第467条的规定:"上诉第三审法院,非以原判决违背法令为理由,不得为之。"第468条规定:"判决不适用法规或适用不当者,为违背法令。"可以看出,台湾地区最高法院对上诉案件进行的是法律审,它具有统一适用、解释法律的功能。当事人所享有的审级利益,不应因案件的性质具有涉外因素而被剥夺。[①]

---

① 刘铁铮、陈荣传:《国际私法论》,三民书局1998年版,第237页。

至于因反致而带来的外国法适用不当,将导致本应适用的准据法没有得到适用,而适用了不应适用的法律的错误情况,从性质上看,与适用外国实体法的错误有一定的区别。因为这种错误产生于指定准据法的过程,并不是对外国实体法的错误解释,更接近于适用内国冲突规范的错误,应该允许当事人上诉。

二、海峡两岸涉外民商事法律关系外法域法的适用与查明

(一) 海峡两岸相互适用对方民商事法律的必要性

海峡两岸的民商事法律冲突是"一个中国"原则下特殊的区际法律冲突,是"私法"性质的冲突。尽管两岸政治对立,长期隔绝,然而两岸人民的民商事交往并未停止。有的学者断言,两岸的最终统一,有赖于台湾经济对大陆的依赖和台湾民众对大陆的了解。不管两岸政治关系如何波动,只要两岸经贸及民间交往和联系不断加强,就会形成一条使台湾地区无法脱离中国大陆母体的"脐带"。[1] 的确,两岸的政治波动对两岸的民商事关系存在不可忽视的影响,但是,从长远来看,两岸的经济贸易和民间往来是难以阻隔的。解决两岸的民商事法律冲突,保证两岸民商事交往有法可依,是促进两岸民商事交往的需要。从这个前提出发,应尽力避免因两岸政治关系的不稳定而影响两岸民商事法律冲突的解决。

解决两岸的区际民商事法律冲突,离不开冲突规范。根据冲突规范的指引,必然会产生适用其他法域法律的问题。但是,海峡两岸

---

[1] 徐崇利:《两岸民商事法律冲突的性质及立法设计》,载《厦门大学法律评论》(第5辑),柳经纬主编,厦门大学出版社2003年版。

长期相互不承认对方的法律,对于涉两岸民商事案件,人民法院能否适用台湾地区的民商法律为准据法?"人民法院适用台湾法目前仍于法无据,最高人民法院对此问题也未有任何司法解释",[①]法院感到无所适从。对这个问题的回答应该是肯定的。因为如前对海峡两岸民商事法律冲突的性质及特点的分析,首先,海峡两岸"私法"性质的民商事法律冲突,较少直接涉及敏感政治问题。从世界上其他多法域国家的实践来看,根据冲突规范适用其他法域的民商事法律,主要是为了保护私人的民商事利益,并不是对该法域国际政治与法律地位的认同。海峡两岸的民商事交往也是如此,适用台湾地区的法律,绝不是承认其所谓的"国际法律地位"。其次,两岸虽然没有明确承认对方法律在本法域的效力,但大陆事实上已经有条件地承认或默认台湾民商法的域内和域外效力。1998最高人民法院公布《关于人民法院认可台湾地区有关法院民事判决的规定》更体现了这种承认。《两岸人民关系条例》中的立法选择,表明台湾视大陆地区为不同于台湾地区的"法域",大陆地区的法律也可被台湾地区法院援引,以作为特定民商事案件的准据法。再次,虽然两岸的民商事法律冲突的性质特殊但仍属区际冲突,司法实践也将涉台案件同涉港澳案件一样视作"涉外案件"处理。对于涉外民商事案件,法院只有根据冲突规范的指定适用有关法域的法律,才能合理有效地解决纠纷。

除此之外,从冲突法理论看,英美国家通过冲突规范指引适用外法域法律时,往往把外法域法律视为"事实"而非"法律"。而且,尽管有的台湾学者认为,"既得权说"的实质不过是法院以尊重既得权之名,行适用外国(域)法之实,但无论如何,"既得权说"至少在某一程

[①] 朱珍钮主编:《涉台审判实务与案例评析》,人民法院出版社2001年版,第26页。

度内已协助法院扫除在涉外民商事案件中适用外国(域)法的心理负担,①保护"既得权利"已成为国际私法的习惯做法。根据"既得权说",一法域应该承认据另一法域法律所取得的权利。这样,大陆也可按照传统国际私法理论,把依冲突规范适用的台湾地区法律定位于"事实"或一种证明"既得权利"存在的法律事实。② 中国大陆有些人民法院已采用这样的实践,有条件地认可台湾地区法律的事实效力,在当事人约定适用台湾地区法律时,若中国大陆法律对某一问题未做规定的,可将台湾地区法律作为地方惯例加以引用。③ 台湾有的学者也认为,为避免法院轻易以公共秩序的理由否定对岸当局的法律规定适用的可能性,颇有必要在法律上先承认一国数法的状态,再适度规范两岸法律冲突问题的解决对策。而承认大陆的私法具有规范性,实际上也只是对于规范存在的事实的正视,与在法律适用的层面上认为习惯或法理也可以作为有约束力的法源无异。④

(二) 海峡两岸相互适用对方民商事法律的复杂性

当然,海峡两岸法律的相互适用非常复杂,主要表现在:

第一,在国家统一之前,人为的阻碍还将存在,相互间法律的交流仍会有障碍。

第二,因为两岸存在多方面的对立,导致两地在立法和司法实践

---

① 刘铁铮、陈荣传:《国际私法论》,三民书局1998年版,第209页。
② 徐崇利:《两岸民商事法律冲突的性质及立法设计》,载《厦门大学法律评论》(第5辑),柳经纬主编,厦门大学出版社2003年版。
虽然笔者对外国(域)法的性质持法律说,但是考虑到两岸民商事法律冲突的现实,为避免对台湾地区法律直接承认带来的麻烦,从解决两岸冲突的实际需要出发,可以把台湾地区法律定位为"事实"。
③ 朱珍钮主编:《涉台审判实务与案例评析》,人民法院出版社2001年版,第52页。
④ 陈荣传:《两岸法律冲突规则的立法问题》,《军法丛刊》第37卷第20期。

中比较明显地排斥对方法律,对于海峡两岸的区际法律冲突,多直接适用内域法。20世纪90年代初期,福建省高级人民法院的调查报告曾指出:"……从目前人民法院受理涉台民事案件的情况看,涉台民事案件的主体全部是一方为定居台湾的中国公民,另一方为定居中国大陆的中国公民。而对于双方当事人均为大陆同胞,但产生、变更或消灭民事权利义务关系的法律事实发生在台湾的或双方当事人均为台胞的涉台民事案件,目前人民法院尚未审理过。在审判实践中,真正发现双方均为台胞的涉台民事案件确实有过一件,但由于法律适用的问题以及缺乏司法协助条件等原因而未能受理。……由此可见,对于双方当事人均为台胞的涉台民事案件,或双方当事人均为大陆同胞,但产生、变更或消灭民事权利义务关系的法律事实发生在台湾的涉台民事案件,人民法院在近期内还不会受理。"[①]即使人民法院受理的涉台案件,也存在法律适用问题。根据福建省厦门市中级人民法院近年的调查报告:"两岸的民事制度不同,在审判实践中,人民法院都是以大陆地区的现行法律作为裁判的依据,回避台湾地区的有关法规。当两岸民商事法律适用发生冲突时,如何处理尚无明确的原则可循,致使有些案件久拖不决;有的案件处理结果、社会效果和经济效益都不佳;有的当事人为了避免这些问题的产生,选择了法外解决的方式。"[②]同样,台湾地区的《两岸人民关系条例》大部分规定的是适用台湾法的单边冲突规范,即使存在适用大陆法的微小空间,也会以公共秩序保留等制度限制大陆法的适用,中国大陆法律适用的机会微乎其微。例如,按照《两岸人民关系条例》第56条的规定:"收养之成立及终止,依各该收养者被收养者设籍地区之规

---

① 转引自沈涓:《中国区际冲突法研究》,中国政法大学出版社1999年版,第82—83页。
② 朱珍钮主编:《涉台审判实务与案例评析》,人民法院出版社2001年版,第44页。

定。"但在实务上,法院通常就所有关于收养者及被收养者的要件,全面依台湾地区法律予以审查。① 至今,台湾已审理了不少涉及大陆的案件,但很少见到适用中国大陆法的成例。②

第三,查明对方法律存在困难。大陆地区实行社会主义法律制度,而台湾地区则一直以"六法全书"体系作为在台澎金马地区适用的基本法律体系,并适应社会的变化对"六法"体系作了较大的修正,两岸法律的差异很大。受复杂政治关系的影响,两岸法律的交流有限甚至不畅。解决涉两岸民商事法律冲突时需适用对方某个具体的法律时,如何或通过什么途径查明、知悉该法律是一个现实的问题。

(三) 海峡两岸民商事法律查明的途径

区际冲突法中外域法内容的查明问题,虽然各国做法不尽相同,但在不同程度上,体现出与国际私法中外国法内容查明的区别。从澳大利亚、加拿大、美国等国家的实践看,尽管这些国家都是普通法系国家,但对于国内不同法域间法律的查明并不要求当事人举证证明,而是认为法官有义务认知国内其他法域的法律。③ 荷兰学者卡恩·弗罗因德在考察了一些复合法域国家的实践后认为,在复合法域国家内,法院是否有义务"知道"姊妹州或地区的法律取决于两个因素:一是复合单位是否倾向于或已建立了中央的区际冲突法制度;二是各组成单位的法律在实质上的相似程度。④

中国没有中央的区际冲突法制度,中国大陆与香港、澳门、台湾

---

① 王重阳:《两岸收养案件准据法之研析——以国际私法之角度为中心》,《展望与探索》2005年第3卷第2期。
② 沈涓:《中国区际冲突法研究》,中国政法大学出版社1999年版,第83页。
③ 黄进:《区际冲突法》,永然文化出版股份有限公司1996年版,第265—270页。
④ O. Kahn-Freund, *General Problems of Private International Law*, A. W. Sijthoff International Publishing Company B. V., 1976, p.125.

地区的法律在实质上存在很大的差异,很少有相同之处,区际法律冲突的范围同国际法律冲突的范围相差不大,因而中国区际冲突法中外法域内容的查明途径应与国际私法中外国法内容的查明途径有相似性。当然,作为一个主权国家内不同法域的法律冲突,查明外法域法毕竟要比国际私法中的查明外国法相对容易一些。从前述内容可以看出,海峡两岸对于外国法内容查明的主导性意见和做法是把外国法看作法律,由法官依职权查明,也可以由当事人或法律专家协助提供外国法。所以,海峡两岸民商事法律的相互查明,首先也应该是法官的责任。但是,考虑到两岸关系的现实,仅由法官查明对方法域法律是不够的,有时,当事人及其代理律师可能比法官更具有外国(法域)法知识。① 因此,必要时,应由当事人举证证明或法律专家提供,这样也符合两岸相互把对方法律看作为法律事实的现实。《示范条例》第8条第1款就持这种观点,规定:"大陆地区法院应当依职权查明本条例规定应适用的法律,并可以通过下列途径查明:(1)要求当事人提供;(2)请求法律专家提供;(3)基于协议或互惠请求有关地区的司法机关提供。"

此外,参照1993年"汪辜会谈"中海峡两岸关系协会("海协会")与海峡交流基金会("海基会")就两岸间有关司法协助事项进行协商后达成的《两岸公证书使用查证协议》等协议的方式,如果两岸民间机构进行事务性商谈,能对提供与查明对方法律达成协议,则不失为海峡两岸民商事法律的查明构筑一条有效途径。

当海峡两岸的法律不能查明时,最直接的方法当然是适用法院地的法律。上述《示范条例》第8条第2款认为:"不能查明的或经查明有关地区不存在相应法律制度的,适用大陆地区相应的法律。"但

---

① 李旺:《涉外案件所适用的外国法的查明方法初探》,《政法论坛》2003年第1期。

为了维护当事人的合法权益,应把这种情况限制在确实经过一定的时间无法查明对方法律时。对对方法律的适用和解释错误,从两岸的司法实践看来,既然对外国法的适用和解释错误都允许当事人上诉加以纠正,一个国家内法律的适用和解释错误更应允许当事人上诉。

第四章 海峡两岸冲突法适用论

第一节 海峡两岸冲突法属人法原则的适用

属人法(lex personalis)是以涉外民商事法律关系当事人的国籍、住所或惯常居所作为连结点的系属公式,主要用来解决人的身份、能力及亲属、继承等方面的法律冲突问题。国际上,对属人法有两种不同的理解,即当事人本国法(国籍国法)和住所地法。以本国法为属人法的主要是大陆法系国家,以住所地法为属人法的主要是英美法系国家。中国属于大陆法系传统,历史上把属人法基本理解为当事人本国法。

一、海峡两岸冲突法中的国籍国法原则

国籍(nationality)是一个人作为某一国家的公民或国民而隶属于该国的一种法律上的身份或资格。它把个人和国家的法律体系紧密地联系起来,这就使个人置于国家权力和法律之下成为合理。[1]

国籍在国际私法中具有重要地位。国籍是判断某一民商事法律关系是否是涉外民商事法律关系的重要根据;是确定自然人在一国享有何种民商事法律地位的标准;是确定涉外民商事法律关系准据

---

[1] Mathias Reimann, *Conflict of Laws in Western Europe: A Guide Through the Jungle*, Transnational Publishers, Inc., 1995, p.21.

法的一个重要连结因素;是许多国家法院确定管辖权的根据。

海峡两岸的国际私法都重视国籍的作用,国籍是它们各自国际私法的一个重要连结因素。

(一) 国籍的冲突

1. 国籍的冲突及其解决

国籍的冲突是指一个人同时具有两个或两个以上的国籍或不具有任何国家的国籍。前者为国籍的积极冲突,后者为国籍的消极冲突。

国籍冲突的主要原因是由于各国国籍法规定的不同。

对于国籍,国际法学会于1896年曾作出决议,提出两项原则,[①]即:国籍必有原则——任何人均应有国籍。只有这样,个人的利益才可得到保护,国家的目的才能实现,国际和平也才能得以维护。国籍单一原则——任何人不能同时具有两个或两个以上国籍。否则,个人会因负担双重国家义务而蒙受损害,国家的目的与国际和平也会受到影响。

但是,实践中以上原则难以贯彻。因为国籍的确定是国家主权范围内的事,个人是否具有某国国籍是以该国的国籍立法为根据的,这是国际法上的通行原则。1930年海牙《关于国籍法冲突若干问题的公约》第1条规定:"每一国家依照其本国法律决定谁是其公民。此项法律如符合于国际公约、国际惯例以及一般承认关于国籍的法律原则,其他国家应予承认。"公约第2条进一步强调:"关于某人是否具有某一特定国家国籍的问题,应依照该国的法律予以决定。"而各国的国籍法受其历史传统、人口政策、经济政策、国防需要等情况

[①] 马汉宝:《国际私法总论》,1990年自版,第66页。

的制约,在国籍取得、丧失、恢复等方面的规定往往不尽相同,会造成一个人同时具有多重国籍或无国籍的情况。

对于国籍积极冲突的解决,国际上通常的做法是:如果当事人两个或两个以上的国籍中有一个是内国国籍,则根据国际通行的内国国籍优先的原则,只承认内国国籍,该人为内国人,以内国法作为他的本国法。如当事人所具有的两个或两个以上的国籍都是外国国籍的,各国的立法有所不同。有的以取得在后的国籍为优先;有的以当事人住所或惯常居所所在地国家的国籍为优先;有的以与当事人有最密切联系的国家的国籍为优先,即以他的"实际国籍"(nationalité effective)决定其属人法。确定"最密切联系的国籍"或"实际国籍"应综合各方面的因素考虑确定。这种方法为许多学者所倡导,也为许多国家的立法和司法实践所采纳。对于国籍消极冲突的解决,一般主张以当事人住所所在地国家的法律为其本国法;如当事人无住所或住所不能确定,则以其居所所在地国家的法律为其本国法。如果当事人既无住所,居所也无法确定时,有的国家规定适用法院地法。

2. 中国大陆关于国籍冲突的解决

中国大陆现行国际私法立法没有解决国籍冲突的规定。最高人民法院 1988 年《意见(试行)》第 182 条(修改稿第 212 条)规定:"有双重或多重国籍的外国人,以其有住所或者与其有最密切联系的国家的法律为其本国法。"这一意见与国际上通行的做法基本一致,但由于中国《国籍法》不承认中国公民具有双重国籍,所以未涉及双重或多重国籍者中有一国籍为中国国籍的情形,未规定一个人兼有中国国籍和外国国籍时的解决办法。

自然人国籍消极冲突的解决,最高人民法院上述《意见(试行)》第 181 条(修改稿第 211 条)规定:"无国籍人的民事行为能力,一般适用其定居国法律;如未定居,适用其住所地国法律。"这条规定表明中国在确定无国籍人的本国法时,首先考虑的是其定居国法律,如未定居时,再考虑住所地法律为其本国法。该条解释的缺陷在于,"定居国"是一个不确定的概念,大陆学者多把它理解为居所地或惯常居所地。如此看来,自然人国籍消极冲突的解决,立法应规定:自然人无国籍或者其国籍不能确定的,以其住所地法为其本国法;自然人住所不明或者不能确定的,以其惯常居所地法为其本国法,自然人惯常居所不明或者不能确定的,以法院地法为其本国法。从而与国际通行做法保持一致。①

《示范法》对国籍的取得和丧失、国籍冲突的解决作了规定。第59条规定:"自然人国籍的取得和丧失,依该国籍产生疑问时所涉国家的法律确定。"这条规定反映了国家主权原则的要求。第60条规定:"自然人同时具有两个或两个以上外国国籍的,以该自然人的住所或者惯常居所地国法为其本国法。自然人在其所有国籍所属国没有住所或者惯常居所的,以与该自然人有最密切联系的国籍所属国法为其本国法。中华人民共和国不承认中国公民具有双重或者多重国籍。具有中华人民共和国国籍的自然人,以中华人民共和国法律为其本国法。自然人无国籍或者其国籍不能确定的,其本国法以其住所地法代替。自然人住所不明或者不能确定的,其本国法以其惯常居所地法代替。自然人惯常居所不明或者不能确定的,其本国法以其现在居住地法代替。"

这条规定的特点是,对当事人所具有的国籍都是外国国籍的情形,没有以国籍的取得先后为标准确定其国籍,而是以当事人的住所或惯常居所地以及最密切联系为标准,确定其国籍;明确规定不承认中国公民具有双重或多重国籍,坚持内国国籍优先原则;对国籍的消

---

① 齐湘泉主编:《涉外民事关系法律适用法》,人民出版社2003年版,第123页。

极冲突的解决,充分考虑国际通行做法。①

《民法(草案)》第九编第 17 条规定:"自然人具有两个以上国籍的,以其住所地或者经常居住地国家的法律为其本国法律。自然人在其所有的国籍国均无住所或者经常居住地的,以与该自然人有最密切联系的国籍国法律为其本国法律。自然人具有中华人民共和国国籍,同时又有外国国籍的,以中华人民共和国法律为其本国法。自然人无国籍或者国籍不明的,以其住所地或者经常居住地国家的法律为其本国法律。"

这条规定与《示范法》采用的原则基本一致。存在的不足是对于自然人国籍的消极冲突的法律适用规定得不够明确,不像《示范法》那样具有层次感。而且,对于自然人的住所地或经常居住地也不明时法律冲突的解决没有做规定。

3. 台湾地区关于国籍冲突的解决②

台湾地区对于国籍的积极冲突,参照 1930 年海牙《关于国籍法冲突若干问题的公约》第 5 条与第 3 条的规定,③除了坚持 1918 年

---

① 中国国际私法学会:《中华人民共和国国际私法示范法》,法律出版社 2000 年版,第 118 页。

② "国籍"是一个敏感的问题,运用这一概念绝无承认台湾地区为一个独立的国家之意。国籍是台湾地区国际私法的一个重要连结点,研究其国际私法,难以回避这一问题;而且,本书有关部分已指出,《涉外民事法律适用法》调整的是台湾地区与其他国家的涉外民事法律关系,台湾地区与大陆地区的民商事问题根据《两岸人民关系条例》来解决,该条例采用的是"户籍"或"设籍地区"的概念。因此,这里的国籍冲突自然不包括与大陆地区。这部分内容仅涉及台湾地区国际私法规定的解决国籍积极冲突和消极冲突的一般原则。

③ 1930 年海牙《关于国籍法冲突若干问题的公约》第 5 条规定:"具有一个以上国籍的人,在第三国境内,应被视为只有一个国籍。第三国在不妨碍适用该关于个人身份事件的法律以及任何有效条约的情况下,就该人所有的各国籍中,应在其领土内只承认该人经常及主要居所所在国家的国籍,或者只承认在各种情况下似与该人实际上关系最密切的国家的国籍。"第 3 条规定:"除本公约另有规定外,凡具有两个以上国籍的人,得被他所具有国籍的每一国家视为各该国家的公民。"

《法律适用条例》规定的"内国国籍优先"原则外,补充与修改了该条例第 2 条规定的不足。① 《涉外民事法律适用法》第 26 条规定:"依本法应适用当事人本国法,而当事人有多数国籍时,其先后取得者,依其最后取得之国籍定其本国法。同时取得者,依其关系最切之国之法。……。""所谓关系最切,应就当事人与各该国家之种族,文化,政治及经济等具体关系,比较确定之,自不待言。"②

可见,《涉外民事法律适用法》第 26 条机械地以国籍取得之先后为依据,在无法辨别先后时再根据最密切联系确定当事人的本国法,较中国大陆的有关司法解释或立法建议,显得死板、僵硬。有的台湾学者也认为该规定不甚妥当,应一概以与当事人有最密切联系的国家的法律为依据。③

台湾现行法规定的多数国籍中,非同时取得国籍者采后国籍优先原则的原因是,认为基于国籍非强制原则及尊重个人之自由意思,后法应优于前法。惟当事人取得新国籍,仍未放弃旧国籍者,或可显示当事人与其旧国籍仍欲发生一定之关联;而且近年来世界局势的变化,促使某些发展中国家的国民,存在取得第二国或第三国国家之国籍,但仍高度维持与其旧国籍国家关系的情形。因此,后国籍优先原则,现阶段已非妥适,应废弃后国籍优先原则,改采关系最密切的国家的法律,使法院得衡量当事人的多数国籍,在新、旧或中间国籍中选择一关系最密切的国家的法律为准据法。为此,《涉外民事关系适用法修正草案》对该条作了修订。三个法律修正草案都把国籍的

---

① 1918 年《法律适用条例》第 2 条规定:"以本条例适用当事人本国法时,其当事人有多数之国籍者,依最后取得之国籍定其本国法。但依国籍国法应认为中国人者,依中国之法律。当事人无国籍者,依其住所地法。住所不明时,依其居所地法。当事人本国内各地方法律不同者,依其所属地方之法。"

② 1952 年 12 月 9 日《涉外民事法律适用法草案说明》。

③ 陈隆修:《比较国际私法》,五南图书出版公司 1989 年版,第 50 页。

冲突规定在(法律适用)"通则"部分。草案第一稿第 28 条与第二稿第 3 条设计为:"依本法应适用当事人本国法,而当事人有多数国籍时,依其关系最切之国之法。……"《修正草案》(第三稿)第 2 条在文字上作了一些改动,规定:"依本法应适用当事人本国法,而当事人有多数国籍时,依其关系最切之国籍定其本国法。……"这条规定比大陆《示范法》、《民法(草案)》的有关规定更简洁。其实,即使法律没有明确指明,当事人在某个国籍国有住所或惯常居所,也正是确定最密切联系的重要因素。

对于国籍消极冲突的解决原则,《涉外民事法律适用法》第 27 条第 1 款作了规定:"依本法应适用当事人本国法,而当事人无国籍时,依其住所地法。住所不明时,依其居所地法。"该规定与国际上普遍采用的原则基本一致。《涉外民事关系适用法修正草案》删除了现行法第 27 条第 1 款有关住所不明时的规定,例如,《修正草案》(第一稿)第 29 条、(第二稿)第 4 条、(第三稿)第 3 条都规定:依本法应适用当事人本国法,而当事人无国籍时,依其住所地法。而把住所、居所的有无,或住所的冲突单独规定在另一条文中。① 比较起来,这条规定较现行法少了一种法律适用的选择,更不如大陆地区《示范法》的规定具体。毕竟国籍的冲突与住所的冲突不同,如果对国籍消极冲突的解决仅规定依住所地法是不够的,把"当事人住所不明时,依其居所地法"移列于关于住所冲突的规定中,有时不便于解决国籍的消极冲突。

(二) 国籍与"一国数法"

"一国数法"是与国籍有关的一个重要问题。在世界上,有不少

---

① 《涉外民事关系适用法修正草案》的三稿分别规定其于第 31 条、第 5 条、第 4 条。

国家的法制或者因不同地区实施不同的法律或者因该国不同的人受不同的法律支配而不统一,当一国冲突规范指引适用当事人本国法时,虽明知其有国籍,但其本国法律却因地方不同或种族、信仰等不同而异,这时应确定以何种法律为其应适用的法律。① 这是法律的区际冲突和人际冲突问题。对于这个问题,国际上比较普遍的做法是依该国的区际冲突法或人际冲突法确定法律的适用。这是一种"间接指定"的方法。但是,有些法制不统一的国家没有自己的区际冲突法或人际冲突法,在这种情况下,有的规定直接依据冲突规范中的连结点,直接适用该具体地点的法律,这是一种"直接指定";有的采用直接指定和间接指定结合的方法确定准据法,这是晚近国际私法立法中出现的新动向。还有国家的有关法律规定既适用于区际法律冲突情形,也适用于人际法律冲突情形。

中国大陆现行国际私法立法没有规定"一国数法"的法律适用。1988年最高人民法院《意见(试行)》第192条(修改稿第222条)解释为:"依法应当适用的外国法律,如果该外国不同地区实施不同法律的,依据该国法律关于调整内国法律冲突的规定,确定应适用的法律。该国法律未作规定的,直接适用与该民事关系有最密切联系的地区的法律。"说明大陆地区实践也是采用直接指定和间接指定相结合的做法。《示范法》第16条规定:"依照本法规定应适用外国法律时,而该国的不同地区实施不同的法律的,或者该国的不同的人受不同的法律支配的,应根据该国法律关于调整国内法律冲突的规定来确定应适用的法律。该国法律没有规定的,直接适用与国际民商事关系有最密切联系的法律。"《民法(草案)》第九编第9条的规定取消了有关人际冲突的内容,关于区际冲突的规定与《示范法》基本一致。

---

① 马汉宝:《国际私法总论》,1990年自版,第87页。

台湾地区《涉外民事法律适用法》第 28 条规定："依本法适用当事人本国法时，如其国内各地方法律不同者，依其国内住所地法，国内住所不明者，依其首都所在地法。"该条规定参考了英美等国家的立法例，以当事人的国内住所地法为其本国法，有助于内外国判决的一致。① 这里采用了直接指定的方式。如果当事人在其本国住所不明，则不问其于外国有无住所，以及过去在其本国有无住所，一律适用其首都所在地法为其本国法。这点规定比较特殊。根据《涉外民事法律适用法草案说明》，采此规定，可谓贯彻本国法主义之精神；而且，该条对于当事人本国存在多数法律系因属人关系而并存，即因一国家内由于种族、宗教、阶级等的不同而产生人际法律冲突时如何解决并没有规定，学者认为，这种情况不应适用第 28 条的规定，而应根据第 30 条的规定，依法理解决。②

直接指定当事人住所地法的做法虽然简单明确，但理论上，若某一国家不采住所地法主义，则其判决难免有不一致之弊；且国内住所不明时，直接适用可能与当事人无任何联系的首都所在地法是否适切，也颇有疑问，③因此《涉外民事法律适用法修正草案》也采用间接指定与直接指定相结合的方式。《修正草案》(第一稿)第 32 条规定："依法应适用当事人本国法时，如其国内多数法律因地或因人而异者，依该国法律之规定；该国法律无规定者，适用该国内关系最切之地方法。"《修正草案》(第二稿)第 6 条则将文字稍加变更为："依本法应适用当事人本国法时，如其国内多数法律因地或因人不同者，依该国法律之规定；该国法律无规定者，适用该国国内关系最切之地之

---

① 刘铁铮、陈荣传：《国际私法论》，三民书局 1998 年版，第 559 页。
② 刘铁铮、陈荣传：《国际私法论》，三民书局 1998 年版，第 560 页。
③ 王志文：《涉外民事法律适用法之检讨与修正》，《华冈法粹》2004 年第 31 卷。

法。"上述二草案的规范方式尚不能概括"一国数法"形成之所有原因,①"惟该国法律除因地域之划分而有不同外,亦可能因其他因素而不同,且此等国家对其国内之法律冲突,通常亦自有其法律上之对策",②因而《修正草案》(第三稿)第5条再将该规定修改为:"依本法适用当事人本国法时,如其国内法律因地域或其他因素有不同者,以该国法律规定应适用之法律,为其本国法,该国法律无规定者,依其国内关系最切之法律。"

由此可见,在解决"一国数法"的问题上,海峡两岸的司法实践、新的立法采行的原则趋于相同,并符合国际上国际私法立法的趋势。

(三) 本国法原则的适用

中国采行的是大陆法系的传统,曾经法域统一,且华侨遍布世界各地,历史上一直以当事人本国法作为属人法。这样做,一方面使中国的法律追随其人而适用,发挥法律对人的管辖,激发民族意识;另外,容忍外国人的本国法在中国的适用而显示对外国主权的尊重、国际礼让的维护。可谓利人利己,一举两得。③ 1918年《法律适用条例》共27条,涉及人的能力、婚姻、继承、物权、契约、侵权行为等法律关系的法律适用。其中,除侵权行为、无因管理和不当得利完全不受属人法支配,物权、契约和法律行为方式部分不受属人法支配外,其余的法律关系均受制于属人法。在对属人法的理解上,本国法占绝对优势。该条例给人的印象是:属人法即为本国法。④

---

① 王志文:《涉外民事法律适用法之检讨与修正》,《华冈法粹》2004年第31卷。
② 台湾地区"司法院"《〈涉外民事法律适用法部分条文修正草案〉总说明及条文对照表》(第三稿)。载自赖来焜:《基础国际私法学》,三民书局2004年版,第506页。
③ 曾陈明汝:《国际私法原理续集——冲突法论》,1996年自版,第94页。
④ 刘宁元:《论我国涉外民事法律适用中的属人法》,载《中国国际私法与比较法年刊》(创刊号),韩德培等主编,法律出版社1998年版。

自 20 世纪 80 年代中期起始,大陆地区长期坚持的本国法主义开始有所变化,立法对自然人属人法的理解出现了本国法、定居国法、住所地法等多种含义。目前采用本国法的领域主要有:《民法通则》第 146 条规定,侵权行为的损害赔偿,当事人双方国籍相同或在同一国家有住所的,可以适用当事人本国法或住所地法;1995 年《票据法》第 97 条规定,票据债务人的民事行为能力,适用其本国法律。1988 年最高人民法院《意见(试行)》第 184 条(修改稿第 214 条)规定:"外国法人以其注册登记地国家的法律为其本国法,法人的民事行为能力依其本国法确定。"

台湾地区国际私法一直把属人法理解为当事人本国法。根据 1953 年《涉外民事法律适用法》的规定,当事人的本国法主要适用于:

第 1 条第 1 款规定:"人之能力,依其本国法。"

第 6 条第 2 款规定:因法律行为发生债的关系,"当事人意思不明时,同国籍者依其本国法。……"

第 11 条第 1 款规定:"婚姻成立之要件,依各该当事人之本国法。但结婚方式,依当事人一方之本国法或依举行地法者,亦为有效。"

第 12 条规定:"婚姻之效力,依夫之本国法。……"

第 13 条第 1 款规定:"夫妻财产制,依结婚时夫所属国之法。……"

第 14 条规定:"离婚,依起诉时夫之本国法及中华民国法律,均认其事实为离婚原因者,得宣告之。……"

第 15 条第 1 款规定:"离婚之效力,依夫之本国法。"

第 16 条规定:"子女之身份,依出生时其母之夫之本国法。如婚姻关系于子女出生前已消灭者,依婚姻关系消灭时其夫之本国法。前项所称之夫为赘夫者,依其母之本国法。"

第 17 条规定:"非婚生子女认领之成立要件,依各该认领人、被认领人认领时之本国法。认领之效力,依认领人之本国法。"

第 18 条规定:"收养之成立及终止,依各该收养者被收养者之本国法。收养之效力。依收养者之本国法。"

第 19 条规定:"父母与子女之法律关系,依父之本国法。无父或父为赘夫者,依母之本国法。但父丧失中华民国国籍而母及子女仍为中华民国国民者,依中华民国法律。"

第 20 条规定:"监护,依受监护人之本国法。……"

第 21 条规定:"扶养之义务,依扶养义务人之本国法。"

第 22 条规定:"继承,依被继承人死亡时之本国法。……"

第 24 条规定:"遗嘱之成立要件及效力,依成立时遗嘱人之本国法。遗嘱之撤销,依撤销时遗嘱人之本国法。"

除上述条款外,根据该法第 26 条、第 27 条、第 28 条、第 29 条的规定,国籍的积极冲突及消极冲突、"一国数法"、反致等都产生在"依本法应适用当事人本国法时",即当事人本国法是引致这些问题产生的前提。可见,台湾地区国际私法本国法原则的适用比大陆地区要广泛得多。

二、海峡两岸冲突法中的住所地法原则

(一)住所的冲突及其解决

何谓"住所",各国学者的观点及其立法规定均不一其说,根据马哈因(Mahain)于 1931 年在国际法学会会议上所提交的报告,关于住所之概念不下 50 种。[1] 一般认为,住所(domicile)指某人以久住

---

[1] 王士信:《海峡两岸人民住所冲突之研究》,载《国际私法论文集:庆祝马教授汉宝七秩华诞》,国际私法研究会丛书编辑委员会主编,五南图书出版公司 1996 年版。

的意思而居住在某一处所。这一概念表明,住所一般包括两层意思,即:主观要件——某人在某地有久住的意思;客观要件——某人在某地有久住的客观事实。

各国法律对住所的规定不尽相同。英美法系国家以住所地法为属人法,所以对住所的研究较之于以本国法为属人法的大陆法系国家细致详尽得多。"按照英格兰法,每个人有一个住所,……这个英格兰规则已为美国法所采取……。其次,英美法不容许一个人同时有两个或两个以上的住所。"[①]在英格兰,于事实上设定选择住所之前,原始住所继续存在;如果放弃了选择住所又没有设定新的选择住所,则恢复原始住所。"原始住所总是存在,以便在没有其他住所的情形作为所谓后备之用。"[②]美国是移民输入国家,移民在其境内之州际间流动率非常高,如果在放弃选择,且尚未取得新住所之时,恢复至其出身地的原始住所,则适用的可能是个人早已放弃并与其现实生活没有太多联系的法律,除有违采行的住所地法基本原则外,实务上也不切合实际。[③] 所以,美国不承认原始住所因选择住所的放弃而自动恢复。美国也强调取得住所的意思条件,但不太注重永久居住的意思。最近的判例则更进一步认为,只要居住时具有设定住所的意思,纵使居住的意思仅限于固定时间也无妨。[④] 大陆法系有的国家以是否在某地建立了生活根据地或业务中心为标准确立住所,如1942年《意大利民法典》第43条规定:"住所是人的事务以及利益的主要所在地。"有的以经常居住地为住所,如《法国民法典》第

---

① [英]马丁·沃尔夫:《国际私法》,李浩培、汤宗舜译,法律出版社1988年版,第167页。
② [英]马丁·沃尔夫:《国际私法》,李浩培、汤宗舜译,法律出版社1988年版,第172页。
③ 徐慧怡:《美国法律冲突法中"住所"意义之检视》,《中兴法学》第40期。
④ 同③。

102 条规定:"一切法国人,就行使其民事权利而言,其定居之地即为其住所。"有的则以利益中心所在地为住所,如《瑞士联邦国际私法法规》第 20 条第 1 款规定:"本法所指的住所,就是当事人的利益中心所在地";第 4 款规定:"任何人都不得同时拥有数个住所。当事人没有住所的,依其习惯居所。"

而且,与英国的做法不同,1896 年《德国民法典》第 7 条第 2 款规定一个人可以同时拥有几个住所,也可以无住所。

正是由于各国在住所上规定的种种不同,住所也会发生冲突。在国际私法上,凡一个人同时拥有两个或两个以上的住所,即为住所的积极冲突;一个人无任何法律意义上的住所,即为住所的消极冲突。

对于住所积极冲突的解决,一般来说,如果当事人两个或两个以上的住所中,其中的一个住所在内国,则以当事人的内国住所为其住所,以内国法为其住所地法。如果当事人所具有的两个或两个以上的住所都在国外,对于同时取得的住所,以与当事人关系最密切的住所为其住所;住所非同时取得,则以最后取得的住所为其住所。

对于住所的消极冲突,主要采取两种解决方法:一是以当事人居所代替住所,当事人的居所地法为其住所地法;二是当事人既无住所也无居所,则以当事人的现在所在地为其住所地,以现在所在地法为其住所地法。

中国大陆《民法通则》第 15 条规定:"公民以他的户籍所在地的居住地为住所,经常居住地与住所不一致的,经常居住地视为住所。"除此之外,立法没有规定住所积极冲突和消极冲突的解决原则。1988 年最高人民法院《意见(试行)》第 183 条(修改稿第 213 条)规定:"当事人的住所不明或者不能确定的,以其经常居住地为住所。当事人有几个住所的,以与产生纠纷的民事关系有最密切联系的住所为住所。"这条司法解释比较简略,对于住所的消极冲突,只规定以其经常居住地为住所,但经常居住地也无法确定时以什么代替,则没有规定。此外,对于住所的积极冲突,没有区分内国住所与外国住所,没有体现内国住所优先,而直接规定根据最密切联系来确定住所。

《示范法》第 61 条将住所和惯常居所界定为:"自然人以其有久居意愿的居住地为住所。无行为能力人和限制行为能力人以其法定代理人或者监护人的住所为住所。自然人的经常居住地为其惯常居所。"第 62 条规定:"自然人同时具有两个或者两个以上住所的,如果其中一个在中华人民共和国境内,以在中华人民共和国境内的住所为住所;如果住所均在外国,以与产生纠纷的民商事关系有最密切联系的住所为住所。自然人住所不明或者不能确定的,以惯常居所为住所。自然人惯常居所不明或者不能确定的,以其现在居住地代替。"《民法(草案)》第九编第 18 条的规定与之类似。这样规定,主要考虑到现代交通条件和经济全球化环境中,如果以单一的因素来决定当事人的住所,将不能契合所有具体的民商事法律关系,所以以产生纠纷的民商事关系为对象,规定了最密切联系原则。①

台湾地区法律对住所的规定较为详细。其《民法》第 20 条规定:"依一定事实,足认以久住的意思,住于一定之地域者,即为设定其住所于该地。一人同时不得有两住所。"该法还规定了法定住所(第 21 条)、居所视为住所(第 22 条、第 23 条)、住所的废止(第 24 条)等。

对于住所法律冲突的解决,台湾地区《涉外民事法律适用法》第

---

① 中国国际私法学会:《中华人民共和国国际私法示范法》,法律出版社 2000 年版,第 120 页。

27 条第 2 款、第 3 款规定:"当事人有多数住所时,依其关系最切之住所地法。但在中华民国有住所者,依中华民国法。当事人有多数居所时,准用前项之规定。居所不明者,依现在地法。"该条第 2 款的规定与国际私法的普遍实践一致。第 3 款对居所的积极冲突的解决也作了相应的规定。

如前所述,《涉外民事法律适用法修正草案》对现行法第 27 条作了修改,即删除了该条第 1 款有关住所不明时的规定,把国籍的消极冲突的解决单列出来,将住所的积极冲突、居所的积极冲突与消极冲突问题规定在同一个条文中。《修正草案》(第三稿)第 4 条规定:"依本法应适用当事人之住所地法,而当事人有多数住所时,依关系最切之住所地法。但在中华民国有住所者,依中华民国法律。当事人住所不明时,依其居所地法。当事人有多数居所时,准用第一项之规定,居所不明者,依现在地法。"该条与《修正草案》(第一稿)第 31 条、(第二稿)第 5 条采用的原则一致,考虑了住所冲突的多种情况,规定得比较全面、完善。

(二) 住所地法原则的适用

中国大陆 1985 年《继承法》第 36 条规定,中国公民继承在中国境外的遗产或者继承在中国境内外国人的遗产,以及外国人继承在中国境内的遗产或继承在中国境外中国公民的遗产,动产适用被继承人住所地法律。1986 年《民法通则》第 143 条规定,定居国外的中国公民的民事行为能力可以适用定居国法律;①第 149 条规定,遗产的法定继承,动产适用被继承人死亡时的住所地法律。根据《民法通

---

① 学者们对这里使用的"定居国"的概念有异议,认为定居国与国籍国分属性质不同的连结点,而与住所一样属于属地性连结点。因而,应把定居国理解为住所地国或惯常居所地国。

则》第 146 条第 1 款的规定,侵权行为的损害赔偿部分抛弃了本国法主义而采行当事人住所地法。此外,1988 年最高人民法院《意见(试行)》第 179 条(修改稿第 209 条)解释为:"定居国外的我国公民的民事行为能力,如其行为是在我国境内所为,适用我国法律;在定居国所为,可以适用其定居国法律。"第 181 条(修改稿第 211 条)规定:"无国籍人的民事行为能力,一般适用其定居国法律;如未定居的,适用其住所地国法律。"

值得注意的是,《示范法》和《民法(草案)》对属人法连结点作了根本性的改变,在涉及到适用属人法的场合,基本以住所、惯常居所为主作为属人法的连结点。

台湾地区《涉外民事法律适用法》虽然以本国法为属人法的基本原则,但在一定情形下当事人住所地法也起作用,主要包括:第一,以住所地法代替本国法,如第 2 条规定:"外国法人经中华民国认许成立者,以其住所地法为其本国法。"前述第 27 条第 1 款国籍消极冲突的解决,依其住所地法。第二,以住所地法确定一国数法的准据法,如前述第 28 条的规定即是。第三,以住所地法代替行为地法,如第 6 条第 2 款规定:"当事人意思不明时,同国籍者依其本国法,国籍不同者,依行为地法,行为地不同者,以发要约通知地为行为地,如相对人于承诺时,不知其发要约通知地者,以要约人住所地视为行为地。"第四,以住所地法决定国籍积极冲突的解决,如前述第 26 条规定当事人同时取得国籍者,"依其关系最切之国之法",此时住所应为确定"关系最切国"的重要参考因素。① 除此之外,还有一些事项,《涉外民事法律适用法》把住所、居所与法院地法结合,规定当事人在台湾

---

① 赖来焜:《当代国际私法学之构造论》,神州图书出版有限公司 2001 年版,第 428 页。

有住所或居所的,法院有管辖权并适用法院地法。如第 3 条规定:"凡在中华民国有住所或有居所之外国人,依本国及中华民国法律同有禁治产之原因者,得宣告禁治产。前项禁治产之宣告,其效力依中华民国法。"第 4 条规定:"凡在中华民国有住所或居所之外国人失踪时,就其在中华民国之财产或应依中华民国法律而定之法律关系,得依中华民国法律为死亡之宣告。"第 20 条关于监护、第 12 条婚姻的效力但书部分也有类似规定。① 上述规定的内容或精神,在《涉外民事法律适用法修正草案》的几个版本中多有不同程度的保留;而且,随着修正草案内容的扩大,住所地法原则的适用也进一步扩大,如《修正草案》(第三稿)有关婚约的效力(第 41 条)、婚姻的效力(第 43 条)、夫妻财产制(第 44 条)、离婚的原因及效力(第 46 条)等都规定在当事人无共同本国法时,依其共同住所地法。

近年来,两大法系在属人法上的理解日趋接近。② 在晚近的国际私法立法中,欧洲国家有背离国籍标准的趋向,③住所的地位在国际上得到提高,大有逐渐取代国籍之势。这种趋势不可能不影响海峡两岸的立法。从海峡两岸的立法和实践可以看出,本国法主义的发展在逐渐弱化。台湾地区不论是现行法还是法律修正草案虽均以

---

① 台湾地区《涉外民事法律适用法》第 20 条规定:"监护,依受监护人之本国法。但在中华民国有住所或居所之外国人有下列情形之一者,其监护依中华民国法律。一、依受监护人之本国法,有应置监护人之原因而无人行使监护之职务者。二、受监护人在中华民国受禁治产之宣告者。"第 12 条规定:"婚姻之效力,依夫之本国法。但为外国人妻未丧失中华民国国籍并在中华民国有住所或居所,或外国人为中华民国国民之赘夫者,其效力依中华民国法律。"

② 韩德培、杜涛:《晚近国际私法立法的新发展》,载《中国国际私法与比较法年刊》(第三卷),韩德培等主编,法律出版社 2000 年版。

③ Mathias Reimann, *Conflict of Laws in Western Europe: A Guide Through the Jungle*, Transnational Publishers, Inc., 1995, p.22.

本国法为属人法的基本原则,但住所地法的作用不可替代。中国大陆《示范法》与《民法(草案)》的规定,也试图以住所地法或惯常居所地法来代替本国法。完全的本国法主义不但不能适应中国进行涉外民商事交往实践的需要,也不能适应解决中国区际法律冲突的需要。因此,中国大陆以住所地法或居所地法为属人法基本原则自有其合理之处。但是,还必须承认,本国法的积极意义也不应忽视。在涉及位于国外的中国公民的法律适用问题时,如果完全抛弃了本国法主义,可能对维护国家主权与保护中国公民的利益不利。因而,在属人法的选择上,不应绝对化。

三、海峡两岸冲突法中的惯常居所地法原则

惯常居所(habitual residence)是第二次世界大战后出现的一个新概念。1955年海牙《解决本国法和住所地法冲突公约》第1条规定:"当事人住所地国规定适用本国法,而其本国法规定适用住所地法时,各缔约国都应适用住所地法的规定。"第5条规定,住所是指"某个人经常居住的处所,但以其住所并不取决于他人的住所或机关的住所地为限"。可见,该公约实际上是要以惯常居所来既代替本国法也代替住所地法的适用,从而指明统一本国法与住所地法的方向。[①] 从此,这个属人法的新原则受到人们的普遍重视,并被许多国家的立法及国际立法所采纳。[②]

[①] 宋航:《属人法的发展趋势及其在中国的运用》,载《当代国际私法问题:庆祝韩德培教授八十五华诞论文集》,黄进、刘卫翔编,武汉大学出版社1997年版。

[②] 如1956年海牙《儿童扶养义务法律适用公约》、1961年海牙《关于未成年人保护和管辖的法律适用公约》、1978年海牙《关于夫妻财产制法律适用公约》、1988年海牙《死者遗产继承法律适用公约》等都以惯常居所地为主要连结点。

惯常居所地法原则能否取代或补充住所地法原则与本国法原则,学界有否定与肯定两种主张,①两岸学者多赞同肯定说。② 应当认为,惯常居所地法可调和属人法两大原则长久以来的对立与冲突。扩大惯常居所在国际私法上的地位和作用,对于解决国籍和住所的冲突,特别是为那些无能力取得住所,或具有多重国籍、无国籍的人提供了一个适用法律的连结点,因而这种做法是可取的;③另外,惯常居所地法原则有利于使国际私法传统的准据法选择方法柔性化,适应当代社会生活多变且复杂化的趋势,有利于准据法的选择上实现具体妥当性的要求;再者,从海牙国际私法会议的条约以及各国、各地区国际私法立法的实践来看,惯常居所地已被国际社会较广泛地接受,所以可以认为赞成说已成为通说,并代表了属人法的发展方向。

惯常居所的称谓,中国大陆学者一般称其为"惯常居所"。台湾地区学者则有称其为"惯常居所地"或"惯常居所"者,④有称"经常居所"者,⑤有称"习惯居所"者。⑥ 还有的学者认为称其为"惯居地"较

---

① 赖来焜:《当代国际私法学之构造论》,神州图书出版有限公司 2001 年版,第 471—474 页。
② 肖永平:《中国冲突法立法问题研究》,武汉大学出版社 1996 年版,第 127 页;赖来焜:《当代国际私法学之构造论》,神州图书出版有限公司 2001 年版,第 474 页。
③ 张潇剑:《国际私法》,北京大学出版社 2000 年版,第 243 页。
④ 见李后政:《国际私法上选法理论之新趋势》,台湾大学 1994 年博士学位论文,第 239 页。转引自赖来焜:《当代国际私法学之构造论》,神州图书出版有限公司 2001 年版,第 457 页。
⑤ 刘初枝:《西德 1986 年国际私法》,载《国际私法论文集:庆祝马教授汉宝六秩华诞》,国际私法研究会丛书编辑委员会主编,五南图书出版公司 1989 年版。
⑥ 刘铁铮:《国际私法论丛》,三民书局 1994 年版,第 21 页。

为合适。①

海峡两岸学者对惯常居所地法原则的研究,主要涉及以下几个问题。

(一) 惯常居所的本质及其构成

什么是惯常居所,国际上并没有统一的认识。海牙国际私法会议至今没有对惯常居所下一个统一的定义,其目的自然是为了避免严格而死板的定义而妨碍其灵活性的发展;更为重要的是,要避免规定一个与各国法律体系不相容的僵硬的定义,从而影响国际私法在这方面的统一。

惯常居所是法律概念还是事实概念,国际上有不同的看法。在第九届海牙国际私法会议讨论《未成年人监护的管辖权和法律适用公约》及《遗嘱处分方式法律冲突公约》、第十届海牙国际私法会议讨论《收养管辖权、法律适用和判决承认公约》时,多数与会学者认为,惯常居所地不像住所为"法律概念",它应为一"事实"概念,即惯常居所地有无或定性问题为一个单纯的事实认定问题。②

对于惯常居所的构成,一般多认为其"需有一定期间的停留"为要件,至于有无相当期间居住的主观意思,并不是决定惯常居所的要件之一。如奥地利学界把一个人的惯常居所解释为:一个人经常长

---

① 陈隆修:《比较国际私法》,五南图书出版公司1989年版,第90页;赖来焜:《当代国际私法学之构造论》,神州图书出版有限公司2001年版,第458页。
赖来焜教授认为,一则称"惯常居所"、"经常居所"或"习惯居所"的名称接近于"居所",有违原本居于本国法与住所地法之间的中性概念的意旨,有沦为国籍、住所及居所之后的"副次性",欠缺惯居地的优越性;二则惯居地法的名称,有"惯"(习惯)、"居"(居所)、"地"(属地性)的含义,从而将所有的要件与概念充分表现;三则"惯居地"较之"习惯居所地"、"惯常居所"等最为简练。
② 赖来焜:《当代国际私法学之构造论》,神州图书出版有限公司2001年版,第460页。

期地居留于某地,并且该地为其生活的重心、经济的依据及社会关系之所在。① 英国学者把惯常居所定位为住所与居所(residence)间的概念。与住所不同,在于其不需有久住的主观意思;相对于居所,其又有较长久居住的性质(quality of continuity)。② 英国的判例给惯常居所下的定义是持续一定时间的经常的实际居住。③ 德国、瑞士、匈牙利、日本等国家的学者也都持这种看法。④

中国大陆《民法通则》第15条的规定已出现惯常居所的概念。大陆学界也基本上赞同如上关于惯常居所的定义。惯常居所的采用源于本国法和住所地法对立的协调。惯常居所的概念较国籍和住所的概念更为灵活,认定起来没有那么严格,可减轻法院的司法负担,有利于法院争取有效控制,保证法律关系的稳定性。⑤ 因而《示范法》第61条第1款规定:"自然人以其有久居意愿的居住地为处所。无行为能力和限制行为能力人以其法定代理人或者监护人的住所为住所。"第2款规定:"自然人的经常居住地为其惯常居所。"这说明《示范法》对住所的界定强调久住的意思,而认为惯常居所只要有经常居住的事实即可。同时,《示范法》把惯常居所作为确定中国法院管辖权的标准和取代国籍作为属人法的一个重要连结点,在广泛的领域规定适用惯常居所地法。

台湾地区国际私法没有以惯常居所为连结因素或管辖权基础的

---

① 陈隆修:《比较国际私法》,五南图书出版公司1989年版,第222页。
② P. M. North ed., *Cheshire & North Private International Law* (10th ed.), Butterworths, 1979, pp. 187—188.
③ [英]莫里斯:《法律冲突法》,李东来等译,陈公绰等校,中国对外翻译出版公司1990年版,第37页。
④ 赖来焜:《当代国际私法学之构造论》,神州图书出版有限公司2001年版,第460—467页。
⑤ 中国国际私法学会:《中华人民共和国国际私法示范法》,法律出版社2000年版,第119页。

规定,学者专门论及惯常居所地法原则的著述不算太多。① 有关惯常居所的主要观点表面上不完全相同,但实质上有较大相似之处,诸如认为:

惯常居所是一介于住所地与居所地的概念。它与居所地不同之处,在于其须有较常久居住之品质,较之住所地又不须有永久居住的观念。从总体来看,惯居地实尚为一个新概念,似乎不必机械地给予其一个如"住所"般严格的观念,而应视其被引用的目的,再给予其一个灵活之范围,以便其可以适应各种不同之功能。②

习惯居所可认为系个人因特定目的而时常居住且经历相当长时间之处所,在认定时特重事实要件,当事人之主观思想则退居次位,故其认定较住所明确,可使他人从外观产生期待利益,且无如国籍作为连结因素之僵硬。③

常居所系国际私法上一新兴概念。由于住所涉及当事人之内心状况,且于不同法域有不同的定义,其认定不易,故近年来各国立法例多以常居所代替住所为连结因素,强调其事实性质,使思想要素退居后位,而可自外部迹象判定。故大体而言,常居所系指平常居住而为现实生活本据之处所,其认定应综合考虑当事人之居住年数、居住目的、居住状况、职业等因素。④

此外,台湾地区学者还认为,修正《涉外民事法律适用法》时,应参酌各国新修订的国际私法的内容,增列惯常居所为连结点,并明确规定惯常居所冲突的解决方法,使司法实践有章可寻。为此,建议把

---

① 一些台湾学者对该原则进行了比较系统的研究,如赖来焜、林凯等。
② 陈隆修:《比较国际私法》,五南图书出版公司1989年版,第92—93页。
③ 林凯:《论属人法之新连接因素——习惯居所》,载《国际私法理论与实践(二)》,刘铁铮教授六秩华诞祝寿论文集编辑委员会主编,学林文化事业有限公司1997年版。
④ 张慧瑗:《日本1989年国际私法之部分修正法》,载《国际私法理论与实践(二)》,刘铁铮教授六秩华诞祝寿论文集编辑委员会主编,学林文化事业有限公司1997年版。

惯常居所地也作为属人法的连结因素之一规定在修正草案中,[1]但反对者认为,台湾《民法》第20条关于住所的规定以对客观事实的认定为主观要件,国内住所的定义与惯常居所非常接近,只要在必要时考虑将在外国的惯常居所调整为在该国的住所即可,所以在国际私法上,似暂无以惯常居所取代住所的概念的必要。[2] 几个修正草案对惯常居所地只字未提。

(二) 惯常居所地法原则中"惯常居所地"的认定

惯常居所地法原则的适用有赖于对惯常居所地的认定。这种认定应属于连结点的解释即定性问题。根据什么标准认定惯常居所地,有"法院地法说"、[3]"当事人本国法说"、[4]"属地法说"(当事人在某国或某地是否有惯常居所,应依该国或该法域的法律为准据法而确定之。这种学说应属于一般定性的准据法说)、[5]"折衷说"(在内国是否有惯常居所地依"法院地法说",而确定在外国是否有惯常居所地则采用"属地法说")等主张。中国大陆学者对这个问题进行专门探讨的不多。台湾地区学者认为,解决该问题首先应在民商实体法和冲突法中界定惯常居所的概念和认定标准;其次,惯常居所连结

---

[1] 赖来焜:《当代国际私法学之构造论》,神州图书出版有限公司2001年版,第516页。

[2] 陈荣传:《国际私法的新走向——鸟瞰涉外民事法律适用法修正草案》,载《两岸国际私法研讨会论文集》,赖来焜编,玄奘大学法律学院2005年版。

[3] 见折茂丰著:《属人法论》,有斐阁昭和1957年版,第127页。转引自赖来焜:《当代国际私法学之构造论》,神州图书出版有限公司2001年版,第478页。

[4] 林凯:《论属人法之新连接因素——习惯居所》,载《国际私法理论与实践(二)》,刘铁铮教授六秩华诞祝寿论文集编辑委员会主编,学林文化事业有限公司1997年版,第311页。

[5] 赖来焜:《当代国际私法学之构造论》,神州图书出版有限公司2001年版,第475页。

因素的主要优点是调和属人法两大原则的冲突,且因其具有的弹性、机动性及实现"具体妥当性"的功能,以匡正传统连结点的硬性、机械与"一般安定性"的缺失,所以法官"应本于此依据'法庭地法'渐渐形成若干规则,达成调和冲突,实现国际私法判决一致之理想"。①

依笔者之见,以上主张各有利弊。"法院地法说"的优点是能给法官提供便利,缺点是依法院地法为标准确定在外国是否有惯常居所地的妥适性甚微,如果法院地没有相关规定,则会出现无法可依的局面。"本国法说"可以归入"属地说",其优点在于可以根据个案的不同,适用当事人国籍国法律或与当事人有关的某一地域的法律来判定。一个人的国籍与该人有一种法律上的联系,用当事人的本国法中有关惯常居所的确定标准来判断,在理论上是可行的,但对法院来说,适用起来比较麻烦。而且,惯常居所地毕竟与国籍国不同,当事人可能在某地有惯常居所,但与其本国很少或从未发生联系;再者依各属地法的不同标准,可能会造成惯常居所地的积极冲突与消极冲突,所以这一标准适用上有困难。

惯常居所本身是个特殊的新概念,在国(域)内法中对它的概念与确定加以规定值得肯定,如大陆地区《示范法》第10条规定:"对连结点的认定,除自然人的国籍外,适用法院地法。"1999年中国《澳门民法典》第30条专门规定了属人法的确定问题:"1.属人法即个人之常居地法。2.个人实际且固定之生活中心之所在地视为个人之常居地。3.为着以上各款之效力,以澳门为常居地并不取决于任何行政手续,但推定有权领取澳门居民身份证之人为澳门地区之常居民。4.如个人之常居地多于一地,而其中之一为澳门,则以澳门地区之法

---

① 赖来焜:《当代国际私法学之构造论》,神州图书出版有限公司2001年版,第479页。

律为属人法。5.如无常居地,则以与个人生活有较密切联系地法为属人法。6.然而,按表意人国籍国法在该国作出之法律行为,在澳门予以承认,只要该法律认为本身为准据法。7.如表意人所属国籍国有多个法制共存,而表意人之常居地在该国,且该常居地之法律认为本身为规范有关关系之准据法,则不适用上款之规定。"[①]《澳门民法典》的规定使惯常居所地的确定一目了然。在国(域)内法没有规定时,法院地法当然是识别的首选,但考虑到惯常居所本身灵活、多变等特点,固守"法院地法说"是不够的,还应结合其他标准来为其定性,故笔者主张"折衷说"。

(三) 惯常居所冲突的解决

惯常居所也会发生积极冲突与消极冲突。惯常居所的积极冲突指一个人同时具有两个或两个以上的惯常居所,具体可以区分为内外国间及外国间惯常居所的冲突两类。前类冲突的解决,根据"内国惯常居所优先"的原则,依内国惯常居所地为连结点来确定其惯常居所地法,如中国《澳门民法典》第30条第4款就是这样规定的。后类冲突,现行国际私法中鲜见解决该类冲突的明文规定。有的学者主张借鉴国籍积极冲突的解决方法,即如果某人的多个惯常居所都在外国,便以与其有最密切联系的惯常居所为依据。[②] 也有的学者主张比照在外国住所积极冲突的解决方法解决。[③] 惯常居所的消极冲突指一个人无任何惯常居所。惯常居所消极冲突的解决,有"区分

[①] 《澳门民法典》该条款规定了惯常居所积极冲突的一种情况,即多个惯常居所中其中一个在澳门,而没有规定多个惯常居所都在澳门之外的情况。此外,该条规定以惯常居所地法为原则,但也不排除有时当事人国籍国法的适用。

[②] 黄进、郭华成:《澳门国际私法总论》,澳门基金会1997年版,第62页。

[③] 林凯:《论属人法之新连接因素——习惯居所》,载《国际私法理论与实践(二)》,刘铁铮教授六秩华诞祝寿论文集编辑委员会主编,学林文化事业有限公司1997年版。

说"与"统一说"两种主张。"区分说"即区分生来消极冲突与传来消极冲突,前者指自出生至今都无惯常居所地,这种冲突应依居所、现在地(台湾学者称之为属人法的次连结因素)来代替惯常居所;后者指曾有惯常居所地而现今却无该地,这种冲突依最后惯常居所地法解决。"统一说"指对冲突不加区分,一概用属人法的次连结因素代替惯常居所地,来解决准据法为惯常居所地法时的法律适用问题。①如中国《澳门民法典》第30条第5款就采"统一说"。

海峡两岸立法都没有惯常居所法律冲突的规定。台湾地区学者认为,就内外国惯常居所积极冲突的解决,应类推适用或比照《涉外民事法律适用法》第26条规定的"内国国籍优先原则"和第27条但书规定的"内国住所优先原则",以内国惯常居所为优先。关于外国惯常居所之间的积极冲突,应选择与当事人关系最密切的惯常居所为其惯常居所较为妥当。② 这样做较能保护当事人的期待利益,并符合国际私法的选法适用原则。此外,惯常居所地法有取代国籍和住所之势,因而未必必然比照或类推上述第26条和27条第2款的规定,按照《涉外民事法律适用法》第30条的规定:"……其他法律无规定者,依法理",有时把外国法制视为台湾地区法源之"法理"更合适。③惯常居所的消极冲突,应根据属人法的次连结因素决定准据法。④

惯常居所的积极冲突与消极冲突的解决问题,似乎没有引起中

---

① 赖来焜:《当代国际私法学之构造论》,神州图书出版有限公司2001年版,第485页。

② 林凯:《论属人法之新连接因素——习惯居所》,载《国际私法理论与实践(二)》,刘铁铮教授六秩华诞祝寿论文集编辑委员会主编,学林文化事业有限公司1997年版。

③ 赖来焜:《当代国际私法学之构造论》,神州图书出版有限公司2001年版,第483页。

④ 赖来焜:《当代国际私法学之构造论》,神州图书出版有限公司2001年版,第486页。

国大陆学者的太大关注。笔者认为，一方面，现今规定惯常居所的国家和地区有逐渐增多之势；另一方面，大部分立法把惯常居所地法原则作为国籍国法和住所地法的补充原则而适用，故而欲以惯常居所地法原则完全代替本国法主义与住所地法主义从而统一属人法的选择，目前尚有难度。① 但是，随着采惯常居所地法原则的国家与地区的增多，惯常居所地法原则将成为属人法连结点的重要因素与确定管辖权的基础，惯常居所的冲突不可避免，因而在国际私法中规定惯常居所冲突的解决方法是必要的。中国大陆未来的国际私法立法在规定惯常居所的积极冲突时，可以考虑按照国际上解决国籍与住所积极冲突的一般做法，并参考《澳门民法典》第 30 条，规定在当事人的多个惯常居所中，如果其中之一在中国（大陆）则以中国（大陆）法律为属人法；如果多个惯常居所都在中国（大陆）之外，则以与当事人生活有较密切联系的法律为属人法。为了法律适用的方便，解决惯常居所的消极冲突不宜采用"区分法"。大陆《示范法》第 62 条第 3 款及《民法（草案）》第 18 条第 3 款都规定，自然人惯常居所不明或不能确定的，以其现在居住地代替，适用该地法律。其实，惯常居所消极冲突的解决应着重考虑某地与当事人生活的联系，"现在居住地"是这种联系的实际衡量标准，所以，规定如果当事人无惯常居所地，则以与当事人生活有较密切联系的法律为属人法，更具涵纳性与妥当性，也适应解决中国区际法律冲突的需要。

四、属人法原则与海峡两岸民商事法律冲突的解决

"在连结点的规定上，在以属人法为系属的冲突规范的连结点方

---

① 于飞：《反致制度反思与展望》，《政法论坛》2001 年第 5 期。

面,区际冲突规范与国际冲突规范基本不同。"①在国际私法中以本国法为属人法的复合法域国家及其法域在解决涉及人的身份、能力等事项的法律冲突时,一般以其他的连结点来代替国籍,一类是采用属人性的连结点,如当事人籍贯地、故乡州、兼并前公民身份等;另一类是采用属地性的连结点,如住所、居所、法律行为实施地等,但最常用的是籍贯地和住所地。②

对于海峡两岸民商事交往中涉及的属人法问题应以何者为连结点? 台湾地区《两岸人民关系条例》规定了一个台湾地区冲突法中未曾出现过的新的连结点——户籍,规定涉及台湾地区与大陆地区的区际冲突法关系以设籍地为连结点,适用设籍地法为准据法。如该条例第2条第3款、第4款规定:"台湾地区人民:指在台湾地区设有户籍之人民。大陆地区人民:指在大陆地区设有户籍之人民。"并且在有关确定大陆地区"一地数法"的准据法,决定认领的准据法、收养的准据法、亲子关系的准据法、法定监护关系的准据法、扶养的准据法等方面,也都规定适用设籍地法。

大陆学者有的认为,解决中国的区际法律冲突涉及属人法的,以当事人的住所地法为连结点较合适;③有的认为应主要以自然人的住所为连结点,在需要保护当事人的利益时,才应考虑以区籍作为连结点确定准据法;④有的学者认为应采用惯常居所作为自然人属人法的连结点,适用惯常居所地法,同时结合(台湾当事人)共同住所地法解决海峡两岸的民商事法律冲突。⑤ 笔者认为,以上观点都是合

---

① 黄进:《区际冲突法》,永然文化出版股份有限公司1996年版,第227页。
② 黄进:《区际冲突法》,永然文化出版股份有限公司1996年版,第230页。
③ 黄进:《区际冲突法》,永然文化出版股份有限公司1996年版,第361页。
④ 沈涓:《中国区际冲突法研究》,中国政法大学出版社1999年版,第198—201页。
⑤ 徐崇利:《两岸民商事法律冲突的性质及立法设计》,载《厦门大学法律评论》(第5辑),柳经纬主编,厦门大学出版社2003年版。

理的,但鉴于海峡两岸民商事法律冲突的特殊性,单纯依住所地法有时欠妥当。两岸当事人可能在大陆或台湾地区有法律上的住所,可其事实上的居住地——惯常居所却可能在另一地。如果当事人在较长的时间与其住所地没有多大的联系,却一味适用住所地法,会带来法律适用的不公正。大陆学者拟订的《示范条例》也以住所地法作为基本连结点。其第16条规定:"当事人的身份适用其住所地法。"第17条规定:"当事人的民事权利能力和民事行为能力适用其住所地法。当事人在大陆地区进行民事活动,如依其住所地法无民事行为能力,而依大陆地区法律有民事行为能力,应当认定为有民事行为能力。"但是,对于住所的确定,该《示范条例》考虑多种情况,采用了灵活的标准。第15条第1款规定:"自然人以其户籍所在地的居住地为住所,经常居住地与住所不一致的,经常居住地视为住所。自然人的住所不明或者不能确定的,以其经常居住地为住所。自然人有一个以上住所的,以与产生纠纷的民事法律关系有最密切联系的住所为住所。定居国外的自然人的住所以其旅居国外前所在地区的最后住所为准。"这种主张更科学。

假如采用籍贯作为基本连结点,若不与政治挂钩,在理论上是可行的。因为区际关系中的区籍并不具有与国际关系中的国籍同样强烈的意义。国际关系中的国籍是识别内国人与外国人的根本标志,其法律依据是各国国籍法;而区际关系中的区籍是识别区内人与区外人的标志,其法律依据是各地的户籍法或类似的法律,事实依据是在有关地区居住。在国际关系中与国家和国籍相对应的自然人称为公民;在区际关系中,特别是在单一制国家的区际关系中,与地区和区籍相对应的自然人的称呼一般是居民。前者强调在国际关系中自然人与国籍国间的属人关系,后者强调自然人与其居住地间的属地关系。① 因此就海峡两岸的居民来说，根据大陆地区和台湾地区的有关法律规定决定是否在中国大陆或中国台湾有户籍，依此，可把设籍地作为属人法的连结点。前述《示范条例》也把户籍作为确定住所的基本标准。但是海峡两岸的关系非常敏感，台湾当局往往在所谓"中华民国籍"和"台湾籍"上作文章，不断出演去"中国化"、改"国号"等闹剧，在此背景下如果坚持以设籍地或籍贯作为属人法连结点，要严防被"台独分子"钻空子，从而实质上违反"一个中国"原则。

笔者同意该见解，即两岸民商事交往中的属人法，应以惯常居所地为主要连结点，同时尽量避免用区籍、籍贯等概念，在个别情况下结合当事人共同住所地法解决海峡两岸的民商事法律冲突。因为：第一，如前所述，多数人认为惯常居所地强调的是居住的事实，实为一事实概念而非法律概念，因而其易于被两岸接受。第二，惯常居所逐渐被不同的冲突法立法所采纳，两岸的学者对该概念也有不同程度的认识与肯定，其重要性日益凸显。据其解决两岸的法律冲突将会带来许多方便。第三，随着两岸民间交往的不断频繁，在大陆地区投资兴业的台商越来越多，他们中的不少人虽住所地在台湾，却长期居留于大陆，在大陆拥有惯常居所，这些人在大陆与大陆的当事人或其他国家、地区的当事人发生民商事法律关系，依惯常居所地法作为属人法，适用大陆地区的法律，往往能求得纠纷的迅速合理解决。②而台湾当局于 2003 年大幅度修订的《两岸人民关系条例》，也在形式上对两岸经贸关系加以"松绑"，规定大陆物品、劳务、服务或其他事项经许可进入台湾地区的可在台湾地区从事广告活动（第 34 条）；大陆地区的出版品、电影、录音及广播电视节目经主管机关许可，可进入

---

① 沈涓：《中国区际冲突法研究》，中国政法大学出版社 1999 年版，第 198 页。
② 徐崇利：《两岸民商事法律冲突的性质及立法设计》，载《厦门大学法律评论》（第 5 辑），柳经纬主编，厦门大学出版社 2003 年版。

台湾地区或在台湾地区发行、销售、制作、播出、展览、观摩(第37条);适度开放大陆人民、法人、团体、其他机构或其于第三地投资的公司,经许可在台从事投资行为(第69条、第73条)等等,这就增加了大陆地区当事人在台湾地区设立惯常居所的可能性。第四,从惯常居所与当事人或纠纷的联系来说,因为它是当事人事实上的生活中心,往往与当事人或纠纷有最密切的联系。

但在少数情况下,从实际需要与保护当事人切实利益的角度出发,有时应以当事人的共同住所地法作为补充。这种情况主要指对于住所在同一地区当事人之间的纠纷,例如,居留在中国大陆的台湾当事人与居住在台湾地区的当事人之间的民商事纠纷,适用其共同住所地法(这里的共同住所地法就是当事人双方的共同籍贯地法)更为合理。当然,居留在台湾地区的大陆当事人也许会与居住在大陆地区的当事人产生纠纷,不论他们是在大陆还是台湾地区法院起诉,也应适用其共同住所地法。因为尽管这些人的惯常居所在大陆或台湾地区,但由于两岸相互间的长期隔绝以及人们长期以来形成的固有观念,他们对两岸彼此的民商事法律的认同感仍然有限,[①]往往抱有怀疑和不确定的态度。所以,法院用共同住所地法律解决这些人间的民商事纠纷,对当事人有利,也有利于两岸判决的相互认可和执行。

第二节 海峡两岸冲突法行为地法原则的适用

行为地法(lex loci actus)指法律行为发生地所属法域的法律,

[①] 徐崇利:《两岸民商事法律冲突的性质及立法设计》,载《厦门大学法律评论》(第5辑),柳经纬主编,厦门大学出版社2003年版。

它起源于"场所支配行为"(locus regit actum)原则。巴托鲁斯主张，行为方式以及它们不被遵守的后果，应由行为在那里作出的地方的法律支配。罗马法和英美法都认为应该把行为的"实质"与"方式"区别对待，行为方式的有效性适用行为地法。①

一、行为地法原则在海峡两岸冲突法中的一般适用

(一) 法律行为方式适用行为地法的理论

法律行为的法律适用包括实质要件的法律适用与形式要件的法律适用。关于法律行为形式要件(即方式)的法律适用，各国立法及学说有不同的做法及主张，②但采用的基本原则还是行为地法。至于法律行为方式依行为地法的理论根据，主要有：③"法则区别说"，认为法律关系可分为属人(依属人法)、属物(依物之所在地法)、属行为三种，属行为的法律关系，则依行为地法；"主权说"，认为法律为一国主权作用的结果，故凡在行为地国为法律行为者，不得不服从该地的主权，所以行为方式问题必须依行为地法；"证明手段说"，认为法律行为的方式，原是为了确定当事人的意思表示，并为日后有所证明之用，而证明最为方便者，即为行为地法；"各国默认说"，认为法律行为方式依行为地法是各国公认的原则，凡依行为地法所为的法律行为，各国无不承认其效力；"任意服从说"，认为当事人在行为地为法

---

① 李双元：《国际私法(冲突法篇)》(修订版)，武汉大学出版社 2001 年版，第 180 页。
② 黄进主编：《国际私法》，法律出版社 1999 年版，第 339—341 页。
③ 刘铁铮、陈荣传：《国际私法论》，三民书局 1998 年版，第 322—324 页；韩德培主编：《国际私法新论》，武汉大学出版社 1997 年版，第 245—246 页。

律行为,应推定当事人有服从行为地法的意思,为尊重当事人的自由意思,无论在何国都应该认为其行为有效;"便宜说",认为现今,内外国人交往频繁,他们彼此在对方国内进行法律行为均属常态,如果均依当事人的本国法决定法律行为的方式,明显于当事人不利,为求便利,应以行为地法为准据法。

对于以上学说,应该认为,作为行为地法适用的理由,"法则区别说"有过于简单之嫌,而且,法律关系常常是几种性质交织在一起,单纯的属人、属物、属行为之规定较为罕见,所以,法则三分说发生动摇后,依法则区别说就难成论证行为地法的有力证据;"主权说"过度强调国家主权,未摆脱封建时代的属地主义思想,如贯彻该主张,则所有的法律行为均需依行为地法,但事实上,许多身份和财产行为,并不依行为地法;"证明手段说"的问题在于与法律行为的证明有密切关系者,除行为地法外,至少还有履行地法,它厚此薄彼,难谓适当;①"各国默认说"把行为地法原则作为一种国际习惯,但实际上,各国承认该原则的程度并不同,假设各国都完全接受该原则为立论的依据,与事实不相符;"任意服从说"有武断之嫌,因为有时当事人在某地为法律行为,是偶然决定的,并无服从行为地法的真正意思。② 比较各种主张,"便宜说"不仅便利,而且切合实际需要,故较为妥当。

尽管"场所支配行为"被学者们称为各国普遍承认的习惯法或不存在争论的原则,③但对其性质的认识却有不同的看法。有的认为它是强制性规范,因而在实践中采用绝对适用主义,即法律行为方式

---

① 履行地法由行为地法派生而来,但单纯行为地法的适用侧重于法律行为方式,履行地法则侧重于法律行为(合同)实质。
② 刘铁铮、陈荣传:《国际私法论》,三民书局1998年版,第322—324页。
③ 刘甲一:《国际私法》,三民书局1995年版,第224页。

只适用行为地法,如阿根廷、智利、哥伦比亚、古巴、危地马拉、洪都拉斯、荷兰、西班牙等采这种主张;另一种主张则认为它是任意性规范,因而在实践中采用相对选择适用主义,即法律行为方式既可适用行为地法,也可在一定条件下选择适用其他法律,如德国、瑞士、比利时、意大利、波兰、瑞典、日本等采用这种做法。其实,只有把这一原则解释为任意的、辅助的规则,才能使涉外民商事法律关系得以顺利地成立;如果严格贯彻该原则,可能会产生这样的后果,即在一定情况下,在行为地不能有效成立的行为在任何其他地方都将绝对不能有效成立。① 因此,从当今国际立法实践来看,各国大都倾向于认为"场所支配行为"是任意性规范,多采相对的选择适用主义。

当然,也不能否认,随着通讯和交通的日益发达,有时一个法律行为的行为地可能会涉及多个地方,会给行为地法的确定造成困难。为使法律行为形式有效性和实质有效性统一起来,适用法律行为本身的准据法是一种可取的选择。另外,受国际简式主义思想的影响,出于尽量使法律行为有效成立的立法政策,国际上普遍放弃了对法律行为方式的严格要求。② 所以,在行为方式的法律适用上,又出现了选择适用法律行为本身的准据法和行为地法或在法律行为方式的法律适用上,对冲突规范进行"软化"处理或规定复数连结点以增加可选性的立法趋势,如选择适用实质要件的准据法、行为地法、属人法、法院地法等。但即使这种多项选择,也没有抛弃行为地法适用的可能性,行为地法的作用只能说有所降低,实际上并没有消失。有的台湾学者把"场所支配行为"原则的发展轨迹归纳为四个时期,即绝对时期——普遍主义;相对时期(一)——强行性论;相对时期

---

① [日]北协敏一:《国际私法——国际关系法Ⅱ》,姚梅镇译,法律出版社 1989 年版,第 98 页。
② 中国国际私法学会:《中国国际私法示范法》,法律出版社 2000 年版,第 124 页。

（二）——任意性论；排斥时期——当代国际私法关于法律行为的方式完全排斥"场所支配行为"原则，不以行为地法为准据法，而改用其他法律为准据法。① 笔者以为，认为行为地法的发展经历了从鼎盛到逐渐式微是符合实际的，但认为法律行为方式完全排斥行为地法的观点尚值得推敲。行为地法在某些领域的作用虽然不如以前，但行为地法原则并没有退出历史舞台，它在有些领域的法律适用中仍然或作为例外而起作用。

（二）法律行为方式法律适用的一般规定

中国大陆现行立法没有专门规定法律行为方式准据法的一般原则。从现行立法来看，对法律行为方式法律适用的规定主要表现为以下特点：

其一，笼统规定，即一些法律对法律行为的法律适用作了规定，但没有明确规定是针对法律行为实质要件还是形式要件。例如，《民法通则》第144条规定："不动产所有权适用不动产所在地法律。"第147条规定："中华人民共和国公民和外国人结婚适用婚姻缔结地法律。"1985年《继承法》第36条规定："中国公民继承在中华人民共和国境外的遗产或者继承在中华人民共和国境内的外国人的遗产，动产适用被继承人住所地法律，不动产适用不动产所在地法律"等。对于这类规定，在理论和实践中，一般理解为既是对法律行为实质要件的规定，也是对法律行为形式要件的规定，②从而使不动产所有权的行为方式适用不动产所在地法；结婚行为方式，适用行为地即婚姻举行地法；动产继承的行为方式，适用被继承人住所地法，不动产继承

---

① 赖来焜：《当代国际私法学之构造论》，神州图书出版有限公司2001年版，第146—153页。

② 齐湘泉主编：《涉外民事关系的法律适用法》，人民出版社2003年版，第140页。

的行为方式,适用不动产所在地法。

其二,单行法规定,即在一些单行法律中,对其所涉法律行为方式的法律适用作了规定。例如,1995年《票据法》第98条规定:"汇票、本票出票时的记载事项,适用出票地法律。支票出票时的记载事项,适用出票地法律,经当事人协议,也可以适用付款地法律。"第99条规定:"票据的背书、承兑、付款和保证行为,适用行为地法律。"这两条规定说明,该票据事项上的行为方式,适用行为地法。

其三,因加入国际条约而产生的法律行为方式的法律适用。例如,对合同的形式问题,根据1985年《涉外经济合同法》第7条规定,当事人订立合同应采用书面形式。中国在加入1980年《联合国国际货物销售合同公约》时作出的声明又重申了这一点。取代《涉外经济合同法》的1999年《合同法》规定合同的订立可采用书面形式、口头形式和其他形式,但对上述公约第11条的保留并未撤销。这样,根据中国法律规定的涉外民商事法律关系中的国际条约优先适用原则,中国当事人与公约缔约国的当事人订立买卖合同时,必须采用书面形式;中国当事人与非缔约国的当事人订立买卖合同时,可以采用书面形式、口头形式和其他形式。

《示范法》第70条规定:"法律行为方式,适用法律行为地法或者支配法律行为本身的法律,还可以由当事人选择其他的法律作为法律行为方式的准据法。但关于不动产的处分行为,其方式适用不动产所在地法。"《民法(草案)》第九编第25条与《示范法》的规定除措辞有所不同外,内容基本相同。这条规定不要求法律行为方式一概适用行为地法,而是在行为地法、法律行为本身的准据法中选择,还允许当事人意思自治,反映了尽量使法律行为有效成立的立法政策,以求在最大程度上保护当事人的正当期望;但由于不动产处分行为本身的特殊性,适用不动产所在地法适应国际民商事关系发展的需求。

台湾地区《涉外民事法律适用法》第5条对一般法律行为方式、物权行为方式、票据行为方式作了规定,即:"法律行为之方式,依该行为所应适用之法律,但依行为地法所定之方式者亦为有效。处分物权之法律行为,其方式依物之所在地法。行使或保全票据上权利之法律行为,其方式依行为地法。"

根据1952年12月9日《涉外民事法律适用法草案说明》,"本项所谓'该行为所应适用之法律',指法律行为实质所应适用之准据法,斯为原则。……盖因法律行为之方式与实质,表里相依,关系密切。在通常情形下,法律行为之方式,依照其实质所应适用之法律,匪特较便于行为人,且按诸法理,本应如是。至于行为之方式依照行为地法,按'场所支配行为'之原则,虽未始不可认为有效,要属例外情形,只可列为补充规定……";"……物之法律关系,应依其所在地法,关于处分物权行为之方式自亦不能例外,应专依物之所在地法,以保护所在地之'公安'或'国策'";"行使或保全票据上权利之法律行为,与行为地之法律有特别关系,其方式应专依行为地法……",即"场所支配行为"原则在此情况下,应绝对适用。

可以看出,中国大陆《示范法》与台湾地区《涉外民事法律适用法》在法律行为方式的法律适用上,基本主导思想是一致的,两者都不要求绝对适用行为地法,准据法的决定并非取决于单一的连结因素,而是采取多数准据法的选择适用方法。这种立法方式虽未脱离冲突规则的形式,但已在冲突规则中明显加入实质正义的考量,实体法基本原则的精神也在其中表露无疑。① 两者的主要不同在于:前

---

① 陈荣传:《国际私法立法的新思维——冲突规则的实体正义》,《月旦法学》2002年第10期。

者的规定没有原则与例外之分,规定依法律行为本身的准据法、行为地法均可,甚至允许当事人自主选择,适用起来更为灵活;后者依法律行为本身的准据法为原则,以行为地法为例外,表现得规范性较强,灵活性较弱。

台湾地区《涉外民事法律适用法修正草案》关于法律行为方式法律适用的基本原则没有变化,①但法律研修委员会认为,现行法第5条规定的各类法律行为,性质本不相同,其方式问题宜配合各该法律行为的成立要件及效力予以规定,较为妥适,并应规定行为地不同时,依任一行为地法所规定的方式都有效,以贯彻立法旨意。② 因此,《修正草案》(第三稿)第14条规定:"法律行为之方式,依该行为所应适用之法律,但依行为地法所定之方式者亦为有效,行为地不同时,依任一行为地法所定之方式者,皆为有效。"此外,现行法第5条第2款不能直接适用于以物为标的的物权外的其他类型的物权,《修正草案》(第三稿)把该款移列至(第四章"物权")第35条,规定:"前条各项物权之法律行为,其方式依各该项物权所应适用之法律。"以此概括各种类型的物权行为。

二、行为地法原则在海峡两岸冲突法不同领域的适用

"关于法律行为成立及其效力的准据法的决定,向来一般是适用'场所支配行为'的原则。"③换言之,根据"场所支配行为"原则,行为

---

① 参见《修正草案》(第一稿)第46条第1款、(第二稿)第23条第1款及(第三稿)第14条。

② 赖来焜:《基础国际私法学》,三民书局2004年版,第521页。

③ [日]北协敏一:《国际私法——国际关系法Ⅱ》,姚梅镇译,法律出版社1989年版,第98页。

地法不仅解决法律行为方式的法律适用问题,有时也解决法律行为实质的法律适用问题。由于法律行为的多种多样,不同的法律行为会产生不同的行为地,因而,行为地法原则又派生出其他一些原则,主要有:

(一) 合同行为地法

合同行为地法包括合同订立地法与合同履行地法。

法则区别说时代产生的"场所支配行为"的格言原来兼指契约的形式与实质,因此契约应当然适用其订立地的法律。[①] 本来,在早先交易简单的情况下,合同订立地是确定的,因此合同订立地法也是确定的和可以预见的,合同适用订立地法使当事人在缔结合同时有一个确定的关于合同形式与实质的法律可以遵守,这有利于交易的稳定和安全,有利于国际经济交往的发展。但是在国际贸易日益现代化后,如果合同关系当事人在不同国家或地区从事合同行为,订立"隔地合同",则合同订立地的确定就存在困难。对此问题,学者们提出了不同的学说,主要有:"行为完成地说"、"一方行为地说"、"双方行为地说"、"要约地说"、"承诺地说"等。[②] 从目前的国际趋势看,法律行为的方式要件已不是那么重要,为促使合同的成立,当依任一方的行为地法合同即能成立时,就应认为合同已成立。[③]

合同履行地法是19世纪中叶萨维尼首先倡导的学说,主要用来解决合同内容特别是合同履行方面的法律问题。萨维尼认为:合同当事人的期望集中于债的履行,从而把履行地作为债的本座,合乎债

[①] 马汉宝:《国际私法总论》,1990年自版,第108页。
[②] 刘铁铮、陈荣传:《国际私法论》,三民书局1998年版,第326—329页;赖来焜:《当代国际私法学之构造论》,神州图书出版有限公司2001年版,第160—163页。
[③] 许展毓编著:《国际私法》,高点文化事业有限公司2004年版,第47页。

的本质,合同应适用履行地法。但以履行地法作为合同的准据法,主要缺点有二:一是双务合同有两个债务,因此可能有两个履行地,分别适用两个法律可能使双方当事人原来由一个合同发生的权利义务失去平衡;二是有时履行地可能由一方当事人选择,在这种情形下,适用履行地法会使法律的适用不稳定,因而当事人的权利与义务也不确定。①

根据中国大陆《民法通则》第145条、《合同法》第126条等规定,大陆地区对合同行为不以行为地法为适用原则。但《合同法》第126条第2款和司法实践都要求,在中国境内履行的中外合资经营企业合同、中外合作经营企业合同、中外合作勘探开发自然资源合同必须适用中国法,即这类合同的形式要件与实质要件均适用合同行为地——履行地法。

台湾地区《涉外民事法律适用法》第6条第2、3款规定:因法律行为发生债之关系,其成立要件及效力,"当事人意思不明时,同国籍者,依其本国法,国籍不同者依行为地法,行为地不同者,以发要约通知地为行为地,如相对人于承诺时不知其发要约通知地者,以要约人之住所地,视为行为地。前项行为地如兼跨二国以上或不属于任何国家时依履行地法。"可见,台湾地区把行为地法作为意思自治原则的补充,在当事人意思不明时,采折衷主义,分别适用当事人本国法和行为地法。② 这里的行为地主要指合同订立地。因此,在当事人意思不明时,重视合同缔结地法的观念,仍为现代法制所采用。③

然而,《涉外民事法律适用法》第6条第2款关于行为地的规定能否作为确定第5条所规定的"法律行为之方式"的"行为地"的根

---

① 李浩培:《合同准据法的历史发展》,载《李浩培文选》,法律出版社2000年版。
② 何适:《国际私法释义》,1986年自版,第276页。
③ 马汉宝:《国际私法总论》,1990年自版,第109页。

据,台湾地区的学者有不同的主张。有的采决定行为地的"法理说",认为第 6 条第 2 款规定的是关于法律行为实质准据法的行为地法,当不能迳行适用于第 5 条所规定的关于法律行为方式的"行为地法",但可以作为决定行为地法的法理,当事人依发要约通知地法作成要约方式者,应属有效;① 有的采"否定说",认为第 6 条第 2 款系对"当事人意思"的推测,而第 5 条是对"方式"准据法的行为地的寻找,应在促使合同有效成立的法理上探求,不宜拘泥于第 6 条的限制;② 有的采类推适用说,认为第 6 条第 2 款规定的"行为地不同者,以发要约通知地为行为地"的规定,虽系就合同的实质要件所为,但鉴于民法关于当事人隔地意思表示的生效,采到达主义,则对于隔地契约,要约相对人承诺的通知在到达要约人时,才发生效力,换言之,合同是在要约地因要约与承诺的意思表示一致而成立,所以在解释上不妨类推适用于有关方式的准据法;③ 还有的采准用说,认为第 6 条第 2、3 款规定的隔地法律行为的行为地,虽是就实质要件所做的规定,但对于方式的行为地,似亦可准用。④ 上述问题是因法律对行为地的规定不明确而造成的,《涉外民事法律适用法修正草案》设法克服这个问题。如《修正草案》(第三稿)第 14 条明确规定,行为地不同时,依任一行为地法所规定的方式皆为有效,以有利于法律行为的有效成立。

考虑到现代社会国际交通发达,有时当事人的某一法律行为,跨连数国或数地区才能完成,或该行为可能发生于无主地,此时何者为

---

① 刘甲一:《国际私法》,三民书局 1995 年版,第 228 页。
② 赖来焜:《当代国际私法学之构造论》,神州图书出版有限公司 2001 年版,第 165 页。
③ 刘铁铮、陈荣传:《国际私法论》,三民书局 1998 年版,第 332 页。
④ 苏远成:《国际私法》,五南图书出版公司 1995 年版,第 215—216 页。

行为地法颇成问题。为此,现行法第 6 条第 3 款规定如果合同行为地兼跨两国以上,或不属于任何国家时,即依合同履行地法为准据法,以济其穷。①

《修正草案》(第三稿)第 15 条规定:"法律行为发生债之关系者,其成立要件及效力,依当事人意思定其应适用之法律。当事人无明示之意思或其明示之意思依前项应适用之法律无效时,依关系最切之法律。"该规定使合同行为地法原则不再起作用,当然也就不需要类似现行法第 6 条第 3 款的规定"来济其穷"。

(二) 侵权行为地法

侵权行为包括一般侵权行为和特殊侵权行为。根据传统国际私法,侵权行为适用侵权行为地法。如何确定侵权行为地,是适用侵权行为地法首先应解决的问题。

侵权行为地的确定,涉及隔地侵权行为地、不作为的侵权行为地以及海上和空中所生侵权行为的行为地问题。②

何者为隔地侵权行为地,国际上有加害行为地、损害发生地以及当事人自由选择(由受害人在加害行为地和损害发生地间作出选择)等不同主张。台湾地区学者有的采"加害行为地说",认为因为行为人行为时,其结果发生于何地并不确定,如采"损害发生地说",行为人为行为时难以预见其结果,致使行为的责任无从确定,有失公允及法律关系的稳定性。③ 有的则赞同"损害发生地说",认为主张"加害行为地说"者的辩解,虽然可适用于侵权行为地法与法院地法之争,

---

① 1952 年《涉外民事法律适用法草案说明》。
② 因篇幅所限,这里只探讨一般即隔地侵权行为地的确定。
③ 马汉宝:《国际私法总论》,1990 年自版,第 115 页;苏远成:《国际私法》,五南图书出版公司 1995 年版,第 248 页。

但却难以适用于结果发生地与行为实施地之间的争执。法院地如果不是侵权行为地,则两地关于侵权行为成立的要件无丝毫牵连关系,所以如果适用法院地法,自然出乎行为人的预见,难谓公平;而适用损害发生地法则不然。因为侵权行为的成立,以损害的发生为要件,必须有事实发生,行为人才对自己的行为负责任,侵权行为必须首先成立,才有侵权行为地在何地的问题。损害造成地是侵权行为人应负责任的最后事件发生的处所,其与侵权行为的成立有密切关系。所以,侵权行为地以损害结果发生地较为妥当。① 有的学者认为应根据各种侵权行为的形态,结合社会环境的实际需要,以最密切联系地为行为地。② 还有学者提出"组合说",认为侵权行为地应该是加害行为地与损害发生地的积累适用,侵权行为地法就是加害行为地法与结果发生地法两者以积累适用的方式决定的。③ 台湾地区"司法实务对此问题未见判例见解,惟在审判上常见之见解系采行为作成地或结果发生地均属'行为地'之广义的解释"。④

各国、各地区立法对侵权行为地法的适用也各有特色,大致可分为:

其一,适用加害行为地法律。例如,1978年《意大利民法典》第25条规定:"非合同之债,适用引起债的事实发生地法。"日本、波兰等国也把加害行为地视作侵权行为地,但它们对侵权行为重叠适用加害行为地法和法院地法。

其二,适用损害发生地法律。例如,1972年《加蓬民法典》第41

---

① 刘铁铮:《国际私法论丛》,三民书局1994年版,第6页。
② 曾陈明汝:《国际私法原理——冲突法论》,1996年自版,第250页。
③ 赖来焜:《国际私法上侵权行为"地"之确定》,载《国际私法论文集:庆祝马教授汉宝六秩华诞》,国际私法研究会丛书编辑委员会主编,五南图书出版公司1989年版。
④ 黎文德:《我国司法实务上国际私法之发展》,《月旦法学》2002年第10期。

条规定,侵权行为责任依损害事实发生地法律。

其三,无条件选择适用加害行为地法律或者损害发生地法律。例如,1964年原《捷克斯洛伐克国际私法及国际民事诉讼法》第15条规定,损害赔偿请求权,除因违反契约及其他法律行为而规定的义务外,依损害发生地或赔偿请求原因事实发生地法。

其四,有条件选择适用加害行为地法律和损害发生地法律。例如,1995年《意大利国际私法制度改革法》第62条规定:"侵权责任由损害发生地法支配,尽管如此,遭受损害方可以要求适用导致损害结果的事实发生地法。"1999年《德意志联邦共和国关于非合同债权关系和物权的国际私法立法》第40条第1款规定:"基于侵权行为而提起的诉讼请求,适用赔偿义务人行为地国法,受害人可以要求适用结果发生地国法律以代替上述法律。"[1]

其五,分别不同情况确定侵权行为地法。例如,根据1995年《英国国际私法(杂项规定)》第11条第1款规定,一般规则是侵权的准据法乃构成侵权或不法行为的事件发生地国的法律。这款规定显然是针对"构成侵权行为之事件"皆发生于同一法域的情形。[2] 当构成侵权行为的事件兼跨不同国家时,根据该条第2款规定,如系造成人身伤害或人身伤害所致死亡提起的诉讼,其准据法为受害人遭受伤害时所在地法;如系造成财产上损害提起的诉讼,准据法为遭受损害时财产所在地法;在其他任何案件中,准据法为侵权事件的最重要因

---

[1] 德国上述国际私法立法在非合同债权关系法律适用方面的发展值得注意。它把"例外条款"(即"实质性最密切联系原则")和"当事人意思自治原则"引入不当得利、无因管理和侵权行为。在第38条、第39条、第40条规定不当得利、无因管理和侵权行为的一般法律适用原则后,该法第41条规定:"如果某一国法律比依照第38条至第40条第2款所确定适用的法律存在实质性更密切联系,则适用该国法律。"第42条规定:"非合同债权关系赖以产生的事件发生后,当事人可以选择应适用的法律。第三人的权利不受影响。"

[2] 王志文:《英国法上侵权行为冲突规则之变革》,《华冈法粹》1998年第26期。

素或这些因素发生或出现所在国的法律。而且,上述第 11 条规定的一般原则不是一成不变的,第 12 条第 1 款规定了一般原则将被最密切联系原则所替代的情形。即:经比较所有的情况,如果出现与侵权或不法行为有最重要连结因素的国家的法律依上述一般规则应予以适用,及任何与侵权或不法行为有最重要连结的因素在其他国家,而该其他国家的法律很明显地更适合于用来解决案件中的问题或任何此类问题的,则一般规则应被其他国家的法律所代替。应特别考虑的与侵权或不法行为有联系的因素包括与当事人有关的因素、与争讼的侵权或不法行为事件的构成或与这些事件的后果或任何情况有关的因素。从而使侵权行为地法与最密切联系原则相结合。

其六,适用待确定的侵权行为地法,即只规定侵权行为适用侵权行为地法,至于何地为侵权行为地则在具体案件中另行确定。例如,1946 年《希腊民法典》第 26 条就是这样规定的。

上述第一、第二种规定适用起来简单方便,但失之灵活;第三、第六种规定则灵活性有余,明确性不足,如果一个行为依行为实施地法为侵权而依结果发生地法不是侵权,或者情况与之相反,到底哪个是侵权行为地?把这个确定行为地的权利赋予法官,给其相当大的自由裁量权,有时对当事人来说,可能会产生不公平;①第四种,特别是第五种做法融合了法律选择的灵活性与明确性,较为可取。

不论采用哪种立法方式,侵权行为适用侵权行为地法既是传统国际私法主张的原则,也为当今许多国家的立法所坚持。之所以如此,是因为通常情况下,与侵权案件和当事人关系最密切的地点就是侵权行为地。② 侵权行为地法是原告及被告唯一可共同预期适用的

---

① 金彭年:《国际私法上侵权行为的法律适用》,《法学研究》1998 年第 3 期。
② 同①。

法律,适用它有利于维护行为地国家的法律秩序,也有利于当事人预见其行为的法律后果。

大陆地区《民法通则》第 146 条规定:"侵权行为的损害赔偿,适用侵权行为地法律。当事人双方国籍相同或者在同一国家有住所的,也可以适用当事人本国法律或者住所地法律。中华人民共和国法律不认为在中华人民共和国领域外发生的行为是侵权行为的,不作为侵权行为处理。"可见,在侵权行为的法律适用上,中国大陆也是以侵权行为地法为基本原则的。至于何者为侵权行为地,最高人民法院 1988 年《意见(试行)》第 187 条(修改稿第 217 条)解释为:"侵权行为地的法律包括侵权行为实施地法律和侵权结果发生地法律。如果两者不一致时,人民法院可以选择适用。"与上述第三种做法相似。①

台湾地区《涉外民事法律适用法》第 9 条规定:"关于由侵权行为而生之债,依侵权行为地法。但中华民国法律不认为侵权行为者,不适用之。侵权行为之损害赔偿及其他处分之请求,以中华民国法律认许者为限。"

把这条规定与中国大陆的立法相比较,两者相同之点是,台湾地区关于一般侵权行为的法律适用,也是以侵权行为地法为原则,同时结合法院地法。明显的不同表现在:其一,如何理解"行为地",台湾

---

① 但与上述第三种做法不完全相同。前捷克斯洛伐克等国家是把无条件地选择适用加害行为地法和结果发生地法作为单一的原则来适用的,中国则把此一做法与当事人共同本国法和共同住所地法结合适用;而且,对外国发生的侵权行为,重叠适用行为地法(或者侵权行为实施地法律或者侵权结果发生地法律)和法院地法。

此外,"如果两者不一致时,人民法院可以选择适用",但是,法院选择的标准是什么?完全由法官自由裁量,增加了法律选择的不确定性。《示范法》第 112 条规定:"侵权行为,适用侵权行为地法。侵权行为地法包括其侵权行为实施地法和侵权结果发生地法。侵权行为实施地法与侵权结果发生地法规定不同的,适用对受害人更为有利的法律。"《民法(草案)》第 78 条也有类似的规定。

地区的法律没有规定。其二,中国大陆把当事人共同属人法作为侵权行为地法的补充,增加了法律选择的灵活性。这样规定既遵循了传统成规,又采纳了世界各国的立法通则,具有一定的世界先进性,①可以说是"侵权行为自体法"②学说的具体运用,是最密切联系原则在冲突法领域的具体立法表现。③ 其三,《涉外民事法律适用法》第9条第2款规定值得大陆地区立法借鉴。《民法通则》第146条第2款的规定仅限于侵权行为的构成,没有涉及在国外发生的侵权行为的损害赔偿,依作为法院地法的中国法律加以限制的问题。如果在侵权行为的损害赔偿范围或限额上作出以法院地法加以限制的规定,可以适当保护在外国为侵权行为的中国公民的权益。《示范法》第117条及《民法(草案)》第82条的规定反映这种限制倾向,即:在中华人民共和国境外发生的侵权行为,以外国的法律为准据法时,在侵权行为的认定以及损害赔偿限额方面,该外国的法律与中华人民共和国法律的规定相抵触的,不得适用。其四,两岸关于侵权行为的现行立法都没有直接、明确规定采用"侵权行为自体法",与国际私法的发展潮流不符。《示范法》第113条及《民法(草案)》第80条规定,侵权事件的全过程表明当事人的住所、惯常居所、国籍、营业所以及其他连结点的聚集地与侵权事件有更密切联系的,适用该最密切联系地法。台湾地区《涉外民事法律适用法修正草案》也认为侵权行

---

① 黄瑞:《涉外侵权行为法律适用原则的发展趋势》,载《当代国际私法问题:庆祝韩德培教授八十五华诞论文集》,黄进、刘卫翔编,武汉大学出版社1997年版。

② "侵权行为自体法"(the proper law of the torts)理论是20世纪50年代由英国学者莫里斯(Morris)提出的。按照莫里斯的观点,这种自体法不同于通过传统冲突规范指定的行为地法或法院地法,而是在实践中对各种不同性质的侵权诉讼分别处理,对案件包括的各种因素作出充分的分析与考虑,找出适合于解决某一具体侵权案件的特定的法律。实质上就是与侵权行为有最密切联系的地方的法律。

③ 金彭年:《国际私法上侵权行为的法律适用》,《法学研究》1998年第3期。

为可依最密切联系原则,如《修正草案》(第三稿)第 23 条规定:"关于侵权行为而生之债,依侵权行为地法,但有关系更切之法律者,依该法律。"

除此之外,《示范法》第 116 条与《民法(草案)》第 81 条还规定,侵权行为发生以后,加害人和受害人可以协商选择适用法院地法,但不得选择法院地以外的法律为准据法,从而将"意思自治原则"有限制地引入到侵权行为法律适用领域。台湾地区《修正草案》(第一稿)第 68 条第 1 款、(第二稿)第 30 条第 3 款有类似规定,但(第三稿)却没有这样的规定。

(三) 事实发生地法

事实发生地法主要指不当得利地法与无因管理地法。

在罗马法上,有所谓"准契约"(quasi contracts)的概念,即债之关系,非因契约也非因侵权行为而生,不过又与某种契约类似。"不当得利"(unjust enrichment)与"无因管理"(negotiorum gestio)便是这种准契约。[①]

国际私法上,不当得利与无因管理的准据法,大多依事实发生地法律。不当得利适用不当得利地法的理由,主要是认为不当得利涉及不当得利发生地国的公共秩序、社会道德风尚和法律观念;[②]无因管理虽在当事人之间产生了债权债务关系,但它不是一种合同关系,不能适用合同领域的当事人意思自治原则,并且这种债的关系和人身关系并没有联系,适用当事人的属人法也不合适。无因管理制度深受行为地的公平、正义等公共利益概念的影响,并负有保护社会利

---

① 马汉宝:《国际私法总论》,1990 年自版,第 115 页。
② 中国国际私法学会:《中国国际私法示范法》,法律出版社 2000 年版,第 162 页。

益、维护经济平衡的调和功能,一般认为此项法律关系具有属地性;①况且,无因管理行为是管理人为了本人的利益实施的,为鼓励这种行为,保护管理人的利益,保证法律适用的确定性,使管理人对其管理行为的法律后果具有预见性,适用无因管理行为实施地法是合适的。②

但是,"事实发生地"有时难以确定。例如,不当得利事实发生地究竟应以结果发生地还是行为实施地为准,结果发生地系指利益获得地还是损害发生地也有疑问,③这就给法律的适用带来不确定因素。为了克服这种硬性冲突规则的缺点,国际上出现了解决不当得利准据法的其他方法,即间接冲突规则与弹性选法方法。④ 前者是为获得法律选择结果的公平,分别就各种不当得利设计符合需要的冲突规则,多规定以原因法律关系的准据法为准。例如,1978年《奥地利国际私法》第46条规定:"不当得利的求偿权,依不当得利发生地国家的法律。但在履行法律义务或关系的过程中发生的不当得利,依支配该法律义务或关系的国家的实体规则;本规定类推适用于他人对花费提出的补偿请求权。"后者是为求得冲突规则的统一,让所有不当得利都依弹性的法律选择方法,决定其准据法。例如,1971年《美国第二次冲突法重述》第221条规定,当事人在恢复原状诉讼中有关特定问题的权利义务,按照第6条规定的原则,依在该特定问题上与该事件及当事人有重要联系的州的法律。英国则采用"自体法"(the proper law)来解决不当得利的法律适用问题。⑤

---

① 陈荣传:《国际私法上无因管理问题之研究》,《法学丛刊》第152期。
② 同①。
③ 陈荣传:《国际私法各论集》,五南图书出版公司1998年版,第211页。
④ 陈荣传:《国际私法各论集》,五南图书出版公司1998年版,第226页。
⑤ Lawrence Collins ed., *Dicey & Morris on the Conflict of Laws* (13th ed.), Stevens & Maxwell, 2000, p.1485.

构成同一个无因管理事实的行为可能不止一个,而是散布在许多国家,这时也存在对无因管理地的确定问题。在实践中,对无因管理地的概念应作广义地理解。事实发生地通常指无因管理的对象或客体之所在地而言,对人实施无因管理者,其客体为被救助者身体权或生命权,应以其现实所在地为事实发生地;有关营业之无因管理,则以营业所在地为事实发生地。针对有体物而为之无因管理,通常系以物之所在地为事实发生地。此外,因一旦法律事实符合法律所规定的要件,即产生无因管理的法律效果,因而,如管理客体之所在地在无因管理期间有所变更,宜采不变主义,仍以开始管理时的事实发生地,即管理客体之所在地为准。①

中国大陆现行立法对不当得利与无因管理的法律适用都没有规定。《示范法》第129条规定:"不当得利,适用不当得利发生地法。如不当得利产生于某一民商事关系,也可以适用支配该民商事关系的准据法。"这条规定虽然也是采用间接冲突规则的方式,但法律适用的基本原则与下述台湾地区修正草案规定的"利益受领地法"不同,与其现行法的规定类似。实际上,不当得利发生地往往与利益受领地是同一地,只不过前者强调的是不当得利发生地国的公共秩序,后者突出的是利益获得的事实。《示范法》第130条规定:"无因管理,适用无因管理行为实施地法。"采用的是传统冲突规范。《民法(草案)》的规定与《示范法》规定的基本原则一致,第55条、第56条规定,不当得利,适用不当得利发生地法律;无因管理,适用无因管理行为实施地法律。

台湾地区《涉外民事法律适用法》第8条规定:"关于由无因管理,不当得利,或其他法律事实而生之债,依事实发生地法。"该规定

---

① 陈荣传:《国际私法上无因管理问题之研究》,《法学丛刊》第152期。

采用的是传统冲突规则,并把不当得利与无因管理规定在同一条款中。实际上,无因管理与不当得利在性质上多有不同,不宜以同一标准定其应适用的法律,显然将两者分开加以规定较为合适,这点在《涉外民事法律适用法》修正中已得到共识。① 例如,《修正草案》(第一稿)第66条、(第二稿)第29条均规定:"因不当得利而生之债,依得利人所据以获得利益之法律。"这里主要是考虑不当得利人已获得利益,且其利益的获得经准据法评价为不当而发生,为了使利益的获得及该得利的正当性均依同一准据法决定,特如此规定。《修正草案》(第三稿)第22条规定:"关于由不当得利而生之债,依其利益之受领地法。但不当得利系因给付而发生者,依该给付所由发生的法律关系所应适用之法律。"该规定采用了上述传统间接冲突规则的方式,但改现行法采用的事实发生地法为利益受领地法。这样规定的理由在于:关于由不当得利而生之债,其法律事实之重心系在利益之受领,宜依其利益之受领地法决定是否构成不当得利及返还利益之范围。但不当得利如系因给付而发生者,当事人所受领之利益是否构成不当得利及应如何返还之问题,均为该给付所由发生的法律关系的延伸事项,应依该法律关系的准据法。②

《修正草案》(第二稿)第28条规定:"因无因管理而生之债,依管理行为之实施地法。为履行因法律关系而生之义务,而为前项之无因管理者,依该法律关系之准据法。"③对这条规定的行为"实施地法"学者的理解不一,引发争论。④ 而且,此条第2款的规定是因为

---

① 王志文:《涉外民事法律适用法之检讨与修正》,《华冈法粹》第31期。
② 《涉外民事法律适用法修正草案总说明》(第三稿),载自赖来焜著:《基础国际私法学》,三民书局2004年版,第509页。
③ 该条规定的内容与《修正草案》(第一稿)第65条的规定基本一致。
④ 陈荣传:《国际私法上无因管理问题之研究》,《法学丛刊》第152期(第35页注释77)。

"管理行为之实施,如管理人主观上系误以为有应为该行为之义务,该义务所由发生之法律关系即为管理行为实施之主要原因,此时无因管理所为之结果,亦为该法律关系在法律上不存在之结果,爰规定其应迳依该法律关系之准据法。"[1]但既然原法律关系事实上不存在,规定应依该法律关系的准据法实际上就是管理行为实施地法,适用第 1 款的规定即可,第 2 款规定似乎多此一举。《修正草案》(第三稿)第 21 条改为:"关于由于无因管理而生之债,依其事务管理地法。"

(四) 婚姻举行地法

婚姻举行地法是解决婚姻成立法律冲突的一个常用的冲突法原则。婚姻的成立包括实质要件和形式要件。婚姻实质要件依婚姻举行地法,目前许多国家和地区的立法都采用这一原则,其理由主要在于认为婚姻也是一种契约关系或法律行为,根据"场所支配行为"原则,其成立也应适用婚姻举行地法。基于同样的理由,婚姻形式要件的法律适用,世界上许多国家和地区长期以来都适用婚姻举行地法。婚姻举行地法适用的优点是对于当事人而言它明确、简便、易行。缺点是把它作为结婚实质要件的准据法易于使当事人规避法律;把它作为婚姻形式要件的准据法,则容易造成"跛脚婚姻"(limping marriage)的现象。"婚姻是否成立,不但影响当事人本身之利害关系,而且也可能左右其他相关的第三人的法益。所以,在国际私法中,关于婚姻问题,曾确立了一个颇为强劲的基本原则,那就是,婚姻关系的有效性应尽可能加以维护,非因重大不得已之事

---

[1] 《涉外民事法律适用法部分条文修正草案条文对照表》(第二稿),载自赖来焜著:《当代国际私法学之构造论》,神州图书出版有限公司 2001 年版,第 802 页。

故,不使之无效。"①为此,现在许多立法采用混合制,即在婚姻的实质要件上兼采婚姻举行地法和当事人的属人法(或以婚姻举行地法为主,但在一定条件下适用当事人属人法,或者反而行之);在婚姻的形式要件上,则是以婚姻举行地法为主,同时兼采当事人属人法。

中国大陆《民法通则》第147条规定:"中华人民共和国公民和外国人结婚适用婚姻缔结地法……。"这条规定没有说明是结婚的实质要件还是结婚的形式要件,一般把它理解为既包括结婚的实质要件也包括结婚的形式要件,二者都适用婚姻缔结地法。《示范法》第131条与《民法(草案)》第61条分别规定了结婚实质要件的法律适用和形式要件的法律适用。两者第1款都采用传统国际私法的冲突规范,规定结婚的实质要件和效力,适用婚姻举行地法。第3款都规定,结婚形式只要符合婚姻缔结地法,或者符合任何当事人一方的本国法、住所地法或者惯常居所地法,均为有效。该款规定采取任意选择性冲突规范,比结婚实质要件法律适用的规定更为宽松,有利于婚姻关系的有效成立。

台湾地区《涉外民事法律适用法》第11条规定:"婚姻成立之要件,依各该当事人之本国法。但结婚方式依当事人一方之本国法或依举行地法者,亦为有效。结婚之方式,当事人之一方为中华民国公民,并在中华民国举行者,依中华民国法律。"所谓的"婚姻成立之要件",系指婚姻成立的实质要件;"依各该当事人之本国法",即男方之成立要件仅依男方之本国法,女方之成立要件,仅依女方之本国法,在双方分别具备婚姻成立要件时,婚姻即属有效成立。这条规定表面上看似合乎逻辑,且也合理,但实际上却增加了当事人缔结婚姻的

---

① See Herbert F. Goodrich, *Handbook of the Conflict of Laws* (4th ed.), St. Paul, 1964, p.232. 转引自赵守博:《国际私法中亲属关系的准据法之比较研究》,台湾学生书局1977年版,第13页。

难度。① 关于婚姻的形式要件，第 11 条第 1 款并没有把"场所支配行为"视为绝对强行的原则而单独采行举行地法，而是采取折衷主义，无论按照当事人双方或一方的本国法或举行地法，均为有效。这种准据法选择适用的方式，有助于涉外婚姻关系的成立。但是，在第 11 条第 2 款规定的条件下，又把"场所支配行为"视为绝对的强行原则，婚姻的形式要件，必须适用婚姻举行地法。因为婚姻的方式涉及举行地的公共秩序，如当事人一方为内国人并在内国举行婚姻者，为了保护内国的公共秩序，必须适用婚姻举行地法。② 该款规定的疑问是：当事人的本国，对于其涉外婚姻的缔结都具有或多或少的关系，仅因婚姻在一方的"本国"境内举行，就完全排除他方的本国法，不甚合理；而且易造成本国法律高于他国法律的表象。③ 从国际立法趋势来看，关于婚姻方式的准据法一般都规定比较宽泛的选择范围，以避免"跛脚婚姻"的出现，使涉外婚姻关系易于成立并稳定。④ 所以，此项限制性规则的适用是否妥当，值得进一步商榷。《涉外民事法律适用法修正草案》在该问题上的态度前后不一。《修正草案》（第一稿）第 93 条、（第二稿）第 48 条考虑到"例外采取绝对之举行地法，此举易造成跛行婚，影响涉外婚姻之安定性甚巨；而该但书规定之取消，对于……公共秩序，并未造成巨大影响，爰予以删除"。⑤ 因而规定：婚姻成立之要件，依各该当事人之本国法。但结婚方式依当

---

① 赵守博：《国际私法中亲属关系的准据法之比较研究》，台湾学生书局 1977 年版，第 29 页。
② 刘铁铮：《国际私法论丛》，三民书局 1994 年版，第 367 页。
③ 赵守博：《国际私法中亲属关系的准据法之比较研究》，台湾学生书局 1977 年版，第 16 页。
④ 刘铁铮：《国际私法论丛》，三民书局 1994 年版，第 367 页。
⑤ 《涉外民事法律适用法部分条文修正草案条文对照表》（第二稿），载自赖来焜：《当代国际私法学之构造论》，神州图书出版有限公司 2001 年版，第 820 页。

事人一方之本国法或依举行地法者,亦为有效。可是《修正草案》(第三稿)第42条却又回到了现行法第11条的规定,显得与国际私法的发展趋势不相适应。

三、行为地法原则与海峡两岸民商事法律冲突的解决

海峡两岸的民商事交往,自然会发生涉及或跨越两地的法律行为或法律事实,行为地法原则在解决两岸的民商事法律冲突的过程中,应该发挥其积极作用。

中国大陆没有区际冲突法,类推适用国际私法解决区际法律冲突,因此,上述大陆国际私法有关行为地法的规定可以类推适用于海峡两岸民商事法律冲突的解决。此外,《示范条例》在涉及法律行为时,也多规定依行为地法。例如,第27条第2款规定,在大陆地区履行的合资经营企业合同、合作经营企业合同、合作勘探开发自然资源合同,必须适用大陆地区法律。第29条、第30条、第31条、第36条规定,侵权行为适用侵权行为地法,不当得利适用不当得利发生地法,无因管理适用无因管理地法,结婚及婚姻的效力适用婚姻缔结地法等。

台湾地区《两岸人民关系条例》多处涉及两岸法律行为法律适用的规定。以下择其要加以分析。

《两岸人民关系条例》第45条规定:"民事法律关系之行为地或事实发生地跨连台湾地区与大陆地区者,以台湾地区为行为地或事实发生地。"这是一条总则性的规定,对跨两岸的行为地或事实发生地进行定性。在两岸的民商事交往中,两岸人民之间的民商事法律关系,可能产生跨连大陆地区与台湾地区的情况很多,如要约地在台湾地区,承诺地却在中国大陆;侵权行为地在台湾地区,结果发生地在中国大陆等。既然存在跨连两个地区的事实,这两个地区都属于

行为地或事实发生地。① 涉两岸的法律行为多种多样,不分法律行为性质的不同,一概规定以台湾地区为行为地或事实发生地,明显地是为了扩大台湾地区法律的适用,人为造成两岸民商事法律的不平等。而且,从具体的法律领域看来,例如,在合同关系中,1918年《法律适用条例》第 23 条第 4 款规定,契约要约地与承诺地不同者,其契约之成立及效力,以发要约通知地为行为地。1953 年《涉外民事法律适用法》第 6 条第 2 款同样规定"……行为地不同者,以发要约通知地为行为地……"。涉两岸的合同关系不论要约地与承诺地在何处,必须适用台湾地区法律,与其一贯坚持的法律适用原则也不相符。

《两岸人民关系条例》第 47 条规定:"法律行为之方式,依该行为所应适用之规定。但依行为地之规定所定之方式者,亦为有效。物权之法律行为,其方式依物之所在地之规定。行使或保全票据上权利之法律行为,其方式依行为地之规定。"这条规定与《涉外民事法律适用法》第 5 条的规定几乎完全一致。

《两岸人民关系条例》第 48 条规定:"债之契约依订约地之规定。但当事人另有约定者,从其约定。前项订约地不明而当事人又无约定者,依履行地之规定,履行地不明者,依诉讼地或仲裁地之规定。"依这条规定,对于涉两岸的合同关系,首先,依合同缔结地(订约地)法,但是,如果要约地与承诺地分别在两岸地区,如何确定订约地,该条没有规定。根据前述第 45 条的规定,订约地跨连台湾地区与大陆地区者,以台湾地区为订约地。其次,意思自治原则已被普遍认为是决定合同准据法的首要依据,只有当事人意思不明时,才根据其他硬

---

① 宋浚主编:《台湾"两岸人民关系条例"评析》,中国人民公安大学出版社 1994 年版,第 67 页。

性连结因素决定准据法。而该条体例却以适用合同缔结地法为原则,以当事人意思自治为例外,①不符合国际上的普遍做法。再次,该条第2款或许可视为当事人意思不明时的硬性规定,它除了考虑合同缔结地以外,还以履行地为补充,更有直接以诉讼地法或仲裁地法为准据法的规定,相当特殊。② 如今国际上多数关于合同法律适用的立法,在没有当事人意思自治时,以最密切联系原则为补充,条例的规定囿于传统方法,未赋予法官自由裁量权,这样做虽增添了涉两岸合同关系法律适用的稳定性和操作性,但缺少灵活性。③

《两岸人民关系条例》第49条规定:"关于在大陆地区由无因管理、不当得利或其他法律事实而生之债,依大陆地区之规定。"这是一条适用大陆法律的单边冲突规范,采用的是传统的事实发生地法原则。

《两岸人民关系条例》第50条规定:"侵权行为依损害发生地之规定。但台湾地区之法律不认其为侵权行为者,不适用之。"这一条基本上是《涉外民事法律适用法》第9条第1款的翻版,只是将侵权行为地进一步确定为损害发生地。

《两岸人民关系条例》第52条规定:"结婚或两愿离婚之方式及其他要件,依行为地之规定。判决离婚之事由,依台湾地区之法律。"该条规定结婚与两愿离婚的形式与实质要件,根据"场所支配行为"原则,均适用行为地法。惟关于判决离婚的规定,如果受理离婚案件的法院是台湾地区的法院,判决离婚的事由应依台湾地区法律;然而,若中国大陆法院受理涉台离婚案件,也要求大陆地区人民可以不顾大陆地区的法律规定,一律直接依台湾地区的法律请求裁判离婚,

---

① 刘铁铮、陈荣传:《国际私法论》,三民书局1998年版,第769页。
② 同①。
③ 沈涓:《中国区际冲突法研究》,中国政法大学出版社1999年版,第228页。

显然不合理。①

《两岸人民关系条例》第 61 条、第 62 条还就大陆地区人民的遗嘱、捐助行为作了规定,要求大陆地区人民遗嘱、捐助的成立或撤回的要件,依大陆地区"规定",但遗产、捐助财产在台湾地区者,适用台湾地区的法律。

可以看出,台湾地区《两岸人民关系条例》在涉及法律行为的法律适用时,广泛适用行为地法。如前所述,根据"场所支配行为"形成的行为地法原则因适用起来便利,有时也易于实现公平,被各国、各地区立法所接受,但是,由于台湾地区把跨连两岸的事实发生地和行为地定性为台湾地区,因而,在不少情形下,即使适用行为地法律,最终适用的也是台湾地区法律,形成形式上便利、公平下的实质上不便利与不公平。

第三节 海峡两岸冲突法物之所在地法原则的适用

物之所在地法(lex loci rei sitae, lex rei sitae)即物权关系的客体——物所在地的法律。它是涉外物权关系中适用最普遍的法律冲突原则,也为海峡两岸的冲突法立法所明确规定。

一、海峡两岸关于物之所在地法原则适用的理论根据

中国学界对涉外物权法律适用研究的发展变化不大,这方面的专题论文较少,现有的研究基本上还停留在原有的水平。"许多教科

---

① 刘铁铮、陈荣传:《国际私法论》,三民书局 1998 年版,第 772 页。

书或专著,大都未脱出二十年前的窠臼:贫乏、单调,甚或一样的结构模式,一样的内容和观点。"①但是,不能否认,现有研究成果对丰富物权法律适用理论、完善中国立法是有益的。

对于物之所在地法原则适用的理论根据,西方学者提出过种种学说,主要有"主权说"、"法律关系本座说"、"实际需要说"、"公共利益说"、"方便说"和"控制说"等。② 中国大陆学者认为,西方学者的学说中不乏含有合理的成分,但都未能充分揭示物权关系适用物之所在地法的客观根据。这些学者认为,物权关系依物之所在地法,是物权关系本身的性质决定的,归根结底取决于社会物质条件。首先,物权关系表面上是对物的关系,但实质上,它是一种人与人之间的社会关系。各国统治者从维护本国利益出发,总是希望以自己的法律来调整与支配同位于本国境内的物有关的物权关系;其次,物权关系是一种人对物的直接利用的权利关系,权利人要行使自己的权利,谋取经济上的利益,就必须适用物之所在地的法律;再次,物权关系的标的是物,标的物只有置于其所在地的法律控制下,物权才能得到最为有效的保护;第四,对处于某一国家的物权适用其他国家的法律,不仅在技术上有许多困难,而且会使物权的法律适用变得非常复杂,会影响物权关系的稳定性和涉外民商交易的安全。③

此外,物之所在地法之所以被广泛采用,也为物之所在地法本身的特性所决定:其一,物之所在地法具有实际可行性。在国际民商事交往中,物一般总是处于特定国家的领域内并受特定国家的法律支

---

① 李双元等:《趋同之中见差异——论进一步丰富我国国际私法物权法律适用问题的研究内容》,《中国法学》,2002年第1期。

② 韩德培主编:《国际私法新论》,武汉大学出版社1997年版,第261—262页;刘铁铮、陈荣传:《国际私法论》,三民书局1998年版,第407页。

③ 黄进:《中国国际私法》,法律出版社1997年版,第169页。

配。对涉外物权关系,如果无视物之所在地国家的法律规定,而适用其他国家的法律,该涉外物权问题将难以妥当解决,因为根据国家主权原则,其他国家的法律并非当然地对一国境内的财产具有域外效力。其二,物之所在地法原则具有稳定性和可预见性。"物之所在地"这一连结点指的是某物在某一时间内所占据的特定空间,十分明确。依物之所在地法处理涉外物权纠纷,能够较好地确定应适用的法律,当事人较容易了解物之所在地国家的法律规定。其三,物之所在地法原则有利于判决的承认与执行。适用物之所在地法解决涉外物权纠纷,只要当事人一方拒不执行法院判决,另一方当事人就可以请求财产所在国法院采取强制执行措施。因为,适用物之所在地法,就是承认了物之所在地法的域外效力。[①]

台湾地区国际私法学者对物之所在地法原则适用的理论根据鲜见自己的主张,只是一般性叙及领土主权说与公共利益说为多数国家立法所采纳。[②] 有的学者认为,以上西方学者的各种学说并非完全排斥而不可并立,其均为物之所在地法原则的理论基础。例如,《涉外民事法律适用法》规定物之所在地法的立法理由为:"物之所在地恒受所在国领土主权之支配,而所在地法关于物权之规定又多涉及当地公益。当事人服从其规定,不仅为情势所需要,且足以保全其私人之法益。"似兼有"领土主权说"、"公益说"、"必须说"及"交易安全说"。[③]

[①] 刘想树:《国际私法基本问题研究》,法律出版社2001年版,第237—238页。
[②] 苏远成:《国际私法》,五南图书出版有限公司1995年版,第262页;柯泽东:《国际私法》,中国政法大学出版社2003年版,第239页;刘铁铮、陈荣传:《国际私法论》,三民书局1998年版,第405页;刘甲一:《国际私法》,三民书局1995年版,第283页;等等。
[③] 赖来焜:《当代国际私法学之构造论》,神州图书出版有限公司2001年版,第362—363页。

二、海峡两岸物之所在地法原则的适用

(一) 中国大陆物之所在地法原则的适用

大陆立法中的物之所在地法原则当然规定在涉外物权的法律适用中,但立法对涉外物权法律适用的规定并不全面。目前立法中明确规定的,仅涉及不动产的所有权、遗产的法定继承、船舶及航空器的所有权、抵押权等几个方面。

1. 涉外不动产物权

1986年《民法通则》明确肯定了物之所在地法原则,第144条规定:"不动产的所有权,适用不动产所在地法律。"1988年最高人民法院《意见(试行)》第186条(修改稿第216条)进一步规定:"不动产的所有权、买卖、租赁、抵押、使用等民事关系,均应适用不动产所在地法律。"何为不动产,该《意见(试行)》第186条(修改稿第216条)解释为:"土地、附着于土地的建筑物及其定着物、建筑物的固定附属设备为不动产。"此外,已废止的1987年最高人民法院《解答》还规定,在当事人没有选择可适用的法律的情况下,关于不动产租赁、买卖或者抵押的合同,适用不动产所在地的法律;动产的租赁合同,适用出租人营业所所在地法。

《民法通则》第144条规定调整的物权范围仅限于所有权,而没有包括其他种类的物权。上述最高人民法院的司法解释弥补了立法的不足,对中国大陆的司法实践发挥了极其重要的指导作用,但它们毕竟只是司法解释而非立法。因此,在补充和完善有关不动产物权法律适用的立法时,应尽可能把各种不动产物权,包括将来可能出现的新的类型的不动产物权都涵盖其中,概括性规定:"不动产物权适用不动产所在地法"。

2. 涉外动产物权

对于动产,根据大陆地区司法解释,应该理解为,除上述最高人民法院《意见(试行)》第 186 条(修改稿第 216 条)解释外的其他物均为动产。现行立法尚未规定涉外动产物权法律适用的一般原则,只在有关单行立法中有一些零星的规定,用于解决某些特殊动产的涉外物权关系问题。《海商法》第 270 条规定:"船舶所有权的取得、转让和消灭,适用船旗国法律。"第 271 条规定:"船舶抵押权适用船旗国法律,在光船租赁以前或者光船租赁期间,设立船舶抵押权的,适用原船舶登记国的法律。"第 272 条规定:"船舶优先权,适用受理案件的法院所在地法律。"[1]

《民用航空法》第 185 条规定:"民用航空器所有权的取得、转让和消灭,适用民用航空器国籍登记国的法律。"第 186 条规定:"民用航空器抵押权,适用民用航空器国籍登记国法律。"第 187 条规定:"民用航空器优先权,适用受理案件的法院所在地法律。"

上述《海商法》、《民用航空法》对船舶和民用航空器这两类特殊运输工具的有关物权问题,规定了基本相同的法律适用原则。

动产物权的法律适用,应规定依物之所在地法为一般原则。因为中国有大量长期居住于国外的海外侨民,他们的动产多数位于国外。这些侨民在国外进行商业活动,涉及大量动产的转移、取得,如

---

[1] 根据《海商法》第 7 条、第 11 条、第 21 条,船舶所有权是指船舶所有人依法对其船舶享有占有、使用、收益和处分的权利;船舶抵押权是指抵押权人对于抵押人提供的作为债务担保的船舶,在抵押人不履行债务时,可以依法拍卖,从卖得的价款中优先受偿的权利;船舶优先权是指海事请求权人依照法律的规定,向船舶所有人、光船承租人、船舶经营人提出海事请求,对产生该海事请求的船舶具有优先受偿的权利。这里的船舶优先权是基于债权的一种权利,但是由于船舶优先权的海事请求产生于船舶,并对船舶物权产生直接影响,故也将其置于船舶物权法律适用下讨论。参见黄进著:《中国国际私法》,法律出版社 2001 年版,第 237—238 页。

果依属人法而不依动产所在地国家法律来确定动产物权应适用的法律,是不现实的,其中必定涉及物权内容的实现、变更及效力等问题。同样,中国实行对外开放政策后,前来从事商业活动、旅游等的外国人日益增多,对其在中国境内实施的行为和所有的财产加以规范是中国国家主权的体现。① 具体方式可以概括性地规定动产物权适用物之所在地法;也可以根据需要,指明动产物权的哪些方面适用物之所在地法,哪些方面例外。例如,规定动产物权的内容与行使,适用物之所在地法;动产物权的取得与丧失,适用物权取得或丧失时物之所在地法。但运输中的动产物权适用送达地法;运输工具的物权适用登记地法。相对而言,后一种方式有较强的针对性与可操作性,能更好地适应实际的需要,较为可取。②

3. 涉外财产继承

对于涉外财产继承,中国大陆区分不动产与动产分别规定不同的法律适用原则。《民法通则》第 149 条规定:"遗产的法定继承,动产适用被继承人死亡时的住所地法律,不动产适用不动产所在地法律。"1985 年《继承法》第 36 条也有类似的规定。《民法通则》第 149 条关于不动产继承法律适用的规定,与上述第 144 条的规定保持一致。事实上,在民法范畴,作为财产权之一的继承权,是财产所有权的自然延伸,物权法上的一些规定本来就适用于财产继承领域。③ 此外,《民法通则》第 149 条关于动产法定继承法律适用的规定,无疑也适用于动产法定继承中所涉及的有关物权问题。

---

① 何智慧:《论涉外动产物权的法律适用》,《现代法学》2000 年第 4 期。
② 赵相林主编:《中国国际私法立法问题研究》,中国政法大学出版社 2002 年版,第 156 页。
③ 赵相林主编:《中国国际私法立法问题研究》,中国政法大学出版社 2002 年版,第 152 页。

《示范法》第六节以"物权"为标题,第 76 条至 91 条共 16 条规定了涉外物权法律适用的物之所在地法原则及其例外。《示范法》规定的适用物之所在地法的情形包括:动产与不动产的区分、不动产物权、不动产产权证书的效力、动产物权的取得与丧失、有形动产买卖中所有权的转移没有约定时、动产物权的内容和行使、共有物权没有约定时等。不适用物之所在地法的情形:不动产产权证书的效力可以适用证书签发地法;有形动产买卖中所有权的转移,有约定的,适用约定的法律;动产物权凭证,适用该凭证上指定应适用的法律,没有指定的,适用持证人使用凭证时的行为地法;商业证券,适用证券上指定应适用的法律,没有指定的,适用证券签发机构营业所所在地法;船舶所有权的取得、转让和消灭,适用船旗国法;船舶抵押权,适用船旗国法,但船舶在光船租赁以前或者光船租赁期间设立抵押权的,适用原船舶登记地法;船舶留置权,适用船舶留置地法;船舶优先权,适用受理案件的法院地法;飞行器和其他运输工具物权,适用登记地法;共有物权,适用当事人约定的法律;信托,适用信托财产授予人在设定或者证明信托财产存在的书面文件中明示选择的法律,没有选择或被选择的法律没有规定信托制度的,适用信托的最密切联系地法等等。《民法(草案)》第三章为"物权",第 30 条至第 49 条共 20 条规定了涉外物权关系的法律适用及其例外。同样,物之所在地法原则是该草案解决物权法律适用的基本原则。但有些物权关系,例如,船舶与航空器物权、信托关系、有价证券的权利等不适用物之所在地法。《民法(草案)》的规定与《示范法》的规定基本相同。

《示范法》中涉及物之所在地法的规定还有很多,诸如第 70 条(法律行为方式)规定:"……,但关于不动产的处分行为,其方式适用不动产所在地法";第 134 条(夫妻财产关系)规定:"……,但涉及不动产的,适用不动产所在地法;第 136 条(父母子女财产关系)规定:"……,但涉及不动产的,适用不动产所在地法";第 141 条(法定继承)规定:"遗产的法定继承……不动产适用不动产所在地法";第143条(遗嘱方式)规定:"……,但涉及不动产的,适用不动产所在地法";等等。在《民法(草案)》的有关条款中,也有类似规定。①

司法实践中,中国大陆有关法院也解决了不少涉外物权纠纷。例如,广东省高级人民法院曾审理四家外国公司诉汕头广澳公司货物所有权争议案。② 这是一起标的较大的涉外财产所有权争议案。在本案的审理过程中,到底应适用中国大陆法律还是其他国家、地区的法律解决争议,曾是各方争执的问题之一。物之所在地法是国际上解决涉外物权法律冲突的普遍原则。中国大陆法律只规定了不动产所有权的法律适用,而没有规定动产所有权的法律适用问题。广东省高级人民法院在审理这起涉外所有权争议案时,参照国际上的通行做法,依物之所在地法即中国大陆法审理了该案件。这种做法无疑是正确的。但遗憾的是从本案的有关材料很难看出法院运用国际私法的分析过程,这是本案判决书的一个缺陷。因为本案涉及印度、马来西亚、香港、中国大陆等四个国家和地区的当事人,货船又是巴拿马籍,货物从马来西亚和香港几经转手运到中国大陆。作为审判机关,理应对自己审理案件确定适用法律的过程,向当事人说明,以更好地证明案件审理的合法性和公正性。③

(二) 台湾地区物之所在地法原则的适用

台湾地区对于涉外物权法律适用的立法相对全面具体。

1. 一般物权的准据法

《涉外民事法律适用法》第 10 条第 1 款规定:"关于物权依物之

---

① 这些规定被台湾地区学者称为"屈服条款",大陆学者少见这样的称谓。
② 案情详见《中华人民共和国最高人民法院公报》,1991 年第 1 期。
③ 杨贤坤主编:《中外国际私法案例述评》,中山大学出版社 1992 年版,第 15 页。

所在地法。"对于该款规定,应注意以下问题：

第一,台湾地区关于一般物权关系,没有区分动产物权和不动产物权,采取统一主义,适用物之所在地法。所以,对动产物权和不动产物权的定性问题,在台湾地区并不受重视。① 但是,《涉外民事法律适用法》第13条第3款规定有"关于夫妻之不动产"的措辞,有时考虑区分动产与不动产并非全无意义。

第二,物之所在地法只适用于个别物权,不适用于总括财产。② 台湾学者认为,夫妻财产制的财产、父母依亲权管理的子女财产、受监护人的财产、继承财产等财产均系由个别财产所合成的"总括财产"。这些财产的物权问题,原则上应依总括财产本身的准据法(如夫妻财产关系,根据《涉外民事法律适用法》第13条第1款,依夫之本国法;子女的财产,根据该法第19条,依父母的本国法;受监护人的财产,根据该法第20条,依受监护人的本国法;继承财产,根据该法第22条,依被继承人的本国法),而不能如个别财产一般,统一适用物之所在地法。至于个别财产能否作为总括财产的一部分,为个别财产的属性问题,应另依个别财产的准据法决定。因此,倘若个别财产为物权,应根据第10条的规定依物之所在地法;个别财产为债权,则应根据第6条的规定依当事人意思自治等原则确定准据法。依此分别决定。③

实际上,这里的"总括财产"与"个别财产"的划分并不明确,似乎总括财产仅指涉及人身关系方面的财产。中国大陆学者没有这样的

---

① 刘铁铮、陈荣传:《国际私法论》,三民书局1998年版,第406页。但是,《修正草案》(第一稿)没有采统一主义,在第82至第91条区分动产、不动产等,详细规定了各类物权的法律适用。

② 刘甲一:《国际私法》,三民书局1995年版,第285页。

③ 同②。

区分。而且,即使在这些方面的财产关系中,适用该法律关系本身的准据法也不是绝对的,有时法律还有例外规定,一定条件下,可以适用物之所在地法。例如,涉及夫妻财产关系时,根据《涉外民事法律适用法》第 13 条第 3 款的规定,不动产应适用不动产所在地法。

第三,标的物的性质、物权的种类及其内容等涉及物之所在地法的适用范围,①台湾学者理解的物之所在地法的适用范围,与大陆学者的认识基本一致。

2. 权利物权的准据法

权利物权是指"以物以外之债权或其他权利为标的物之物权,与以无形之利益或人类精神上之创造物,为保护及支配标的之智慧财产或无体财产,合称为准物权。"②权利物权与一般物权的最大差异,在于其客体并无确定的所在地,例如权利质权的客体,自无所在地可言。《涉外民事法律适用法》第 10 条第 2 款规定:"关于以权利为标的之物权,依权利之成立地法。"因为凡以权利为标的的物权,"与一般以物为标的之物权,未可同视,关于何者为其物之所在地法,苟非有明确之标准即难以判定,本项认为应以权利之成立地为准,良以权利之成立地,与权利之关系最为密切,该权利可否为物权之标的,自应依该地之法律决定之。"③此外,以无形的利益为标的的准物权,例如矿业权、渔业权以及无体财产权等,其标的物也不是特定的有体物,性质上与权利物权相似,其物权关系应类推适用第 10 条第 2 款的规定,以该权利的成立地法,即该权利的核准国法律为其准据法。④

---

① 刘甲一:《国际私法》,三民书局 1995 年版,第 285—288 页。
② 刘铁铮、陈荣传:《国际私法论》,三民书局 1998 年版,第 416 页。
③ 1952 年 12 月 9 日《涉外民事法律适用法草案说明》。
④ 刘铁铮、陈荣传:《国际私法论》,三民书局 1998 年版,第 416 页;许展毓编著:《国际私法》,高点文化事业有限公司 2004 年版,第 8 页、第 2 页。

然而,有的台湾学者指出,权利物权的设定,与为标的物的权利的性质或效力有关,另一方面也涉及到权利的处分问题,因而,为维护交易安全,应改为依该权利本身的准据法为宜。①

3. 物之所在地变更时物权的准据法

《涉外民事法律适用法》第 10 条第 3 款规定:"物之所在地如有变更,其权利之得丧,依其原因事实完成时之所在地法。"这条规定,包括两点:

(1)物权的得丧,依其原因事实完成时物之所在地法。所谓原因事实,泛指期间、条件等法律事实而言,并不以取得时效为限。② 但是,物之所在地或因在物权变动的法律要件完成后或在法律要件完成前而有所不同,这样,"原因事实完成时物之所在地法"也就会产生歧义。其一,物权变动的法律要件完成后物之所在地发生变更,则物之所在地法为"原因事实完成时之物之所在地法"。此时的物之所在地法不仅仅针对物权的变动本身而言,对于物权变动原因的法律要件,也应适用。③ 其二,物权变动的法律要件完成前物之所在地的变更。物权变动的法律要件系因法律事实需持续一定的期间而形成者,如物在 A 地开始加工,到 B 地完成加工,根据《涉外民事法律适用法》第 10 条第 3 款的规定,原所在地法无适用的余地,"依其原因事实完成时物之所在地法"即 B 地法解决其权利之得丧。④ 这就是说,物之所在地变更时,如依旧所在地法尚未发生物权变动的法律事

---

① 刘铁铮、陈荣传:《国际私法论》,三民书局 1998 年版,第 416 页。
② 1952 年 12 月 9 日《涉外民事法律适用法草案说明》。但并未特别说明采"原因事实完成时"的物之所在地法的理由。
③ 刘甲一:《国际私法》,三民书局 1995 年版,第 290 页。
④ 赖来焜:《当代国际私法学之构造论》,神州图书出版有限公司 2001 年版,第 368 页。

实,在物之所在地变更后,仍应合并其后所发生的法律事实,重新依新所在地法,作为判断是否发生物权变动的标准,除有法律规避的情形外,依物之新所在地法认为已发生物权变动者,即应承认之。

(2)物权的得丧,并不限于动产,不动产所在地也可能因领土之变更,而异其法律,从而也应适用该款规定。①

此外,对于物之所在地变更与既存物权的关系,应该认为,物权依物之原有所在地法已经存在的既存物权,如果其所在地有所变更,则依其原因事实完成时的物之所在地法,自应承认既存物权。② 但是,根据物权法定原则,为维护物之所在地的交易安全及公共利益,依物之旧所在地法取得的物权,不具备新所在地法生效的要件或新所在地法无此种物权时,该物权在新所在地是否有效,应根据新所在地法的规定。③

4. 船舶、航空器物权的准据法

虽然《涉外民事法律适用法》对于一般物权关系没有区分动产、不动产,规定一概适用物之所在地法,但是统一适用不是绝对的,考虑到船舶、航空器的特殊性,该法第 10 条第 4 款规定,"关于船舶之物权,依船籍国法,航空器之物权,依登记国法。"因为"船舶及航空器,常因航行而变易其所在地,关于其物权,如适用所在地法,颇多不便,故通说均主张适用其所属国法,即船舶物权依船籍国法,航空器物权依航空器所属国法。"④

---

① 1952 年 12 月 9 日《涉外民事法律适用法草案说明》。
② [日]北协敏一:《国际私法——国际关系法Ⅱ》,姚梅镇译,法律出版社 1989 年版,第 109 页。
③ 刘铁铮、陈荣传:《国际私法论》,三民书局 1998 年版,第 410 页。
④ 1952 年 12 月 9 日《涉外民事法律适用法草案说明》。

《修正草案》(第三稿)①对现行法第 10 条的规定未作修改,相同的内容规定在第 34 条中。

---

① 《修正草案》(第二稿)第四节"物权"部分,对现行法第 10 条规定的基本原则未作太大改动。

《修正草案》(第三稿)专门规定物权一章(第四章)。除了第 34 条、第 35 条的规定外,还增加了 5 条规定。

第 36 条规定:"自外国输入中华民国领域之动产,于输入前依其所在地法成立之物权,如该物权依中华民国法律亦可成立,其效力依中华民国法律。"这条规定主要考虑,动产物权依新所在地法有时会与保护已依其旧所在地法取得的物权的原则不相融,这样,从外国输入内国领域的动产,在内国究竟有何种效力,就有疑问,所以规定如该物权依内国法律也可成立,其效力依内国法律,从而使在外国成立的物权,转换为内国物权,以示折衷,并保护内国财产的交易安全。这条规定解决了对现行法第 10 条第 3 款的疑问。

第 37 条规定:"托运中之动产,其物权因法律行为而取得、丧失或变更者,依该动产之目的地法。"运输中的动产因其处于不断运动状态,所在地难以确认,对运输中的动产物权的准据法有不同主张。该草案原则上采物之所在地法主义,但动产并非由所有人自己运输或随身携带,且其物权因为法律行为而取得、丧失或变更者,与当事人之意思或期待关联甚切,规定依该动产的运送目的地法,可以兼顾当事人的期待及交易安全。

第 38 条规定:"以智慧财产为标的之权利,其成立要件及效力,依权利人主张其权利应受保护之各该地之法律。"知识产权(智慧产权)是因法律规定而产生的权利,它在各国领土内受到的保护,原则上应该依各该国的法律为准,因而如此规定。

第 39 条规定:"因载货证券而生之法律关系,依该载货证券所记载应适用之法律。无记载者,依与载货证券关系最切地之法律。数人分别依载货证券或直接对所记载之货物主张权利者,其优先秩序,依该货物之物权所应适用之法律。因仓单或提单而生之法律关系,准用关于载货证券之规定。"因载货证券而产生的法律关系,与当事人的法律行为具有密不可分的关系,所以原则上应依证券上的记载决定应适用的法律,无记载的,依与载货证券有最密切联系的法律为妥。数人分别依载货证券主张权利,或对证券所载货物直接主张权利者,其所主张的权利,既然各有其准据法,自然难以决定其优先秩序,故而规定此时应适用该货物物权之准据法,以杜争议。因仓单或提单而产生的法律关系,其性质与载货证券相似,所以规定准用关于载货证券的规定。

第 40 条规定:"有价证券由证券集中保管人保管者,其权利之取得、丧失或变更,依集中管理契约所明示应适用之法律。集中管理契约未明示应适用之法律,或该契约明示之法律与其权利之关系并非最切时,依关系最切地之法律。"这条规定参照 2002 年海牙《关于经由中间人持有证券的某些权利的法律适用公约》,对于由中间人保管的有价证券的取得、丧失或变更,应依账户持有人与相关中间人在账户协议中所明示选择的法律,至于没有明示或明示选择的法律与有价证券的权利的关系不具有最密切的联系,则应适用关系最密切联系的法律。

5. 屈服条款

所谓"屈服条款"(beugungsklausel)系指在涉及标的物为不动产时,非但物权的实质问题依物之所在地法,其方式亦然;又继承法上的问题、行为能力问题、夫妻财产制问题、亲权问题,甚至债的关系如所涉及的标的物为不动产时,皆应依物之所在地法,即领土地法的"屈服条款"(也有称"优先条款"vortrittsklaused,"亲近原则"grundstatz der groessern naehe、grundsatz der naherber-echtigung)。①

对于这类条款,台湾地区学者有不同的认识。有的学者认为,"因自觉本国国际私法之缺陷或顾虑本国法院之判决于外国之实效性,于方便上,才设置屈服条款,因此并非合理主义下之产物。"②但台湾地区《涉外民事法律适用法》规定有"屈服条款"。该法第5条第2款规定:"处分物权之法律行为,其方式依物之所在地法。"根据《涉外民事法律适用法草案说明》,该款规定是为了保护所在地的公安或"国策"。第13条第3款规定:"前二项之规定,关于夫妻之不动产,如依其所在地法应从特别规定者,不适用之。"③该款规定的目的是为"顾及不动产所在地之强制规定,以免窒碍难行。"《修正草案》(第三稿)第35条规定:"前条各项物权之法律行为,其方式依各该项物权所应适用之法律。"即一般物权的行为方式,依物之所在地法;权利物权的行为方式,依权利成立地法;物之所在地变更的物权的行为方式,依其原因事实完成时物之所在地法;船舶、航空器的物权方式,依

---

① 赖来焜:《当代国际私法学之构造论》,神州图书出版有限公司2001年版,第352页。
② 林秀雄:《家族法论集(一)——夫妻财产制之研究》,汉兴书局1995年版,第231页。
③ 第13条第1、2款规定:"夫妻财产制依结婚时夫所属国之法,但依中华民国法律订立财产制者,亦为有效。外国人为中华民国国民之赘夫者,其夫妻财产制依中华民国法律。"

船籍国法或航空器登记国法。该草案第44条第3款关于夫妻之不动产的规定仍然沿用现行法第13条第3款。

涉及人的能力的准据法,《涉外民事法律适用法》第1条第3款规定:"关于亲属法或继承法之法律行为,或就在外国不动产所为之法律行为,不适用前项规定。"①对于"不适用前项规定"的理解,台湾地区多数学者认为,该条第1款是原则,第2款为例外,第3款为第2款的例外规定,其结果仍适用第1款"依其本国法"之原则,即根据第1款的规定,当事人"就在外国不动产"所为的法律行为能力问题,依当事人本国法。②然而,也有学者认为该款规定应为"屈服条款",理由是:首先,法学上的例外之例外未必一定是回归原则;其次,第3款规定的"不适用前项规定"文意上无法解释为依第1款规定;再次,根据"屈服条款"的理论及国际潮流,这种情况下应依物之所在地法。③其实,从该条规定的整体结构来看,第3款不适用的"前项规定"不可能指第2款,因为该款规定的是商业活动中的当事人属人法原则的例外,该前两款规定,被刘甲一教授称为本国法兼采国内交易保护主义。④本国法是该条规定的基本原则,第2款、第3款都是第1款原则的例外规定,所以就外国不动产所为的法律行为的能力自不应适用第1款的规定,而应作为"屈服条款"适用不动产所在地法。《修正草案》(第三稿)第9条关于人的能力的规定中,已没有这样的规定。根据其修正说明:就在外国不动产所为之法律行为所生之争

---

① 《涉外民事法律适用法》第1条第1、2款规定:"人之行为能力,依其本国法。外国人依其本国法无行为能力,或仅有限制行为能力,而依中华民国法律有行为能力者,就其在中华民国之法律行为,视为有行为能力。"

② 参见1952年12月9日《涉外民事法律适用法草案说明》以及苏远成:《国际私法》,五南图书出版有限公司1995年版,第176页;等等。

③ 梅仲协:《国际私法新论》,三民书局1982年版,第234页。

④ 刘甲一:《国际私法》,三民书局1995年版,第197页。

议,应专属该外国法院管辖,并无在内国决定其当事人行为能力准据法之必要,爰删除现行条文第3款之规定。

台湾地区法院也有适用物之所在地法的实践。1957年5月,台湾亚洲航空公司美籍工程师安诺德在台湾地区坠楼身亡,死者遗属中有中国台湾籍的妻子及美国籍的子女二人。安诺德的遗孀及子女向法院诉请亚洲航空公司交还其所有保管的安德诺的遗产(动产)。台湾地区台北市地方法院于1957年8月作出判决,认定此讼争议标的为物权性质,适用《涉外民事法律适用法》第10条的规定,以遗产(动产)所在地法为准据法,判决被告返还原告请求交还的财产。①

比较海峡两岸关于物之所在地法适用的规定,可以看出以下特点:

第一,两岸现行立法中,物之所在地法原则被两岸所接受,但对该原则的适用,台湾地区的法律规定比大陆现行法的规定全面、完善。

第二,中国大陆《民法通则》第144条仅规定物之所在地法原则适用于不动产的所有权,台湾地区立法规定的物之所在地法原则的适用没有区分动产与不动产,一概适用于物权关系中。

第三,从大陆《示范法》、《民法(草案)》的规定以及台湾地区法律修正草案的规定反映的趋势来看,物权关系法律适用的规定趋于详尽,物之所在地法的适用范围及其例外进一步明确。而且大陆的立法也开始倾向于动产物权与不动产物权都适用物之所在地法。

第四,虽然中国大陆学者很少采用"屈服条款"的概念,但在婚姻家庭、继承领域涉及财产问题时同样例外适用物之所在地法。

---

① 曾陈明汝:《国际私法原理》(第一集),1984年自版,第229页。

第五,在一些不同性质的物权关系的法律适用上,如知识产权关系,大陆《示范法》与《民法(草案)》将之独立于物权关系而作专章规定,而台湾地区法律修正草案却把智慧产权规定在物权关系中。

需要说明的是,虽然在物权的法律适用上,海峡两岸已经或将要不区分动产与不动产,一概适用物之所在地法。但从不同国家或地区的立法及实践来看,在法律适用和管辖权方面,动产与不动产还是有区别的,主要表现在:第一,不动产适用物之所在地法是普遍的,几乎适用于一切不动产。但是,动产适用物之所在地法却存在若干例外情况,因而是有条件、有限制的。第二,不动产适用不动产所在地法已经成为国际上公认的法律适用原则,但动产适用物之所在地法尚未被国际社会完全接受,各国或各地区多根据特定的动产法律关系和本国、本地区的国情或区情来决定其具体的法律适用。相同的动产法律关系,在不同的国家或地区适用不同的法律的情况常常发生。第三,不动产所在地法域对在其领域内的不动产享有专属管辖权是国际社会所公认的,但动产所在地法域对在其领域内的动产并不享有这样的专属管辖权。同样的动产物权诉讼,在不同国家或地区其管辖权的原则可能不同。[①]

三、物之所在地法原则与海峡两岸民商事法律冲突的解决

物之所在地法原则适用于物权关系,不仅是解决国际物权法律冲突的一个基本原则,也是解决区际物权法律冲突的基本原则。

从海峡两岸上述规定来看,两地对物之所在地法所抱的态度一

[①] 余先予主编:《国际私法教程》,中国财政经济出版社 1998 年版,第 165 页;董立坤:《国际私法》(修订版),法律出版社 2000 年版,第 270—271 页。

致,即都接受该原则,这就为运用该原则解决两岸的民商事法律冲突奠定了共同的基础。《两岸人民关系条例》专门规定解决涉两岸物权关系的条款。第51条规定:"物权依物之所在地之规定。关于以权利为标的之物权,依权利成立地之规定。物之所在地如有变更,其权利之得丧,依其原因事实完成时之所在地之规定。船舶之物权,依船籍登记地之规定;航空器之物权,依航空器登记地之规定。"这条表明台湾地区在解决与大陆地区的物权关系时,同《涉外民事法律适用法》的规定一样,不区分动产与不动产,对于一般物权关系适用物之所在地法。这是因为:物权多属强行性规定,且与其物之所在地的公共利益有密切的关系。① 《两岸人民关系条例》中其他与物之所在地法有关的条款主要有,第47条第2款规定:"物权之法律行为,其方式依物之所在地之规定。"第54条规定:"台湾地区人民与大陆地区人民在大陆地区结婚,其夫妻财产制,依该地区之规定。但在台湾地区之财产,适用台湾地区之法律。"第60条规定:"被继承人为大陆地区人民者,关于继承,依该地区之规定。但在台湾地区之遗产,适用台湾地区之法律。"第61条规定:"大陆地区人民之遗嘱,其成立或撤回之要件及效力,依该地区之规定。但以遗嘱就其在台湾地区之财产为赠予者,适用台湾地区之法律。"第62条规定:"大陆地区人民之捐助行为,其成立或撤回之要件及效力,依该地区之规定。但捐助财产在台湾地区者,适用台湾地区之法律。"

大陆学者拟订的《示范条例》第22条至第26条就大陆地区与其他法域的基本物权关系提出以下意见:"动产和不动产物权适用物之所在地法,本条例另有规定的除外";"运输中的动产的物权适用送达

---

① 李后政:《两岸民事关系条例与审判实务》,永然文化出版股份有限公司1994年版,第294页。

地法";"运输工具的物权适用登记地法";"物之所在地如有变更,物权的得丧适用其原因事实完成时物之所在地法";①"不动产物权的法律行为方式适用物之所在地法。"另外,以下关系也适用物之所在地法:夫妻间财产关系涉及不动产的,适用不动产所在地法(第 37 条第 2 款);父母子女间的财产关系涉及不动产的,适用不动产所在地法(第 39 条第 2 款);遗产的法定继承,不动产适用不动产所在地法(第 44 条);不动产的遗嘱方式适用不动产所在地法(第 45 条第 2 款);不动产遗嘱适用不动产所在地法(第 46 条);无人继承又无人受遗嘱的遗产的处理适用遗产所在地法(第 47 条)。

可见,与调整国际物权关系适用物之所在地法的观点一样,海峡两岸在调整涉两岸一般物权关系时也有着基本一致的主张。因为两岸社会经济制度和经济发展水平等有差别,不动产所在地法域对不动产关系实行排他的立法管辖权,既与国际上的做法一致,使国际法律冲突与区际法律冲突的解决相衔接,②又有利于维护海峡两岸民商事法律关系的稳定,有利于维护两岸各自的利益。

对于动产物权,有的大陆学者提出,大陆地区与台湾地区的物权法律适用,应仍区别不动产物权和动产物权,不动产物权适用所在地法律,动产物权适用所有人住所地(或设籍地)法律。以权利为标的的动产物权,可以分别适用其成立地法律或最初准许国法律;船舶和航空器之物权应适用其登记地的法律。③ 但另有学者认为,动产物

---

① 这条规定参考了台湾地区《涉外民事法律适用法》的规定,有的台湾学者也是这样认为。参见王志文:《海峡两岸法律冲突规范之发展与比较》,载《中国法制比较研究论文集》,程家瑞主编,东吴大学法学院 1995 年版。
② 沈涓:《中国区际冲突法研究》,中国政法大学出版社 1999 年版,第 213 页。
③ 杨贤坤:《论内地与台湾地区民事、经济交往适用法律的原则》,载《海峡两岸法律冲突及海事法律问题研究》,顾倚龙、吕田华主编,山东大学出版社 1991 年版。

权适用所在地法更合适。① 笔者赞同后一种主张,因为:首先,"动产随人"、"动产跗骨"的规则已随着社会的发展渐渐被抛弃,现实中动产所有者的动产可能遍及数地,往往会与所有人的住所地相分离;而且,所有人的住所会经常发生变化,动产适用所有人住所地法并不切合实际。海峡两岸的情况也是如此。随着两岸间人员交往的发展,动产的数量越来越多,地位越来越重要,动产会更多地独立于人的住所而存在;因民商事关系仅仅涉及两地,当事人变更住所更方便。在这种情况下,显然涉两岸动产物权适用所有人住所地法不可取。相反,在一国之内,动产移动的范围相对较小,其所在地容易确定,适用动产所在地法更合适。其次,随着动产作用的加强,不同法域希望动产位于自己立法管辖权控制之下,②这样做也是维护本法域实际利益的需要。再次,动产适用物之所在地法实际操作起来也较便利。萨维尼认为,不区分动产与不动产,统一适用所在地法,"该惯用语意在表明主要用于支配物权的法律将适用于位于立法者领域内所有的物……然而长期以来,这个正确原则的承认却受阻于一个武断的区分,而这种区分破坏了该原则固有的效力和一贯性。"③对动产不适用物之所在地法而适用住所地法的区分,"最不足取之处总是被其维护者所规避和隐瞒。他们只说人的住所决定支配(动产)的本地法,但这里的'人'指的是什么?"④可以理解为所有者,但在财产转让中,

---

① 黄进:《区际冲突法》,永然文化出版股份有限公司1996年版,第365页;沈涓:《中国区际冲突法研究》,中国政法大学出版社1999年版,第213页。
② 李双元等:《趋同之中见差异——论进一步丰富我国国际私法物权法律适用问题的研究内容》,《中国法学》2002年第1期。
③ [德]萨维尼:《法律冲突与法律规则的地域和时间范围》,李双元等译,法律出版社1999年版,第94页。
④ [德]萨维尼:《法律冲突与法律规则的地域和时间范围》,李双元等译,法律出版社1999年版,第95页。

它指的是以前的还是新的所有人,如果两个对立的当事人都对财产提出主张,到底谁是所有人?"由于不同的利害关系人具有不同的住所,这样,指导我们的住所地原则,即使其本身理由充分,也仍是非常模糊的……对问题的实际解决没有什么效果。"①

因此,解决海峡两岸的物权法律冲突不妨原则上适用物之所在地法。其实,从《两岸人民关系条例》和大陆学者拟订的《示范条例》的内容来看,在这点上两岸已取得共识。但对于一些例外情况,可做例外规定,例如,动产继承,依被继承人死亡时的住所地法。②

值得注意的是,台湾地区《两岸人民关系条例》在涉及海峡两岸的财产关系时,如果适用物之所在地法的,有一种明显地限制大陆当事人财产权的倾向,③从而造成法律适用的不合理、不公平。主要表现在:

第一,根据《两岸人民关系条例》,涉两岸的动产和不动产物权都适用物之所在地法;然而,该条例第69条规定:"大陆地区人民、法人、团体或其他机构,或其于第三地区投资之公司,非经主管机关许可,不得在台湾地区取得、设定或转移不动产物权。但土地法第十七条第一项所列各款土地,不得取得、设定负担或承租。"这条实体规范对大陆地区人民在台湾地区取得不动产物权设置了障碍。

第二,在夫妻财产、继承、捐助等关系中,都采用单边冲突规范,规定适用台湾地区的法律,从而排除大陆地区法律的适用。单边冲突规范因其固有缺陷,在冲突法立法中已较少采用,用此种规范解决夫妻财产法律冲突在世界范围更少见。这种做法不仅同当代冲突法

---

① [德]萨维尼:《法律冲突与法律规则的地域和时间范围》,李双元等译,法律出版社1999年版,第97页。
② 黄进:《区际冲突法》,永然文化出版股份有限公司1996年版,第365页。
③ 沈涓:《中国区际冲突法研究》,中国政法大学出版社1999年版,第214页。

立法的发展趋势相悖,而且不利于两岸民商事关系的发展。①

第三,在夫妻财产关系上,《两岸人民关系条例》第 54 条对在台财产作出的例外限制,可能对于执行判决有利,但不利于两岸当事人的公平对待。而且"对于大陆地区人民在大陆地区结婚者,就在台湾地区之财产是否应适用台湾地区之法律,及台湾地区之人民与大陆地区之人民在台湾地区结婚或台湾地区人民在台湾地区结婚者,就其在大陆地区之夫妻财产,是否应适用大陆地区之法律之问题,也留下难以理解之疑问。"②

第四,从《两岸人民关系条例》第 60 条的规定来看:一则,只规定被继承人为大陆地区人民的继承适用大陆地区的法律,但被继承人为台湾地区人民者适用什么法,该条并没有规定。被继承人是台湾地区人民时,通过以下两条实体规范加以调整,即第 66 条规定:"大陆地区人民继承台湾地区人民之遗产,应于继承开始起三年内以书面向被继承人住所地之法院为继承之表示;逾期视为抛弃其继承权。大陆地区人民继承本条例施行前已由主管机关处理,且在台湾地区无继承人之现役军人或退役官兵遗产者,前项继承表示之期间为四年。继承在本条例施行前开始者,前二项期间自本条例施行之日起算。"第 67 条第 1 款、第 3 款规定:"被继承人在台湾地区之遗产,由大陆地区人民依法继承者,其所得财产总额,每人不得逾新台币二百万元。超过部分,归属台湾地区同为继承之人;台湾地区无同为继承人者,归属台湾地区后顺序之继承人;台湾地区无继承人者,归属国库。""遗嘱人以其在台湾地区之财产遗赠大陆地区人民、法人、团体或其他机构者,其总额不得逾新台币二百万元。"对于这两条规定,不

---

① 余先予主编:《冲突法》,上海财经大学出版社 1999 年版,第 443 页。
② 刘铁铮、陈荣传:《国际私法论》,三民书局 1996 年版,第 773 页。

仅大陆学者认为不合理,即使台湾学者也对此提出批评,认为这些"规定使台湾地区之法律,对大陆地区人民之继承权之规定,与台湾地区人民不同,从宪法第七条所有人民一律平等的观点检验,并非再无商榷之必要。尤其在此一规定下,大陆地区人民之继承不得直接适用大陆地区之法律规定,也不得与台湾地区人民适用同一规定,其在继承法上的地位,不得不谓已较逊于外国人,实有待检讨。"[1]"此对大陆继承人的限制,从一般正常情况来看,有其欠缺合理性的一面,此就是引起不同看法的原因,简单说,大陆人民亦是同胞,对外国人来台继承皆无限制,惟独对大陆自己的同胞做此限制,此乃最为人诟病之处。"[2]这两条规定主要是"为避免台湾地区资金大量流入大陆地区",但是"继承为私法上之法律关系,似不宜由国家公权力加以介入"。[3] 二则,第60条但书部分意味着,尽管被继承人为大陆地区人民,但只要遗产在台湾地区,则不论遗产为动产还是不动产都适用台湾地区法律;被继承人为大陆人民的案件,仅得就大陆地区的遗产,适用大陆地区法律。该规定表面上根据"同一制",采行物之所在地法原则,但实质上却扩大了台湾地区法律的适用范围,限制了大陆地区法律的适用,同样会导致对大陆地区遗产继承人不利的法律后果。可见,"原则上立法者对大陆继承事件系抱持着保守、限制之立法态度。"[4]

---

[1] 刘铁铮、陈荣传:《国际私法论》,三民书局1996年版,第776页。
[2] 范光群、吕荣海:《大陆人民来台继承实务》,《经济与法律》(香港)1992年第41期。
[3] 林雅芬:《试评〈台湾地区与大陆地区人民关系条例〉草案关于大陆地区来台继承之规定》,《经济与法律》(香港)1992年第45期。
[4] 林雅芬:《试评〈台湾地区与大陆地区人民关系条例〉草案关于大陆地区来台继承之规定》,《经济与法律》(香港)1992年第45期。

第四节　海峡两岸冲突法意思自治原则的适用

当事人意思自治原则(party autonomy)是国际私法传统而重要的法律适用原则,被各国、各地区冲突法立法所肯定,并被学者广泛研究,海峡两岸冲突法立法与理论自不例外。

一、海峡两岸关于意思自治原则的一般适用

与大多数国家和地区的做法一样,中国大陆现行立法也将意思自治原则作为确定合同准据法的首要原则。《民法通则》第145条规定:"涉外合同的当事人可以选择处理合同争议所适用的法律,法律另有规定的除外。涉外合同当事人没有选择的,适用与合同有最密切联系的国家的法律。"1999年《合同法》第126条第1款、1995年《民用航空法》第188条、1992年《海商法》第269条等也有类似规定。

《示范法》第100条规定:"合同,适用当事人协商一致并以明示方式选择的法律,中华人民共和国法律和中华人民共和国缔结或者参加的国际条约另有规定的除外,并不得违反当事人本国的强制性或者禁止性法律规定。当事人可以在订立合同时或者在订立合同以后直至法院开庭前选择法律,还可以在订立合同以后变更在订立合同时选择的法律。该变更具有溯及力,但不得影响第三人的权利。当事人可以决定将选择的法律适用于合同的全部,或者其中一部分或者几部分。"《民法(草案)》第九编第50条规定:"涉外合同的当事人可以选择合同所适用的法律、国际条约、国际惯例,但法律另有规

定的除外。涉外合同的当事人没有选择的,适用与合同有最密切联系的国家的法律。"

台湾地区现行立法中的意思自治原则也主要适用于合同领域。《涉外民事法律适用法》第 6 条规定:"法律行为发生债之关系者,其成立要件及效力,依当事人意思定其应适用的法律。当事人意思不明时,同国籍者依其本国法。国籍不同者依行为地法。行为地不同者依发要约通知地为行为地。如相对人于承诺时不知其发要约通知地者,以要约人之住所地视为行为地。前项行为地如兼跨两国以上或不属于任何国家时,依履行地法。"

二、海峡两岸意思自治原则的具体适用

海峡两岸在合同的法律适用上都以意思自治为基本原则,但是,意思自治原则有其深刻的内涵,如何把原则性的规定具体运用于实践中,两岸有着不同的做法。

(一) 当事人选择法律的方式

当事人选择合同准据法的方式,通常有明示的意思自治、默示的意思自治及推定意思自治。明示的意思自治指合同当事人在缔约之前或争议产生之后,以文字或言词明确作出选择合同准据法的意思表示。最通行的方式是在合同中列入"法律选择条款"或通过标准合同作出统一约定。大多数立法都采用明示的意思自治。

默示意思自治指在合同中没有明确规定合同准据法的情况下,通过缔约行为或其他一些因素来认定当事人已默示同意该合同受某一特定国家法律的支配。其意义正如英国学者莫里斯所指出的那样:"如果契约当事人没有用语言文字表示关于支配契约的法律的意

向,其意向可根据契约条款、契约性质和一般情况加以推定,这种推定的意向确定契约的准据法。"①

但是立法对默示意思自治的态度却不尽相同。

第一种是只承认明示的法律选择,不承认默示的法律选择。例如,1982年《土耳其国际私法和国际诉讼程序法》第24条第1款规定:"合同之债适用合同当事人共同明示选择的法律。"秘鲁、加蓬等采用这种方式。

第二种是有限度地承认默示意思自治。即接受默示意思自治,但也规定了种种条件限制法院的推定。要求只有在事实十分明显的情况下,才能推定当事人的默示意思,力图将这一方式限定在一个较为合理的范围之内。例如,1964年《捷克斯洛伐克国际私法及国际民事诉讼法》第9条第1款规定:"合同当事人可选择适用于他们之间财产关系的法律。据有关事项对当事人的意思不存在疑问时,也可确定双方默示之法律选择。"1955年海牙《国际有体动产买卖法律适用公约》第2条规定,合同准据法的指定,"必须在明示的条款中规定,或者是根据合同条款必然得出的结论"。1985年《国际货物销售合同法律适用公约》第7条规定:"当事人选择法律的协议必须是明示的,或者从整体上看,合同规定或当事人行为清楚地显示了这种选择。"

第三种是承认默示选择,允许法官推定当事人的意图。许多国家如英国、奥地利、阿根廷、泰国等采用这种做法。有的学者认为,承认当事人的默示选择意向也是涉外合同法律适用原则发展的一个趋

---

① [英]莫里斯:《法律冲突法》,李冬来等译,陈公绰等校,中国对外翻译出版公司1990年版,第275页。

向,是对当事人意思自治原则的进一步贯彻和深化。① 但是,这种推定必须以另外的某一明示出来的因素作参照,而用来作为推定当事人默示选择的因素多种多样,经常被使用的是根据合同中订立的"管辖权条款"或"仲裁条款",从而推定适用法院地国家的法律或仲裁地的实体法。将"管辖权条款"或"仲裁条款"作为推定当事人意图的依据有一定的合理性,因为当事人只有在对法院地或仲裁地法律有一定了解并且信任的情况下,才可能选择其作为解决纠纷的地方。②

在实践中,法院用来指定的因素并不都很合理。如有的国家将合同中采用的票据形式、合同的起草格式、支付的货币种类、与以前交易的联系等作为推定默示选择的依据。这些依据实际上带有很大的偶然性。而且,当事人默示的意思是要由法院来决定的,法院在决定适用所谓的默示选择的准据法时,可能根本不征求当事人的意见,有时甚至不顾当事人的反对予以强行适用,往往会违背意思自治原则的本意,作出不合理的判决。③ 所以,默示选择有时不能代表当事人选择法律的真正意图,并会加剧法律的不确定性和模糊性,易对实践产生误导作用。默示选择理论表面上扩大了当事人意思自治的范围,但实质上只是扩大了一个拟制的、虚幻的意思自治的范围。作为探求客观的合同自体法的拟制方法,默示选择在今天已被最密切联系原则所代替,失去了存在的合理性。④

"推定或假设意思"系因推定行为主体只能是法院或仲裁机构,

---

① 徐冬根、薛凡:《中国国际私法完善研究》,上海社会科学院出版社1998年版,第206页。
② 赵相林主编:《中国国际私法立法问题研究》,中国政法大学出版社2002年版,第252页。
③ 林欣、李琼英:《国际私法》,中国人民大学出版社1998年版,第244页。
④ 宋晓:《当代国际私法的实体取向》,武汉大学出版社2004年版,第216页,第217页。

推定之客体只能是与契约当事人有关的案件整体。但实践中,默示意思与推定意思难有明显区分,故一般学者将推定意思与"当事人意思不明"问题一起讨论。①

中国大陆在当事人选择法律的方式上,司法实践采用明示的意思自治。1987 年最高人民法院《解答》第二部分之(二)规定:"当事人在订立合同时或者发生争议后,对于合同所适用的法律已有选择的,人民法院在审理该项合同纠纷时,应以当事人选择的法律为依据。当事人选择的法律,可以是中国法,也可以是港澳地区的法律或者是外国法。但是当事人的选择必须是经双方协商一致和明示的。"

台湾地区《涉外民事法律适用法》第 6 条没有明确规定当事人选择法律的方式。多数台湾学者认为,这里的意思自治包括明示的与默示的意思自治。一些学者的理由是:采用"当事人意思自治原则"的法制,对于"当事人的意思"除极少数国家限其为"明示的意思"以外,一般均解为兼指"明示的意思"与"默示的意思"。换言之,当事人如在契约内未明白选择准据法时,法官应审查与契约有关的各种事实(所用文字、专门名词、有争讼时的法院地或仲裁地、合同订立地、合同履行地、当事人国籍等)据以确定当事人的"默示的意思"。② 另一些学者的理由是:在当事人无明示意思自治时,尚不得视为意思不明,仍应由法院适用最重要牵连主义,审查一切与契约有关的各种牵连事实,包括契约的条款、用语,及各种与契约有关的连结因素,就面对缔约时的周遭环境,以一个合理商人所应选择适用法律的意思,作为当事人的意思,以定契约的准据法,而不论其名称为何——当事人默示意思、推定意思及法院所赋予之意思等。采此种解释,不仅符合

---

① 赖来焜:《当代国际私法之构造论》,神州图书出版有限公司 2001 年版,第 300 页。

② 马汉宝:《国际私法总论》,1990 年自版,第 35—36 页。

外国的实例、学者的见解，也符合当事人意思自治原则的本意。①

也有以前认为意思自治应既包括"明示"又包括"默示"的学者，现转而采用明示意思自治说。认为虽然上述主张不仅符合外国之实例、学者之见解，而且也贯彻了当事人意思自治原则的本意，对当事人较为合理，但就台湾地区而言，应该认为，当事人无明示意思，即为意思不明。因为：其一，若法官必须探求当事人的默示意思，以确定应适用的法律，对习惯于援用成文法硬性规则的大陆法系法官，恐有不便、增添困扰及浪费时间的缺陷；其二，若双方当事人皆不同意法院发现的默示意思，则理论上也难自圆其说；其三，默示意思与推定意思之间的界限难以划分，发现方式也难以区别，若必贯彻之，则《涉外民事法律适用法》第6条第2款、第3款的硬性规定将难有适用的机会，此应非立法者之本意。②

《涉外民事法律适用法修正草案》采用了后一种意见。如《修正草案》(第三稿)第15条第1款规定："法律行为发生债之关系者，其成立要件及效力，依当事人意思定其应适用之法律。"第15条第2款规定："当事人无明示之意思或其明示之意思依前项应适用之法律无效时，依关系最切之法律。"该条第2款实际上表明第1款当事人的意思限定于明示的意思。

台湾地区法院实务中，向来对于当事人意思自治不明时是否进一步探求当事人默示意思，采较为保守的态度。③ 例如，1978年第四次民庭总会决议关于载货证券的讨论，准据法部分的决议并没有探求当事人的默示意思，而是认为当事人意思不明时，应适用《涉外民事法律适用法》第6条第2款的硬性规定。

---

① 刘铁铮：《国际私法论丛》，三民书局1994年版，第88—89页。
② 刘铁铮、陈荣传：《国际私法论》，三民书局1998年版，第130页。
③ 林恩玮：《当事人意思自主原则下关于意思欠缺之研究》，《法学丛刊》第195期。

（二）当事人意思不明时的法律适用

在合同中既没有当事人的明示意思,也不能发现当事人默示意思时,可以推定当事人的意思。对于这种推定,台湾学者一般认为,主要有两种方式:①一种是准据法个别确定式,即受理诉讼的法官,应在个别契约中,推定当事人的意思,以决定应适用的准据法。又可分为当事人"假设意思说"与"真实牵连关系说"两种主张。前者也称"主观说",即当事人虽无明示或默示意思存在,但在订约时,必有适用某国法律的意念存在,此时法官的任务,就是确定当事人之意念,以发现当事人推定的合意。后者也称"客观说",指在当事人无明示或默示意思时,则所谓当事人假设意思,根本不存在,此时在当事人意思自治原则下,法官的任务在于从当事人订约时的客观环境、相关联的事实中,分析比较以发现与契约关系最密切的国家,即以该国之法律作为当事人推定的意思,借以确定契约的准据法。另一种是准据法一般确定式,即在契约案件无从发现当事人明示或默示意思时,一国立法者或法院应以明文规定或法院判例确定一些硬性规则,作为确定准据法之方式。这种方式又有两种立法例:非绝对性规则与硬性规定。前者的硬性规则仅为法院适用法律的起点,或适用法律之辅助参考,法院可舍弃而不用,故性质上为非绝对性规则。后者的硬性规则,法院别无选择,必须予以适用。

台湾地区《涉外民事法律适用法》第 6 条第 2 款、第 3 款规定当事人意思不明时同国籍者依其本国法;国籍不同者依行为地法;行为地不同者以发要约通知地为行为地;如相对人于承诺时不知其发要

---

① 刘铁铮、陈荣传:《国际私法论》,三民书局 1998 年版,第 127—128 页;马汉宝:《国际私法总论》,1990 年自版,第 140—144 页;等等。

约通知地者,以要约人的住所地视为行为地;前项行为地如兼跨两国以上或不属于任何国家时,依履行地法。这些规定是硬性规则,通过"逐项逐段适用法"及"承先启后原则"完成"阶梯适用"。① 根据 1952 年《涉外民事法律适用法草案说明》,这样规定是因为,"按各国立法例,虽多数规定在当事人意思不明时,应即适用法律行为地之法律,然单纯适用行为地法,亦不免有窒碍之处,盖外国人间之法律行为发生债之关系,系因旅经某地,而偶然为之者,不乏其例,其主观上甚或不知行为地法为何物,若强以行为地法为准,实难期公允,故本项……规定于当事人意思不明时,应尽先适用其本国法,万一当事人之国籍又不相同,各该当事人之本国法可能发生歧异,始适用行为地法以为决定。本项后段规定行为地不同云云,系专指契约行为地而言,盖法律行为发生债之关系者,不外单独行为契约行为两种,在单独行为只须有单独之意思表示,其行为即告成立,不致发生行为地不同之情形,至于契约,必待行为人双方之意思表示一致,始告成立,涉行为人处于不同之法域,而隔地订约,其行为地不同,即生问题,故本项后段乃有另定行为地标准之必要……";而"近代国际交通发达,舟车迅捷,无远弗届,当事人之法律行为,往往兼跨数国地区,始行完毕,或其行为发生于无主地域者亦屡见不鲜,何者为其行为地法,颇成问题,本项特规定依债务履行地法,以济其穷。"上述立法指导思想主要追求法律适用的一般稳定性,可谓"机械"、"硬性"法则登峰造极之代表。②

应该认为,与当时其他国家的同类立法相比,上述立法堪称详

---

① 赖来焜:《当代国际私法之构造论》,神州图书出版有限公司 2001 年版,第 264 页。

② 赖来焜:《当代国际私法之构造论》,神州图书出版有限公司 2001 年版,第 265 页。

尽,并成为台湾地区法院判决的依据。根据台湾"最高法院"1980年台上字第1728号有关两造外国人股份转让争议案的判决,"第查本件两造当事人均为日本国营利法人,在我们就涉外法律关系发生争讼,自应依我涉外民事法律适用法定其适用之法律。我涉外民事法律适用法第6条第1项及第2项分别规定'法律行为发生债之关系者,其成立要件及效力,依当事人意思表示定其应适用之法律','当事人意思不明时,同国籍者依其本国法(下略)'云云。原审未依此项规定定本件应适用之法律,遽依我法律为上诉人不利之判决,显有违背法令之情形。"①可见,本案中,台湾地区"最高法院"认为台中高分院第二审判决未依《涉外民事法律适用法》第6条第2款"同国籍者依其本国法"而适用法律,却适用了法院地法,因而违背法律规定。

然而,硬性规定虽便利法官对合同准据法的确定,却限制了法官对个别合同寻求最合适的法律的自由与可能,有时无法实现个案的公平。② 因此,为贯彻"当事人意思自治"的立法宗旨,马汉宝教授认为,实践运用中,上述规定的各项法定标准,与个别合同的一切有关事实,应并作当事人意思不明时,法官据以确定合同准据法的参考,这样,这些法定标准,仅于没有更强的合同事实存在时,才具有拘束力。③ 该观点意味着,在当事人意思不明时,首先由法官根据各种事实的重要程度来推定,法律规定确定合同准据法的硬性客观标准是次级选择。

从晚近订立的国际私法条约和一些国家、地区的国际私法立法

---

① 转引自柯泽东:《国际私法》,中国政法大学出版社2003年版,第181页。
② 陈隆修:《比较国际私法》,五南图书出版公司1989年版,第342页。
③ 马汉宝:《国际私法上"当事人意思自治原则"晚近之理论与实际》,载《国际私法论文选辑》(下),马汉宝主编,五南图书出版公司1984年版。

来看,在合同准据法的选择上,国际上已逐渐形成一种新趋势,即在当事人未选择合同应适用的法律时,根据最密切联系原则来决定合同关系的准据法。例如,欧共体1980年《关于合同债务的法律适用公约》第4条第1款和1987年《瑞士联邦国际私法法规》第117条都有这样的规定。中国大陆《民法通则》第145条与《合同法》第126条也规定,涉外合同的当事人没有选择法律的,适用与合同有最密切联系的国家的法律。台湾地区《涉外民事法律适用法修正草案》改变了现行法硬性规定的做法,其(第一稿)第51条、(第二稿)第27条及(第三稿)第15条皆采用"合同自体法"(the proper law of the contract)理论,规定在当事人无明示意思自治或意思自治无效时,依据最密切联系原则来确定合同的准据法。从而变硬性规定为柔性规定,顺应国际上合同法律适用的发展趋势。

国际私法现代法律选择理论对合同法律适用的影响巨大。在传统法律选择模式与现代法律选择模式之间,或许存在着另一种选择,可以使法官在当事人意思自治不明时,无论采用"客观说"、"主观说","一元论"(或采用"主观说"或采用"客观说")、"二元论"("主观说"与"客观说"的结合),都能达到合理的结果。具体说来,可以根据开放式的现代法律选择理论,由法官昭示本案合同所追求的主要价值,由当事人参与选法程序验证。这样做,不但操作上可避免法官专断及其经验的限制,也可提升当事人对判决的信赖。①

(三) 当事人选择法律的空间范围和时间范围

当事人选择法律的空间范围,也就是当事人能否选择与合同没有客观联系的法律。对于这个问题,国际上历来有争议,各地的立法

---

① 林恩玮:《当事人意思自主原则下关于意思欠缺之研究》,《法学丛刊》第195期。

也不尽相同。一些大陆法系国家和地区的理论和立法强调当事人只能使他们的合同受与其有内在联系的法律体系的支配,如受合同订立地、履行地、当事人一方的住所地或本国的法律支配。当事人不能选择与合同毫无联系的法律体系作为合同的准据法。① 但以英国为代表的多数国家不要求当事人选择的法律与合同有客观联系,当事人可以选择任何国家的法律作为合同的准据法。不仅如此,近年来的一些国际条约,如其成员包括两大法系国家的美洲国家组织国际私法会议于1994年通过的国际合同准据法公约——《美洲国家间国际合同法律适用公约》(《墨西哥城公约》The Mexico City Convention)还允许当事人选择适用非国家法,例如选择商人法或国际统一私法协会的《国际商事合同通则》等。②

对于此问题,中国大陆国际私法立法和司法实践没有限制,当事人选择的法律可以是中国法,也可以是港澳地区的法律或外国法。学者赞同这种做法,主张应该允许当事人选择与合同没有任何客观联系的法律。③ 因为若内国法律禁止当事人选择与合同没有任何实质性联系国家的法律,必然会使本国当事人订立的法律选择协议因有关国家的强制性规定而归于无效,这样,外国当事人在选择交易伙伴时就要考虑到此类规定,这就会影响和削弱有此类规定国家的个

---

① [英]马丁·沃尔夫:《国际私法》,李浩培、汤宗舜译,法律出版社1988年版,第598页。

② Friedrich K. Juenger, *Contract Choice of Law in the Americas*, *American Journal of Comparative Law*, Vol. 45, 1997, p.204.

该公约第7条第1款规定:"合同由当事人选择的法律支配",该规定并没有将"法律"一词限定在"国家法"的严格范围内;第10条更规定:"除上述条款的规定之外,为了在特定案件中满足公正和衡平的需要,国际商法的指南、惯例和原则,以及被普遍接受的商业习惯和实践应该予以适用。"

③ 肖永平:《冲突法专论》,武汉大学出版社1999年版,第192—193页;李广辉:《论国际私法中的意思自治原则》,《河南大学学报(社会科学版)》2001年第1期。

人和企业的竞争能力,最终影响该国的经济利益。台湾地区《涉外民事法律适用法》及其修正草案,也未对当事人选择法律的空间范围加以限制。

关于当事人选择法律的时间,一般认为既可以在订立合同当时选择,也可以在订立合同之后选择。新近的国际条约和国内立法都表明,多数国家反对对当事人选择法律的时间加以限制,而允许当事人在任何时候选择法律,甚至可以以新选择的法律代替原来所作的选择。中国大陆司法实践亦是如此,1987年最高人民法院《解答》第二部分之(四)言明:"当事人在订立合同时或发生争议后,对于合同所适用的法律未作选择的,人民法院受理案件后,应当允许当事人在开庭审理前作出选择。"《示范法》在这方面作了明确的规定。台湾地区《涉外民事法律适用法》对当事人选择法律的时间范围没有明确的规定,学者对此也较少讨论。但也有学者认为,对该问题,学理上应采用自由说,即法律不应禁止当事人在订约后选择法律,也不宜禁止当事人变更原来选择的法律。① 法律承认当事人意思自治原则,允许当事人协议选择其愿适用的法律,主要是期望减轻法院确定准据法时的负担,及公平保护双方当事人的权益,故关于当事人合意选择准据法之"时",似无严格限定之必要,就法律用语而言,实也应做如此解释。②

所以,有关当事人选择法律的空间范围和时间范围,海峡两岸表现出了减少对当事人意思自治限制的倾向:中国大陆在立法中并不要求当事人必须选择与合同有客观联系的法律,当事人可以任意选

---

① 赖来焜:《当代国际私法之构造论》,神州图书出版有限公司2001年版,第283页。
② 刘铁铮:《契约准据法之研究》,载《国际私法论文选辑》(下),马汉宝主编,五南图书出版公司1984年版。

择,台湾地区现行法对当事人意思自治的范围也没有限制;当事人选择法律的时间以及能否变更原来所作的法律选择,两岸的理论或实践赞同当事人事后选择法律,并有权变更原来的选择。

(四) 当事人选择法律的限制

正如对当事人意思自治原则的普遍接受一样,各国、各地区法律对它的限制也是普遍存在的。限制的根本原因在于,法律适用是国家行为,而不是当事人的个人行为。① 当事人选择法律的权利不是凭空产生的,而是由国家所赋予的。在什么情况下、何种程度上赋予当事人选择法律的权利,完全由国家来决定。限制当事人意思自治的目的主要有两个:防止当事人以"意思自治"为由规避某些内国法的适用,保证在某些合同或合同的某些方面必须适用某些内国法;维护法律适用上的公正,保护当事人的利益。

法律和实践对当事人意思自治的限制主要包括:排除性限制——通过排除当事人意思自治原则的适用来限制;条件性限制——对意思自治原则的适用设定条件来限制。②

对意思自治的排除性限制主要表现为国际私法中强行法的适用。例如,中国大陆《示范法》第 100 条要求当事人选择法律不得违反当事人本国的强行性或者禁止性法律规定,这是当事人在选择法律时必须遵守的一项规定。③

国际私法中的强行法是保证国家管理经济活动及其他相关活动正常进行的"直接适用的法"和保护某些群体利益的"私法公法化"的

---

① 邵景春:《国际合同法律适用论》,北京大学出版社 1997 年版,第 63 页。
② 邵景春:《国际合同法律适用论》,北京大学出版社 1997 年版,第 64—65 页。
③ 中国国际私法学会:《中华人民共和国国际私法示范法》,法律出版社 2000 年版,第 137 页。

集合体。① 因此,这些规则对意思自治的限制主要表现为:

第一,涉外投资、经济合作、资源勘探等领域。大陆地区《合同法》第126条第2款要求,在中国境内履行的中外合资经营企业合同、中外合作经营企业合同、中外合作勘探开发自然资源合同必须适用中国法。当事人协议选择适用外国法律的合同条款无效。《示范法》第102条和《民法(草案)》第51条更把直接适用中国法的范围从上述三类合同扩展到包括中外合作开发房屋和土地合同,外国自然人、法人以及其他非法人组织承包经营在中国境内的中国企业的合同等五类合同。

第二,随着保护弱者的政策导向渗透到法律领域,在一些双方经济地位、实力相差悬殊的合同关系中,排除或限制当事人对法律的选择。这些特殊合同包括:

(1)雇佣合同的法律适用。雇佣合同是雇主与雇员签订的合同,其中,雇员一方通常是合同的弱方,在法律适用问题上应该考虑他被雇主操纵的可能。所以,对于雇佣合同当事人的意思自治,需要作出限制。1980年欧共体《关于合同债务的法律适用公约》第6条规定,在雇佣合同中,当事人的选择不得剥夺法律的强制性规则对受雇人所提供的法律保护。并且在当事人没有选择法律时,应适用履行合同时受雇人惯常履行其工作地国家的法律。如果他并不惯常在一个国家工作,则适用他受雇的营业所所在地国法。《瑞士联邦国际私法法规》第121条也规定:"劳动合同适用劳动者通常进行劳动地方的国家的法律。"

(2)消费者合同的法律适用。对于消费者合同法律适用施以特

---

① J. J. Fawcett & P. M. North, *Cheshire and North's Private International Law* (12th ed.), Butterworth, 1992, p.496.

殊要求是保护消费者利益的需要。保护消费者利益是当今国际社会的潮流,这一潮流直接影响到消费者合同的法律适用。如1986年《联邦德国关于改革国际私法的立法》第29条规定,此类合同当事人选择法律的结果,不得剥夺消费者习惯居所地国法律强制规则所赋予的保护。没有法律选择时,受消费者习惯居所国法支配。《瑞士联邦国际私法法规》第120条更将当事人的选择排除在外,主要适用消费者习惯居所地国法律。

(3)保险合同的法律适用。保险从一定意义上讲是提供服务的,故保险合同也可以认为是一种消费者合同,为保护投保人的利益,通常应适用投保人或被保险人习惯居所地国法。

中国大陆法律与台湾地区法律对这些合同的法律适用没有专门的规定,当然也不存在在这些领域排除或限制当事人意思自治的内容,这是两岸冲突法立法的共同不足。虽然《民法通则》第145条、《合同法》第126条都对当事人"意思自治"有一限制,即"法律另有规定的除外",表明对某些特殊合同,中国法律直接规定它们应适用的准据法,从而不允许当事人选择法律,但目前"除外"的法律规定,仍限于上述外商投资法律领域。①

此外,还有一些私法领域的法律关系,出于某些政策上的考量,法律明文规定应直接适用某国或某地区实体私法,②自然不允许当事人自主选择法律。如前述台湾地区"行政院"《海商法修正草案》第77条规定:"载货证券所载之装载港或卸货港为中华民国港口者,其

---

① 如《中外合资经营企业法实施条例》第15条、原《涉外经济合同法》第5条第2款、《深圳经济特区涉外经济合同规定》第35条、《中国银行对外商投资企业贷款办法》第25条、《合同法》第126条第2款等。

② 柯泽东:《从国际私法方法论探讨契约准据法发展新趋势——并略评两岸现行法》,《台大法学论丛》第23卷第1期。

载货证券所生之法律关系,应适用本法之规定。"

对意思自治原则的条件性限制,除了前述两岸有关当事人能否选择与合同没有客观联系的法律以及下述当事人能否选择冲突法等外,海峡两岸的法律和实践,都要求当事人的选择不得违反社会公共秩序。1987年最高人民法院《解答》第二部分之(十)指出,在适用的法律为外国法时,如其适用违反中国法律的基本原则和中国的社会公共利益的,不予适用,而适用中国相应的法律。根据台湾地区法律,当事人选择任何一个法律,凡不违反社会公共秩序和善良风俗,应适用其所选择的法律,以增进交易的便利。① 台湾地区"最高法院"1992年台上字第2341号判决认为:"……两造间本件保险契约,既记载应适用英国法及其习惯,如其约定不违背公序良俗,似无适用本国法之余地,原审以本件保险契约之要保人及保险人均为本国人,依涉外民事法律适用法第6条第2项规定,自应适用本国法为判断尚显率断……。"②

(五) 当事人选择准据法的内容

英国国际私法学者沃尔夫认为,当事人约定某种法律为合同的准据法时,该种法律制度下的全部法规均应适用于当事人的合同。所谓全部法规,不外强行法规与任意法规两类。如前所述,当事人所选择法律中的强行法规,具有绝对拘束当事人的效力。换言之,当事人不得在合同中为与之相反的记载,否则该记载无效,甚或合同不成

---

① 姚其清:《论国际私法上当事人意思自主之原则》,载《国际私法论文选辑》(下),马汉宝主编,五南图书出版公司1984年版。
② 游启忠:《论国际私法上当事人意思自主原则与我国最高法院判决运用之研析》,《国立中正大学法学期刊》第5期。

立或合同得撤销。① 对于当事人选择的法律中的任意法,则在准据法允许的范围内,可以以当事人的"自由意志择定内容代替其任意规定",可以"引用或抄袭另一外国法之规定为其契约之一部内容。"②台湾学者一般赞同这种主张。③

当事人合意选择的准据法的内容,如果因其废止或修改发生变更时,台湾地区学者一般认为合同应适用变更后的新规定,当事人选择的应是"现时的"规定,而非当然适用合同订立时该法律的内容。④这种主张有些绝对化。为了便于妥善解决因准据法变更而发生的冲突,最好在新法颁布时就该法是否具溯及力作出明确的规定;如无此规定,则应适用法律关系成立时有效的法律或根据合同当事人的约定。如果须适用新法,除非涉及国家的重大利益和法律的基本原则,应该由当事人协商解决。⑤

两岸的学者都主张,当事人选择的法律一般只包括实体法,不包括冲突法。中国大陆司法实践在合同的法律适用上,采用这种做法,1987年最高人民法院《解答》第二部分之(五)规定:"当事人协议选

---

① 例如,当事人订立一个从英国运至甲国的海上运输合同,约定适用英国法,但英国法采《海牙规则》(Hague Rules),根据海牙规则,承运人不得有效免除因船长或船员的过失而产生的责任。如果双方当事人合意免除上述责任,则即使甲国法律允许这种约定,该免除的约定无效,因为海牙规则的该项规定是强制性规定,当事人不得任意变更。参见[英]马丁·沃尔夫:《国际私法》,李浩培、汤宗舜译,法律出版社1988年版,第597页。

② 苏远成:《国际私法》,五南图书出版公司1995年版,第220页。

③ 马汉宝:《国际私法上"当事人意思自治原则"晚近之理论与实际》,载《国际私法论文选辑》(下),马汉宝主编,五南图书出版公司1984年版;张忠嘉:《中国国际贸易契约准据法之研究》,载《法律哲学与国际私法》,马汉宝先生六秩华诞祝贺论文集编辑委员会编,五南图书出版公司1986年版;苏远成:《国际私法》,五南图书出版公司1995年版,第220页。

④ 刘铁铮、陈荣传:《国际私法论》,三民书局1998年版,第132页。

⑤ 韩德培主编:《国际私法新论》,武汉大学出版社1997年版,第171页。

择的或者人民法院依照最密切联系原则确定的处理合同争议所适用的法律,是指现行的实体法,而不包括冲突规范和程序法。"台湾地区现行立法和修正草案对此没有规定。

(六) 分割选择

分割选择是把国际民商事合同分成几个部分,分别选择应适用的法律。沃尔夫认为:"严格地说,使用'合同的准据法'一词并不十分确切,应该说'合同义务'的准据法。这样,如果合同产生的义务不止一个,就会有几个准据法。"[1]与分割选择相对的是不可分割选择,即把国际民商事合同作为一个整体选择适用某法律。[2] 合同的法律适用分割与否在国际上形成"分割论"与"单一论"之争。总的说来,分割选择可以反映合同关系的各个方面和诸要素间往往相对独立又特点各异的复杂情况,对合同的不同方面适用不同的法律,增加了法律选择的灵活性,有利于合同纠纷的妥善解决,但同时分割也给合同的法律适用带来麻烦。不分割选择可以克服分割产生的不便,使合同的法律适用比较稳定、简捷,但却往往忽视了合同关系的复杂性,有时对合同关系的调整缺乏针对性,不利于维护当事人的合法权益。

从适应当代合同法律适用灵活性的要求出发,目前,采用分割选择的立法不断增多。[3] 中国大陆《示范法》采用分割选择,其第 100

---

[1] [英]马丁·沃尔夫:《国际私法》,李浩培、汤宗舜译,法律出版社 1988 年版,第 605 页。

[2] 中国国际私法学会:《中华人民共和国国际私法示范法》,法律出版社 2000 年版,第 138 页。中国大陆有的学者称其为"单一法律选择"与"复合法律选择"。参见邵景春:《国际合同法律适用论》,北京大学出版社 1997 年版,第 56 页。

[3] Peter Nygh, *Autonomy in International Contracts*, Oxford University Press, 1999, pp. 122—138.

条第3款规定:"当事人可以决定将选择的法律适用于合同的全部,或者其中一部分或者几部分。"台湾地区《涉外民事法律适用法》及其修正草案对是否允许当事人分割选择法律没有规定。学者把分割选择称为"多数法律之选定",认为当事人有时基于特殊原因,得就合同关系的某些部分,合意适用准据法以外的其他法律。例如,可以在选定的买卖合同的准据法之外,特别约定货物的检查和瑕疵的通知,适用交货地的法律;而且,这种选定其他法律的情形,也常适用在合同履行方式上。但是,应将准据法以外选用其他法律的情形与"分裂合同"(spliting the contract)加以区别。分裂合同指将合同的成立与履行分别适用合同订立地法与合同履行地法,或在买卖合同或其他双务合同中,当事人双方义务各依其履行地法为准据法。对这种多数准据法的选定,应加以限制。①

三、海峡两岸意思自治原则的发展适用

"当事人自治的理论说明还存在超越传统的单边或多边方法的法律选择方法。事实上,该理论已不局限于合同的法律选择,而且也被适用于诸如婚姻财产和继承等领域。"②在现代国际私法的立法中,当事人意思自治原则的适用已向合同领域外的其他领域扩展。可以说,扩张当事人意思自治原则的适用范围,泛化当事人意思自治

---

① 马汉宝:《国际私法上"当事人意思自治原则"晚近之理论与实际》,载《国际私法论文选辑》(下),马汉宝主编,五南图书出版公司1984年版,第677页;刘铁铮、陈荣传:《国际私法论》,三民书局1998年版,第132页。

② Frindrich K. Juenger, *The Problem with Private International Law*, in *Private Law in the International Arena: from National Conflict Rules towards Harmonization and Unification*, Jürgen Basedow etc., ed. T. M. C. Asser Press, 2000, p. 306.

原则的作用领域,是当前国际私法立法的一个发展趋势。①

(一) 中国大陆意思自治原则的发展适用

与国际私法的发展趋势相适应,《示范法》与《民法(草案)》也把意思自治原则引入其他领域的法律适用。重要的有:

1. 侵权行为的法律适用。《示范法》第 116 条与《民法(草案)》第 81 条规定,侵权行为发生以后,加害人和受害人可以协商选择适用法院地法,但不得选择法院所在地以外的法律。以上规定尽管赋予当事人的只是有限意思自治,但对传统的侵权行为的法律适用是一种突破,给侵权行为法律适用领域注入了新的活力。② 在侵权领域引入意思自治方法,可以大幅度降低传统国际私法因机械性和僵固性给当代复杂多变的侵权诉讼带来的法律不确定性。③

2. 信托的法律适用。从信托的国际和国内立法来看,意思自治原则在信托领域占有重要地位,如 1986 年海牙《关于信托的法律适用及其承认公约》第 1 条即规定了有条件的意思自治。《示范法》第 91 条、《民法(草案)》第 42 条都规定,信托适用信托财产委托人在设定信托的书面文件中明示选择的法律;委托人在信托文件中没有选择的,或者被选择的法律没有规定信托制度的,适用与信托有最密切联系的法律。信托财产所在地法、信托管理地法、受托人的经常居住

---

① 这种趋势的形成不是偶然的,有着多方面的深刻的原因。例如:可以克服传统规范所具有机械、僵化的弊端;有助于实现国家保护弱者和受害者的政策取向;可以增加适用法院地法或增加内国法院对案件行使管辖权的机会;尊重当事人的利益抉择,回避主权者意志的直接冲突;有助于实现冲突法所一贯追求的法律适用的可预见性、确定性和一致性的价值目标等等。参见吕岩峰:《论当事人意思自治原则之扩张》,《法学评论》1997 年第 6 期。

② 黄瑞:《涉外侵权行为法律适用原则的发展趋势》,载《当代国际私法问题——庆祝韩德培教授八十五华诞论文集》,黄进、刘卫翔主编,武汉大学出版社 1997 年版。

③ 宋晓:《当代国际私法的实体取向》,武汉大学出版社 2004 年版,第 240 页。

地或营业所所在地法律、信托目的实现地法律,通常情况下可以确定为信托的最密切联系地法律。

3. 离婚的法律适用。近年来,意思自治原则甚至扩大到了家庭法领域,在离婚问题上,当事人也可选择法律。①《示范法》第132条和《民法(草案)》第62条都规定,当事人协议离婚的,适用其以明示方式选择的当事人一方或者共同的本国法律、住所地法律、经常居住地法律;当事人没有选择法律的,适用离婚登记机关或者其他主管机关所在地法律。

4. 夫妻财产关系的法律适用。16世纪,法国学者杜摩兰(Dumoulin)认为应把夫妻财产制问题视为默示合同,夫妻财产关系的准据法适用当事人意思自治原则。现今许多国际私法立法在夫妻财产制的法律适用上确立了这一原则。《示范法》第134条和《民法(草案)》第64条规定,夫妻财产关系,适用当事人协商一致以明示方式选择的法律。当事人没有选择的,适用与夫妻人身关系一致的法律适用原则,但涉及不动产的,适用不动产所在地法。

5. 继承关系的法律适用。继承关系适用当事人意思自治原则主要体现在遗嘱继承领域。对此,《示范法》第144条、《民法(草案)》第74条规定,遗嘱内容和效力,适用立遗嘱人明示选择其立遗嘱时或者死亡时的本国法律、住所地法律或者经常居住地法律。立遗嘱人没有选择法律的,适用上述法律中最有利于遗嘱成立的法律。

6. 仲裁协议的效力及仲裁程序的法律适用。《示范法》第151条规定,仲裁协议的效力,除当事人的行为能力以外,适用当事人选择的法律;第152条规定,仲裁程序适用当事人约定的程序规则,但不得违背仲裁地法或者仲裁作出地法的强制性规定。当事人未约定

---

① 韩德培主编:《中国冲突法研究》,武汉大学出版社1993年版,第27—28页。

的,适用仲裁庭确定的程序规则。

此外,《示范法》和《民法(草案)》都规定法律行为方式,当事人可以选择所适用的其他法律;委托代理中被代理人与代理人之间的关系,适用双方明示选择的法律(《民法(草案)》没有明示选择的要求)等等。

(二) 台湾地区意思自治原则的发展适用

除了合同领域的法律适用,台湾地区冲突法的意思自治原则也已扩大适用于其他领域,例如:

1. 行为方式的法律适用。传统国际私法对于合同方式的准据法,按照"场所支配行为"原则,适用行为地法。但随着国际交往的频繁与科学技术的进步,有时合同缔结地难以确定。现在,立法对于合同方式的限制越来越少,认为支配合同实质问题的准据法也可支配合同方式问题,《涉外民事法律适用法》第5条规定:"法律行为之方式,依该行为所应适用之法律。"这样,结合《涉外民事法律适用法》第6条的规定,当事人意思自治选择法律也可用于合同的形式。①

台湾地区《涉外民事法律适用法修正草案》在以下条款增加了当事人意思自治的规定。

2. 代理关系。如《修正草案》(第三稿)第16条规定:"代理权系以法律行为授予者,其代理权之成立及在本人与代理人间之效力,依本人及代理人明示之合意定其应适用之法律……。"第17条规定:"代理人以本人之名义与相对人为法律行为,在本人与相对人间,关于代理权之有无、限制及行使代理权所生之法律效果,依本人与相对

---

① 赖来焜:《当代国际私法之构造论》,神州图书出版有限公司2001年版,第329页。

人明示合意应适用之法律……。"

3. 非因法律行为而生之债。如《修正草案》(第三稿)在规定了不当得利、无因管理及侵权行为的法律适用原则后,第 28 条又规定:"非因法律行为而生之债,其当事人于起诉后合意适用中华民国法律者,依中华民国法律。"该规定说明,在侵权行为、不当得利、无因管理的法律适用方面,当事人可以选择法院地法。

4. 债权之让与。如《修正草案》(第三稿)第 29 条规定:"债权之让与,对于债务人之效力,依原债权之成立及效力所应适用之法律。但让与人及受让人就其应适用之法律另有合意时,以债务人同意者为限,依其合意之法律。"

5. 有价证券集中保管合同。如《修正草案》(第三稿)第 40 条规定:"有价证券由证券集中保管人保管者,其权利之取得、丧失或变更,依集中保管契约所明示应适用之法律。……"

6. 夫妻财产制。如《修正草案》(第三稿)第 44 条规定:"夫妻财产制,夫妻以书面合意适用其一方之本国法或住所地法者,依其合意定其应适用之法律。夫妻无前项之合意或其合意依前项应适用之法律无效时,其夫妻财产制依夫妻共同之本国法,无共同之本国法时,依共同之住所地法,无共同之住所地法时,依与夫妻婚姻关系最切地之法律。前二项之规定,关于夫妻之不动产,如依其所在地法,应从特别规定者,不适用之。"

比较两地有关意思自治原则适用的发展趋势,可以看出,中国大陆意思自治原则的适用范围比台湾地区广泛。笼统地说,台湾地区立法及其倾向体现为意思自治原则主要适用于与债权有关的关系,没有脱离民事主体的平等交易领域。而中国大陆则把意思自治原则扩张适用于侵权、离婚、继承等领域。传统上,这些法律关系领域,涉及国家利益或社会利益的比重要比合同法律关系大得多,当事人的自治程度相应地也低得多。但是,全盘否定意思自治在国际私法其他领域的发展,实质上便是否定其他私法领域的私法性质。[①] 在这些领域中,也在不同程度上存在着保护当事人合理期望的必要性与正当性,存在着不容忽视的当事人的个人利益,纳入当事人意思自治原则,有利于当事人利益的维护。

两岸在发展意思自治原则适用范围的同时,在这些领域适用意思自治原则都有一定的限制。这些限制表现在:其一,只能选择法院地法,侵权领域的意思自治即是如此;其二,必须是明示的选择,而不允许默示意思自治。如大陆规定的信托、离婚、夫妻财产关系、继承等,台湾地区规定的代理、有价证券、夫妻财产关系等方面。其三,给当事人的意思自治限定了一定的范围,如大陆《示范法》规定在协议离婚的法律适用上,只允许当事人以明示方式选择当事人一方或者共同的本国法律、住所地法律、经常居住地法律;台湾地区对于夫妻财产制,只允许当事人选择适用其一方的本国法或住所地法。

之所以施加这些限制,一个原因是这些领域不同于合同关系。从杜摩兰于16世纪明确提出当事人意思自治原则至今,意思自治原则一直适用于合同领域,合同本来就是当事人间的一种协议,合同当事人希望他们之间建立的关系能够最大限度地体现他们的意志。"契约自由"思想渗透到合同的法律适用中,当事人自然可以选择合同应该适用的法律。在今天,虽然"契约自由"思想已经不再像它在"启蒙运动"时代那样具有深刻的政治意义,但是,在民商事交易中,作为一项交易准则,它仍然深入人心。在"契约自由"的思想基础上,从事国际交易的合同当事人希望能够按照他们自己的意志来决定支

---

① 宋晓:《当代国际私法的实体取向》,武汉大学出版社2004年版,第238页。

配他们所订立的合同的法律。① 而且,经过几个世纪的实践、发展与演变,合同领域的意思自治原则也在不断完善,合同领域如何适用该原则,适用该原则应注意什么问题,满足什么条件,几乎有约定俗成的规律可寻。而在其他领域适用当事人意思自治原则则不然,这些领域的当事人可能对选择法律还是陌生的,不知如何选择才对自己有利。因而,对当事人选择法律限定一定的范围,设定一些条件是必要的,是为了防止意思自治泛滥而可能产生的弊端,保障当事人意思自治发挥积极的作用。②

第二,是由法律关系的特殊性决定的。例如,在侵权关系中,某地为法院地说明侵权行为和法院地有密切的关系,规定当事人只能选择法院地法一方面增加了法院地法适用的机会,便于维护法院地的法律秩序;另一方面减少外国法查明的困难和费用,增加法官在适用法律时的便利。台湾地区《修正草案》(第三稿)的有关规定就出于此目的:"当事人就非因法律行为而生之债涉讼者,法院亦多盼当事人能达成诉讼上和解,如未能达成和解,其在诉讼中达成适用法庭地法之合意者,对诉讼经济亦有助益,当为法之所许。"③

第三,婚姻家庭、继承问题既涉及人的身份关系也涉及人的财产关系,所以在离婚、夫妻财产制与遗嘱继承上对当事人选择法律有一定的限制是必要的。而且,因为这些关系主要属于属人事项,限制集中在当事人的本国法、住所地法或居所地法也是必然的,这些地方可能与当事人的生活有密切的联系,允许当事人在这些范围选择法律

---

① 邵景春:《国际合同法律适用论》,北京大学出版社 1997 年版,第 35 页。
② 吕岩峰:《当事人意思自治原则论纲》,载《中国国际私法与比较法年刊》(第二卷),韩德培等主编,法律出版社 1999 年版。
③ 《涉外民事法律适用法修正草案总说明》(第三稿),载自赖来焜著:《基础国际私法学》,三民书局 2004 年版,第 510 页。

能增加法律适用的确定性和可预见性。

第四,在合同领域尽管许多国家都承认当事人的默示选择,但应该看到,默示的法律选择是借助于法官的司法行为而完成的,如果法官简单、武断地使用当事人的这种选择,极易造成法官把他自己所作的法律选择,硬说成是当事人的默示选择的状况,①于当事人不利。因而,即使合同关系,为了保证其法律适用的明确、稳定,应尽量采用明示的意思自治。意思自治的新的扩张领域更应如此:一则,如上所述,当事人与法官在这些领域意思自治的经验不足,明示的意思自治更能直接反映当事人真实的意思,也减轻了法官推定当事人意思的负担;二则,当事人意思自治的新领域,一般说来,与当事人的人身利益与财产利益密切相关,而且,关系到有关法域的社会公共利益。因此,这些领域当事人的选择也更强调其稳定性、针对性,从而维护当事人的正当权益以实现社会公正。

值得注意的是,近年来,一些国家的立法已使当事人就非合同之债的意思自治的自由程度非常接近于合同之债当事人意思自治的自由程度。例如,1999年《德意志联邦共和国关于非合同债权关系和物权的国际私法立法》第42条规定:"非合同债权关系据以产生的事件发生后,当事人可以选择应适用的法律。第三人的权利不受影响。"这里的"非合同债权关系"包括不当得利、无因管理及侵权行为。如果当事人就不当得利、无因管理、侵权行为选定了准据法,则当事人的选择优先于根据该法第38条、第39条、第40条规定的本应适用的法律的适用。② 而且,第42条除了对当事人选择法律的时间(产生非合同之债的事实发生后)、选择法律对第三方的影响(双方的

---

① 邵景春:《国际合同法律适用论》,北京大学出版社1997年版,第39页。
② 宋晓:《当代国际私法的实体取向》,武汉大学出版社2004年版,第242页。

约定不得影响第三人的权利。这也是合同法的基本原则)有所限制外,并没有对法律选择的地域、方式等做出限制。

四、意思自治原则与海峡两岸民商事法律冲突的解决

当事人意思自治原则被海峡两岸国际私法理论、立法与实践所接受,广泛适用于解决海峡两岸与其他国家的法律冲突。其实,意思自治原则在解决两岸特殊的区际法律冲突时也应充分发挥其积极效用。

(一)以当事人意思自治原则解决海峡两岸民商事法律冲突的必要性

其一,回避台湾当局的政治意志,尊重当事人的利益选择。

从法律冲突来看,立法机关规定硬性连结点的传统冲突规范,直接体现着立法者所代表的政治意志。因此,运用冲突规范确定准据法的过程,实际上是实现政治意志的过程。不同的立法者对同一法律关系制定不同的冲突规范,在一定程度上反映了他们对同一问题的利益分歧。"冲突法上要处理的问题,表面上看是不同法律之间的冲突,但这种法律冲突的背后,却存在着不同……的利益冲突。"[①]根据这些冲突规范确定当事人的权利义务虽然实现了立法者的意愿,却未必符合当事人的要求。如前所述,海峡两岸在政治上长期对立,这种对立不可能不反映在各自的冲突法中,从而形成冲突规范的冲突。这样必然会影响两岸民商事交往的发展,抑制两岸民商事主体

---

① 李双元:《国际私法(冲突法篇)》(修订版),武汉大学出版社2000年版,第320页。

进行交往的积极性,对两岸关系的发展不利。如果采用当事人意思自治原则,由当事人自己选择其认为最合适的法律,则既可回避立法者意志的冲突,又可以调动两岸当事人从事涉两岸民商事交往的积极性,推动两岸民商事法律关系的顺利发展。

其二,两岸民商事法律冲突是私法性质的冲突,允许当事人选择法律符合"私法自治"的精神。

海峡两岸的民商事法律冲突是私法性质的冲突,"私法自治"是被人们广泛接受的私法关系中的一个根本原则。所谓"私法自治",即私法主体有权自主实施私法行为,他人不得非法干预;私法主体仅对基于自由表达的真实意思而实施的私法行为负责;在不违反强行法的前提下,私法主体自愿达成的协议优先于私法的适用,即私人协议可变通私法。① 可见,私法自治的核心,就是尊重当事人的个人意志。冲突法领域的当事人意思自治原则,是所谓的"私法自治"原则在法律适用问题上的体现。② 两岸的民商事法律冲突虽然特殊,但私法关系的性质不变,因而,解决海峡两岸的民商事法律冲突,在法律适用上允许当事人选择法律,就是对私法自治原则的贯彻,是私法自治原则在两岸民商事关系中的直接表达。

其三,允许当事人选择法律,有助于两岸民商事法律冲突的解决。

当事人选择某地法律,一般是出于对该地法律的了解,故把选择法律的权利交给当事人行使,由他们来选择对自己有利的法律,可以增加法律适用的可预见性与稳定性,有利于维护当事人的合法权益,保护当事人的正当利益。随着海峡两岸民商事交往的发展,两岸当事人的合同关系不断增多,如果法律能确认当事人选择法律的效力,他

---

① 江平、张礼洪:《市场经济和意思自治》,《法学研究》1993 年第 6 期。
② 吕岩峰:《当事人意思自治原则论纲》,载《中国国际私法与比较法年刊》(第二卷),韩德培等主编,法律出版社 1999 年版。

们在订立合同时就能知道,何种法律将支配他们之间的权利义务关系,并依该法律起草合同,按该法律的规定履行合同,这就可以减少合同纠纷。即使发生了纠纷,因为当事人事先已选择了法律,从而给纠纷的迅速解决创造了条件。从其他领域来看,允许两岸当事人在法律限定的范围内选择法律,同样利于解决纷争。如果允许当事人选择法院地法,可以扩大本地法院的管辖权、扩大本地法的适用,并给法院解决纠纷带来方便;如果把选择法律的权利交给受害人一方行使,由他来选择对自己最为有利的法律,则对于保护受害人的权益大有益助。

(二) 当事人意思自治原则的适用范围

海峡两岸的民商事法律关系,应允许当事人意思自治。然而,当事人在哪些法律关系中可以意思自治是人们应该考虑的问题。从前述内容可以看出,海峡两岸解决国际民商事法律冲突的意思自治原则,已突破传统的合同范围,并不断向其他领域扩展。按照这种思路,应该认为,海峡两岸的民商事关系中,当事人意思自治原则的适用也不应仅仅限制在合同领域。

中国大陆没有专门的区际冲突法立法,一般类推国际私法解决它与中国香港、澳门、台湾地区的法律冲突。因而,现行国际私法规定的合同领域当事人的意思自治应该适用在海峡两岸当事人间的合同关系中。同时,从《示范法》和《民法(草案)》的内容反映出的扩张适用当事人意思自治的倾向,如果在将来新的国际私法立法中通过条文具体体现,那么,发展了的当事人意思自治原则,自然应在解决包括海峡两岸法律冲突的区际法律冲突时适用。当然,意思自治这时的适用应考虑两岸民商事法律冲突的特点。例如,对于两岸当事人间侵权行为的法律适用,因侵权行为是单方行为,而且该行为给另一方当事人造成了损害,法律对当事人意思应予以尊重,但在两岸关系的实践中,应更多地向受害方倾斜,把选择法律的权利更多地给予受害方,以实现侵权之债法律适用的实质上的公正。瑞士国际私法规定侵权行为发生以后,当事人可以随时协商选择适用法院地法,但实践中,瑞士的判例也支持受害者一方根据对其最有利的法律去起诉,德国的判例也持相同的主张。①

《示范条例》明确规定意思自治原则的主要有:第 27 条规定,"合同适用当事人协商一致和以明示方式选择的法律。当事人可以在订立合同时,或者合同发生争议后,或者法院开庭审理前作出选择。在大陆地区履行的合资经营企业合同、合作经营企业合同、合作勘探开发自然资源合同,必须适用大陆地区的法律,当事人协议选择适用法律的条款无效。"该条的拟订与中国大陆的立法与实践相一致;第 37 条第 2 款规定,"夫妻间财产关系适用当事人双方以明示方式选择的法律。"从而把意思自治原则适用于区际夫妻财产关系。

台湾地区《涉外民事法律适用法修正案》规定了当事人意思自治原则的发展适用。但解决两岸关系的法律——《两岸人民关系条例》明确规定意思自治原则的只有一条,即第 48 条第 1 款规定:"债之契约依订约地之规定。但当事人另有约定者,从其约定。"该条第 2 款规定:"前项订约地不明而当事人又无约定者,依履行地之规定,履行地不明者,依诉讼地或仲裁地之规定。"如前所述,该条第 1 款规定在体例上以订约地法为主,以当事人意思自治原则为例外,但在效力上,当事人有约定的,以当事人约定的效力为优先。从该条第 2 款的规定来看,似乎可以做两种解释,即前款订约地不明时,依履行地的规定,履行地不明的,依诉讼地或仲裁地的规定;或者订约地不明但当事人有约定时从其约定,订约地不明而当事人也无约定时,才依履

---

① 韩德培主编:《中国冲突法研究》,武汉大学出版社 1993 年版,第 28 页。

行地的规定,履行地不明时,依诉讼地或仲裁地的规定。这样看来,该款存在的问题之一,前款规定的当事人约定的效力优先表现得不够突出;问题之二,当事人意思不明时,没有采用冲突法中流行的最密切联系原则,而采用硬性的连结点指引的法律,法律适用不够灵活;再者,把诉讼地法和仲裁地法作为最后补救手段的规定较为特殊。除该条之外,《两岸人民关系条例》第47条规定:"法律行为之方式,依该行为所应适用之规定。"由此,合同行为方式,可以适用合同的准据法,合同的准据法允许当事人意思自治,所以,合同行为方式有时也可适用当事人选择的法律。

除此之外,在《两岸人民关系条例》中,再没有适用当事人意思自治的规定,当事人也再没有在其他涉海峡两岸的民商事关系中选择法律的机会。台湾地区关于意思自治原则在两岸民商事关系中的适用显得过于谨小慎微。其实,《两岸人民关系条例》有不少规定可以采用当事人意思自治原则。试举一例,该条例第54条规定:"台湾地区人民与大陆地区人民在大陆地区结婚,其夫妻财产制,依该地区之规定。但在台湾地区之财产,适用台湾地区之法律。"这条规定的不合理与保守自不待言,以结婚行为地法作为解决两岸夫妻财产关系的准据法,难以体现和尊重夫妻双方的自由意志。在夫妻财产关系方面,主张采用当事人意思自治原则已相当普遍,海峡两岸的夫妻财产关系,完全可以在一定条件下允许当事人自主选择法律,在当事人没有选择法律时再做硬性的规定。

(三) 当事人意思自治原则的适用条件与限制

在两岸的民商事法律关系中,扩大适用当事人意思自治原则对发展两岸的民商事交往有利,但并非对两岸当事人的意思自治不附条件、没有限制。

首先,当事人选择法律的方式是明示的还是默示的。如前所述,当事人的明示选择可以保证纠纷的及时、公正解决;而且,两岸的立法与实践也表现出明示意思自治的倾向。再者,海峡两岸的民商事关系受各种法律的与非法律的因素影响,情况复杂。要求当事人明示选择法律,将使法律适用直接、简单,从而避免受法官意识形态或其主观因素在法律适用上的制约,给法律适用带来麻烦。所以,涉两岸民商事法律冲突,应要求当事人明示意思自治。

其次,当事人选择法律的范围是否应受到限制,即海峡两岸当事人是仅选择台湾地区和大陆地区法律,还是可以选择适用其他地区甚至外国法。

对于当事人意思自治的空间范围,中国大陆国际私法并没有限制,因此,类推适用国际私法解决区际法律冲突,两岸当事人选择法律的范围应该也没有限制。台湾地区《两岸人民关系条例》第48条对当事人选择法律的范围没有做明确的规定,但根据该条例第41条第3款的规定:"本章所称行为地、订约地、发生地、履行地、所在地、诉讼地或仲裁地,指在台湾地区或大陆地区。"如果当事人选择这些地方的法律,意味着只能选择台湾地区法律或大陆地区法律。

两岸当事人是否可以选择适用外国法?台湾地区《两岸人民关系条例》第三章也规定有双边冲突规范,但这类规范与一般国际私法上的双边冲突规范有区别。这类规范中的"双边"仅指"非我即彼"的准据法确定方式,即海峡两岸的民商事法律冲突,台湾地区法院既可能适用作为法院地法的台湾法律,也可能适用中国大陆的法律,但原则上不能适用其他国家的法律。① 中国大陆也有学者主张,涉及中

---

① 王志文:《两岸三地民事法律适用问题之研究》,载《国际私法论文集:庆祝马教授汉宝七秩华诞》,国际私法研究会丛书编辑委员会主编,五南图书出版公司1996年版。

国的区际合同的法律冲突问题,如果合同当事人双方均来自中国的不同法域,合同的缔结地和履行地都在中国内该有关法域,则这种合同纯属国内合同,不应允许当事人选择适用外国法,法律选择的范围只能从中国大陆法、香港法、澳门法、台湾法四大法域的法律中选择一个。如果当事人未选择法律,法院根据最密切联系原则确定准据法,也只能从中国大陆法、香港法、澳门法和台湾法中确定何者与合同有最密切的联系。①

然而,有的大陆学者主张,两岸民商事法律冲突的解决,当事人可以选择适用外国法。② 该主张为笔者所赞同。理由如下:

第一,"一个中国"是解决两岸关系的前提,也是解决两岸民商事法律冲突的前提,只要不违反"一个中国"原则,且有利于两岸法律冲突的解决,应该允许当事人做这种选择。那么,当事人选择外国法律是否违反"一个中国"原则?对这个问题的回答是否定的,原因很简单:首先,两岸的民商事法律冲突是私法性质的冲突,即使选择适用外国法,也不直接涉及国家主权问题;其次,两岸当事人选择适用外国法,是"私法自治"原则的一种实际体现;再次,虽然两岸的民商事法律冲突是私法性质的冲突,但它也是两岸关系的一部分,两岸民商事法律冲突的顺利解决,也能在一定程度上为实现两岸的和平统一创造条件。

第二,从理论上看,在冲突法中,可以不把外国法看作"法律",而视其为一种"事实"规范。当事人选择作为"事实"规范的外国法,用作自己主张适用的法律或争讼的证据,无疑是合理的。

第三,意思自治原则主要适用于合同领域。从中国大陆的实践

---

① 孟宪伟:《我国区际私法应及时出台》,《北京联合大学学报》1997年第6期。
② 徐崇利:《两岸民商事法律冲突的性质及立法设计》,载《厦门大学法律评论》(第5辑),柳经纬主编,厦门大学出版社2003年版。

看，无论在香港、澳门回归前还是回归后，对于涉港澳的合同法律冲突，都存在当事人合意选择外国法的情形。1987年最高人民法院《解答》第一部分之（二）规定，《涉外经济合同法》可以适用于"港澳地区的企业、其他经济组织或者个人同内地的企业或者其他经济组织之间订立的"合同；第二部分之（二）规定："当事人选择的法律，可以是中国法，也可以是港澳地区的法律或者是外国法。"综合这两条的规定，可以看出，在香港、澳门回归前，最高人民法院认可当事人就涉港澳合同纠纷选择适用外国法。从香港1997年7月1日回归到1999年10月1日《涉外经济合同法》失效期间，最高人民法院并没有对解答的上述解释进行修改，换言之，香港回归后，大陆与香港当事人之间的合同纠纷，当事人仍然可以选择外国法作为准据法。事实上，就是到目前，仍然有不少涉港澳合同纠纷，由当事人通过"意思自治"来选择适用外国法。① 以此类推，对于涉台合同法律冲突，不应区别于涉港澳的合同法律冲突，进而禁止当事人合意选择外国法。

与此相关的另一个问题是，海峡两岸当事人能否根据意思自治选择国际惯例的适用。因为合同领域存在大量国际惯例，因此，这是探讨两地法律冲突的解决不得不补充说明的问题。大陆《民法通则》第142条第3款规定："中华人民共和国法律和中华人民共和国缔结或者参加的国际条约没有规定的，可以适用国际惯例。"原《涉外经济合同法》第5条第3款也规定："中华人民共和国法律未作规定的，可以适用国际惯例。"但是国际惯例是任意性规范，只有在当事人选择适用时，它才可以作为合同的准据法。因此，在中国大陆地区，涉外经济合同在两种情况下会适用国际惯例：一是当事人的意思自治选

---

① 徐崇利：《两岸民商事法律冲突的性质及立法设计》，载《厦门大学法律评论》（第5辑），柳经纬主编，厦门大学出版社2003年版。

择;二是作为合同准据法的大陆法律或中国缔结的条约无相关规定。补充适用国际惯例是大陆确定合同法律适用的一项特色原则。① 实际上,诸如《国际贸易术语解释通则》等任意性惯例,虽然冠以"国际"之名,其实不过是经由国际民间组织编纂的、由各国商人在长期的商事交往中形成的默示规则。因此,在两岸的经济贸易交往中,当事人自可通过意思自治选择适用这些"国际"惯例,人民法院也可根据《民法通则》第 142 条第 3 款的规定,直接援用它们作为处理两岸经贸纠纷的准据法。

在国际私法实践中,当事人也可以根据意思自治原则选择一些对当事人本无拘束力的国际民商事条约,将之作为"国际惯例"加以适用。但是,国际条约毕竟是主权国家间签定的法律文件,没有中央政府的授权,台湾地区不可能参加这些国际条约。为了避免台湾当局意把两岸关系定位为"国家"之间的关系而寻证据、找口实,对于海峡两岸民商事法律冲突的解决,应禁止任何方选择适用国际条约的规定。②

合同以外的其他领域,两岸当事人能否选择适用外国法? 一般而言,当事人意思自治原则扩张适用的领域,两岸法律基本对当事人选择的权利作了一定的条件限制,因此,当事人只能遵守这些条件限制。

再次,海峡两岸当事人选择法律,不得违反法院地的公共秩序。两岸冲突法都有公共秩序保留的规定。本来,解决一个国家内部的区际法律冲突,应该尽量减少公共秩序保留的适用,但是由于海峡两

---

① 董立坤主编:《中国内地与香港地区法律的冲突与协调》,法律出版社 2004 年版,第 350 页。
② 徐崇利:《两岸民商事法律冲突的性质及立法设计》,载《厦门大学法律评论》(第 5 辑),柳经纬主编,厦门大学出版社 2003 年版。

岸关系特殊,并且难以摆脱两岸政治环境的影响,所以,在当事人意思自治原则的适用上,我们仍可以充分利用公共秩序保留这个"安全阀",如果当事人选择的法律会给我们的社会公共利益带来危害,就应排除其适用,转而适用中国大陆法律。根据《两岸人民关系条例》的规定,公共秩序保留同样是台湾地区否定当事人意思自治,不适用大陆地区法律的"利器"。

第五节 海峡两岸冲突法最密切联系原则的适用

最密切联系原则(theory of the most significant relationship)也被台湾地区学者称为"最重要牵连关系原则"、"最重要关连原则"、"最密切牵连关系理论"、"最重要牵连因素原则"等。该原则是当代国际私法最流行的理论与法律适用原则,同样引起海峡两岸冲突法理论、立法与司法实践的高度重视。

一、海峡两岸有关最密切联系原则的立法

中国大陆 1985 年《涉外经济合同法》第 5 条规定:涉外合同当事人可以选择处理合同争议所适用的法律,"当事人没有选择的,适用与合同有最密切联系的国家的法律。"1986 年《民法通则》第 145 条、1999 年《合同法》第 126 条也有类似的规定。

《民法通则》第 148 条规定:"扶养适用与被扶养人有最密切联系的国家的法律。"

1987 年最高人民法院《解答》第二部分之(六)对于 13 类合同,规定人民法院按照最密切联系原则确定所应适用的法律;但是,如果合同明显地与另一国家或者地区的法律具有更密切的联系,人民法

院应以另一国家或者地区的法律作为处理合同争议的依据。该部分之(七)规定:"当事人有一个以上的营业所的,应以与合同有最密切联系的营业所为准。"

1988年最高人民法院《意见(试行)》(及其修改稿)在下列事项上,也规定了最密切联系原则。第182条(修改稿第212条)规定:"有双重或者多重国籍的外国人,以其有住所或者与其有最密切联系的国家的法律为其本国法。"第183条(修改稿第213条)规定:"当事人的住所不明或者不能确定的,以其经常居住地为住所。当事人有几个住所的,以与产生纠纷的民事关系有最密切联系的住所为住所。"第189条(修改稿第219条)规定:"父母子女相互之间的扶养、夫妻相互之间的扶养以及其他有扶养关系的人之间的扶养,应当适用与被扶养人有最密切联系国家的法律。扶养人和被扶养人的国籍、住所以及供养被扶养人的财产所在地,均可视为与被扶养人有最密切的联系。"第192条(修改稿第222条)规定:"依法应当适用的外国法律,如果该外国不同地区实施不同的法律规定的,依据该国法律关于调整国内法律冲突的规定,确定应适用的法律。该国法律未作规定的,直接适用与该民事关系有最密切联系的地区的法律。"

《示范法》及《民法(草案)》更把最密切联系原则规定于广泛的适用范围(见表4.1)。

表4.1 《示范法》与《民法草案》适用最密切联系原则的范围

内容	示范法						民法(草案)					
	区际和人际冲突	国籍的消极冲突	住所的积极冲突	营业所的积极冲突	信托	合同	侵权	区际冲突	国籍的消极冲突	住所的积极冲突	营业所的积极冲突	信托	合同	侵权

示范法							民法（草案）						
条目	16	60	62	64	91	101	113	9	17	18	19	42	50	80
主体	国际民商事关系	自然人	民商事关系	民商事关系	信托	合同	侵权事件	涉外民事关系	自然人	涉外民事关系	涉外民事关系	信托	合同	侵权事件
客体	法律	国籍所属国	住所	营业地	地	地	地	区域	国籍国	住所地	营业所所在地	地	国家	地

台湾地区1953年《涉外民事法律适用法》没有严格意义上的关于最密切联系原则的规定。该法第26条规定："依本法应适用当事人本国法，而当事人有多数国籍时，其先后取得者，依其最后取得之国籍定其本国法。同时取得者，依其关系最切之国之法。但依中华民国国籍法应认为中华民国国民者，依中华民国法律。"第27条第2款、第3款规定："当事人有多数住所时，依其关系最切之住所地法。但在中华民国有住所者，依中华民国法律。当事人有多数居所时，准用前项之规定，居所不明者依现在地法。"这两条规定表明，首先，对当事人国籍的积极冲突及住所、居所的积极冲突应依其关系最密切的国籍、住所、居所为之。然而，这里仅能从当事人的多数国籍、住所、居所中去寻找何者为关系最密切，而不像最密切联系原则一样可从所有相关的连结因素中去发现最密切联系的因素。其次，第26条、第27条规定的连结点为国籍、住所、居所，最密切联系原则的连结点为"最密切联系地"，从此角度来看，两者有所不同。再次，在依"关系最切之国"、"关系最切之住所"、"关系最切之居所"时，其结果

与最密切联系原则又有相同之处。所以,台湾学者认为,该两条规定是最密切联系原则的广义适用。①

有的学者认为,根据《涉外民事法律适用法》第30条规定的"其他法律无规定者依法理",最密切联系原则为现代国际私法的重要选法理论与学说之一,自应涵盖在法理内。②

台湾地区立法第一次规定最密切联系原则的是1997年4月2日公布的《香港澳门关系条例》。在该条例起草过程中,当时的立法委员赖来焜提出的版本第37条如此规定:"民商事事件,涉及香港地区或澳门地区者,依本条例规定。本条例未规定者,适用其他法律。其他法律未规定者类推适用涉外民事法律适用法。涉外民事法律适用法未规定者,适用与民商事法律关系最重要牵连关系地区法律。"③上述意见基本被立法所接受,《香港澳门关系条例》第38条规定:"民事事件,涉及香港或澳门者,类推适用涉外民事法律适用法。涉外民事法律适用法未规定者,适用与民事法律关系最重要牵连关系地法律。"

《涉外民事法律适用法修正草案》接受最密切联系原则。根据《修正草案》(第三稿),规定适用最密切联系原则的有:

第一,通则部分。

(1)国籍的积极冲突。第2条规定:"依本法应适用当事人本国法,而当事人有多数国籍时,依其关系最切之国籍定其本国法。但依中华民国国籍法,应认为中华民国国民者,依中华民国法律。"与现行

---

① 林益山:《"最重要牵连因素原则"在国际私法上之适用》,《月旦法学杂志》1999年第48期。

② 林益山:《"最重要牵连因素原则"在国际私法上之适用》,《月旦法学杂志》1999年第48期。

③ 赖来焜:《国际私法中"最重要牵连关系原则"之研究》,《法学丛刊》第187期。

法第 26 条相比较,第 26 条规定解决国籍的积极冲突采用"区分制",即根据国籍的先后取得,采用不同的原则:国籍先后取得的,采用后国籍优先原则,国籍同时取得的,以"关系最切"断之。但是,如前述属人法部分所论及,当今社会,有人可能取得第二国或第三国的国籍,但仍与其旧国籍国家保持密切的联系。因此,修正草案对于国籍积极冲突的解决采用"统一说",不区分国籍的先后取得或同时取得,一概根据最密切联系原则确定国籍。法院得在当事人的多数国籍中衡量,在其中选择一关系最密切的国家的法律为准据法。① (2)住所的积极冲突。第 4 条第 1 款规定:"依本法应适用当事人之住所地法,而当事人有多数住所时,依其关系最切之住所地法。但在中华民国有住所者,依中华民国法律。"(3)"一国数法"等问题。第 5 条规定:"依本法应适用当事人本国法时,如其国内法律因地域或其他因素有不同者,以该国法律规定应适用之法律,为其本国法,该国法律无规定者,依其国内关系最切之法律。"这条改现行法根据连结点来确定准据法的"直接指定主义"为"混合指定主义",即把间接指定与直接指定方法结合运用,首先规定根据被指定为准据法国的法律加以确定,该国没有这样法律的,再按照"最密切联系"原则来确定准据法。

第二,债。

(1)合同。第 15 条第 2 款规定:"当事人无明示之意思或其明示之意思依前项应适用之法律无效时,依关系最切之法律。"现行法第 6 条对合同的法律适用,规定在当事人无意思自治时采"硬性之一般规则",有时会发生不合理情事,故规定最密切联系原则以兼顾当事

---

① 赖来焜:《国际私法中"最重要牵连关系原则"之研究》,《法学丛刊》第 187 期(第 59 页注释 105)。

人的主观期待与客观需求。① (2)代理关系。第 16 条规定:"代理权系以法律行为授予者,其代理权之成立及在本人与代理人间之效力,……无明示之合意者,依与代理行为关系最切地之法律。"第 17 条规定:"代理人以本人之名义与相对人为法律行为,在本人与相对人之间,关于代理权之有无、限制及行使代理权所生之法律效果,……无明示之合意者,依与代理行为关系最切地之法律。"(3)一般侵权行为。第 23 条第 1 款规定:"关于由侵权行为而生之债,依侵权行为地法。但有关系更切之法律者,依该法律。"根据现行法第 9 条因侵权行为而生之债,原则上采侵权行为地法主义的规定,有时会发生不合理的结果,所以该条规定以适用侵权行为地法为原则,"酌采最重要牵连关系理论,但书规定有关系更切之法律者,依该法律,以济其穷。"②(4)经由媒介实施的侵权行为。第 26 条规定:"侵权行为系经由报纸、广播、电视、网际网路或其他传播方式实施者,其所生之债依下列各款中关系最切之法律:一、行为实施地法,实施地不明者,行为人之住所地法。二、行为人得预见损害发生地者,其损害发生地法。三、被害人之人格权被侵害者,其本国法。前项侵权行为之行为人,系以其报纸、广播、电视、网际网路或其他传播方法为营业者,依其营业地法。"这条是考虑经由媒介实施的侵权行为的损害范围较广,行为地与损害发生地的认定较困难,所以对其最密切联系地加以界定。

第三,物权。

(1)载货证券。第 39 条第 1 款规定:"因载货证券而生之法律关

---

① 《涉外民事法律适用法修正草案总说明》(第三稿),载自赖来焜:《基础国际私法学》,三民书局 2004 年版,第 508 页。

② 《涉外民事法律适用法修正草案总说明》(第三稿),载自赖来焜:《基础国际私法学》,三民书局 2004 年版,第 509—510 页。

系,依该载货证券所记载应适用之法律。无记载者,依与载货证券关系最切地之法律。"(2)有价证券。第 40 条规定:"有价证券由证券集中保管人保管者,其权利之取得、丧失或变更,……集中保管契约未明示应适用之法律,或该契约明示之法律与其权利之关系并非最切时,依关系最切地之法律。"这条参照了 2002 年海牙《关于经由中间人持有证券的某些权利的法律适用公约》的规定。

第四,亲属。

在亲属关系中,修正草案与现行法相比,有明显地变化,最突出的特点是其努力贯彻男女平等原则及广泛适用最密切联系原则。(1)婚约的效力。第 41 条第 2 款规定:"婚约之效力,依婚约当事人共同之本国法,无共同之本国法时,依共同之住所地法,无共同之住所地法时,依与婚约当事人关系最切地之法律。"(2)婚姻的效力。第 43 条规定:"婚姻之效力,依夫妻共同之本国法,无共同之本国法时,依共同之住所地法,无共同之住所地法时,依与夫妻婚姻关系最切地之法律。"这条规定与现行法第 12 条①的不同:其一,现行法规定的婚姻效力法律适用的基本原则是丈夫的本国法,依夫之本国法有违现代社会的男女平等精神。按当时多数国家的法律规定,均采"妻从夫籍",因此规定婚姻效力依夫之本国法,实际上是依夫妻共同的本国法。② 1957 年联合国订立《已婚妇女国籍公约》后,国际上采行已婚妇女国籍独立原则,"妻从夫籍"已不符合社会发展的需要,因此台湾地区法律修正草案的规定反映了形势变化的要求;其二,婚姻的效力依次依夫妻的共同本国法、共同住所地法、与夫妻婚姻关系最密切

---

① 《涉外民事法律适用法》第 12 条规定:"婚姻之效力依夫之本国法。但为外国人妻未丧失中华民国国籍,并在中华民国有住所或居所或外国人为中华民国国民之赘夫者,其效力依中华民国法律。"

② 参见 1952 年 12 月 9 日《涉外民事法律适用法草案说明》。

联系地法既符合男女平等的原则,也顺应当前法律适用灵活化的国际趋势。(3)夫妻财产制。第44条第2款规定,对于夫妻财产制,"夫妻无前项之合意或其合意依前项应适用之法律无效时,其夫妻财产制依夫妻共同之本国法,无共同之本国法时,依共同之住所地法,无共同之住所地法时,依与夫妻关系最切地之法律。"这条规定对现行法第13条①所采原则,同样作了根本性的改变,反映男女平等与增加法律选择灵活性的指导思想。(4)离婚。第46条规定:"离婚之原因及其效力,依协议时或起诉时夫妻共同之本国法,无共同之本国法时,依共同之住所地法,无共同之住所地法时,依与夫妻婚姻关系最切地之法律。"该条合并现行法第14条、第15条的规定,②放弃了现行法中要求的重叠性冲突规范对离婚的极端限制,纠正离婚时的男女不平等,规定离婚的原因及效力,均可依与婚姻关系有最密切联系地的法律。(5)其他亲属关系。第54条规定:"本章未规定之亲属关系,其成立依各该当事人之本国法。其效力依当事人共同之本国法,无共同之本国法时,依共同之住所地法,无共同之住所地法时,依与该亲属关系最切地之法。"

从上述内容可以看出,最密切联系原则对中国冲突法立法的影响意义深远。中国大陆国际私法立法虽然起步晚,但却客观上为立法借鉴、移植国际上国际私法的最新立法成果创造了条件,因此立法

---

① 《涉外民事法律适用法》第13条第1、2款规定:"夫妻财产制依结婚时夫所属国之法。但依中华民国法律订立财产制者,亦为有效。外国人为中华民国国民之赘夫者依中华民国法律。"

② 《涉外民事法律适用法》第14条规定:"离婚依起诉时夫之本国法及中华民国法律,均认其事实为离婚之原因者,得宣告之。但配偶一方为中华民国国民者,依中华民国法律。"第15条规定:"离婚之效力,依夫之本国法。为外国人妻未丧失中华民国国籍或外国人为中华民国国民之赘夫者,其离婚之效力依中华民国法律。"

的起点高。① 现行法已采纳并在司法实践中直接借鉴了最密切联系原则的优秀成果。这种趋势继续在新的立法中发展,《示范法》、《民法(草案)》都在《民法通则》的基础上,扩大了最密切联系原则的适用范围。反观台湾地区的立法,虽立法较早,但上世纪50年代,最密切联系原则还没有在世界上广泛流行起来,受当时历史条件的局限,《涉外民事法律适用法》没有规定真正意义上的最密切联系原则。该法修正草案力图克服法律适用的僵硬与不平等,在广泛意义上接受最密切联系原则,这是一种立法的进步;而且,两岸在大致相同的范围内接受最密切联系原则,反映出立法的趋同。

二、海峡两岸关于最密切联系原则的理论分析

对于最密切联系原则的探讨,目前中国大陆已有大量的研究成果,并日见其新日见其深,研究的角度呈多样化的趋势。② 比较而言,台湾地区学者对最密切联系原则的研究,从笔者掌握的资料来看,没有达到大陆学者这样的纵深程度。③ 总的说来,两岸学者对最密切联系原则的研究呈现出以下特点:第一,对该原则产生与发展的理论基础两岸学者都有广泛的探讨;第二,对该原则的利弊两岸学者都有深入的分析;第三,对该原则在各国立法中的不同表现,两岸学者都有全面的归纳总结;第四,对该原则在司法实践中的具体运用,

---

① 丁伟:《世纪之交中国国际私法立法回顾与展望》,《政法论坛》2001年第3期。
② 具不完全统计,从上世纪90年代以来,中国大陆学者发表的以"最密切联系原则"为篇名的论文就有60余篇,足见学者们对该原则的重视程度。参见 http://210.34.4.5/cjfd/mainframe.asp? encode=gb&display=chinese&navigate,2005—09—01。
③ 近年来,台湾学者对最密切联系原则的探讨主要见:赖来焜:《国际私法中"最重要牵连关系原则"之研究》,《法学丛刊》第178期;许兆庆:《国际私法上"最重要关连原则"之理论与实际——以涉外侵权行为选法规范为中心》,《东海大学法学研究》第16期;吴光平:《论最密切牵连关系理论之立法化》,《法学丛刊》第188期;林益山:《"最重要牵连因素原则"在国际私法上之适用》,《月旦法学杂志》1999年第48期;等等。

两岸学者都有细致的研究;第五,对该原则在各自法域的立法规定,两岸学者都有理性的思考与建议。

但是,中国大陆学者对最密切联系原则的研究是多数量、多角度、多层次的,与台湾地区学者的研究相比较,表现出不同的重心:第一,大陆许多学者更倾向于从法理学、法哲学的角度探讨该原则的特点、优势;第二,大陆学者更关注该原则在一些具体领域的适用;第三,大陆学者对该原则在中国大陆国际私法中的运用进行了为数不少的专门研究,并提出许多建议。

为了使本部分的分析更集中,主要从以下几个方面探讨两岸学界对最密切联系原则的态度。

(一) 最密切联系原则的涵义

什么是最密切联系原则,两岸学者给它下过大同小异的定义。中国大陆学者的观点主要有:所谓最密切联系原则,就是指某一涉外民事法律关系适用与该法律关系有最密切联系的国家的法律;①按照最密切联系理论,涉外法律关系、涉外案件或涉外事项,应受与该法律关系、该案件或该事项有最密切联系的法律支配;②最密切联系原则是指在处理某一涉外民事法律关系或涉外民事案件时,全面权衡法律关系的有关连结因素,通过质和量的分析,找出与该法律关系或有关当事人最直接、最本质和最真实的联系的法律加以适用;③最

---

① 肖永平:《最密切联系原则在中国冲突法中的应用》,《中国社会科学》1992 年第 3 期;李旺:《论国际私法中最密切联系原则的意义及存在的问题——以〈民法通则〉第 145 条第 2 款和〈合同法〉第 126 条为例》,《清华大学学报(哲学社会科学版)》2003 年第 5 期。

② 黄进主编:《国际私法》,法律出版社 1999 年版,第 119 页。

③ 姜茹娇、王娇莺:《论国际私法中法律选择方法的价值追求——兼论最密切联系原则的勃兴与修正》,《比较法研究》2002 年第 3 期。

密切联系原则是指适用与发生争议的具体问题（争讼点）有最密切联系的法律；①在合同的法律适用方面，最密切联系原则是指，合同应适用的法律，是合同在经济意义或其他社会意义上集中定位于某一国家的法律；②等等。

按照台湾地区学者的观点，最密切联系原则的基本概念是：在选择某一法律关系的准据法时，要综合分析与该法律关系有关的各种因素，从质和量两个角度就主客观联系因素进行分析、比较，寻找或推定何一国家或法域与案件之事实和当事人有最密切牵连关系，即法律关系的"重力中心地"，该中心地所属之法律为法律关系之准据法。③

从上述定义可以看出，什么是最密切联系原则，主要涉及该原则的主体、客体两个方面的问题。对于这两个问题，两岸学者有或相同或不同的看法。

1. 最密切联系原则的主体

中国大陆学者把最密切联系原则的主体定位于"涉外民事法律关系"、"涉外法律关系、涉外案件或涉外事项"、"法律关系或有关当事人"、"发生争议的具体问题"等。台湾学者对于该原则的适用主体，有统一主义与不统一主义之分。认为"所谓统一主义，乃依最密切牵连关系理论所定之冲突法则，其适用主体皆同一；反之则为不统一主义。"但不论是何主义，最密切联系原则的主体有时是"法律关系"。④ 说明两岸学者在对最密切联系原则的主体的认识上，采"涉

---

① 郭玉军、徐锦堂：《最密切联系原则的理论考察》，中国国际私法学会 2003 年年会论文。
② 韩德培主编：《国际私法新论》，武汉大学出版社 1997 年版，第 300 页。
③ 赖来焜：《国际私法中"最重要牵连关系原则"之研究》，《法学丛刊》第 178 期；吴光平：《论最密切牵连关系理论之立法化》，《法学丛刊》第 188 期。
④ 吴光平：《论最密切牵连关系理论之立法化》，《法学丛刊》第 188 期。

外民事法律关系"的主张者为多。理由是:①法官在适用该原则时,要考虑法律关系的各个方面,法官必须依据各种连结因素的相对重要程度作出质和量的分析,以确定在特定问题上与该问题有最重要联系的国家的法律。因此,在理论上,运用"涉外民事法律关系"或"国际民事法律关系"来表述最密切联系原则的主体最为周全。

从严格意义来讲,"法律关系"是一个广义的概念。它是指由法律规范所确认和调整的人与人之间的权利和义务关系。其构成要素是:参与法律关系的主体(权利主体);构成法律关系内容的权利和义务;法律关系主体间权利和义务所指向的对象(权利客体)。② 法律关系的主体只是法律关系的构成要素之一。如果把最密切联系原则的主体确定为涉外民事法律关系,不免使其主体过于宽泛,而且陷入"法律关系"即"主体","主体"即"法律关系"的逻辑矛盾中。然而,作为理论上的一个概括性概念,确定最密切联系综合考虑各方面的因素是正常的,把最密切联系原则的主体界定为"涉外民事法律关系"符合最密切联系原则的本意,有利于最密切联系地的确定。

从各国的立法来看,法律条文规定最密切联系的主体为"涉外民事法律关系"的并不多见,如1971年《美国第二次冲突法重述》第188条规定的是"交易与当事人"(transaction and the parties),第145条规定的是"事件与当事人"(occurrence and the parties);1978年《奥地利国际私法》第1条第2款规定的是"事实"(factual situations),第9条第1款、第18条第2款、第48条规定的是"当事人";1982年《土耳其国际私法和国际诉讼程序法》第24条第2款规定的

---

① 肖永平:《最密切联系原则在中国冲突法中的应用》,《中国社会科学》1992年第3期;赖来焜:《国际私法中"最重要牵连关系原则"之研究》,《法学丛刊》第178期。
② 中国大百科全书总编辑委员会《法学》编辑委员会编:《中国大百科全书·法学》,中国大百科全书出版社1984年版,第99页。

是"合同",第 25 条第 3 款规定的是"因侵权行为而产生的法律关系";1986 年《联邦德国关于改革国际私法的立法》第 4 条第 3 款规定的是"实际情况",第 5 条第 1 款规定的是"当事人",第 28 条规定的是"合同";1987 年《瑞士联邦国际私法法规》第 15 条、第 117 条规定的是"案件";1992 年《罗马尼亚关于调整国际私法法律关系的第 105 号法》第 20 条第 2 款规定的是"人身关系和财产关系";1995 年《意大利国际私法制度改革法》第 18 条第 2 款规定的是"案件",第 19 条第 2 款规定的是"当事人"。可见,不同的法律条文对最密切联系原则主体的表述并不相同,在具体的法律规定中笼统地使用"法律关系"的术语固然周全,但针对性不强,[1]如果规定在法律条文中,则该法律关系一般都被不同的术语具体化了。从前述海峡两岸的法律规定来看,大多把最密切联系原则的主体具体化为或者是合同、侵权、夫妻关系、婚姻关系等具体法律关系,或者是"被扶养人"、"夫妻"等当事人。笼统规定涉外或国际"民商事关系"的,大陆地区主要体现在住所的消极冲突、区际法律冲突、营业所的法律冲突等方面;台湾地区的法律只在《香港澳门关系条例》中规定"适用与民事法律关系最重要牵连关系地法律。"

2. 最密切联系原则的客体

最密切联系原则的客体是指,最密切联系是与"地域(国家)"的联系还是与"法律"的联系,是"国家选择"还是"规则选择"。对于该问题,中国大陆学者有的认为是与"国家"的联系,[2]因为最密切联系地的确定离不开国籍、住所、合同缔结地等含有空间场所的事实因

---

[1] 郭玉军、徐锦堂:《最密切联系原则的理论考察》,中国国际私法学会 2003 年年会论文。

[2] 卢松:《论最密切联系原则》,载《中国国际法年刊》(1989),中国国际法学会主编,法律出版社 1990 年版。

素,这些连结因素首先直接与某一地域(国家)相联系,然后才与该地域(国家)的法律相联系;有的认为是"法律"的联系,因为能够解决最密切联系原则主体中所指称的问题的,只能是法律,而不可能是空间场所意义上的国家。国家的作用仅在于为法律的确定提供一种有效的指引,它只是作为一个桥梁或媒介而存在,但并不是客体本身;①有的认为最密切联系的客体既包括"国家",也包括"该国的法律",因为国家的统治也可以说是法律的统治,不管是"与地域(国家)的联系"还是"与法律的联系",实际上差不多是一回事,只是侧重点有所不同而已。② 还有学者认为,如是"与地域"的联系,则应强调有关事实在数量上与质量上相对集中于何处,如此确定的准据法只能是一国的内国法;若是"与法律"的联系,可能应当更多顾及法律的内容及其适用的结果,而且是直接指向国际惯例留有余地;并认为,从法条文义上理解,所谓最密切联系当是指案件与有关国家或法域的联系,但严格依照这样的规定,在适用法律时,首先应判断案件事实与哪一国家或法域有最密切联系,进而适用其有关法律。③ 这后两种观点,实际上大同小异。

台湾地区有的学者对于最密切联系原则的客体,区分为"一元论"与"二元论"。所谓"一元论","乃以适用主体单与地域间有最密切的牵连关系,而此地域可为法域或国家";而"二元论"则认为,"地域或法律皆可为最密切牵连关系之客体,故有的冲突法则最密切牵连关系之客体为地域,而有的则为法律。"④采用"一元论"者如1982

---

① 郭玉军、徐锦堂:《最密切联系原则的理论考察》,中国国际私法学会2003年年会论文。
② 肖永平:《最密切联系原则在中国冲突法中的应用》,《中国社会科学》1992年第3期。
③ 许光耀:《试论最密切联系原则的利弊得失》,《法学评论》1999年第1期。
④ 吴光平:《论最密切牵连关系理论之立法化》,《法学丛刊》第188期。

年《土耳其国际私法和国际诉讼程序法》第 25 条第 3 款规定:"因侵权行为而产生的法律关系与它国有更为密切联系的,则适用该国的法律。"1986 年《联邦德国关于改革国际私法的立法》第 5 条第 1 款规定:"具有多重国籍的自然人应以与其有最密切联系的,尤其是有其惯常居所或住所的国家的法律为其本国法。……"采用"二元论"者如 1987 年《瑞士联邦国际私法法规》第 15 条规定:"根据所有情况,如果案件与本法指定的法律联系并不密切,而与另一项法律的联系明显地更为密切的,则可作为例外,不适用本法所指定的法律。"第 117 条第 1 款规定:"对于合同所适用的法律,当事人没有作出选择的,则合同适用依可知的情况中与其有最密切联系的国家的法律。"1995 年《意大利国际私法制度改革法》第 18 条第 2 款规定,如经证实无法确定非统一法律制度的国家确定准据法的标准,"则适用与特定案件有最密切联系的法律制度。"第 19 条第 2 款规定:"如某人有一个以上的国籍,则应适用与其有最密切联系国家的法律。……"

台湾学者分析认为,最密切联系客体的"地域(国家)说"与"法律说"是有质的区别的。从两者的侧重点来看,前者侧重于法域,后者侧重于法律;从连结因素来看,前者"与法域的联系"侧重于含有空间场所的事实因素;而后者"与法律的联系"则是侧重于含有主观的开放性连结因素,所以当事人在选择准据法时,不但考虑自己与某一国家的客观联系,更要考虑该国家之法律具体内容对其是否有利;[①]从"预制规则"与"自由裁量"来看,"地域说"与"法律说"在立法者预制规则时究竟应该采"最密切联系地法"或"最密切联系法",甚至只对法律虚拟而依据的联系进行推定,并非基于对某一法域法律的具体

[①] 肖永平:《中国冲突法立法问题研究》,武汉大学出版社 1996 年版,第 155—156 页。

内容的理解;同样,法官在根据该原则"自由裁量"时,到底考虑地域还是法律标准,法官在"纠偏"或"补漏"作用中能否实现预期的公正或合理的结果,都值得考虑。所以"地域说"与"法律说"反映立法者预制规则与法官自由裁量的深层、实质的价值取向。① 但是最密切联系原则的方法并非仅计算各有关国家或法域所拥有连结因素之多寡,而且也必须对连结因素之质量与重要性进行分析,即必须对各有关法律所表现的政策、目的与利益作深入分析,故最密切联系原则的客体应该既为"地域(国家)",也为"该地(国)之法律"。因而主张"'最重要牵连原则'就是指某一国际民商事法律关系应适用与该法律关系有最重要牵连关系之国家之法律。"②

笔者赞同最密切联系原则的客体即该法域的法律。其最后落脚点在法律上;但法律不是虚幻的东西,而是实实在在的存在。法律是国家制定的,它的存在不可能脱离一定的地域空间。英国学者诺斯指出,最密切联系原则主要是用来判断具体案件与某个"国家"的密切联系程度,而不是用来判断具体案件与某个"法律体系"的密切联系程度。③ 最密切联系的考虑因素主要应侧重于空间或场所意义。④ 适用此原则的关键是确定最密切联系地,确定该"地"的目的是要适用该地的法律,该"地"确定下来,毫无疑问就应适用该地的法律了。1978年《奥地利国际私法》第1条第1款规定:"与外国有连结的事实,在私法上,应依与该事实有最强联系的法律(legal order)裁判。"其中,对于"legal order",中国大陆译者认为"是指冲突法规指定应

---

① 赖来焜:《当代国际私法之构造论》,神州图书出版有限公司2001年版,第614页。
② 赖来焜:《国际私法中"最重要牵连关系原则"之研究》,《法学丛刊》第178期。
③ Lawrence Collins ed., *Dicey and Morris on the Conflict of Laws* (13th ed.), Sweet & Maxwell, 2000, p.1235.
④ 宋晓:《当代国际私法的实体取向》,武汉大学出版社2004年版,第126页。

予适用的那个国家(或地方)的法律",①具有"法域"之意。因而,最密切联系的客体是地域与法律的有机结合。

在海峡两岸的法律规定中,中国大陆现行法、司法解释以及《示范法》、《民法(草案)》基本把最密切联系原则的客体规定为某"地(国家)"的法律。台湾地区法律修正草案关于最密切联系原则的客体,大多也规定为某"地"的法律。但对于有些领域的条文规定,如关于一国数法、法律行为发生债之关系、一般侵权行为而生之债等,从文字来看,使用的是最密切联系的"法律"的表述。

(二) 对最密切联系原则的利弊评价

最密切联系原则之所以成为各国、各地区在确定涉外民商事法律关系准据法时普遍采用的原则,在于该原则具有明显的优点。海峡两岸学者一致认为,最密切联系原则最突出的特点及优点是其所具有的灵活性。② 传统冲突法的最大缺点是机械地抽象预设单一连结因素以供做选法之媒介,法院依此模式机械式地操作,往往导致于个案不公的判决结果。根据最密切联系原则确定准据法,则可增强法院处理涉外民商事法律关系的机动能力,避免传统冲突法对每种法律关系只规定一个固定连结点的弊端,软化传统的硬性连结点,满足法律适用的灵活性需求,实现法律适用的同一性和唯一性。最密

---

① 参见以下资料选编"脚注"部分:刘慧珊、卢松主编:《外国国际私法资料选编》,人民法院出版社1988年版,第1页;余先予主编:《冲突法资料选编》,法律出版社1990年版,第151页;韩德培、李双元主编:《国际私法教学参考资料》(上),武汉大学出版社1991年版,第228页。

② 许光耀:《试论最密切联系原则的利弊得失》,《法学评论》1999年第1期;于飞:《最密切联系原则的发展与适用》,《法律科学》1995年第5期;许兆庆:《国际私法上"最重要关连原则"之理论与实际——以涉外侵权行为选法规范为中心》,《东海大学法学研究》第16期;等。

切联系原则追求结果的客观公正,它对传统连结点以外因素的考虑,给千奇百怪的法律冲突提供了灵活有效的解决办法,能够顺应当前发展了的涉外民商事法律关系复杂多变的客观形势。因此,最密切联系原则具有连结功能,它本身就是一种新型的、并列于传统连结点的连结因素;导向功能,它可改变人们对国际私法的传统认识,以为当事人提供公正的行为规则为宗旨,并通过它改造传统冲突规范,增强其适应力;[1]矫正功能,矫正因硬性冲突规则造成的不合理结果;[2]补缺功能,当冲突法立法有欠缺时,它可弥补立法的不足;当有新的涉外民商事法律关系出现,而现行冲突法又无相应的法律适用原则时,也可用该原则加以弥补。[3]

有的大陆学者甚至把最密切联系原则提到"独一无二的特点和无法超越的优势"的高度,认为:[4]第一,最密切联系是理论和方法的统一。它把连结点、选择准据法的方法、法律适用的理论高度统一和完美结合在一起。第二,最密切联系是逻辑与经验的统一。说它是逻辑的,因为不论从它暗含的"法律关系本座说"的理性主义的内核,还是对英美司法判例的总结提炼、概括提高,或者对准据法的选择,都是理性思维的表现。说它是经验的,因为一方面它来源于司法实践的经验,另一方面它的发展离不开经验。第三,最密切联系是客观和主观的统一,是确定性和灵活性的统一。最密切联系的确定充分

---

[1] 徐冬根:《国际私法趋势论》,北京大学出版社 2005 年版,第 354—356 页。
[2] 这方面最典型的例子是 1987 年《瑞士联邦国际私法法规》第 15 条第 1 款的规定:"根据所有情况,如果案件与本法指定的法律联系并不密切,而与另一法律的联系明显地更为密切的,则作为例外,不适用本法所指定的法律。"
[3] 这种功能的典型代表是 1978 年《奥地利国际私法》第 1 条的规定:"(1)与外国有连结的事实,在私法上,应依与该事实有最强联系的法律裁判。(2)本联邦法规(冲突法)所包括的适用法律的具体规则,应认为体现了这一原则。"
[4] 郭玉军、徐锦堂:《最密切联系原则的理论考察》,中国国际私法学会 2003 年年会论文。

体现法官的主观能动性,但其适用并不是漫无边际的,法官既不会也不能脱离主客观因素来选择准据法。他要结合案情分析与有关法律关系相关的各种连结因素,所以该原则是有其客观范围的,本质上讲,它也是一种被"软化"的客观标志;而其灵活性,更是不言而喻。

台湾地区学者则从另一角度分析最密切联系原则的优点。认为,除了最密切联系原则的选法的灵活性、弹性化以外,它的积极面还包括:①其一,为法制正规化。在传统的法律选择理论下,如果适用根据抽象预设的连结因素所确定的准据法,法官便会运用定性、反致、公共秩序保留等技巧,逃脱冲突规范指定的本应适用的准据法;而且,为了实现法院地的利益,法官还可把争讼问题定性为程序法,根据程序问题依法院地法的原则,适用法院地法的目的即可达成。这些现象的出现,是传统冲突规范机械式预设抽象连结因素的特性使然,如果根据最密切联系原则,在弹性选法的架构下,正义判决无须借重脱避技巧,从而使法制运作得以实现正规化。其二,为选法规范现代化。以美国冲突法为例,它抛弃以"既得权"为基础的《第一次冲突法重述》,《第二次冲突法重述》以最密切联系原则为中心,对于指引美国各法院实现选法规范的现代化有重大意义。

诚然,不论从哪个角度分析,最密切联系原则的优势是明显的。对此,海峡两岸学者的看法一致。因其克服传统冲突规范的机械性、僵硬性,具有法律选择灵活性的杰出功能,使其在法律选择的某一方面具有其他冲突法规范不具备的优点。但是,"问题不在于最密切联

---

① 许兆庆:《国际私法上"最重要关连原则"之理论与实际——以涉外侵权行为选法规范为中心》,《东海大学法学研究》第16期。

系原则所引入的灵活性是不是集中的、不受约束的,而在于它是否毁损了法律安全的基础。"①我们在肯定其优点的同时,有必要避免把最密切联系原则的优越性提高到极致。该原则不是万能的,它本身具有固有的缺陷,就此点,海峡两岸学者的看法也是一致的。其法律适用的灵活性在很大程度上依赖于法官的分析和判断,法律赋予法官确定支配法律的权利,即"自由裁量权",这样做的弊端一是灵活性有余,确定性不足,导致法律适用的不稳定性和不可预见性。该缺点被台湾学者称之为"标准之抽象化"。的确,形而上地宣扬准据法必须与系争案件具有最重要的联系,相信人们均可赞同,但面对个案,根据什么标准或观念或价值,决定最密切联系之所在,当是问题的关键。② 二是更易扩大法院地法的适用范围。③ 因为认定法院地与某一涉外民商事法律关系有最密切的联系,对于法院来说是轻而易举的,而且适用法院地法也比较方便,法院愿为之。三是法院享有"自由裁量权",当事人对这种权利有必须服从的义务,其结果是:首先,当事人不得反对法官依据最密切联系原则为其确定的准据法;其次,当事人对法官行使司法权所为之行为或行使司法权之结果提出不服或救济,仍须由法官来裁判;再次,法官的这种自由裁量权在性质上是强制性的,法官不得放弃。④ 法官的素质和能力各异,而且,受不同的法律制度、法律理念、法律传统的影响,每个法官心中都自有一

---

① See Peter Hay, *Flexibility Versus Predictability and Uniformity in Choice of Law: Reflections on Current European and United States Conflicts Law*, 215 Recueil des cours 281, 362(1989).转引自宋晓著:《当代国际私法的实体取向》,武汉大学出版社 2004 年版,第 127 页脚注①。

② 许兆庆:《国际私法上"最重要关连原则"之理论与实际——以涉外侵权行为选法规范为中心》,《东海大学法学研究》第 16 期。

③ 吴光平:《论最密切牵连关系理论之立法化》,《法学丛刊》第 188 期。

④ 赖来焜:《国际私法中"最重要牵连关系原则"之研究》,《法学丛刊》第 178 期。

个正义的天平,"最密切联系"的判断标准难以划一,同一案件,不同国家的法官会适用不同的法律,当事人的命运受制于法院的选择,受制于法官对适用法律的自由裁量,从此点而论,最密切联系原则是难以保障公正性的。这样,灵活性在克服僵化的同时,又表现出先天的弱点,即过分随意的危险,使最密切联系的衡量陷入了极端的不稳定状态。① 因而灵活性既是最密切联系理论最杰出的贡献,同时也对其自身构成最严重的威胁。②

(三) 最密切联系原则的限制与适用

正因为最密切联系原则具有上述种种不足,所以各国、各地区冲突法立法对该原则的适用都实行了程度不同的限制。这方面,两岸学者均有不同角度的探讨,但结论基本相同。总体看来,立法对最密切联系原则的适用可归纳为:③

1. 将之作为"帝王条款",即基本原则加以适用。这种形式对最密切联系原则的限制程度最浅。其典型代表是1978年《奥地利国际私法》第1条的规定。它以最密切联系原则作为整部国际私法典的基本原则,开宗明义地把该原则规定在总则部分,指明本法所包括的适用法律的具体规则,应认为体现了最密切联系原则。但在合同等具体领域,又将有最密切联系的国家或地区的法律固定化,采用一种"以弹性为主,但以硬性辅助之"的立法技术。

2. 将之作为"例外条款"加以适用。即关于准据法的选定,仍是由以"法律关系本座说"为基础的硬性冲突规范所支配,但依此所选择的准据法与案件仅有微不足道的联系,而其他法律却有更密切的

---

① 林恩玮:《国际私法选法理论之比较》,《东海大学法学研究》2002年第17期。
② 许光耀:《试论最密切联系原则的利弊得失》,《法学评论》1999年第1期。
③ 吴光平:《论最密切牵连关系理论之立法化》,《法学丛刊》第188期。

联系的,则依该法选定的法律例外不适用,而适用其他法律。此以 1987 年《瑞士联邦国际私法法规》第 15 条为代表。由于该除外条款置于总则部分,所以所有准据法的选择都有适用的可能,乃是以"硬性为主,但以弹性全面辅助之"的立法技术,该种立法限制程度次浅。①

3. 将之作为补充条款,即以法律规定的准据法选择的一般原则为主,以最密切联系原则为补充的模式。如 1989 年《日本法例》、1986 年《联邦德国关于改革国际私法的立法》、1982 年《土耳其国际私法和国际诉讼程序法》等都采用这种形式。这样依法定序列梯级适用,坚持预制规则为主、法官自由裁量权为辅的模式,既能改革传统规则体系的僵化和不合理,又能防止法官自由裁量权的滥用;既能保持既定规则体系的稳固和有效,又能弥补和修正既定规则在实践中可能发生的缺漏和偏差;既能保证法律适用的确定性、一致性和结果的可预见性,又能增加法律选择的灵活性。② 因此,中国大陆《民法通则》第 145 条以及《示范法》、《民法(草案)》都采此。台湾地区《涉外民事法律适用法修正草案》所规定的最密切联系原则也是作为补充条款来适用的。这种规定"以硬性为主,但以弹性个别辅助之",与前述作为除外条款规定不同的是,前者规定在总则部分,对所有准据法的选择有指导作用,后者规定在分则个别领域的法律适用中,惟

---

① 1999 年《德意志联邦共和国关于非合同债权关系和物权的国际私法立法》除在第 41 条规定非合同债权关系的"例外条款"外,第 46 条关于物权的法律适用也规定:"如果存在比照第 43 条至第 45 条所确定的法律具有更密切联系的另一国法律,则适用该国法律。"在非合同领域引入"例外条款"是德国国际私法的一个革新;第一次在国际物权法中规定"例外条款",则是德国上世纪末期国际私法改革中最具新意之处。参见杜涛:《德国国际私法立法的历史发展》,载《两岸国际私法研讨会论文集》,赖来焜编,玄奘大学法律学院 2005 年版。

② 赖来焜:《国际私法中"最重要牵连关系原则"之研究》,《法学丛刊》第 178 期。

有要求在有关特定领域适用最密切联系原则时,该原则才予以适用。从对该原则的限制来看,较之帝王条款、除外条款,这种形式的限制程度最深。①

除通过上述立法方式来对最密切联系原则的适用做出程度不同的限制外,为了克服最密切联系原则过度灵活的缺陷,克服法官自由裁量权的滥用,并进一步完善该原则,②在具体确定最密切联系时,大陆法系国家采用特征性履行理论(doctrine of performance or the typical performance)。作为一项规则,"我们必须预设合同与赋予合同特征的实际履行方的当事人所在地国家有最密切的联系",如惯常居所、公司所在地或营业地等。③ 因而,所谓"特征性履行"是指,对于双务合同,其应适用的法律是反映该合同特征的义务履行人的住所地或营业地的法律。因适用的是反映某类合同特征的义务履行一方的法律,显然该法律与该合同的联系最为密切。所以,特征性履行实际上是最密切联系理论的具体化。相对而言,英美国家采用的确定最密切联系的方法较为柔性。美国在其《第二次冲突法重述》第6条,首先规定确定最密切联系应遵守的七个原则,④这是整个重述的中心条款,它规定了适用最密切联系的具体要求,指明了法律适用的一般原则,这些原则对法官确定案件的最密切联系地起指导作用。⑤此外,为了增强法律选择的确定性,该重述还列举了在根据第6条的

---

① 吴光平:《论最密切牵连关系理论之立法化》,《法学丛刊》第188期。
② 徐冬根著:《国际私法趋势论》,北京大学出版社2005年版,第359—362页。
③ Mathias Reimann, *Conflict of Laws in Western Europe: A Guide Through the Jungle*, Transnational Publishers, Inc., 1995, pp.133—134.
④ 这七个原则是:(1)州际及国际制度的需要;(2)法院地的相关政策;(3)其他利害关系州的相关政策以及在决定特定问题时这些州的有关利益;(4)对正当期望的保护;(5)特定领域法律所依据的政策;(6)结果的确定性、可预见性和一致性;(7)将予适用的法律易于确定和适用。
⑤ 于飞:《最密切联系原则的发展与适用》,《法律科学》1995年第5期。

原则决定合同、侵权问题的法律适用时应当加以考虑的连结点,①为法官适用法律提供了较明确的参考因素。

特征性履行理论为中国大陆的司法实践及《示范法》所接受。1987年最高人民法院《解答》第二部分之(六)按照特征性履行理论,对13类合同的法律适用作了规定。同时规定,如果合同明显地与另一国家或地区的法律有更密切联系的,则适用更密切联系的法律。如此规定,实际上是将纯粹的特征性履行模式和英美法系完全交由法院自由裁量的做法相结合,既拒绝完全交由法院自由裁量,也不采取允许法院适用立法上明文规定应视为最密切联系的法律的做法。它综合了特征性履行和最密切联系理论的优点,既在一定程度上限制了法官的自由裁量权,保证了法律适用的确定性、可预见性,又赋予法官一定限度的自由裁量权,以应对新情况和新形势,从而保证了司法活动的灵活性要求。②《示范法》对于合同的法律适用也是采用这种模式。

台湾地区现行法只有《香港澳门关系条例》第38条规定了最密切联系原则,从而开最密切联系原则在台湾立法之先河。第38条规定以"涉外民事法律适用法未规定者"作为前提条件,因此其适用的空间受到相当程度的限制,并因此减损该原则的重要性。③《涉外民事法律适用法修正草案》广泛接受了最密切联系原则。然而,在一些法律关系较复杂的领域如合同领域如何适用该原则,立法并没有规

---

① 根据该重述第145条的规定,确定侵权行为时,应考虑的因素包括:损害发生地;加害行为发生地;当事人的住所、居所、国籍、公司成立地和营业地;当事人之间有联系时其联系最集中的地方。第188条规定确定合同准据法时应考虑的因素包括:合同缔结地;合同谈判地;合同履行地;合同标的物所在地;当事人的住所、居所、国籍、公司成立地以及营业地。
② 徐冬根:《国际私法趋势论》,北京大学出版社2005年版,第366—367页。
③ 王志文:《涉外民事法律适用法之检讨与修正》,《华冈法粹》2004年第31期。

定,这就可能影响最密切联系原则适用的确定性。

台湾地区《修正草案》(第一稿)第 55 条曾规定:"契约当事人就应适用之法律无合意者,除本条例另有规定外,推定下列法律为关系最切国家之法律:一、契约当事人仅一方负担债务者,该当事人于定约时之住所地法。二、双方当事人均依契约负担债务,且债务中有足为该契约之特征者,负担该债务之人于定约时之住所地法。"该条对双务契约的规定,采特征性履行理论。① 但是《修正草案》(第二稿)及(第三稿)删除了此条规定。所以,按照台湾地区法律修正草案适用最密切联系原则,既没有采用大陆法系的特征性履行理论,也没有采用英美国家的灵活方法,法律对最密切联系原则的运用没有加以必要的限制,法院适用该原则仍然存在问题。台湾地区实行的是大陆法系传统,且《涉外民事法律适用法》中传统硬性的法律选择方法已运作 50 余年,为法院所谙熟,如果突然改为彻底的最密切联系原则,却又不明确规定该原则如何具体适用,则法院对这种弹性法律选择方法恐无法立即适应。若能把最密切联系原则与"特征性履行"结合,从法律适用的便利性、正确性、具体妥当性及诉讼经济等方面考虑,不论是较现行法的传统法律选择方法,还是修正草案的"最密切联系"方法,都能有更佳的助益。②

可以肯定,将最密切联系原则适度纳入法律选择规范中,是台湾地区冲突法修正的必然趋势。③ 有的台湾学者认为,在设计最密切联系的弹性规则时,需考量该原则在冲突规范中的相对优先性以及适用顺序的问题。例如,《修正草案》(第三稿)在侵权行为的法律适

---

① 赖来焜:《当代国际私法之构造论》,神州图书出版有限公司 2001 年版,第 684 页。
② 吴光平:《国际私法上的特征性履行理论》,《法学丛刊》第 196 期。
③ 王志文:《涉外民事法律适用法之检讨与修正》,《华冈法粹》2004 年第 31 期。

用(第23条)上,最密切联系原则明显居于优先地位;而根据草案第15条、第16条,在合同之债以及代理权授予的法律选择规范中,最密切联系原则位居第二位;依草案第43条,在婚姻效力的准据法中,最密切联系原则居于第三位;草案第44条规定夫妻财产制的法律适用,最密切联系原则退居第四位。此种优先顺序的安排或有外国的法例可资参考,但整体而言,似乎较难看出一定的规则。① 事实上该问题取决于对最密切联系原则的法律定位,如果像奥地利、瑞士一样,或者从正面肯定的方式把最密切联系原则作为指导法律选择的基本原则,或者从负面表述的方式把最密切联系原则作为例外而全面适用时,该原则适用的优先性不容质疑。倘若把最密切联系原则作为不同领域法律适用的补充条款,则整体而言,难以作出其优先顺序的法律安排。因为如前所析,最密切联系原则的优点是明显的,但其缺点也不容忽视。因其弹性过大,如果不能正确地把握,可能为法官滥用"自由裁量权"提供充分的余地,增加法律适用的随意性。因此,大多数国家、地区的立法把该原则作为与其他客观性连结因素并存的补充性连结点,②这样才能一方面限制最密切联系原则适用的随意性,另一方面增加法律选择的灵活性。如合同领域意思自治原则与最密切联系原则相结合的合同自体法理论已为许多国家和地区的立法所接受。台湾地区法律修正草案关于合同的规定顺乎国际潮流。在侵权行为的法律适用上,修正草案规定有最密切联系的法律时其效力优先,但此处引入最密切联系原则是为了弥补采用侵权行为地法时可能带来的不合理结果,因此,也可以认为侵权以侵权行为地法为基本原则,最密切联系原则是第二位的。至于其他婚姻的效

---

① 王志文:《涉外民事法律适用法之检讨与修正》,《华冈法粹》2004年第31期。
② 韩德培、杜涛:《晚近国际私法立法的新发展》,载《中国国际私法与比较法年刊》(第三卷),韩德培等主编,法律出版社2000年版。

力、夫妻财产关系等首先要考虑法律适用的稳定性,所以或者规定客观标志与最密切联系原则结合,或者规定意思自治、客观标志原则与最密切联系原则结合,以适合这些领域法律适用的需要。

三、最密切联系原则与海峡两岸民商事法律冲突的解决

(一) 最密切联系原则应作为解决海峡两岸民商事法律冲突的一般原则

最密切联系原则被海峡两岸学界及立法所广泛接受,但两岸的立法都没有把该原则作为一个基本原则或一般原则加以适用,而是把它作为补充原则规定在冲突法中。另外,台湾地区《两岸人民关系条例》并没有规定该原则来解决两岸的民商事法律冲突。笔者认为,解决两岸特殊的民商事法律冲突不得不尝试多种方法,选择多种途径,采用多种原则,不论两岸国际私法如何规定,最密切联系原则应该成为一项解决两岸冲突的一般原则。原因在于:

第一,最密切联系原则的灵活性及实现个案公正的功能,有利于两岸民商事法律冲突的解决。海峡两岸民商事法律关系的特点决定,在解决涉两岸民商事法律冲突时,选择、适用法律要强调灵活性;而且,发展两岸民商事法律关系,促进两岸民商事交往是两岸关系现实下的客观需要,只有合理地解决两岸人民民商事交往中存在的争议,保证个案公正,才能促进交往。

第二,虽然是两岸的民商事关系,但其或多或少要受两岸关系大环境的影响,有时还要受两岸政治因素的制约。反映在冲突法上,在根据冲突规范适用对方法律时,较易实施法律规避、公共秩序保留等限制外域法适用的制度,且适用传统冲突规范还会带来反致等技术

性较强、较复杂的问题。运用最密切联系原则,由法官根据各种因素推定案件应适用的法律,可以在一定程度上较少或弱化这些传统冲突法制度的适用。①

第三,解决两岸民商事法律冲突,应充分利用最密切联系原则的矫正功能与补缺功能。由于具体案件的复杂性,运用冲突规范解决两岸的民商事法律冲突可能会对当事人产生不合理的法律选择结果,在特定情况下,也可能导致不良的政治后果。② 这时,可以将最密切联系原则作为例外,来矫正硬性冲突规范的适用带来的不合理、不公平现象。两岸的冲突法立法都表明如下倾向:在一些法律关系(如合同、侵权)中,如果首先应适用的冲突规则与案件或法律关系的联系不密切,而与另一法律却有更密切的联系的,适用该更密切联系的法律。在涉海峡两岸的民商事法律关系中,应该把这种功能进一步扩大,即扩大于整个海峡两岸的民商事法律关系。大陆学者拟订的《示范条例》第 11 条主张:"根据所有情况,特别是在当事人的合法民事权益需要予以保护时,产生纠纷的民事法律关系与本条例规定应适用的法律之间的联系并不密切,且明显地与另一法律的联系更为密切的,则可作为例外,不适用本条例规定应适用的法律,而适用该另一法律。"该条把当事人权益的保护作为需要特别考虑的条件,而且,把"更密切联系"规定在第一章"总则"中,使其成为确定法律适用的基本原则。在解决海峡两岸民商事法律冲突时,以这种矫正功能排除对方法律的适用,较之援引公共秩序保留、法律规避、外域法

---

① 陈长文:《国际私法方法论之回顾与展望》(下),《法令月刊》第 35 卷第 7 期。
② 徐崇利:《两岸民商事法律冲突的性质及立法设计》,载《厦门大学法律评论》(第 5 辑),柳经纬主编,厦门大学出版社 2003 年版。

内容的查明,能减少其中的"政治"色彩,更容易为两岸当事人所接受。①

利用最密切联系原则的补缺功能,对于解决两岸民商事法律冲突同样具有重要意义。目前,海峡两岸的冲突法都在发展、完善过程中。中国大陆在《民法通则》等民商事法律中规定的冲突法规范,并没有涉及涉外民商事法律关系的方方面面,立法上存在明显的缺漏。台湾地区早在1953年制定的《涉外民事法律适用法》的一些内容,也明显地不适合涉外民商事法律关系发展的需要。在实践中,当某些涉两岸民商事法律冲突找不到相应的冲突规范加以适用时,最密切联系原则就可从"幕后"走到"前台",作为一种选择法律的方法,直接决定法律的适用,发挥其在法律适用上拾遗补缺的作用。②《示范条例》第一章"总则"第2条也建议,本条例没有规定的,类推适用(准用)大陆地区的国际私法,"国际私法没有规定的,直接适用与民事法律关系有最密切联系的地区的实体法。"

(二) 如何适用最密切联系原则解决海峡两岸的民商事法律冲突

根据前文分析,如果在涉海峡两岸的合同关系中适用最密切联系原则,可以运用特征性履行理论来确定最密切联系地。这点被大陆学者所肯定,《示范条例》第28条就认为:"当事人没有选择合同所适用的法律的,合同适用与其有最密切联系的法律。在通常情况下,与合同有最密切联系的法律依如下规定确定:……"。"如下规定"按照特征性履行理论设定了货物买卖合同、运输合同、借贷合同、担保

---

① 徐崇利:《两岸民商事法律冲突的性质及立法设计》,载《厦门大学法律评论》(第5辑),柳经纬主编,厦门大学出版社2003年版。

② 同①。

合同、银行贷款或者担保合同、保险合同、技术转让合同、著作权许可合同、劳务合同、代理合同等20类合同的特征性履行地法。除这20类合同之外,还规定"其他合同适用特征性义务履行人的营业所所在地法。"这条建议其实采用了与解决中国国际法律冲突的司法实践相一致的做法。

除了合同领域适用特征性履行理论外,海峡两岸其他领域的民商事法律关系如何适用最密切联系原则?笔者认为,[1]第一,可以借鉴合同的特征性履行方法,以最能体现某法律关系特征的某地为最密切联系地,并列举确定最密切联系应考虑的连结因素。例如,中国大陆《民法通则》第148条规定:"扶养适用与被扶养人有最密切联系的国家的法律。"1988年最高人民法院《意见(试行)》第189条(修改稿第219条)解释为:"父母子女相互之间的扶养,夫妻相互之间的扶养以及其他有扶养关系的人之间的扶养,应当适用与被扶养人有最密切联系国家的法律。扶养人和被扶养人的国籍、住所以及供养被扶养人的财产所在地,均可视为与被扶养人有最密切的联系。"这个解释体现了扶养关系的特征,即保护一般为弱者的被扶养人。扶养人和被扶养人的国籍、住所、供养被扶养人的财产所在地,都是确定最密切联系地时应考虑的连结因素。在这些连结因素中,不论是被扶养人本国或住所地或供养他的财产所在地还是扶养人本国或住所地,其中哪一地法律最能体现扶养关系的特征,对被扶养人最为有利,即可认为该地与被扶养人有最密切联系,选择适用该地法律。对弱者的保护体现了某些法律关系的特征,而且也是一个不可避免的法律趋势。上述规定可为解决涉两岸扶养关系时所仿效或比照。除扶养关系外,最密切联系原则适用于海峡两岸父母子女关系、夫妻财

---

[1] 于飞:《最密切联系原则的发展与适用》,《法律科学》1995年第5期。

产关系、婚姻关系等领域时也要考虑这些法律关系的特征,重视对弱者的保护。第二,考虑某一涉海峡两岸的民商事法律关系与有关法域的联系分别到达什么程度。这里,不但要重视各种连结点在不同法域的分布多少,而且要比较各个不同连结点的价值和意义,分析这些连结点对特定问题的重要程度,然后对最密切联系地作出客观的认定。这一点在适用最密切联系原则来确定海峡两岸当事人的住所、营业所等的积极冲突时很有意义。第三,考虑法律选择的政策。从发展两岸的经济贸易关系及民间交往的需要出发、从保护两岸当事人的利益出发、从维护法律适用的稳定性、可预见性和一致性出发,决定法律的选择。而且,选择的法律应该是紧跟时代发展的法律,是追求具体案件中的正义、保护当事人正当期望的"较好的法律"。[①] 最后,最密切联系原则赋予法官较大的自由裁量权,客观上要求必须提高两岸法官的素质和能力,这是正确适用最密切联系原则的一个不可忽视、极为重要的条件和保证。

[①] 邓正来:《美国现代国际私法流派》,法律出版社1987年版,第173页。

第五章 海峡两岸民商事法律冲突协调与解决思路的再梳理

通过以上内容力图说明，类推适用各自的国际私法或者直接适用各自的区际冲突法，是当前及今后长时间内解决海峡两岸民商事法律冲突的可行方法。在这里，还有必要对协调与解决两岸民商事法律冲突的一般问题的思路再加以梳理，坚持解决两岸民商事法律冲突的基本原则，奠定承认与适用对方法律的理论基础，建立规范区域法律选择的宪法性机制，探寻多种合适的途径，协调与解决两岸的民商事法律冲突，积极推进两岸民商事关系的深入发展。

第一节 海峡两岸民商事法律冲突协调与解决的基本原则

协调与解决中国的区际法律冲突，必须遵循一些基本原则。中国大陆学者一般强调维护国家统一原则，坚持"一国两制"、和平共处原则，坚持平等互利原则，促进和保障正常的区际民商事交往、维护各区域的繁荣稳定原则等。这些原则无疑也是解决海峡两岸民商事法律冲突的基本原则，但考虑到海峡两岸民商事冲突的特殊性及其复杂性，以下原则更应予以强调。

一、坚持"一个中国"原则

"世界上只有一个中国，大陆和台湾同属一个中国，中国的主权和领土完整不容分割。"① 不言而喻,"一个中国"原则是我们解决一切涉及台湾问题,包括海峡两岸民商事法律冲突问题的最基本原则,是解决两岸问题绝对的、始终不可逾越的底限。

二、两岸法域民商事法律的地位平等

海峡两岸是"一个中国"内实行不同法律制度的不同法域,不论在完成国家统一大业前后,两岸民商事法律的地位平等,这是我们应坚持树立的观念。② 因为只有承认两岸法域的民商事法律地位平等,才能使两岸法域不歧视对方法域的民商事法律,彼此在互利的基础上考虑承认对方民商事法律在本法域的效力问题;承认依对方法域法律所产生的既得权利,并以两岸的民商事法律作为解决民商事法律冲突的准据法。

把两岸民商事法律地位平等作为解决两岸冲突的基本原则,对于中国大陆来说,应破除这样一种观念,即认为大陆的民商事法律的效力高于其他法域的民商事法律的效力,或者认为这也是一种中央立法与地方立法的关系。③ "在民事法律方面,大陆、台湾、香港和澳门地区均为平等的具有独特法律制度的法域。"④ 对于台湾地区来说,应搁置两岸政治上的对立,从积极务实、进一步促进两岸民商事交往的目的出发,明确承认大陆地区民商事法律的效力。从前文论述可知,海峡两岸民商事法律冲突的特点之一,是两岸对对方法域的民商事法律效力从不承认到不明确承认。即为了适应相互交往的实

---

① 2005年《反分裂国家法》第2条。
② 这里仅指两岸民商事交往中民商事法律的地位平等,绝非两岸政治地位平等。
③ 吴友明、胡永庆:《论区际法律适用的一般问题》,《武汉大学学报(社会科学版)》2001年第3期。
④ 《大陆地区与台湾、香港、澳门地区民事法律适用示范条例》第3条。

际需要,两岸事实上均在一定程度上承认对方法域法律的效力,承认依对方法律所产生的民商事既得权利。中国大陆以最高人民法院司法解释的形式、台湾地区以《两岸人民关系条例》规定的内容,表明在一定条件下和一定程度上彼此间这种承认的存在。但是,《两岸人民关系条例》每提及应以台湾地区的法律为准据法时,皆规定应适用台湾地区之"法律",反之,在以大陆法律为准据法时,却一概规定应适用大陆地区之"规定"。事实上,大陆民商事法律并不会因为台湾地区称之为"规定"就改变其性质。台湾地区这样有意提高台湾法律身价,贬低中国大陆法律的地位,[1]刻意回避大陆"法律"二字,连台湾学者都认为,反映出相当程度的政治顾虑。[2]

法律选择不可脱离冲突法产生的背景——各法域私法规定的不一及涉外私法关系交错存在,以及冲突法存在的功能——寻求最适当准据法解决涉外民商事问题,由此,法院面对涉外民商事问题时,不应当想当然地以本法域法的适用为优先考虑,而应坚持内外法域法律适用的机会平等。[3] 海峡两岸民商事法律地位平等也意味着,两岸的法律可以平等地作为解决相互间民商事法律冲突的准据法。但是,对于涉海峡两岸民商事案件,人民法院能否适用台湾地区的民商法律为准据法?根据前述分析,对这个问题的回答应该是肯定的。台湾地区《两岸人民关系条例》虽然规定在一定条件下大陆法律也可以作为解决两岸冲突的准据法,但它或者规定许多适用台湾法律的单边冲突规范,或者通过公共秩序保留、狭义的反致等,最终适用台湾地区法律,法律适用上的不平等非常明显。

---

[1] 宋浚主编:《台湾"两岸人民关系条例"评析》,中国人民公安大学出版社1994年版,第22页。
[2] 王志文:《港澳问题与两岸法律冲突》,《法令月刊》第43卷第1期。
[3] 陈长文:《国际私法方法论之回顾与展望》,《法令月刊》第35卷第7期。

三、两岸当事人的民商事法律地位平等

该原则要求海峡两岸的自然人和法人在法律上一律平等,享有平等的民商事法律地位,对其合法权益应给予同等的法律保护。《示范条例》第 4 条就主张:"大陆地区与台湾、香港和澳门地区的当事人在民事活动中地位平等,其合法民事权益受到法律同等的保护。"实际上,这种平等待遇,早在 1988 年最高人民法院发布的《关于人民法院处理涉台民事案件的几个法律问题》中就有多方体现。例如,关于继承问题,最高人民法院认为,按照《中华人民共和国继承法》的规定,去台人员和台湾与大陆同胞一样,享有同等的继承权,不能因为继承人去台湾而影响他们对在大陆遗产的继承。而且,在投资贸易领域,通过《中华人民共和国台湾同胞投资保护法》及其实施细则等,给台湾地区的当事人以更多的优惠。然而,台湾地区《两岸人民关系条例》却违背了当事人平等原则,对大陆地区当事人实行的是差别待遇。其"行政院"向"立法院"提出的立法总说明称:对于大陆地区人民,原则上与台湾地区人民平等对待,惟基于维护台湾地区经济及法律秩序之稳定,爰依《"宪法"》第 23 条及其增修条文第 10 条(现为第 11 条)规定意旨,设有若干限制。[①] 这些限制既有政治性的、职务性的、商务性的,还有涉及继承等民事财产关系数额的,反映两岸当事人民商事法律地位的不平等。

[①] 参见李念祖:《两岸人民关系条例中三项基本宪法问题初探》,《理论与政策》1993 年第 7 卷第 2 期。

所谓《"中华民国宪法"》第 23 条规定:"以上各条列举之自由权利,除为防止妨碍他人自由、避免紧急危难、维护社会秩序或增进公共利益所必要者外,不得以法律限制之。"

四、国际惯例补缺

对于国际惯例的补缺作用,中国大陆立法有明确规定。《民法通则》第142条第2款规定:"中华人民共和国法律和中华人民共和国缔结或参加的国际条约没有规定的,可以适用国际惯例。"《海商法》、《民用航空法》、《票据法》等也有类似规定。台湾地区《民法》第1条、第2条也规定:"民事,法律所未规定者,依习惯,无习惯者,依法理。""民事所适用之习惯,以不背于公共秩序或善良风俗者为限。"但其《涉外民事法律适用法》第30条规定:"涉外民事,本法未规定者,适用其他法律之规定,其他法律未规定者,依法理。"没有规定"习惯"补缺的内容。对于该规定,台湾学者认为,不是其国际私法忽视习惯,而是由于具有权威性的习惯,融合在判例之中,而以法理衬托表现出来,故习惯与法理常为一体,蕴藏于判例,或以判例确认之。但按照大陆法系的传统,判例对法官没有直接的拘束力,所以规定以法理为欠缺法律规定时的救济。这样既可保留习惯的法源地位,又可反射出判例的重要性。[1]

可见,海峡两岸冲突法以不同的表现形式认可以国际惯例补缺,解决海峡两岸民商事法律冲突时也有适用国际惯例的必要。[2] 如前文分析,在两岸民商事法律关系中,当事人可以以"意思自治"选择适用这些国际惯例,法院也可根据其各自立法,直接援用它们作为解决两岸纠纷的准据法。之所以强调国际惯例的适用,是因为目前大陆地区尚无解决海峡两岸民商事法律冲突的专门立法,台湾地区的《两岸人民关系条例》虽规定解决两岸冲突的法律适用原则,但存在显失公平、规则僵硬死板等明显不足,有些内容实难为海峡两岸人民所接

---

[1] 柯泽东:《国际私法》,中国政法大学出版社2003年版,第45页。
[2] 陈安主编:《海峡两岸交往中的法律问题研究》,北京大学出版社1997年版,第235页。

受。这就为在一定条件下运用国际惯例来解决两岸的民商事法律冲突,创造了条件。即使将来国家统一后,国际惯例仍可在解决海峡两岸民商事法律冲突过程中发挥作用。但是,为解决两岸民商事法律冲突而适用国际惯例是有条件的,即:只能适用于在一方处理涉及另一方的民商事案件,类推适用自己的国际私法规则或适用自己的区际冲突法规则时,根据冲突法指明应适用对方的实体法,而该项实体法又无具体规定,这时有必要以国际惯例为补充;而且,国际惯例的适用不能违背本法域的公共秩序。

五、尊重当事人的"意思自治"

关于依当事人"意思自治"解决海峡两岸民商事法律冲突的意义及其具体适用,在前述"意思自治"原则的适用部分已用较多笔墨加以讨论。在此,笔者还要强调,海峡两岸的民商事法律冲突是"私法"性质的冲突,私法平等乃是冲突法的价值所在,当事人在平等的法律之间进行选择,符合冲突法的价值追求。[①] 以"意思自治"为解决海峡两岸民商事法律冲突的基本原则,法院尊重当事人的选择、适用当事人选择的法律,可以保证海峡两岸的民商事法律冲突得以及时、有效地解决。如此,才能调动两岸当事人从事涉两岸民商事交往的积极性,增加两岸民商事关系的稳定性,推动两岸民商事法律关系的发展。

六、强调法律适用的"最密切联系"

笔者在"最密切联系"原则的适用部分论及,最密切联系原则是当代解决国际民商事法律冲突与区际民商事法律冲突最通行的原

[①] 宋晓:《论当代冲突法的实体取向》,载《中国国际私法与比较法年刊》(第五卷),韩德培等主编,法律出版社2002年版。

则。最密切联系原则在各国、各地区的立法上有不同的表现,但两岸的立法都没有把该原则作为一个基本原则或一般原则加以适用,而是把它作为一个补充原则规定在冲突法中。这对于解决海峡两岸的民商事法律冲突是不够的。应把最密切联系原则作为解决两岸民商事法律冲突的基本原则突出、确定下来,由法官根据案件具体情况,适用最密切联系地方的法律。这样做,一方面,可以克服传统冲突规范的僵硬、死板,保证个案的公正,维护两岸当事人的合法权益;另一方面,利用最密切联系原则的补缺功能,当某些两岸民商事法律冲突找不到相应的冲突规范加以适用时,根据该原则选择法律适用,不失为一种解决两岸冲突的可取途径。

第二节 海峡两岸相互承认对方法律的理论基础

协调与解决海峡两岸民商事法律冲突,根据法院地的冲突规范,有时要适用对方的法律。但是,长期以来两岸相互不承认对方的法律。从大陆方面来说,新中国一成立,就废除了国民党统治时期的"法统",因而,在宪法意义上,台湾地区的法律是不存在的;而台湾方面有《"中华民国宪法"》,也不承认大陆的统治政权及其法律。这样,对方民商事法律能否作为解决两岸民商事法律冲突的准据法?如果回答是肯定的,如何为对方的民商事法律定位?承认对方民商事法律的理论基础是什么?

台湾地区在拟订《两岸人民关系条例》时,各界曾提出以下主张:[1]
(1)法律承认说。认为中国大陆是一个独立的政治实体,大陆法律是

---

[1] 宋浚主编:《台湾"两岸人民关系条例"评析》,中国人民公安大学出版社1994年版,第59—60页。

台湾现行法律外另一法域的法律，这是客观事实。完全否认大陆法律的效力于事无益，因此，应该通过制定特别法或颁布行政命令的方式有条件地予以承认。(2)事实承认说。认为直接承认大陆法律有违台湾现行《"宪法"》，为避免对大陆法律的直接承认，可将大陆法律作为证明"既得权利"存在的事实加以承认。(3)事实规范说。认为存在于大陆地区并行使有效统治的大陆政权，是一个"事实上政权"，其法律已成为一种"事实规范"，将大陆法律视为"事实规范"，可以避免承认中共是一"合法政府"。(4)区别承认说。认为从两岸交往的实际需要出发，应承认大陆法律，但必须区别不同情况、不同法律，有条件地予以承认，即对大陆法律的适用范围要加以限定。

笔者认为，国家统一大业完成前，海峡两岸相互承认对方法律可以基于以下原则。

一、以保护"既得权"为基础承认对方法律

19世纪下半叶，英国学者戴赛(Dicey)提出"既得权说"(Doctrine of Vested Rights)。他认为，法院的任务只是绝对地适用内国法律，因此一国法院既不能直接承认和适用外国法，也不能直接执行外国法院的判决。但是，为了保障涉外法律关系的稳定性，对于根据外国法已设定的权利，除了与内国公共政策、道德原则等发生抵触者外，都应获得承认与保护。戴赛的"既得权说"曾得到许多国家法学家的拥护，1934年《美国第一次冲突法重述》就以"既得权说"为理论基础。该重述的主持人比尔(Beale)认为，"当法律产生一个权利时，这个权利本身就成为一个事实，除非它被自己的法律所改变，它应该在任何地方得到承认。"[①]

[①] 参见[美]比尔著：《冲突法专论》(*A Treatise on Conflict of Laws*, 1935)，第1969页。转引自李双元：《国际私法(冲突法篇)》(修订版)，武汉大学出版社2001年版，第134页。

虽然戴赛的"既得权说"并没有实现他提出该原则的初衷——解决适用外国法与国家主权原则之间的矛盾,反而使其陷入了更大的矛盾,但是既得权理论有它可取的一面。对合法取得的权利给以保护,是维护国际及区际间民商事法律关系稳定性的需要,这恰好是冲突法的重要目的和任务。现在,"既得权的尊重与保护"原则已成为国际私法上普遍认可的习惯做法,许多学者甚至认为,该原则已成为冲突法方面的国际惯例。① 结合海峡两岸民商事法律关系的实际,虽然两岸彼此从未在法律上明确承认对方的法律,但两岸民商事交往从来就没有停止,并有逐年增加的趋势。为了维护两岸民商事法律关系的稳定,发展两岸人民的民商事往来,两岸有必要尊重与保护当事人根据对方法律取得的既得权益。台湾地区《两岸人民关系条例》第63条规定:"本条例施行前,台湾地区人民与大陆地区人民间、大陆地区人民相互间及其与外国人间,在大陆地区成立之民事法律关系及因此取得之权利、负担之义务,以不违背台湾地区公共秩序或善良风俗者为限,承认其效力。"该条即是从保护既得权利出发规定的,体现了既得权原则。从一定意义上说,尊重与保护当事人的既得权利是进行两岸民商事交往的前提。法官在适用法律时,根据"既得权说",实际上必须考虑外法域法律,假如不考虑这些法律就不能判断在外法域取得权利的价值,因为此权利就是根据该外法域法律取得的。②

二、根据"事实需要原则"承认对方法律

各国冲突法一般认为,互不承认的政府之间,包括同一国内相互

---

① 黄进主编:《国际私法》,法律出版社1999年版,第82页。
② [法]亨利·巴蒂福尔、保罗·拉加德:《国际私法总论》,陈洪武等译,陈公绰校,中国对外翻译出版公司1989年版,第449页。

对立的政府之间,对于对方政府的民商事法律及其他措施都应予以承认,这种承认是事实的需要。① 早在17世纪,国际法之父格老秀斯(Hugo Grocius)就提出"事实需要原则"(the Doctrine of Necessity),意为:非法政府的法律及其他措施,凡是为了维护当地的良好秩序及有利人民的公共行政,公民就应该遵守,法院也应予以执行。②"事实需要原则"被一些涉及有关一国内两个对立政府间法律效力承认的案例所采纳。

在1875年United States v. Home Insurance Companies案中,两家保险公司是根据美国南方政府1861年和1863年的立法而成立的,南方政府的立法是否有效成为问题的焦点。美国联邦最高法院法官斯特朗(Strong)认为这些立法对联邦政府没有敌意,应承认其效力。③ 在Carl Zeiss Stiftung v. Rayner and Keeler, Ltd(No. 2)案中,提出基于德意志民主共和国立法和行政行为的财产所有权的有效性问题。英国上议院指出,本案应以冲突法的方法予以解决;而即使东德主权必须被置于苏联之下,它仍然是一个具有完备法律制度的法律地区。④ 枢密院大法官威尔伯福斯(Wilberforce)认为,如果对于不承认政府的法律不予承认,就会出现"法律真空"(legal vacuum)。法院不能把对于政府的不承认推演到逻辑的极点,而应对于人民日常的生活和一切私法上的权利以及行政机构的日常运行,在根据正义的和常理的原则和不违反公共政策的前提下,对这些事实

---

① 陈东璧:《解决海峡两岸法律冲突的理论基础与基本途径》,载《海峡两岸律师学者对话录》,中国律师杂志社编,中国政法大学出版社1989年版。
② 同①。
③ 同①。
④ [英]伊恩·布朗利:《国际公法原理》,曾令良、余敏友等译,法律出版社2003年版,第110页。

与行为予以承认。①

中国香港特别行政区终审法院也正是基于上述理论与判例,于2000年1月27日作出"九七"后首例认可台湾地区法院破产令的裁定。②终审法院法官认为:"位于外国而未为本国所承认之政府之法院,以及位于法律上属于本国主权,但目前事实上为不法政府不法控制之法院,香港终审法院在下列情况下应承认其法院之裁定效力:该裁定所涉及之权利为私权;赋予该裁定效力,符合正义要求、常识原则及法与秩序之需求;以及赋予该裁定效力无害于主权利益,或其它违背公共政策。"此一见解,以维护私权利、符合法与秩序之要求、无害于主权利益及香港公共政策为前提,承认台湾法院的判决,殊堪借镜。③

如此看来,海峡两岸虽然政府对立,但这并不意味着彼此可以无视对方的存在而否认其一切立法及其他政府措施的效力。根据"事实需要原则"承认对方法律的效力并适用之,是海峡两岸民商事交往的一种必要选择。正如有的学者所认为的那样,一国的冲突法如果忽视了该原则,而不承认对方法律及政府措施的效力,其后果将不堪设想。④海峡两岸的民商事交往也是如此,如果两岸一概拒绝对方法律的效力,则贸易无法进行,人民无法往来。依法成立的公司将被

---

① 陈东璧:《解决海峡两岸法律冲突的理论基础与基本途径》,载《海峡两岸律师学者对话录》,中国律师杂志社编,中国政法大学出版社1989年版。
② 该案详见陈长文:《现代菁英应有的超国界法律思维》,
http://www.leeandli.org.tw/agitation,2004—12—11。
王建源:《香港特区首例认可台湾地区法院破产令判例评析》,《台湾研究集刊》2000年第3期。
③ 陈长文:《现代菁英应有的超国界法律思维》,
http://www.leeandli.org.tw/agitation,2004—12—11。
④ 陈东璧:《解决海峡两岸法律冲突的理论基础与基本途径》,载《海峡两岸律师学者对话录》,中国律师杂志社编,中国政法大学出版社1989年版。

视为不存在而不能在对方法院起诉应诉;根据未被承认的法律所成立的婚姻关系将无效,结果是该婚姻关系中所生的子女将成为非婚生子女;同样,有关离婚、继承及商事方面的判决都将没有效力。所以,海峡两岸如果需要为两个政治上相互抵触的法域相互承认与适用对方的法律找寻理论根据,不妨以"事实需要"为根据。明确或不明确承认与适用对方的法律是一种事实上的需要,是海峡两岸实际交往的需要。如果不考虑这种需要,两岸的民商事交往将无从进行。

但是,借鉴"事实需要"这一被国际社会广泛接受的原则来解决两岸的民商事法律问题,要把台湾地区的法律尤其是其私法与台湾当局区别开来,①把台湾地区的"法律"看作一种法律上的"事实"加以承认,并不等于承认台湾所谓的"主权地位"。

三、根据互惠原则承认对方法律

互惠原则一般用来作为国际或区际司法协助的根据与原则。②从法理上讲,双方建立了司法协助关系,实际意味着双方相互承认对方民商法的域外效力,承认依对方法律取得的既得权利,承认双方法律在地位上的平等性。申言之,海峡两岸建立协助关系意味着彼此间法律的承认。

其他多法域国家区际司法协助的法律依据主要有:③(1)宪法或宪法性文件。如瑞士宪法第 16 条规定各州的法院之间相互提供司法协助的义务。美国联邦宪法第 4 条中的"充分诚意与信任"条款要

---

① 陈安主编:《海峡两岸交往中的法律问题研究》,北京大学出版社 1997 年版,第 310 页。
② 黄进主编:《区际司法协助的理论与实践》,武汉大学出版社 1994 年版,第 79 页。
③ 黄进主编:《区际司法协助的理论与实践》,武汉大学出版社 1994 年版,第 201 页。

求各州对于他州法院作出的判决,不再对其实质问题进行审查,应当视为有效判决,只要法院有管辖权,其判决就应享有充分信任,从而得到承认。(2)居于各法域之上的中央法律。如《澳大利亚(1901—1968年)诉讼中的送达和执行法》。(3)不同法域间的协议,如"九七"前,1988年广东省高级人民法院和香港最高法院就粤港间送达民商事诉讼文书达成一个"粤港协议";"九七"后,1998年和1999年大陆与香港两地经过充分协商,分别达成相互委托送达民商事司法文书的协议和相互执行仲裁裁决的协议。(4)互惠。互惠通常是在没有上述规定的情况下采用。

台湾地区把互惠原则作为与大陆及港澳司法协助的基本原则。1992年台湾地区《两岸人民关系条例》第74条没有规定互惠原则。[①]1997年修正该条例后,第74条增列第3款:"前二项规定,以台湾地区作成之民事确定裁判、民事仲裁判断,得声请大陆地区法院裁定认可或为执行名义者,始适用之。"增加这一款的理由是台湾方面认为:"在大陆地区作成之民事确定裁判、民事仲裁判断,不违背台湾地区公共秩序或善良风俗者,得声请法院裁定认可,并得为执行名义;惟大陆方面却未能秉持互惠、对等之原则,承认在我方作成之民事确定裁判及民事仲裁判断,得声请大陆地区法院裁定认可,并得在大陆地区执行,显属不公,爰依公平及互惠原则,增订第三项规定,期使中共当局正视两岸司法互助问题,能以诚意解决,俾维护两岸法律制度,并兼顾当事人权益。"[②]台湾地区规定以互惠为原则认可与执行大陆法院的判决,固然有其妄图求得"对等政治实体"的地位或其他利益

---

① 1992年《两岸人民关系条例》第74条规定:"在大陆地区作成之民事确定裁判、民事仲裁判断,不违背台湾地区公共秩序或善良风俗者,得声请法院裁定认可。前项经法院裁定认可之裁判或判断,以给付为内容者,得为执行名义。"

② "海峡交流基金会"编:《两岸投资法律汇编》,1994年版,第1560页。

方面的考虑,但从民商事法律关系的角度来看,其目的也许并非是为两岸认可、执行判决设置障碍。以互惠作为促进大陆地区认可其判决的手段,有助于实现判决的跨海峡流动。

依照《香港澳门关系条例》第56条规定:"台湾地区与香港或澳门司法之相互协助,得依互惠原则处理。"台湾地区"最高法院"2004年台上字第1943号判决就根据互惠原则,认为:香港上诉法院于1998年7月2日就1997年178号判决,承认台湾台北地方法院所为破字第18号、破更字第54号裁定之效力;香港终审法院亦于2000年1月27日在Chen Li Hung & Anor v TingLei Miao & Ors, 2000—1 HKC 461判决中指出:台湾法院之判决涉及私权,且承认其效力符合正义之利益、一般通念及法治需求,于主权利益并无妨害,且未抵触公共政策时,应为香港法院承认之。可见香港法院已承认台湾法院之判决,故不得以台湾与香港间欠缺承认判决之互惠关系,拒绝承认香港判决之效力。香港法院判决两造离婚及酌定监护权之确定裁判,既均无修正民事诉讼法第402条各款所列情形,即应自动发生承认之效力。①

大陆最高人民法院1998年《关于人民法院认可台湾地区有关法院民事判决的规定》没有以互惠作为认可台湾地区法院判决的条件。然而,中国大陆根据该规定认可了台湾地区法院的判决,也就为台湾地区以互惠为条件认可大陆法院的判决奠定了基础,实际上回应了台湾地区因单方面认可和执行人民法院判决而生之不满,可以认为是一种事实上互惠的体现。② 1999年10月15日,台湾板桥地方法

---

① 陈长文:《现代菁英应有的超国界法律思维》,
http://www.leeandli.org.tw/agitation,2004—12—11。

② 该规定出台不久,大陆法院就有了裁定认可台湾地区民事判决的成功范例。参见宋锡祥:《我国区际民商事司法协助的方法和途径》,《政治与法律》2001年第1期。

院在1999年度声字第68号民事裁定书中,裁定认可中国大陆海南省海口市中级人民法院于1995年10月26日所作的(1995)海中法经初字第54号民事确定判决。这是中国大陆第一件得到台湾地方法院认可的涉及财产给付的生效民事判决。① 2004年8月至2005年5月,台湾地区三级法院(即台湾桃园地方法院、台湾地区高等法院及台湾地区"最高法院")裁定认可上海海事法院(上海市高级人民法院二审维持原判)对浙江纺织品进出口集团有限公司诉(台湾)立荣海运股份有限公司海上货物运输无单放货纠纷案的判决,此乃大陆人民法院的判决首次由台湾地区三级法院认可。②

第三节 宪法与海峡两岸民商事法律冲突的协调与解决

每个国家都有自己的宪法。在一些多法域国家,其宪法对区际法律冲突的协调与解决有直接的规定或限制。

一、宪法中的立法管辖权规范对区际法律冲突的影响③

立法管辖权,指立法机关所拥有的立法权限范围,立法管辖权规范即是决定全国立法和各地区的法律制度各自的适用范围的规范。在复合法域国家,中央和地方的立法管辖权就是通过此类规范来划

---

① 李梦舟:《祖国大陆法院的民事判决到台湾地方法院申请认可和强制执行的法律实务问题》,《两岸关系》2000年第4期。
② 记者陈忠仪、通讯员刘怡如:《大陆法院的判决首次由台湾地区三级法院认可》,《人民法院报》2005年6月20日法治时代B1版。
③ 黄进:《论宪法与区际法律冲突》,《法学论坛》2003年第3期。

分的。立法管辖权规范本质上属于宪法性规范，它们不仅可能源自宪法，还可能源自宪法性法律或宪法性习惯。该规范的宪法性质意味着，只有作为主权者的国家才能在属于国家的立法管辖项目和属于地方的立法管辖项目之间作出划分。

立法管辖权规范对区际法律冲突有着深刻的影响。表现在：首先，复合法域国家立法管辖权规范的存在，从逻辑上讲，是这些国家区际法律冲突产生的前提，因为立法管辖权规范界定了一国的复合法域结构，之后才可能产生区际法律冲突问题。其次，立法管辖权规范通过划分中央和地方的立法权限范围及地方拥有立法权限的程度，限定了复合法域国家区际法律冲突的产生范围。再次，立法管辖权规范决定区际法律冲突的解决方法。例如，1974年《南斯拉夫社会主义联邦共和国宪法》第281条第15项规定，一个共和国与其他共和国或自治省发生法律冲突时的解决办法，为南联邦立法管辖事项。这条规定就决定了那时南斯拉夫的区际冲突法是全国统一的。第四，在既有全国统一的区际冲突法又有各法域自有的区际冲突法的复合法域国家，立法管辖权规范决定对何种案件适用全国统一的区际冲突法，对何种案件适用各法域自有的区际冲突法。可见，宪法中的立法管辖权规范在区际冲突法领域发挥着重要的作用。

二、宪法对区际法律适用的限制

在复合法域国家，宪法对区际法律适用的限制表现各异，概括起来，有如下几种模式：第一，美国、澳大利亚模式。即宪法就区际法律适用问题作出原则性的规定，要求案件与冲突规则所指引的法律（特别是法院地法）必须具有足够充分的联系，以此制约法院在选择法律过程中的行为。在美国，现今的主张认为，宪法只是对各州在冲突法案件中可适用自己法律的范围作出了限制。美国联邦宪法中的正当程序（due process）条款、充分诚意与信任（full faith and credit）条款、特权与豁免（privileges and immunities）条款、平等保护（equal protection）条款和其他一些条款本来都可与法律选择联系起来，但在实践中，最高法院只联系其中少数条款，①最重要的是"正当程序条款"与"充分诚意与信任条款"。前者规定在宪法第14修正案中："……非依法定正当程序，任何州不得剥夺任何人的生命、自由或财产……"。该条规定一方面要求法律选择应"基本公平"，如果在法院地与当事人或诉讼之间不存在合理联系，适用法院地法就不是基本公平的，因为这种结果不是当事人所能预见和期望的；另一方面，正当程序条款并不要求肯定性的法律选择规则，该条款对于法律选择主要起着限制作用，但是这种作用是被动的，它并不要求某州必须适用某种法律，仅仅要求它不得选择一个与案件没有重大联系的区域的法律。② 后者规定在宪法第4条第1款，它要求每一州对其他任何州的"公共法令、记录和司法程序"予以"充分诚意和信任"。可见，该条款除了可适用于外州判决的承认与执行外，还可适用于法律的选择。但是，一州给予另一州的"公共法令"（公共法令已被解释为是指姊妹州的成文法规和判例法）充分诚信的要求并不是强制法院在每一案件中采纳和适用其他州的法律。只要法院地州与争议有合理的联系，法院在适用自己的法律方面具有合法的利益，法院便可适用自己的法律。第二，加拿大模式。加拿大宪法没有像美国宪法一样的调整国内各法域关系的原则性条款。宪法只规定国内各法域的立法权限不得超过域外，并且对各法域立法所涉事项作原则性约束。但是，加拿大枢密院司法委员会和加拿大最高法院不时对宪法作出相应

---

① 韩德培、韩健：《美国国际私法（冲突法）导论》，法律出版社1994年版，第250页。
② 韩德培、韩健：《美国国际私法（冲突法）导论》，法律出版社1994年版，第254页。

的解释,对加拿大某一省或区的法院不考虑其他省或区的利益及加联邦国家利益的行为予以限制。而且,加拿大宪法将各省或区的立法管辖权限制在省内事项上,各省或区不具有域外立法管辖权,立法管辖权的属地性就可以作为制约各地区冲突法规则的宪法性工具。① 第三,德国、意大利、法国等宪法无直接涉及冲突法问题的条款,但宪法法院通过裁决是否违宪来制约区际法律选择过程及结果。②

三、宪法与海峡两岸民商事法律冲突的解决

从上述内容可以看出,宪法是影响区际法律协调的重要法律因素。

正如前文所述,中国是单一制国家,各法域也有共同的母法——《中华人民共和国宪法》。《宪法》的效力范围括及中国四法域,整体而言适用于香港、澳门和台湾地区。但实际上,《宪法》中直接牵涉到香港、澳门特别行政区和台湾地区的条款是第31条。除此之外,《宪法》对于中国的区际法律冲突的解决没有规定,也没有划分各法域的立法管辖权。这些法域享有包括立法、司法、终审及行政权在内的高度的自治权,当它们涉及民商事领域的立法与执法时,无法通过最高立法、司法机关来协调,这种局面显然不能适应中国区际民商事交往复杂化、频繁化的需要,于发展不同法域间的民商事交往不利,于维护国家的统一不利。因此,《宪法》完全有必要借鉴上述国家宪法在解决区际法律冲突方面的规定,设置一些原则性的条款来规范各法域的法律选择问题。

---

① 肖永平:《当代多法域国家区际法律冲突协调模式研究》,载《中国国际私法与比较法年刊》(创刊号),韩德培等主编,法律出版社1998年版。
② 吴友明、胡永庆:《论区际法律适用中的一般问题》,《武汉大学学报(社会科学版)》2001年第3期。

中国大陆、香港、澳门法域都是处于一部统一宪法的下层位阶。根据《宪法》规定,中国还有两部基本法——《香港基本法》与《澳门基本法》,因而,发挥《宪法》在解决中国区际法律冲突方面的作用对于这些法域来说相对容易做到。《宪法》同样适用于台湾,可是台湾又有《"中华民国宪法"》,而且台湾方面理解为,该现行《"宪法"》的效力范围也及于中国大陆。这就使海峡两岸的问题显得非常复杂。然而,无论如何,中国统一是大势所趋,人心所向。其实,《宪法》第31条的初衷主要是针对台湾问题的,目的是为两岸和平统一后实现"一国两制"做必要的宪法上的准备。国家统一后,与港澳一样,可以在《宪法》第31条的基础上,制定《中华人民共和国台湾特别行政区基本法》,从而使《宪法》或宪法性的法律在解决两岸民商事法律冲突时发挥作用。所以,现在要做的是,应该考虑在《宪法》中引进区际法律选择的限制性规定。这样做的好处:一是适应当前解决大陆与香港、澳门法律冲突的现实需要;二是为将来两岸统一后的法律冲突的协调提供宪法性基础。

以宪法为基础协调与解决区际法律冲突,何者为我们可以考虑借鉴的模式?宪法中应规定一些什么样的限制性条款来协调中国的区际法律冲突?上述模式中,第三种是以国内统一的民商事实体法和统一的区际冲突法为前提的,这种模式不适合中国的情况。第二种模式的任意性相对较强,其实施的有效性依赖于司法体制上的配合,而中国的司法体制不同于该种模式中的司法体制,这种模式对中国也不适合。在考虑中国区际法律选择过程中引进宪法限制的因素时,可以参考第一种模式。[①] 当然,在借鉴国外立法经验时,特别应

---

① 吴友明、胡永庆:《论区际法律适用中的一般问题》,《武汉大学学报(社会科学版)》2001年第3期。

注意结合中国独特的区际法律冲突的实际,应当通过宪法或宪法性法律明确民商事领域的中央立法管辖权与地方立法管辖权的划分;在宪法中为解决区际法律冲突提供基本依据,提出基本的限制性要求:①其一,规定各法域"充分诚意与信任"原则,这实际上要求法院地不能拒绝承认另一法域法律的效力以及当事人根据另一法域的法律取得的权利的效力;其二,规定"公平互利"、"促进民商事交往"的原则,这实际上要求各法域选择法律基本公平,选择的法律应与当事人或诉讼之间存在合理的联系,并相互保护与促进当事人之间平等互利的交往,实现当事人的正当期望。

第四节 海峡两岸民商事法律冲突协调与解决的其他方式

海峡两岸民商事法律冲突的协调与解决有待于两岸的共同努力。除了根据前述冲突规范解决两岸的民商事法律冲突之外,事实上,其他的规范与方法也可以为当前及今后的两岸关系,包括两岸民商事法律关系的正常有序发展发挥积极作用。这其中离不开民间组织、学术团体、官方机构的积极协调与运作。

现阶段处理涉两岸法律事务主要通过制定涉两岸规范性文件的方式、两岸授权或委托民间团体事务性商谈的方式及个案变通方式进行。② 海峡两岸民商事法律冲突的协调与解决也不例外。

---

① 赵相林、刘英红:《美国州际法律冲突立法与实践及其对我国的启示》,载《中国国际私法与比较法年刊》(第二卷),韩德培等主编,法律出版社1999年版。
② 张万明:《涉台法律问题总论》,法律出版社2003年版,第23页。

一、关于规范性文件方式

两岸通过各自单方面立法,制定单向性的规则来解决涉两岸的问题,是当前规制两岸民商事交往秩序的主要模式。大陆方面的立法主要有 1988 年国务院《关于鼓励台湾同胞投资的规定》、1991 年国务院《中国公民往来台湾地区管理办法》、1994 年全国人大常委会《中华人民共和国台湾同胞投资保护法》(这是目前大陆位阶最高的涉台法律)、1999 年国务院《中华人民共和国台湾同胞投资保护法实施细则》。此外,还有一些涉台司法解释及部门规章。如 1988 年最高人民法院《关于人民法院处理涉台民事案件的几个法律问题》、1998 年最高人民法院《关于人民法院认可台湾地区有关法院民事判决的规定》、1993 年对外经济贸易合作部、海关总署《对台小额贸易管理办法》、1996 年交通部《台湾海峡两岸间航运管理办法》、1998 年民政部《大陆居民与台湾居民婚姻登记管理暂行办法》、2000 年对外经济贸易部《对台湾地区贸易管理办法》、2005 年 6 月劳动和社会保障部《台湾香港澳门居民在内地就业管理规定》、2005 年 7 月公安部出入境管理局《台湾居民来往大陆通行证、签注受理审批签发工作规范》等等。

台湾方面通过法律的治理或者使政策法律化的意图在两岸民间交往一开始就表现得很明显。① 1987 年台湾当局开放民众赴大陆探亲后不久,就开始研拟有关两岸关系的法律,1988 年年底"法务部"着手拟订草案,1989 年 2 月出台《台湾地区与大陆地区人民关系暂行条例(草案)》,1992 年 7 月"立法院"通过《两岸人民关系条例》,作为台湾当局在"国家统一前,为确保台湾地区安全与民众福祉,规范台湾地区与大陆地区人民之往来,并处理衍生之法律事件"的主要依

---

① 王建源:《在事实与规范之间——论国家统一前的两岸交往秩序》,《台湾研究集刊》2001 年第 2 期。

据。以该法为母法,台湾地区逐渐建构了包括组织、法政社会、文化教育、财经交通等内容在内的"大陆工作法规体系"。①

海峡两岸用规范性文件方式解决民商事法律冲突呈现以下特点:第一,上述规范性文件多以实体规则的形式表现,其优点在于规则的权利义务明确,对当事人来说,具有可预见性;对法院来说,适用起来方便,有利于维护法律关系的稳定。第二,台湾地区规制与大陆关系的基本性法律以综合性立法与委任立法的形式出现。《两岸人民关系条例》的范围涉及行政、刑事、民事等诸多领域。该条例在作出概括性规定的同时,通过委任立法,赋予台"行政院"及有关主管机关较大的行政裁量权,以根据台湾当局的需要和情势的变化,对条例随时进行调整,所以法律的稳定性存在问题。而大陆涉台民商事立法多为有关主管部门制定的部门规章,法律法规主要集中在台胞投资和两岸人员往来方面。这说明,在国家统一前,对涉台法律事务的调整主要通过国家现行普通适用的一般法律(系统)来进行,涉台立法只是其中的一个有机组成部分。通常情况下,需要专门立法加以调整的是那些法律关系相对特殊、稳定并有一定规模的涉台领域,其他则更多采用制定部门规章等位阶较低的方式来规范,②以此来体现涉台立法的稳妥性。第三,台湾地区处理两岸关系的基本性法律中,既规定了实体规范,也规定了程序规范,特别是根据区际法律冲突理论,在不违背其公序良俗的前提下,规定根据其冲突规范指向的法律解决两岸的民商事法律冲突。这是一种值得肯定的尝试,但在具体的规定中,又表现出种种不平等及对大陆地区的防范意识。大陆的涉台法律没有专门的解决两岸民商事法律冲突的冲突规范,两

---

① 台湾地区"行政院大陆委员会"编:《大陆工作法规汇编》(修订四版),1999年。
② 张万明:《涉台法律问题总论》,法律出版社2003年版,第24页。

岸交往中亟待解决的重要问题,除最高人民法院发布一个关于认可台湾地区有关法院的民事判决的办法外,多数仍处于未决或待决的状态。两岸解决民商事法律冲突的立法总体上滞后于两岸民商事关系的发展。因此,这种方式只能在有限的范围和程度上解决海峡两岸的民商事法律冲突问题。

二、关于事务性商谈方式

在目前的对立情势下,两岸的民商事法律冲突无法通过中央政府统一协调的途径解决,两岸官方互不往来,也不可能通过官方商谈达成解决民商事法律冲突的协议。非官方事务性商谈曾经取得一定成果。例如,1993年4月,大陆"海协会"与台湾"海基会"在新加坡举行的"汪辜会谈"中签定了《两岸公证书使用查证协议》等4项协议,开创了两岸协议的良好开端。但是,协议是在海峡两岸均坚持"一个中国"原则的基础上以事务性商谈方式达成的。随后,台湾当局的言行使其分裂国家的图谋凸显,两岸商谈的基础遭受重创。现在,台湾当局领导人顽固不承认"九二共识",不承认"一个中国"的原则,使长期中断的两岸事务性商谈的恢复遥遥无期。其实,大陆方面在"一个中国、直接双向、互惠互利"的原则下,已就"三通"问题提出了更加务实、可行的办法,即只要把"三通"看作一个国家内部的事务,就可以通过民间对民间、行业对行业、公司对公司协商的办法,尽快通起来。具体办法可以是双方民间行业组织经由双方委托,就"三通"业务技术性问题进行协商,签署"共识"、"纪要"、"安排"等文件,再经两岸有关方面各自确认后,即可组织实施。① 近年来,两岸民间

---

① 国务院台湾事务办公室2003年12月17日:《以民为本 为民谋利 积极务实推进两岸"三通"》,《两岸关系》2004年第1期。

对口专业组织、行业协会等,在一定范围内进行的技术、业务层面上的协商,以及政党之间、市县之间的交流,为两岸商谈、对话、交换意见的方式,产生了程度不同的演变和扩展,并可能进一步加以完善。但在目前的环境下,这仍然是一种"小打小闹"的做法,远不能满足两岸交往的需要,远没有达到人们期待的程度。而且,有的商谈成果的最后实施需要得到"公权力"的肯定,事务性商谈达成的协议的执行尚需要双方的配合。这说明受两岸关系形势和政治敏感性的制约和影响的两岸民商事法律冲突,通过双向性商谈达成协议来协调与解决的方式其作用也为有限。

三、关于个案变通方式

有的学者认为,在两岸的交往中,存在一种处于事实与规范之间的自发秩序。[①] 其实,这就是一种个案变通方式。这种方式对解决现阶段海峡两岸民商事法律冲突不可或缺。原因如下:

第一,是现实需求的补缺救济。上述规范性文件与事务性商谈协议方式不论从数量上、内容上、所涉范围上等等都受到种种限制,海峡两岸民商事交往中发生的许多问题的解决存在法律或规范上的真空。因此,在两岸关系状态特殊、情势复杂多变、涉台民商事规定尚不完善、两岸沟通协调机制还不畅通的情况下,个案变通方式作用奇特,是一种积极有效的补缺方式。

第二,是有序交往的秩序保证。秩序"意指在自然进程和社会进程中都存在着某种程度的一致性、连续性和确定性。……历史表明,凡是在人类建立了政治或社会组织单位的地方,他们都曾力图防止

[①] 王建源:《在事实与规范之间——论国家统一前的两岸交往秩序》,《台湾研究集刊》2001年第2期。

出现不可控制的混乱现象,也曾试图确立某种适于生存的秩序形式。"① 与此相对的无序概念则表明存在着非连续性和无规则性的现象。海峡两岸的民商事交往同样存在秩序需要,无序会出现"不可控制的混乱现象",这种现象对两岸人民的切身利益、两岸民商事交往的发展无益而有害,对中国统一大业的实现无益而有害。前述两种通过规范建立起来的秩序,虽然不足以解决现实中产生的两岸的全部民商事问题,但两岸交往的实践证明,近年来,两岸的民商事经贸往来不是缩减了,而是发展了,这在一定意义上得益于这种在个案基础上形成的自发性秩序。诚如有的学者所认为的那样:在两岸之间的交往尚有许多人为限制的情势下,两岸人民会自发地对这些限制进行合理趋避,以达成有利于自己的结果;在涉台法律法规有限的情况下,法官会斟酌、衡量个案的具体情形,对案件作出裁决;形势的发展,也往往会为僵持不下的矛盾开辟新的解决路径;涉台民商事纠纷解决方式的多元化,为两岸民商事交往中自发秩序的形成提供了更为广阔的空间。② 这种秩序的存在,与规范性方式一样,同样是现阶段两岸进行正常、有序民商事往来的保证。

第三,是规则形成的实践基础。个案变通方式能为寻求协调与解决涉海峡两岸民商事问题的办法积累经验。实践中,法院对一些涉海峡两案民商事案件的个案的处理已产生一些值得肯定的做法,为解决两岸民商事法律冲突规则的形成,奠定了实践性基础。解决海峡两岸的民商事法律冲突,不能忽视法院判例的作用。前述中国香港地区法院认可台湾地区法院破产令的裁定就是这样一个典型。

---

① [美]博登海默:《法理学:法律哲学与法律方法》,邓正来译,中国政法大学出版社1999年版,第219—220页。
② 王建源:《在事实与规范之间——论国家统一前的两岸交往秩序》,《台湾研究集刊》2001年第2期。

以下再举几个涉及管辖权的案例作为说明。

案例一（1），陈X霞等人申请继承位于金门的不动产遗产案。①林X葵1931年出生于金门，1946年来厦门定居并与陈X霞结婚。后林在厦门去世，在金门留有土地200多公顷，住宅约437平方米。陈X霞及其五个子女于1993年9月17日向被继承人死亡时的住所地法院——福建省厦门市思明区人民法院提起继承林位于金门遗产的申请。思明区人民法院对位于金门的不动产继承案件能否行使管辖权，有两种不同的意见。一种意见认为，根据《中华人民共和国民事诉讼法》专属管辖规定的第34条之（三），继承案件由被继承人死亡时住所地或主要遗产所在地法院管辖，被继承人死亡时的住所地在大陆，因此人民法院对该案有管辖权。另一种意见则认为，民事诉讼法第34条之（三）的规定只适用于动产的继承，不动产继承纠纷提起的诉讼应依不动产的特别法律规定，即第34条之（一）规定：因不动产提起的诉讼，由不动产所在地人民法院管辖。本案要求继承的不动产不在大陆地区，因此，人民法院对该案没有管辖权。法院最后裁定对该案不予受理。

案例一（2），厦门XX服装有限公司（台商在厦门的独资企业）诉李X财（台湾地区居民）股份转让纠纷案。② 1994年9月，原告厦门XX服装有限公司与被告李X财在台湾签订一份企业股权及其所属土地转让契约书，约定双方转让股权及土地的具体权利、义务。契约签订后，原告向被告交付了公司的有关证照及征地的各种批文和红线图，但被告未依照契约支付全部价款。经多次催讨未果，原告向台

---

① 案情详见朱珍钮主编：《涉台审判实务与案例评析》，人民法院出版社2001年版，第96—97页。

② 案情详见朱珍钮主编：《涉台审判实务与案例评析》，人民法院出版社2001年版，第57—58页。

湾桃园县地方法院提起诉讼,要求追究被告的违约责任。但是,桃园县地方法院以标的物在厦门不便审理为由,决定不予受理。原告又以同样的诉讼请求向厦门市集美区人民法院提起诉讼,法院认为符合立案条件,决定立案审理。

以上两案例实际上体现了"不方便法院原则"在审理涉两岸案件中的适用。① 两岸民事诉讼法都没有关于"不方便法院原则"的规定。从上述案情看,两岸法院对案件行使管辖权都具有明显的事实与法律依据,但是一方管辖法院认为案件的标的物不在法院地,由此会带来法院审理案件的不方便或不公平,因此法院拒绝行使管辖权。另一方法院管辖却不存在此问题。采用"不方便法院原则"的好处是可以正确处理涉两岸民商事案件管辖权的冲突,恰当地保护两岸当事人的合法权益,降低当事人的诉讼成本,提高法院的工作效率。

案例二(1),张X珍以借贷法律关系发生在台湾、双方当事人均为台湾地区居民为由提出管辖异议案。② 1995年,台湾居民张X珍因来厦门市湖里区开办公司资金短缺,在台湾地区向台湾居民林X借得台币620万元,后到期未还。双方于1998年8月在厦门市湖里区重新立一份借据,借据写明张X珍愿将其本人位于湖里区的两套房产偿还林X的部分借款。后因张X珍未再还款,经多次催讨未果,林X遂于2000年9月1日向厦门市湖里区人民法院提起诉讼。被告收到起诉书副本以后,于15日答辩期届满后的2000年10月9日向湖里区人民法院提出管辖权异议,认为本案原被告都是台湾地区居民,双方的身份证都为台湾颁发、居住地都在台湾,双方借款的

---

① 王建源:《海峡两岸民商事管辖权冲突的实证研究》,载《海峡西岸经济区建设中的法律问题论文集》,福建省台湾法研究中心办公室编印,2005年。

② 案情详见陈荣传:《两岸法律冲突的现况与实务》,学林文化事业有限公司2003年版,第319—322页。

行为发生在台湾,且用的是台币,借据上也没有注明必须在中国大陆履行义务,双方更没有书面选择大陆法院管辖,故本案应由台湾地区法院管辖。湖里区法院一审裁定驳回张X珍的管辖权异议。张不服,向厦门市中级人民法院上诉。厦门市中级人民法院经审查认为,上诉人张X珍虽为台湾地区居民,但其自1995年起至诉讼时一直居住于厦门湖里区,根据《中华人民共和国民事诉讼法》第22条第1款:"被告住所地与经常居住地不一致的,由经常居住地人民法院管辖"的规定,湖里区法院对该案有管辖权,因而,驳回上诉,维持原裁定。

案例二(2),林X仁诉林X保委托代理费纠纷案。① 原告林X仁与被告林X保均为台湾地区居民。原告在台湾从事代办台湾居民来大陆探亲等手续的业务,被告在台湾委托原告代办手续,并拖欠原告代理费新台币13000元未还。双方到大陆后因此纠纷诉至福建省东山县人民法院。该法院以被告在东山县购房定居为由,确定对此案有管辖权。

上述两案件,双方当事人都是台湾地区居民,法律上的住所地在台湾地区,法律关系发生在台湾地区,人民法院能否行使管辖权,法官进行了自由裁量。进而言之,处理类似的涉海峡两岸民商事案件的管辖权,在法律无明文规定的情况下,法官可以行使自由裁量权。② 当然,"裁量"不是随意的,为了慎重、稳妥,对自由裁量权力应加以一定限制。对于具体案件来讲,案件情况应与中国大陆有密切的联系。例如,当事人在大陆有居所、惯常居所、可供扣押的财产、营业所等。以上实践表明,为了求得诉讼的具体正义和维护各法域的

---

① 王建源:《海峡两岸民商事管辖权冲突的实证研究》,载《海峡西岸经济区建设中的法律问题论文集》,福建省台湾法研究中心办公室编印,2005年。

② 上述"不方便法院原则"的适用也涉及法院的自由裁量。

社会利益,充分发挥法官积极分析案件的自由裁量权是很有必要的。①

这种根据具体案件的需要,采用一些灵活、变通做法来解决两岸民商事纠纷的实例很多,在此不一一枚举。

值得注意的是,尊重个案变通方式下的自发秩序是有条件的。首先,必须是涉两岸规范性文件和两岸协议没有对有关问题作出规定,解决海峡两岸民商事法律问题无章可循;其次,"一个中国"原则是处理一切涉两岸问题的基础,用个案变通的方式也要符合该基本原则;再次,要从维护两岸当事人的正当权益,稳定和发展两岸关系的大局出发,解决两岸民商事法律冲突的具体问题;第四,个案变通不是随便变通,自发秩序不是"无序"。个案变通只能是或者比照适用现有法律法规中最相近似的条款,或者对有关规定的对台适用做适当解释、执行变通,②或者按照国际上业已形成的一些习惯做法来解决海峡两岸的民商事法律冲突。

---

① 徐卉:《涉外民商事案件管辖权冲突研究》,中国政法大学出版社 2001 年版,第 297—298 页。

② 张万明:《涉台法律问题总论》,法律出版社 2003 年版,第 27 页。

结　　语

　　海峡两岸的民商事法律冲突颇具特色。前述协调与解决两岸民商事法律冲突的不同方式在展现出各自优点的同时,也存在这样那样的不足或缺陷。但是,以之来应对或处理现阶段面临的复杂问题却是务实、有效、可行的。

　　今后及将来协调与解决海峡两岸的民商事法律冲突,一方面,仍需坚持被实践证明的行之有效的方法;另外,还需根据形势发展的客观需要,总结自己的、借鉴他人的经验,探索解决两岸法律冲突的新途径。

　　除了继续根据两岸冲突法的规定、根据两岸现有的规范性文件、通过民间对口行业组织的商谈、通过个案变通等方式解决两岸的民商事法律冲突问题外,如果将来两岸关系有所缓和,台湾当局肯定"九二共识",承认"一个中国"原则,则应重新启动"海协会"与"海基会"的事务性商谈,以达成在某些规则上的较大程度的统一。在实现两岸全面"三通"后,海峡两岸的民商事交往会大量增加,面临的法律冲突将更加繁杂,冲突的重心也将产生一定变化,为适应这些变化,这类非官方机构应该并可以发挥更大的作用。

　　条件成熟时,双方可以考虑在某些方面,如婚姻家庭关系方面达成法律适用的协议,从而实现两岸法律适用在这些事项上的统一。前已叙及,中国不可能在短期内制定全国统一的区际冲突法,两岸官方也不会制定统一适用于两岸的区际冲突法,但是婚姻家庭关系是密切关涉两岸人民利益的领域。由于两岸存在着相同的文化、历史传统与种族血脉,在婚姻家庭领域通过一定途径如民间团体或学术团体,实现冲突法上的统一尚有可能。"海协会"和"海基会"或类似组织在两岸婚姻家庭法律适用的统一上可以有所作为。此外,还可以由大陆"中国国际私法学会"与台湾地区有关学术团体制定"示范法"性质的协议,在两岸比较稳定、成熟的事项上,使法律适用达到逐步统一。

至于海峡两岸区际冲突法乃至全国区际冲突法的统一,则寄希望于两岸关系的完全缓和、两岸官方的正面接触来往,进而祖国统一大业目标的最终实现。而制定全国统一民商事实体法的设想,只能作为一种理想或者追求目标,在可以预见的将来,实体法统一的可能性不大。

最后,再次强调,不能忽视宪法在协调与解决区际法律冲突方面的作用,宪法性规范应对中国区际民商事法律冲突的解决作出原则性的规定。

解决海峡两岸民商事法律冲突的模式不是单一的,而是多元的。究竟应采取哪些模式,取决于两岸关系的发展变化,因而,需"汇集两岸学者专家及青年智慧与经验,……集思广益,研讨两岸关系发展的各种政策建议"。[①] 不论什么模式,在符合"一个中国"原则的大前提下,只要对于解决两岸民商事法律冲突有利,对于保护两岸当事人有利,对于发展两岸民商事法律关系有利,本着积极务实的态度,应该被两岸肯定并使其向规范化的方向发展。

[①] 新浪网:《胡锦涛与宋楚瑜会谈公报》,
http://news.sina.com.cn/c/2005—05—12/19085871946s.shtml,2005—5—15。

参考文献

一、中文著作(含译著)

1. [美]博登海默:《法理学:法律哲学与法律方法》,邓正来译,中国政法大学出版社 1999 年版。
2. [日]北胁敏一:《国际私法——国际关系法Ⅱ》,姚梅镇译,法律出版社 1989 年版。
3. 陈安主编:《海峡两岸交往中的法律问题研究》,北京大学出版社 1997 年版。
4. 陈安主编:《国际经济法学专论》(上编 总论),高等教育出版社 2002 年版。
5. 陈荣传:《两岸法律冲突的现况与实务》,学林文化事业有限公司 2003 年版。
6. 陈荣传:《国际私法各论集》,五南图书出版公司 1998 年版。
7. 陈隆修:《比较国际私法》,五南图书出版公司 1989 年版。
8. 丁伟主编:《冲突法论》(第二版),法律出版社 2005 年版。
9. 董立坤:《国际私法论》(修订本),法律出版社 2000 年版。
10. 董丽萍:《澳大利亚国际私法研究》,法律出版社 1999 年版。
11. 邓正来:《美国现代国际私法流派》,法律出版社 1987 年版。
12. 韩德培主编:《国际私法新论》,武汉大学出版社 1997 年版。
13. 韩德培、韩健:《美国国际私法(冲突法)导论》,法律出版社 1994 年版。
14. 韩德培主编:《中国冲突法研究》,武汉大学出版社 1993 年版。
15. 黄进主编:《国际私法》,法律出版社 1999 年版。
16. 黄进:《中国国际私法》,法律出版社 1998 年版。
17. 黄进、郭华成:《澳门国际私法总论》,澳门基金会 1997 年版。
18. 黄进:《区际冲突法》,永然文化出版股份有限公司 1996 年版。

19. 黄进主编:《司法协助的理论与实践》,武汉大学出版社 1994 年版。

20. 何勤华、李秀清:《外国法与中国法——20 世纪中国移植外国法的反思》,中国政法大学出版社 2003 年版。

21. 何勤华主编:《法的移植与法的本土化》,法律出版社 2001 年版。

22. 何适:《国际私法释义》,1986 年自版。

23. 胡绳:《从鸦片战争到"五四"运动》(下册),上海人民出版社 1982 年版。

24. 洪应灶:《国际私法》,中华文化大学出版部 1984 年版。

25. [法]亨利·巴蒂福尔、保罗·拉加德:《国际私法总论》,陈洪武等译,陈公绰校,中国对外翻译出版公司 1989 年版。

26. 江国青:《演变中的国际法问题》,法律出版社 2002 年版。

27. 柯泽东:《国际私法》,中国政法大学出版社 2003 年版。

28. 李浩培:《条约法概论》,法律出版社 2003 年版。

29. 李双元等著:《中国国际私法通论》(第二版),法律出版社 2003 年版。

30. 李双元:《国际私法(冲突法篇)》(修订版),武汉大学出版社 2001 年版。

31. 李双元主编:《国际私法学》,北京大学出版社 2000 年版。

32. 李双元、徐国建主编:《国际民商新秩序的理论建构》,武汉大学出版社 1998 年版。

33. 蓝天主编:《"一国两制"法律问题研究》(总卷),法律出版社 1997 年版。

34. 赖来焜:《基础国际私法学》,三民书局 2004 年版。

35. 赖来焜:《当代国际私法学之构造论》,神州图书出版有限公司 2001 年版。

36. 赖来焜:《最新海商法论》,神州图书出版有限公司 2002 年版。

37. 刘仁山:《加拿大国际私法研究》,法律出版社 2001 年版。

38. 刘想树:《国际私法基本问题研究》,法律出版社 2001 年版。

39. 刘铁铮、陈荣传:《国际私法论》,三民书局 1998 年版。

40. 刘甲一:《国际私法》,三民书局 1995 年版。

41. 柳诒徵:《中国文化史》(下册),中国大百科全书出版社 1988 年版。

42. 林欣、李琼英:《国际私法》,中国人民大学出版社 1998 年版。

43. 林秀雄:《家族法论集(一)——夫妻财产制之研究》,汉舆书局 1995 年版。

44. 李后政:《两岸民事关系条例与审判实务》,永然文化出版股份有限公司 1994 年版。

45. 李家泉:《一国两制与台湾前途:中国海峡两岸关系探讨》,人民日报出版社 1991 年版。

46. [英]莫里斯主编:《戴西和莫里斯论冲突法》(上、中、下),李双元等译,中国大百科全书出版社 1998 年版。

47. [英]莫里斯:《法律冲突法》,李冬来等译,陈公绰等校,中国对外翻译出版公司 1990 年版。

48. 马汉宝:《国际私法总论》,1990 年自版。

49. 梅仲协:《国际私法新论》,三民书局 1980 年版。

50. [英]马丁·沃尔夫:《国际私法》,李浩培、汤宗舜译,法律出版社 1988 年版。

51. 齐湘泉主编:《涉外民事关系法律适用法》,人民出版社 2003 年版。

52. [日]山田三良:《国际私法》,李倬译,陈柳裕点校,中国政法大学出版社 2003 年版。

53. 邵景春:《国际合同法律适用论》,北京大学出版社 1997 年版。

54. 沈涓:《中国区际冲突法研究》,法律出版社 1999 年版。

55. 宋晓:《当代国际私法的实体取向》,武汉大学出版社 2004 年版。

56. [德]萨维尼:《法律冲突与法律规则的地域和时间范围》,李双元等译,法律出版社 1999 年版。

57. [日]穗积陈重:《法律进化论》,黄尊三译,中国政法大学出版社 1997 年版。

58. 宋浚主编:《台湾"两岸人民关系条例"评析》,中国人民公安大学出版社 1994 年版。

59. 苏远成:《国际私法》,五南图书出版公司 1995 年版。

60. 唐纪翔:《中国国际私法论》,商务印书馆 1930 年版。

61. 肖永平:《肖永平论冲突法》,武汉大学出版社 2002 年版。

62. 肖永平主编:《内地与香港的法律冲突与协调》,湖北人民出版社 2001 年版。

63. 肖永平:《中国冲突法立法问题研究》,武汉大学出版社 1996 年版。

64. 徐冬根:《国际私法趋势论》,北京大学出版社 2005 年版。

65. 徐冬根、薛凡:《中国国际私法完善研究》,上海社会科学院出版社 1998 年版。

66. 许展毓编著:《国际私法》,高点文化事业有限公司 2004 年版。

67. 于飞:《中国国际私法理论与立法》,中国法制出版社 2004 年版。

68. 于能模编:《国际私法》,商务印书馆 1932 年版。

69. 余先予主编:《冲突法》,上海财经大学出版社 1999 年版。

70. 余先予主编:《国际私法教程》,中国财政经济出版社 1998 年版。

71. 余先予主编:《国(区)际民商事法律适用法》,人民日报出版社 1995 年版。

72. [英]伊恩·布朗利:《国际公法原理》,曾令良、余敏友等译,法律出版社 2003 年版。

73. 杨贤坤主编:《中外国际私法案例述评》,中山大学出版社 1992 年版。

74. 姚壮:《国际私法理论与实务》,法律出版社 1992 年版。

75. 张万明:《涉台法律问题总论》,法律出版社 2003 年版。

76. 赵相林主编:《中国国际私法立法问题研究》,中国政法大学出版社 2002 年版。

77. 王泰铨:《当前两岸法律问题分析》,五南图书出版公司 1997 年版。

78. [美]威罗贝:《外人在华特权和利益》,王绍坊译,生活·读书·新知三联书店 1957 年版。

79. 朱珍钮主编:《涉台审判实务与案例评析》,人民法院出版社 2001 年版。

80. 翟楚编著:《国际私法纲要》,国立编译馆 1945 年版。

81. 中国近代史编写组编:《中国近代史》,中华书局 1979 年版。

82. 曾陈明汝:《国际私法原理续集——冲突法论》,1996 年自版。

83. 曾陈明汝:《国际私法原理》(第一集),1984 年自版。

84. 张潇剑:《国际私法学》,北京大学出版社 2000 年版。

85. 张仲伯主编:《国际私法学》(修订本),中国政法大学出版社 1999 年版。

二、外文著作

1. John O'Brien, *Conflict of Laws* (2nd ed.), Cavendish Publishing Limited, 1999.

2. Lawernce Collins ed., *Dicey & Morris on the Conflict of Laws* (13th ed.), Stevens & Maxwell, 2000.

3. LL. D. Istvàn Szàszy, *Conflict of Laws in the Western, Socialist and Developing Countries*, A. W. SIJTHOFF-LEIDEN, 1974.

4. Mathias Reimann, *Conflict of Laws in Western Europe: A Guide Through the Jungle*, Transnational Publishers, Inc., 1995.

5. O. Kahn-Freund, *General Problems of Private International Law*, A. W. Sijthoff International Publishing Company B. V., 1976.

6. Peter Nygh & Martin Davies, *Conflict of Laws in Australia* (7th ed.), Lexis Nexis Butterworths, 2002.

7. Peter Nygh, *Autonomy in International Contracts*, Oxford University Press, 1999.

8. Peter Hay, *Conflict of Laws* (2nd ed.), West Publishing Co., 1997.

9. P. M. North ed., *Cheshire and North Private International Law* (13th ed.), Butterworths, 1979.

10. Sofle Geeroms, *Foreign Law in Civil Litigation: A Comparative and Functional Analysis*, Oxford University Press, 2004.

三、中文论文

1. [法]宝道(Padoux):《中国〈法律适用条例〉之评议》，载《西法东渐——外国人与中国法的近代变革》，王健主编，中国政法大学出版社2001年版。

2. 陈荣传:《国际私法的新走向——鸟瞰涉外民事法律适用法修正草案》，载《两岸国际私法研讨会论文集》，赖来焜编，玄奘大学法律学院2005年版。

3. 陈荣传:《国际私法立法的新思维——冲突规则的实体正义》，《月旦法学》2002年第10期。

4. 陈荣传:《两岸法律冲突规则的立法问题》，《军法专刊》第37卷第12期。

5. 陈荣传:《国际私法上无因管理问题之研究》，《法学丛刊》第152期。

6. 陈东璧:《解决海峡两岸法律冲突的理论基础与基本途径》，载《海峡两岸律师学者对话录》，中国律师杂志社编，中国政法大学出版社1989年版。

7. 陈亚平:《中英续议通商行船条约与清末修律辨析》，《清史研究》2004年第1期。

8. 陈长文:《国际私法上之规避法律问题》，《法令月刊》第40卷第7期。

9. 陈长文:《国际私法方法论之回顾与展望》(下)，《法令月刊》第35卷第7期。

10. 陈清云:《论国际私法上外国法适用之限制——以公序良俗条款为中心》，《万国法律》2004年第2期。

11. 陈隆修:《以实体法方法论为选法规则之基础》(上)，《东海大学法学研究》第21期。

12. 丁伟:《世纪之交中国国际私法立法回顾与展望》，《政法论坛》2001年第3期。

13. 杜新丽、张薇:《完善我国识别问题的立法建议》，中国国际私法学会

2004年年会论文。

14. 杜涛:《德国国际私法立法的历史发展》,载《两岸国际私法研讨会论文集》,赖来焜编,玄奘大学法律学院2005年版。

15. 范忠信、叶峰:《中国法律近代化与大陆法系的影响》,《河南省政法管理干部学院学报》2003年第1期。

16. 范光群、吕荣海:《大陆人民来台继承实务》,《经济与法律》(香港)1992年第41期。

17. 封丽霞:《偶然还是必然:中国近现代选择与继受大陆法系法典化模式原因分析》,《金陵法律评论》2003年春季卷。

18. 郭玉军、徐锦堂:《最密切联系原则的理论考察》,中国国际私法学会2003年年会论文。

19. 郭树理:《区际私法反致问题刍议》,载《民商法论丛》(第25卷),梁慧星主编,金桥文化出版(香港)有限公司2002年版。

20. 郭丽红:《论规避外国法的效力》,《甘肃政法学院学报》1998年第2期。

21. 国务院台湾事务办公室2003年12月17日:《以民为本 为民谋利 积极务实推进两岸"三通"》,《两岸关系》2004年第1期。

22. 韩德培、杜涛:《晚近国际私法立法的新发展》,载《中国国际私法与比较法年刊》(第三卷),韩德培等主编,法律出版社2000年版。

23. 韩德培:《国际私法上的反致问题》,载《韩德培文选》,黄进、刘卫翔等编,武汉大学出版社1996年版。

24. 黄进:《论宪法与区际法律冲突》,《法学论坛》2003年第3期。

25. 黄进、杜焕芳:《关于国际私法总则的若干思考》,中国国际私法学会2003年年会论文。

26. 黄瑞:《涉外侵权行为法律适用原则的发展趋势》,载《当代国际私法问题:庆祝韩德培教授八十五华诞论文集》,黄进、刘卫翔编,武汉大学出版社1997年版。

27. 黄康显:《台湾新模式的港澳基本法——评港澳关系条例草案》,《信报财经月刊》(香港)1994年第206期。

28. 何勤华:《外国人与中国近代法学》,《中外法学》2004年第4期。

29. 何勤华:《传教士与中国近代法学》,《法制与社会发展》2004年第5期。

30. 何勤华:《略论民国时期中国移植国际法的理论与实践》,《法商研究》2001年第4期。

31. 何智慧:《论涉外动产物权的法律适用》,《现代法学》2000年第4期。

32. 何佐治:《涉外民事法律适用法》,载《国际私法论文选辑》(上),马汉宝主编,五南图书出版公司1984年版。

33. 贺琼琼:《"法律规避"的立法设计与论证》,中国国际私法学会2004年年会论文。

34. 贺万忠:《国际私法中强行法问题浅析》,《法律评论》第65卷第10—12期。

35. 侯文富等:《简论中华法系的特色与价值》,《东北师大学报(哲学社会科学版)》1997年第3期。

36. 金彭年、吴德昌:《婚姻中的法律规避问题》,中国国际私法学会2003年年会论文。

37. 金彭年:《国际私法上的公共秩序研究》,《法学研究》1999年第4期。

38. 金彭年:《国际私法上侵权行为的法律适用》,《法学研究》1998年第3期。

39. 金振豹:《国际私法上公共秩序保留制度之比较研究及其完善》,中国国际私法学会2003年年会论文。

40. 金振豹:《论我国国际私法上识别制度之重构》,《比较法研究》2003年第3期。

41. 金宁:《区际私法中的反致问题初探》,《法律科学》1991年第2期。

42. 姜茹娇、王娇莺:《论国际私法中法律选择方法的价值追求——兼论最密切联系原则的勃兴与修正》,《比较法研究》2002年第3期。

43. 江平、张礼洪:《市场经济和意思自治》,《法学研究》1993年第6期。

44. 江守权:《论国际私法上之次位定性》,载《国际私法论文选辑》(上),马汉宝主编,五南图书出版公司1984年版。

45. 江必新:《沈家本法制改革述论》,《比较法研究》1988年第2期。

46. 柯泽东:《从国际私法方法论探讨契约准据法发展新趋势——并略评两岸现行法》,《台大法学论丛》第23卷第1期。

47. 李双元等:《趋同之中见差异——论进一步丰富我国国际私法物权法律适用问题的研究内容》,《中国法学》2002年第1期。

48. 李启成:《领事裁判权制度与晚清司法改革之肇端》,《比较法研究》2003年第4期。

49. 李广辉:《论国际私法中的意思自治原则》,《河南大学学报(社会科学版)》2001年第1期。

50. 李贵连、俞江:《简论中国近代法学的翻译与移植——以我国第一部国际私法译著为例》,载《继承与移植——中国法律史学的世纪回顾与展望》,汪汉卿等主编,法律出版社 2001 年版。

51. 李梦舟:《祖国大陆法院的民事判决到台湾地方法院申请认可和强制执行的法律实务问题》,《两岸关系》2000 年第 4 期。

52. 李念祖:《两岸人民关系条例中三项基本宪法问题初探》,《理论与政策》第 7 卷第 2 期。

53. 李旺:《涉外案件所适用的外国法的查明方法初探》,《政法论坛》2003 年第 1 期。

54. 李旺:《论国际私法中最密切联系原则的意义及存在的问题——以〈民法通则〉第 145 条第 2 款和〈合同法〉第 126 条为例》,《清华大学学报(哲学社会科学版)》2003 年第 5 期。

55. 李浩培:《合同准据法的历史发展》,载《李浩培文选》,法律出版社 2000 年版。

56. 李鹏:《海峡两岸的利益冲突及对共同利益的寻求》,《台湾研究集刊》2001 年第 3 期。

57. 刘宁元:《论我国涉外民事法律适用中的属人法》,载《中国国际私法与比较法年刊》(创刊号),韩德培等主编,法律出版社 1998 年版。

58. 刘慧珊:《对制定统一区际冲突法可行性的探讨》,载《海峡两岸法律冲突及海事法律问题研究》,顾倚龙、吕国华主编,山东大学出版社 1991 年版。

59. 刘升平、张文显:《论建构有中国特色的马克思主义法学》,《法制与社会发展》1995 年第 1 期。

60. 刘正中:《晚清中国国际私法与日本》,载《国际私法与比较法论丛》(第九辑),李双元主编,中国方正出版社 2004 年版。

61. 刘铁铮:《论〈涉外民事法律适用法〉之修正》,《法令月刊》第 50 卷第 5 期。

62. 刘铁铮:《国际私法上规避法律问题研究》,载《国际私法论文集:庆祝马教授汉宝七秩华诞》,国际私法研究会丛书编辑委员会主编,五南图书出版公司 1996 年版。

63. 刘铁铮:《国际私法上定性问题之研究》,载《国际私法论文选辑》(上),马汉宝主编,五南图书出版公司 1984 年版。

64. 刘铁铮:《契约准据法之研究》,载《国际私法论文选辑》(下),马汉宝主编,五南图书出版公司 1984 年版。

65. 刘初枝:《西德 1986 年国际私法》,载《国际私法论文集:庆祝马教授汉宝六秩华诞》，国际私法研究会丛书编辑委员会主编，五南图书出版公司 1989年版。

66. 赖来焜：《最新国际私法之本质论》，《月旦法学》第 51 卷第 10 期。

67. 赖来焜：《国际私法中"最重要牵连关系原则"之研究》，《法学丛刊》第 187 期。

68. 赖来焜：《国际私法上侵权行为"地"之确定》，载《国际私法论文集：庆祝马教授汉宝六秩华诞》，国际私法研究会丛书编辑委员会主编，五南图书出版公司 1989 年版。

69. 林凯：《论属人法之新连接因素——习惯居所》，载《国际私法理论与实践（二）》，刘铁铮教授六秩华诞祝寿论文集编辑委员会主编，学林文化事业有限公司 1997 年版。

70. 林益山：《国际私法上之规避法律问题》，《月旦法学杂志》2000 年第 58 期。

71. 林益山：《"最重要牵连因素原则"在国际私法上之适用》，《月旦法学杂志》1999 年第 48 期。

72. 林益山：《"反致问题"之探讨》，《月旦法学杂志》1997 年第 32 期。

73. 林雅芬：《试评〈台湾地区与大陆地区人民关系条例〉草案关于大陆地区来台继承之规定》，《经济与法律》（香港）1992 年第 45 期。

74. 林恩玮：《当事人意思自主原则下关于意思欠缺之研究》，《法学丛刊》第 195 期。

75. 林恩玮：《国际私法选法理论之比较》，《东海大学法学研究》2002 年第 17 期。

76. 黎文德：《我国司法实务上国际私法之发展》，《月旦法学》2002 年第 10 期。

77. 吕国民：《论区际冲突法上的公共秩序保留》，《江苏社会科学》1998 年第 3 期。

78. 吕岩峰：《论当事人意思自治原则之扩张》，《法学评论》1997 年第 6 期。

79. 吕岩峰：《当事人意思自治原则论纲》，载《中国国际私法与比较法年刊》（第二卷），韩德培等主编，法律出版社 1999 年版。

80. 卢松：《论最密切联系原则》，载《中国国际法年刊》（1989），中国国际法学会主编，法律出版社 1990 年版。

81. 孟宪伟：《我国区际私法应及时出台》，《北京联合大学学报》1997 年第 6 期。

82. 孟宪伟:《略论公共秩序保留》,《西北政法学院学报》1985年第2期。

83. 马汉宝:《国际私法上"当事人意思自治原则"晚近之理论与实际》,载《国际私法论文选辑》(下),马汉宝主编,五南图书出版公司1984年版。

84. 饶艾:《中华法系新论》,《西南交通大学学报(社会科学版)》2000年第1期。

85. 阮毅成:《中国国际私法制度的建立》,载《国际私法论文选辑》(上),马汉宝主编,五南图书出版公司1984年版。

86. 司玉琢、李兆良:《论中国区际海事法律冲突》,《经济与法律》(香港)1991年第2期。

87. 粟烟涛:《婚姻事项上的法律规避问题比较研究》,中国国际私法学会2004年年会论文。

88. 孙建:《对国际私法中法律规避问题的探讨》,《河北法学》2003年第2期。

89. 宋锡祥:《我国区际民商事司法协助的方法和途径》,《政治与法律》2001年第1期。

90. 宋航:《属人法的发展趋势及其在中国的运用》,载《当代国际私法问题:庆祝韩德培教授八十五华诞论文集》,黄进、刘卫翔编,武汉大学出版社1997年版。

91. 田曼莉:《国际私法上法律规避效力新诠释》,《同济大学学报(社科版)》2001年第6期。

92. 田立晓:《论国际私法中的识别问题》,《政法论坛》1993年第4期。

93. 台湾地区"大陆委员会":《〈港澳关系条例〉草案背景说明》,《经济与法律》(香港)1994年第3期。

94. 吴国平等:《两岸民商事法律冲突的性质和解决》,《福建政法管理干部学院学报》2002年第2期。

95. 王重阳:《两岸收养案件准据法之研析——以国际私法之角度为中心》,《展望与探索》2005年第3卷第2期。

96. 王志文:《涉外民事法律适用法之检讨与修正》,《华冈法粹》2004年第31期。

97. 王志文:《英国法上侵权行为冲突规则之变革》,《华冈法粹》1998年第26期。

98. 王志文:《两岸三地民事法律适用问题之研究》,载《国际私法论文集:庆祝马教授汉宝七秩华诞》,国际私法研究会丛书编辑委员会主编,五南图书出版公司 1996 年版。

99. 王志文:《海峡两岸法律冲突规范之发展与比较》,载《中国法制比较研究论文集》,程家瑞主编,东吴大学法学院 1995 年版。

100. 王志文:《港澳问题与两岸法律冲突》,《法令月刊》第 43 卷第 1 期。

101. 王志文:《海峡两岸间法律问题之解决模式》,载《海峡两岸律师学者对话录》,中国律师杂志社编,中国政法大学出版社 1989 年版。

102. 王建源:《海峡两岸民商事管辖权冲突的实证研究》,载《海峡西岸经济区建设中的法律问题论文集》,福建省台湾法研究中心办公室编印,2005 年。

103. 王建源:《在事实与规范之间——论国家统一前的两岸交往秩序》,《台湾研究集刊》2001 年第 2 期。

104. 王建源:《香港特区首例认可台湾地区法院破产令判例评析》,《台湾研究集刊》2000 年第 3 期。

105. 王士信:《海峡两岸人民住所冲突之研究》,载《国际私法论文集:庆祝马教授汉宝七秩华诞》,国际私法研究会丛书编辑委员会主编,五南图书出版公司 1996 年版。

106. 吴友明、胡永庆:《论区际法律适用的一般问题》,《武汉大学学报(社会科学版)》2001 年第 3 期。

107. 吴光平:《论最密切牵连关系理论之立法化》,《法学丛刊》第 188 期。

108. 吴光平:《国际私法上的特征性履行理论》,《法学丛刊》第 196 期。

109. 吴光平:《从国际私法体系论涉外民事法律适用法之修正》,《立法院院闻》第 31 卷第 7 期。

110. 吴光平:《即刻适用法及其于海事国际私法上货物运送法律关系之运用》,《法学丛刊》第 189 期。

111. 吴光平:《重新检视即刻适用法——起源、发展,以及从实体法到方法的转变历程》,《玄奘法律学报》第 2 期。

112. 吴明轩:《论涉外民事法律适用法》,载《国际私法论文选辑》(上),马汉宝主编,五南图书出版公司 1984 年版。

113. [美]威罗贝:《外国在华法院及其法律适用》,载《西法东渐——外国人与中国法的近代变革》,王健主编,中国政法大学出版社 2001 年版。

114. [意]维塔:《区际冲突法》,詹礼愿、于爱敏译,於忠莉校,载《中国国际私法与比较法年刊》(创刊号),韩德培等主编,法律出版社 1998 年版。

115. 夏勇:《飘忽的法治——清末民初中国的变法思想与法治》,《比较法研究》2005 年第 2 期。

116. 肖永平:《内地与香港的法律冲突与协调模式的选择》,载《中国国际私法与比较法年刊》(第二卷),韩德培等主编,法律出版社1999年版。

117. 肖永平、邓朝晖:《法律规避问题比较研究》,《法商研究》1998年第3期。

118. 肖永平:《最密切联系原则在中国冲突法中的应用》,《中国社会科学》1992年第3期。

119. 徐崇利:《两岸民商事法律冲突的性质及立法设计》,载《厦门大学法律评论》(第5辑),柳经纬主编,厦门大学出版社2003年版。

120. 徐东海:《2004年两岸经贸关系的回顾》,《展望与探索》2005年第3卷第2期。

121. 许兆庆:《国际私法上"最重要关连原则"之理论与实际——以涉外侵权行为选法规范为中心》,《东海大学法学研究》第16期。

122. 许光耀:《试论最密切联系原则的利弊得失》,《法学评论》1999年第1期。

123. 徐平:《台湾当局有关两岸民事关系法律适用规定之评析》,《台湾研究集刊》1994年第3期。

124. 徐慧怡:《美国法律冲突法中"住所"意义之检视》,《中兴法学》第40期。

125. 于飞:《反致制度反思与展望》,《政法论坛》2001年第5期。

126. 于飞:《最密切联系原则的发展与适用》,《法律科学》1995年第5期。

127. 余先予:《正确解决台湾与内地及港澳的法律冲突问题》,载《中国国际私法与比较法年刊》(第二卷),韩德培等主编,法律出版社1999年版。

128. 杨丹伟:《近代中国法权交涉的历史考察》,《东方论坛》1999年第4期。

129. 尹章华:《海峡两岸海事案件法律适用之探讨》,《中兴法学》第38期。

130. 应式文:《两岸民商法律的沟通和展望》,《法令月刊》第45卷第10期。

131. 游启忠:《从最高法院裁判论涉外民事法律适用法第一条、第六条及第二十九条之适用》,《法学丛刊》第189期。

132. 游启忠:《论国际私法上当事人意思自主原则与我国最高法院判决运用之研析》,《国立中正大学法学期刊》第5期。

133. 杨贤坤:《论内地与台湾地区民事、经济交往适用法律的原则》,载《海峡两岸法律冲突及海事法律问题研究》,顾倚龙、吕国华主编,山东大学出版社1991年版。

134. 姚其清:《论国际私法上当事人意思自主之原则》,载《国际私法论文选辑》(下),马汉宝主编,五南图书出版公司1984年版。

135. 曾涛:《论海峡两岸婚姻法律冲突及其解决》,载《中国国际私法与比较法年刊》(第四卷),韩德培等主编,法律出版社2001年版。

136. 曾宪义等:《关于〈台湾地区与大陆地区人民关系条例〉的评估及对策的初步研究》,载《涉台法律问题研究》,海峡两岸关系协会编内部资料,1994年。

137. 张晋藩:《综论中国法制的近代化》,《政法论坛》2004年第1期。

138. 张孙福:《论国际私法上之法律规避问题》,《东吴法研论集》2005年创刊号。

139. 赵虎:《清末修律之动因与意义分析》,《山东农业大学学报(社会科学版)》2004年第1期。

140. 赵相林、刘红英:《美国州际法律冲突立法与实践及其对我国的启示》,载《中国国际私法与比较法年刊》(第二期),韩德培等主编,法律出版社1998年版。

141. 赵生祥:《禁止法律规避制度在中国国际私法中的地位》,《现代法学》2004年第5期。

142. 赵晋枚:《国际私法上外国法适用限制之实际标准》,载《国际私法论文选辑》(上),马汉宝主编,五南图书出版公司1984年版。

143. 詹思敏:《外国法的查明与适用》,《法律适用》2002年第11期。

144. 张磊:《外国法的查明之立法及司法问题探析》,《法律适用》2003年第1—2期。

145. 张慧瑷:《日本1989年国际私法之部分修正法》,载《国际私法理论与实践(二)》,刘铁铮教授六秩华诞祝寿论文集编辑委员会主编,学林文化事业有限公司1997年版。

146. 张忠嘉:《中国国际贸易契约准据法之研究》,载《法律哲学与国际私法》,马汉宝先生六秩华诞祝贺论文集编辑委员会编,五南图书出版公司1986年版。

147. 朱维究:《台湾当局"涉及两岸关系立法"之研究》,《比较法研究》1999年第3、4期。

四、外文论文

1. Courtland H. Peterson, *American Private International Law at the End of the 20th Century*: *Progress and Regress*, in *Private International Law at the End*

of the 20th Century: Progress or Regress? Symeon C. Symeonides, ed., Kluwer Law International, 2000.

2. Joost Blom, *Public Policy in Private International Law and Its Evolution in Time*, Netherlands International Law Review, Vol. 50, 2003.

3. Matthen Chait, *Renvoi in Multinational Cases in New York Courts: Does Its Past Preclude Its Future? Cardozo Journal of International and Comparative Law*, No. 11, 2003.

4. Monrad G. Paulsen and Michael I. Sovern, *Public Policy in the Conflict of Laws*, Columbia Law Review, Vol. 56, 1956.

5. P. B. Carter, *The Rule of Public Policy in English Private International Law*, International and Comparative Law Quarterly, Vol. 42, 1993.

6. Richard Fentiman, *English Private International Law at the End of the 20th Century: Progress and Regress*, in *Private International Law at the End of the 20th Century: Progress or Regress?* Symeon C. Symeonides, ed., Kluwer Law International, 2000.

7. J. J. Fawcett, *Evasion of Law and Mandatory Rules in Private International Law*, Cambridge Law Journal, Vol. 49, No. 1, 1990.

8. Friedrich K. Juenger, *The Problem with Private International Law*, in *Private Law in the International Arena: From National Conflict Rules towards Harmonization and Unification*, Jürgen Basedow etc., ed. T. M. C. Asser Press, 2000.

9. Friedrich K. Juenger, *Contract Choice of Law in the Americas*, American Journal of Comparative Law, No. 45, 1997.

10. Ernest G. Lorenzen, *The Qualification, Classification, Characterization Problem in the Conflict of Laws*, The Yale Law Journal, Vol. 50, No. 743, 1940—1941.

11. Herbert Han-Pao Ma, *Private International Law of the Republic of China: Past, Present and the Future*, in *Private Law in the International Arena*, Jürgen Basedow etc., ed. T. M. C. Asser Press, 2000.

12. Arthur Nussbaum, *Public Policy & the Political Crisis in the Conflict of Laws*, Yale Law Journal, Vol. 49, 1940.

13. Q. C. William Tetley, *Evasion/Fraude à La Loi and Avoidance of the Law*, McGill Law Journal, Vol. 39, 1994.

五、其他

(一) 资料汇编

1. 陈安主编:《台湾法律大全》,中国大百科全书出版社1998年版。
2. 国务院台湾事务办公室、国务院新闻办公室1993年8月31日《台湾问题与中国的统一(白皮书)》。
3. "海峡交流基金会"编:《两岸投资法律汇编》,1994年版。
4. 韩德培、李双元主编:《国际私法教学参考资料》(上),武汉大学出版社1991年版。
5. 李双元等编:《国际私法教学参考资料选编》(上、中、下),北京大学出版社2002年版。
6. 刘慧珊、卢松主编:《外国国际私法资料选编》,人民法院出版社1988年版。
7. 余先予主编:《冲突法资料选编》,法律出版社1990年版。
8. 西北政法学院法制史教研室编印:《中国近代法制史资料选辑(1840—1949)》(第一辑),1985年。
9. 中国国际私法学会:《中华人民共和国国际私法示范法》,法律出版社2000年版。
10. 中国大百科全书总编辑委员会《法学》编辑委员会编:《中国大百科全书·法学》,中国大百科全书出版社1984年版。
11. 台"行政院大陆委员会"编:《大陆工作法规汇编》(修订四版),1999年。

(二) 电子文献

1. 陈长文:《现代菁英应有的超国界法律思维》,
http://www.leeandli.org.tw/agitation,2004—12—11。
2. 新浪网:《胡锦涛与宋楚瑜会谈公报》,
http://news.sina.com.cn/c/2005—05—12/19085871946s.shtml。
3. 贾明军:《透视上海涉外婚姻的结婚与离婚》,
http://www.iamlawyer.com。
4. 中华新闻网:《解读台"两岸关系条例"修正案:追认既定事实》,
http://news.china.con/zh_ch/hmt/1004/20031102/11564286.html。

5. 新华网:《台湾"修宪案"通过"国大"正式退出历史舞台》,
http://news.xinhuanet.com/taiwan/2005—06/08/content_3057230.html。
6. 王建民:《2004—2005年两岸经贸关系回顾与展望》,
http://www.china.com.cn/chinese/ChineseCommunity/761026.html。
7. 张朔:《我国公布今后五年立法规划76件法律案榜上有名》,
http://www.people.com.cn/GB/shehui/1060/2252451.html。
8. 曾润梅:《台湾"修宪"冲击岛内政局》,
http://tw.people.com.cn/GB/14811/14869/2756261.html。

后　　记

奉献给读者的这本书源自我的博士学位论文。

取得法学博士学位是自己多年追求的理想,但我的求学之路似乎不太平坦,付出了艰辛,经历了失败。2002 年——从西北边疆"飞"栖东海之滨的第三个年头,我终于考取厦门大学国际法专业国际私法方向博士研究生,并于 2005 年毕业。年逾不惑取得博士学位,心中甘苦唯有自知。面对将付梓的书稿,有欣慰,但更多的是感激和不安。

我欣慰自己在"屡战屡败"后还能"屡败屡战",性格中的执著因子总算发挥了作用。

我是多么地幸运！在求学之途遇到那么多予以我无私帮助、真切关心、热情鼓励、莫大鞭策的师长、朋友、亲人。对他们,我发自内心深深感激！

难忘著名法学家韩德培先生对我这个来自边疆的女教师的亲切关怀。多年来,先生一直关切着我的成长。几次考博失利给我的打击可想而知,但先生的关心安慰和谆谆教诲如涓涓细流,滋润我的心田,给我战胜困难的勇气。得知我考取,先生非常高兴,复信表示衷心祝贺,言"有志者事竟成"。与先生的接触让我深刻体会他老人家学识的博精、人品的高洁,不论做人、为学,先生都是自己仰之弥高的典范。

难忘黄进教授对我的引导与帮助。当年我参加武汉大学骨干教师进修班,有幸聆听黄老师讲授国际私法专题,也就是从那时起,我开始理解什么是国际私法。在以后的学习、工作中,我又多次得到黄老师的鼓励、启发、建议、指点,从而开阔视野,坚定信念。对于即将出版的这本书,黄老师在百忙之中拨冗作序。我的感激之情无以言表。

感谢厦门大学。这个依山傍水、景色秀美的校园,给我提供了好的学习环境。感谢我的老师、我的同事。我庆幸自己加入厦门大学团队,置身于宁静但浓浓的学术氛围,被周围那些辛勤耕耘的人感染、激励,我辛苦而快乐着。

我的导师徐崇利教授年幼我四岁,平时我们互称"老师"。是他的悉心指导,从选题,到论文的构思、修改润色等多方面提出建设性的意见,使我按期完成论文并顺利通过答辩。也许因他随和谦逊、热情爽朗,每当我遇到学问内的、学问外的问题或困难,习惯于向他讨教、求助。对于这个笨拙的"老学生",他总是不厌其烦。他功底的厚实、学识的渊博、见解的独到、学术作风的严谨、为人的正直等等,方方面面,切切实实是我的老师。

尊敬的陈安教授勤恳敬业,笔耕不辍,致力于以知识报国始终不懈。他以身作则,不言而威,同样是我追求真知的学范。廖益新教授、曾华群教授、傅崐成教授、古祖雪教授、李国安教授等给我授业与解惑,他们以不同方式催我前行、助我进步。在此向他们谨致最大谢忱。

论文的写作离不开台湾地区学者的支持和帮助。台湾玄奘大学法律学院赖来焜教授两次惠寄大作,给予我宝贵的信息与学术启发;受聘于厦门大学法学院的傅崐成教授不辞辛苦,委托他在台湾的朋友为我找来难得的资料。衷心感谢他们。

感谢丁伟教授、郭玉军教授为论文写出评语并参加答辩。他们对论文优点的肯定、不足的分析是那么中肯、贴切,我从中学习,收获颇丰。感谢王瀚教授对我求学的热情支持。

本书能在我所心仪的商务印书馆出版,我倍感荣幸。感谢商务印书馆的信任,感谢责任编辑所做的大量细致而周到的工作、付出的辛勤劳动。

在我艰辛求学的数十年间,我的家人予以充分的理解与支持。尤其是生我养我的父母,每每在我困难时,他们义无返顾前来帮助照顾。我深深感谢父母的培育之恩,愿本书的出版,给他们带来真正的欢愉喜悦。

感谢所有帮助我实现梦想的我深记在心的人!

当然,欣慰、感激之情不能掩饰我内心的不安。

到厦门工作后,总觉得应该利用厦门得天独厚的地缘优势做点什么。2002年上海年会上黄老师也向我建议可作两岸法律问题的研究。恰好是年,我以《海峡两岸法律冲突问题研究》为题申请了教育部课题。应该说,对海峡两岸民商事法律冲突问题进行研究实属两岸民商事关系发展的迫切需要。不可否认,学者们对中国区际法律冲突的研究取得了积极的成果,然而,专门以海峡两岸民商事法律冲突为对象,对其作深入研究却相对薄弱;两岸的法律冲突需要通过冲突法加以解决,可大陆地区学者对台湾地区冲突法理论和立法进行系统研究也较欠缺。课题的主题作为我论文的论题,藉作课题之机完成学位论文,可谓一举两得(看似有点偷懒!)。在工作之余的片段时间写论文,遇到的矛盾与问题自不待言。我常常为思考被打断而烦闷,为时间仓促而焦虑,为资料缺乏而彷徨,为自己的能力而失去自信……也因如此,论文在很多方面不能令人满意。现在要把这个自以为不甚成熟的果实奉献给大家,犹如一个要向老师提交答卷的小学生,内心的确充满不安和惶恐。

本书的出版得到教育部人文社会科学研究项目和厦门大学法学

文库出版基金的资助。厦门大学法学院的鼎力扶助解决了出版的财力困难,我惟有在工作上孜孜以求,勤奋努力,以实际行动回报自己所热爱的单位的支持。

于飞
于厦大法学院413工作室
2006年9月1日